惠園東洋古典 9

故事成語

黃秉國 編著

혜원출판사

□ 머 리 말

　고전은 우리에게 단순하게 옛날 책을 의미하지 않는다. 그것은 언제까지나 우리의 정신세계에 자양을 공급하는 영원히 마르지 않는 샘이다. 고사성어 역시 우리에게 단순히 옛날에 이루어진 어떤 말을 의미하지 않는다.

　고사성어 중에는 오랜 세월을 거치는 동안 우리의 생활 깊숙히 용해되어 일상어휘로 자리잡은 말들이 의외로 아주 많기 때문이다.

　이러한 어휘들 중에서 옛 고전이나 역사적 일화에 그 연원을 두지 않은 것이란 한 가지도 없다. 다만 우리가 모르고 있을 뿐이다.

　우리는 '가인박명'이니 '와신상담'이니 '청출어람'이니 하는 말들을 일상어로서 사용한다. 그러면서도 그러한 말들이 어떻게 이루어졌는지에 관해서는 모르고 있는 수가 흔하다.

　본서는 바로 그러한 고사성어가 이루어지기까지의 여러 이야기들을 유려한 문체로 엮었다. 읽어 가다 보면 누구라도 고사성어에 얽힌 이야기들이 의외로 흥미로운데 놀라게 될 것이다. 그리고 마치 구수한 옛이야기를 듣는 것만큼이나 읽는 재미를 가져다 준다는 점도 깨닫게 될 것이다.

　그에 덧붙여 우리가 일상적으로 쓰는 말이 이러저러한 일화가 얽혀서 이루어졌구나 하는 것을 알게 되는 순간의 기쁨도 작은 것이 아니다.

　그러한 흥미나 기쁨이 아니어도 고사성어의 연원을 거슬러 올라가 그 말이 지닌 본래적 뜻과 역사적 배경을 이해하는 일은 반드시 필요하다.

　그렇게 함으로써 고사성어가 갖는 진정한 의미와 그만의 독특한 멋, 올바른 쓰임새 등을 명확히 알 수 있기 때문이다.

　숙독해 나갈 때 우리의 정신과 사고는 그만큼 풍요함을 더해 갈 것임을 믿는다.

□ 일러두기

• 본문은 오늘날 일상어휘로 자리잡은 고사성어를 중심으로 그 출
  전이 명확한 것들만을 가려내 엮었으며, 부록 '또 하나의 고사성
  어'에는 본문에서 다루어지지 않았으나 일상생활에서 꼭 필요한
  고사성어들을 간단 명료하게 정리, 알아보기 쉽게 수록하였다.
• 가능한 유려하고도 재미있는 문체를 써서 이야기 형식으로 꾸미
  는 데 진력했다.
• 고사성어 중 이미 격언이나 속담이 된 것은 그대로 인용했음을
  밝혀둔다.
  예 : 금의야행(錦衣夜行)→비단옷 입고 밤길 걷기
• 체제는 가, 나, 다 순으로 배열했으며, 출전은 반드시 밝혔다.
• 차례는 찾아보기를 겸할 수 있도록 배열했다.

- 머 리 말
- 일러두기

가

가

가을부채—기화를 놓치지 말지어다

가을 부채

한(漢)나라 성제(成帝) 홍가(鴻嘉) 3년의 일이다.

후궁에 난데없는 벼락이 떨어졌다. 성제의 후실인 반첩여(班健仔—첩여는 당시대 여자의 관직)가 황후 허씨(許氏)와 짜고, 후궁에서 임금의 사랑을 받고 있는 사람들을 저주하고 또 임금에 대한 중상과 욕을 했다는 혐의로 하옥되었다.

소문은 이러했다. 조비연(趙飛燕)이라는 계집 형제가 일을 꾸며서 허황후와 반첩여 두 여인을 무고하게 옭아 넣은 것이었다.

이 계집형제는 전에 한낱 궁비(宮婢)의 신분으로 심부름이나 하던 처지였는데 그들의 요염스러운 몸매와 애교가 임금의 눈에 들어 후궁으로 옮겨앉게 되었다. 그후 놀랍게도 언니는 **첩여**, 동생은 소의(昭儀)라는 어마어마한 지위를 하사받고 총애를 독점했다.

허황후와 반첩여는 재판을 받았다. 사실 무근으로 죄가 없다는 사실이 밝혀졌다. 그뿐 아니라 임금은 반첩여의 착한 마음에 감동되어 황금 백 닢을 주고 위로하는 동시에 다시 후궁으로 들게 하였다. 애처롭게도 허황후는 건시(建始), 하평(河平) 연대에 남달리 총애를 받았던 일이 화근이 되어 폐위된 다음 미인(美人)이라는 지위로 떨어지고 말았지만……

이리하여 반씨는 다시 후궁으로 돌아왔다. 그러나 한 번 여지없이 찢긴 마음과, 사실상 임금의 사랑은 잃어버렸으니 남는 것은 허무함뿐이었다. 그리고 주위에 도사리고 있는 것은 무서운 여자의 질투뿐이었다.

요행으로 지난번에는 혐의가 풀려서 무사할 수 있었다손 치더라도 어찌 저 독사와 같은 조비연 형제가 가만히 내버려 두겠는가.

옛날 고조(高祖) 황제의 애첩 척희(戚姬)는 여태후(呂太后) 때문에 눈알을 모조리 뽑히고 혀를 잘려서 벙어리가 되었고 또 손목 발목까지 몽땅 잘리지 않았던가. 이 세상에서 여자의 질투만큼 무서운 것은 없다. 선량하고도 현숙한 반첩여는 그러한 환경 속에서 몸둘 바를 몰랐다.

어떻게 해서든지 이 질투의 소용돌이인 후궁을 떠나 살 도리는 없을까 하는 고민과 불안에 사로잡혔다. 그리하여 하루는 궁리끝에 장신궁(長信宮)에 있는 황태후 왕씨(王氏)에게 사정을 해야겠다는 생각이 떠올랐다.

황태후가, 지난날 반여인이 후궁으로 들던 무렵 반첩여가 매우 겸손한 것을 칭찬하고 다정하게 대해 주던 일을 회상하면서 지금은 그 황태후에게 매달리는 길 밖에 없다고 느꼈다.

반첩여의 생각은 맞아들었다. 장신궁으로 들어가서 황태후를 모시고 지내는 생활은 매우 조용하고 화평했다. 왕씨의 말벗이 되는 시간을 제하고는 혼자 호젓이 자기 방에 들어앉아 서적을 뒤적이거나 거문고를 타며 즐겁게 지냈다.

다만 아직도 젊은 나이인지라 남달리 행복했던 지난날의 추억이 번뇌의 불길과 같이 엄습해 오는 것은 어쩔 수 없었다.

그러한 추억과 번뇌 속에서 읊은 시가 바로 반여인의 유명한 〈원가행(怨歌行)〉이다.

선녀와도 같은 물새들의 그림자가 춤을 추는 후궁의 호수를 그려보며 안타까운 심정을 노래한 〈원가행〉 가운데 '가을 부채' 라는 말이 있다. 남자의 사랑을 잃은 여자를 뜻하는 것이다.

'그 옛날에 일부러 나를 위하여 베풀어졌던 들놀이는 그 얼마나 즐거웠던가. 흰 비단으로 감은 몸에 매달린 금은 보석이 촛불에 눈

18

부시게 번쩍이는 가운데 임금의 사랑스러운 눈길은 언제나 나의 한 몸만 어루만져 주었거니. 나는 항상 요(堯)임금의 딸 아황(娥皇), 여영(女英)——모두 순(舜)임금의 아내가 되어 부덕(婦德)의 거울로서 칭송받았다——과 주(周)나라의 문왕모(文王母—太任)와 무왕(武王)의 어머니 태사(太姒)처럼 부덕 높은 여인이고저 빌었다. 그러나 슬픈지고. 내가 낳은 아들 형제는 젖먹이 왕자로서 연달아 저 세상으로 가버리고 말았다. 천명(天命)을 어찌하랴만 그 일이 임금의 사랑을 잃게 한 원인이 되었던 셈일까. 그로부터 총애는 위첩여(衛倢伃)에게로, 다시 조비연 형제에게로 옮아가고 말았다. 임을 잃은 채 옥계(玉階)에는 이끼가 끼고 뜰에는 풀잎만이 무성하구나. 금침에 엎드려 임금의 버선 끝에 달린 구슬을 생각하고, 어전을 바라보면서 눈물로 지새우기 그 얼마였던가. 돌이켜 보건대 인생과 같이 무상한 것은 없으면 은애(恩愛)와 같이 덧없는 것 또한 없구나……'

10여 년이 흐른 완화(緩和) 2년, 성제가 죽은 지 얼마 후 반첩여도 마흔을 갓 넘은 나이로 고요히 세상을 떠났다.

> 새로이 짓는 제(齊)의 흰 비단옷
> 맑고 깨끗하기 상설(霜雪)과 같도다.
> 재어 맞추는 합환(合歡)의 부채
> 둥글둥글한 명월(明月)을 닮았네.
> 임의 품, 소매를 나들며
> 움직일 때마다 미풍을 일으키도다.
> 못내 두려운 가을철이 오고
> 서늘한 바람이 더위를 빼앗아
> 장농 속에나 던져지는 신세
> 은정(恩情)은 도중에 끊어졌도다.

이렇듯 한숨 섞어 읊은 반첩여의 '가을 부채'는 오늘날 실연(失

戀)당한 여자라든가 소박맞은 아낙네를 이르는 말이 되었다.

반첩여의 전기는 「한서(漢書)」 속에 소상히 기록되어 있으며 그의 유명한 〈자상부(自傷賦)〉도 역시 여기에 실려 있다.

〈원가행〉은 「문선(文選)」과 「옥대신영집(玉臺新詠集)」에서 볼 수 있고 그의 고사에 관해서는 강엄(江淹), 유효작(劉孝綽), 왕창령(王昌齡) 등을 비롯해서 많은 사람들에 의해 전해 내려오고 있다.

가인박명(佳人薄名)

가인박명은 저 유명한 소식(蘇軾)의 시에서 유래된 말이다. 북송(北宋) 후기의 대시인이며 문장가이고 학자였던 소식은 벼슬길에서는 그다지 운이 좋지 못했다.

평생을 정적과의 싸움으로 보낸 그는 덕분에 변방의 허름한 관직만을 맴돌 수밖에 없었다.

만년에는 그 운마저도 다했는지 해남도에 귀양을 가기까지 했다. 간신히 사면을 받고 풀려나 돌아오는 도중 강소성 상주에서 병사했을 때 그의 나이는 66세였다.

기구하고 파란 많은 생을 살면서도 그의 문학적 재능이나 학자적 면모는 더욱 눈부시게 빛을 발해 오늘날까지 회자되는 불후의 작품들을 많이 남겼다.

특히 그의 〈적벽부(赤壁賦)〉는 너무도 유명하다.

가인박명은 그의 다음의 칠언율시에 나온다.

양볼은 엉긴 우유 같고 머리는 칠흑 같네.
눈빛이 발에 드니 주옥처럼 빛나네.
원래 하얀 비단으로 선녀의 옷을 짓고
입술연지는 천연의 바탕을 더럽힌다 하여 바르지 않네.
오나라 사투리 애교있는 소리는 앳되기만 한데
무한한 사이의 근심 전연 알 수 없네.

옛부터 아름다운 여인 운명 기박함이 심하고
문을 닫고 봄을 다하니 버들꽃 떨어지네.

이 시 중, '아름다운 여인 운명 기박함이 심하고(佳人多命薄)'
에서 바로 가인박명이란 말이 유래된 것이다.
그후 가인박명은 언제부터인가 재주 많고 아름다우나 운명이 박
복한 여인을 이르는 말로 쓰여 오고 있다.

가정맹어호(苛政猛於虎)

'가혹한 정치는 호랑이보다도 무섭다'는 뜻이다. 어느 날 수레
가 천천히 가고 있었다.
수레 위에는 공자(孔子)가 조용히 앉아 있었다. 공자를 중심으
로 제자 몇 사람의 얼굴도 보였다.
사람의 왕래가 그리 많지 않은 길인 것 같았다. 멀리 뭇사람들
을 내려다보며 태산(泰山)이 우뚝 솟아 있었다. 주위는 물 속처럼
조용했다.
난데없이 모두들의 귀에 이 정적을 깨뜨리는 부인의 울음 소리
가 흘러들어 왔다.
그 울음 소리는 앞쪽에 있는 묘지 언저리에서 나는 것 같았다.
공자는 잠에서 깨어난 듯 퍼뜩 정신을 차리고 몸을 일으키며 귀를
기울였다. 수레의 속도가 얼마간 빨라지기 시작했다.
한길 옆에 엉성한 무덤 세 개가 있었는데 부인은 그 앞에서 울
고 있었다. 부인의 울음 소리는 비통한 외침인 양 애달프도록 사
람의 가슴을 때렸다.
자비심 많은 공자는 그대로 지나칠 수가 없었다. 수레 앞의 가
름나무에 몸을 의지하고 부인에게 경의를 표시한 후, 제자 자로
(子路)를 시켜 이렇게 묻도록 했다.
"왜 그렇게 우십니까? 몹시 슬픈 일이 있는 것 같군요?"

부인은 놀란 표정으로 얼굴을 들었으나 그 다정스런 음성에 크게 위안을 받은 듯했다.

"네, 이 근방은 참으로 무서운 곳이에요. 훨씬 전에 저의 시아버님께서 호랑이에게 잡아 먹혔는데 이어서 남편도 호랑이에게 죽고, 이번에는 아들마저 잡아먹히고 말았답니다."

"그렇게 무서운 곳에서 왜 떠나지 않습니까?"

"떠날 수가 없어요. 여기서 살면 가혹한 조세(租稅) 때문에 고생할 근심은 없거든요."

이 말을 들은 공자는 깊이 느끼는 바가 있어 수행하는 제자들에게 말했다.

"잘 기억해 두어라. 가혹한 정치는 호랑이보다도 무섭다는 사실을……"

이 이야기는 「예기(禮記)」의 단궁편(檀弓篇)에 있지만 공자가 살고 있던 춘추시대(春秋時代) 말기의 세태가 어떠했는지를 잘 말해 주고 있다. 이 시대는 소위 하극상의 시대로서 공자가 태어난 노(魯)나라에서도 대부(大夫)인 계손자(季孫子)가 백성의 희생을 강요하는 가혹한 정치를 행하고 있었다.

공자는 말씀했다.

"계손자는 주공(周公)보다도 부자이다."

그리고는 계손자의 행위를 가리켜,

"이것을 참을 수 있다면 무엇을 못 참겠느냐?"

하고 분노했다.

이것이 공자로 하여금 가혹한 정치가 끼치는 해악을 맹수와 비교하여, '가혹한 정치는 호랑이보다도 무섭다'는 말을 하게 했던 것이다.

각주구검 (刻舟求劍)

배를 타고 가던중 칼이 물에 빠지자 뱃전에 칼자국을 내어 표시해 두었다가, 후에 배가 흘러온 것은 생각지도 않고 뱃전의 표식만 보고 그 부근에서 칼을 찾는다는 뜻이다. 따라서 세상 형편에 전혀 융통성이 없는 어리석음이나 고지식함을 말할 때 자주 비유로 쓰인다.

춘추전국(春秋戰國) 시대의 일이다. 초(楚)나라의 어떤 사람이 한 자루의 칼을 아낀 나머지 품에 껴안고 양자강을 건너고 있었다. 그런데 강 한가운데쯤 왔을 때 그만 실수로 칼을 물 속에 빠뜨리는 불상사가 일어났다. 당황한 이 사나이는 얼른 주머니 칼을 꺼내 칼을 떨어뜨린 부근의 뱃전에 표시를 했다.

모두들 그의 행동을 이해하지 못했다. 왜냐하면 칼은 물 속으로 사라지고 배는 자꾸 흘러가므로 그 따위 표시가 아무 소용이 없을 것이기 때문이었다.

그러나 이 사나이는 얼마 뒤 배가 기슭에 닿자 표시해 놓은 부근 물 속으로 뛰어들어 칼을 찾기 시작했다. 이것을 보고 사람들은 그의 어처구니 없는 행동에 '배에 표식을 하고 칼을 찾는다(刻舟求劍)'고 그 어리석은 고지식함을 비웃었다고 한다.

「여씨춘추(呂氏春秋)」 찰금편(察今篇)에 나오는 이야기이다.

간담상조(肝膽相照)

중당(中唐)의 문인으로서 당송팔대가(唐宋八大家) 중의 일인자인 한유(韓愈)는 그 엄격한 현실주의자의 안목으로 우정의 세계도 꿰뚫어본 모양이다.

맹교(孟郊)나 가도(賈島) 같은 훌륭한 친구를 많이 가지고 있던 그는 경박한 교제를 미워했다. 그리하여 우정의 본질을 추구하고 그 아름다움을 영원한 명문으로 후세에 남기고 있다.

한유의 친한 벗 중에 그 역시 당송팔대가의 한 사람인 유종원(柳宗元)이란 인물이 있었다. 그 당시 혁신관료 그룹의 일원이었던 유종원은 수구파와의 싸움에 밀려 벌써 두 번째로 유주자사(柳

州刺史)로 좌천되는 불행을 겪고 있었다. 이때 그의 동료 문인이
자 절친한 벗이었던 유몽득(劉夢得) 역시 파주(播州)의 자사로 좌
천이 되었다.

그 말을 듣자 유종원은 눈물을 흘리면서 말했다.

"파주란 지독하게 깊은 두메산골인데, 몽득이 도저히 살 수 있
을 만한 곳이 못되지. 더욱이 늙으신 어머님을 모시고 갈 데가 아
니야. 어머니에게 그 사실을 밝힐 수가 없어서 여간 괴롭지 않을
거야. 내가 대신 가겠다고 아뢰는 것이 좋지 않을까. 어떤 꾸중
을 듣는다 해도 그건 각오하고서."

그 말을 들은 한유는 깊은 우정에 감동되어 훗날 유종원을 위해
쓴 「유자후묘지명(柳子厚墓誌銘―자후는 유종원의 자임)」에 다음과 같
은 글을 남겼다.

'아아, 사람이 어려운 처지를 당했을 때 비로소 참다운 의리를
알 수 있다. 보통 때 아무 일 없이 거리나 마을에 살고 있을 때는
서로 그리워하고 서로 즐거워하며 주식(酒食)석상에 놀러다닌다든
가 서로 사양하고, 쓸개나 허파를 내보이며(간담상조의 출전――마음
속을 서로 털어놓고 격의 없게 행동하는 것) 해를 가리켜 눈물을 흘리며
죽어도 배반하지 않는다고 맹세할 수 있다. 그러나 일단 머리칼
한 가닥만큼의 이해관계가 생기면 거들떠보지도 않고 아는 척도
하지 않는다. 함정에 빠져도 손을 뻗어 건져 주려고도 하지 않을
뿐더러 오히려 차넣고 위에서 돌을 던지는 시늉을 하는 자가 세
상엔 있는 법이다.'

그런데도 유종원은 친구를 위해 그 자신을 희생하려 했음을 기
린 것이다.

간담상조(肝膽相照)란 말이 과연 어떤 것인가 알 수 있다.

간장막야(干將莫邪)

옛 오(吳)나라에 간장(干將)이라는 대장간의 명장(名匠)이 있었

다. 오왕 합려(吳王闔閭)는 그에게 명검 두 자루를 만들 것을 명령
했다. 그는 정선한 청동만을 골라 주조를 시작했는데, 이 청동은
3년이 지나도록 녹지 않았다. 그러자 그의 아내 막야(莫邪)가 머
리칼과 손톱을 잘라 용광로에 집어넣고 어린 소녀 3백 명이 풀무
질을 하자 이 청동은 겨우 녹기 시작했다.

이 부부는 마침내 명검을 만드는 데 성공했다. 그리하여 한 자
루에는 간장, 또 한 자루에는 막야라는 이름을 붙였다.

「순자(荀子)」 성악편(性惡篇)에 이 두 명검과 다른 보검을 인
용, 비유한 다음과 같은 글이 실려 있다.

'제환공(齊桓公)의 총(葱), 강태공(姜太公)의 궐(闕), 주문왕(周
文王)의 녹(錄), 초장왕(楚莊王)의 홀(曶), 오왕 합려의 간장과
막야, 거궐(鉅闕)과 벽려(辟閭)는 다같이 옛날의 명검이다. 허나
숫돌에 갈지 않는다면 무딜 뿐이나, 사람의 힘을 얻지 못하면 자
를 수 없다.'

순자는 이 글을 통해 명검도 사람의 손길이 가야만 비로소 빛나
듯이, 사람의 성품도 악하므로 그것에 노력을 기울여야 선하게 될
수 있음을 주장했다.

「오월춘추(吳越春秋)」의 합려내전(闔閭內傳)과 「순자」의 성악편
에 나오는 일화이다.

건곤일척(乾坤一擲)

이 말은 한유의 〈과홍구(過鴻溝)〉라는 시에서 나온 것이다.

홍구(鴻溝)는 지금의 하남성(河南省)에 있는 가로하(賈魯河)란
강의 이름이다. 그 옛날 진(秦)이 망하고 천하가 아직 통일되지
못했을 무렵, 초(楚)의 항우(項羽)와 한(漢)의 유방(劉邦)은 이
강을 경계로 천하를 서로 나누어 가졌다.

이 시는 한유가 그 당시를 회상하고 지은 것이다.

용은 지치고 범은 곤하여
서로 강물을 사이에 두고 땅을 나누니
억만의 창생은 겨우 목숨을 부지하게 되었구나.
누가 군왕으로 하여금 말머리를 돌리게 권하여
참으로 하늘과 땅을 거는 도박을 하도록 했던가.
龍疲虎困割川原
億萬蒼生性命存
誰勸君王回馬首
眞成一擲賭乾坤

  이 시가 표현한 당시의 역사적 양상을 좀더 자세히 설명하면 다음과 같다.

  천하를 통일한 진나라가 그 말기에 이르러 실정(失政)을 거듭하게 되자 진섭(陳涉) 등이 먼저 반기를 들기 시작했다.

  천하는 다시 어지러워질 징조를 보였다. 진섭 등에 호응하여 각지의 군웅들이 연달아 군사를 일으켜 호시탐탐 천하를 노렸는데 그 중에서도 가장 두각을 나타낸 사람이 항우였다.

  이후 3년간 싸움을 거듭한 끝에 드디어 진을 멸망시킨 항우는 기원전 206년 스스로를 서초(西楚)의 패왕(覇王)이라 일컫고 아홉 고을을 다스리며 팽성(彭城)을 서울로 정했다.

  이어 유방을 비롯한 유공자들을 각기 제후에 봉하는 등 일단은 천하를 호령하는 듯이 보였다. 그러나 그의 패업(覇業)은 오래 가지 못했다. 그 이듬해 명목상으로 그의 주인이 되는 초나라의 의제(義帝)를 시역(弑逆)했고, 논공행상을 불공평하게 한 까닭에 천하는 또다시 혼란 속에 빠져 버린 것이다.

  즉, 전영(田榮), 진여(陳餘), 팽월(彭越) 등이 제(齊), 조(趙), 양(梁) 등 각지에서 잇달아 반란을 일으켰고, 게다가 항우가 이들을 토벌하는 틈을 노려 한왕 유방이 군사를 일으켜 관중(關中)의 땅을 병합해 버린 것이다.

  원래부터 항우가 가장 겁내던 대상은 유방이었으며, 유방도 항우를 적이라 생각해 왔었다.

'누구든지 제일 먼저 관중 땅을 평정한 사람이 관중의 왕이 된다.'

이것은 죽은 의제의 공약이었다. 유방은 문자 그대로 누구보다도 먼저 관중을 평정했으나 의제의 이 공약은 완전히 무시되고 항우에 의해 멀고 먼 파촉(巴蜀) 땅이 주어졌다.

유방이 항우를 원망하게 된 가장 큰 원인은 바로 이것이었다. 그러나 이미 관중을 손아귀에 움켜 쥔 유방은 항우와 정면으로 대립하기를 피하고 일단은 거역할 뜻이 없음을 밝혀 놓고 오로지 스스로의 실력을 쌓아올리는 데 힘을 기울이며 훗날 관외(關外)로 진출할 기회를 엿보고 있었다.

이듬해 봄 항우는 제나라와 몇 차례나 싸웠으나 그래도 제나라를 굴복시키지 못했다. 유방은 항우가 제나라와 싸우느라 여념이 없는 틈을 타서 초의 의제를 시역한 죄를 묻는다는 대의명분 아래 각국의 제후에게 격문을 띄우는 한편 스스로 군사 56만을 이끌고 서울 팽성을 빼앗아 버렸다.

싸움터에 나가 있던 항우는 이 소식을 듣고 곧 군사를 돌이켜 팽성 근방에서 유방의 군대를 거의 형체도 찾을 수 없도록 두들겨 부수었다.

유방은 구사일생으로 형양(滎陽)까지 도망을 쳤으나 그의 부친과 부인을 적군 속에 남기고 온 처참한 꼴이 되었다.

그후 형양에서 다소 기세를 되찾기는 했으나 또다시 항우의 군사에게 포위를 당하고 여기서도 간신히 몸만 빠져나왔다.

그후 유방은 한신(韓信)이 제나라를 수습하게 되자 비로소 옛세력을 회복하는 한편 관중에서 병력의 보급을 받아 여러 차례나 초의 군대를 격파했고 팽월도 양나라 땅에서 초군을 괴롭혔기 때문에 항우는 부득불 좌충우돌, 각처에서 싸우지 않을 수 없게 되었다. 더구나 팽월 등에 의해 군량보급로까지 차단당하게 되었다.

군대의 수효는 적고 군량은 바닥이 났다. 진퇴양난에 빠진 항우는 드디어 유방과 강화조약을 맺고 홍구에서 서쪽은 한나라가, 홍구에서 동쪽은 초나라가 차지한다는 약속 아래 천하를 둘로 나누었다. 유방은 항우에게 억류되어 있던 부친과 부인도 찾아오게 되었다.

때는 한나라 4년, 기원전 203년이었다. 항우는 강화조약이 성립되어 군사를 이끌고 귀국했다. 유방도 군대를 철수시키려 했다.

그것을 본 장량(張良)과 진평(陳平) 등이 유방에게 이렇게 말했다.

"우리 한나라는 천하의 태반을 차지하고 제후들도 복종하고 있습니다. 그러나 초나라의 군대는 지칠 대로 지치고 양식도 없습니다. 이것이야말로 하늘이 초를 없애려는 뜻이 아니겠습니까. 그들이 굶주리고 있을 때 해치워야 합니다. 지금 치지 않는다면 '호랑이를 길러서 뒤에 화를 남기는 것'이나 마찬가지입니다."

유방은 결심을 했다. 이듬해 초군을 추격하여 드디어 한신, 팽월 등의 군대와 함께 해하(垓下)란 곳에서 항우를 포위하게 되었다.

한유는 이 장량과 진평이 한왕을 도와 패업을 이룩한 고사를 그야말로 천하를 건 큰 도박이었다고 생각한 모양이다.

일척(一擲)이란 모든 것을 한꺼번에 내던진다는 것으로, 일척천금(一擲千金)이니 일척백만(一擲百萬)이니 하는 말로 잘 사용된다. 건곤(乾坤)은 즉 하늘과 땅, 건곤일척(乾坤一擲) 하면 천하를 뺏느냐, 빼앗기느냐, 죽느냐 사느냐의 대 모험을 할 때 잘 쓰이는 말이다.

걸해골(乞骸骨)

이 고사 역시 앞에 나온 한왕 유방과 항우에 얽힌 것이다. 유방은 천하를 통일하는 데 갖은 고난을 다 겪어야 했다.

그 중에도 앞서 이야기한 것처럼 초패왕(楚覇王)인 항우가 가장 큰 적이었고 그 때문에 여러 번 궁지에 몰리기도 했다.

그것은 한(漢) 3년의 일이었다. 유방은 형양에 진을 치고 항우의 군사와 맞서고 있었다. 북상하는 초군(楚軍)을 그곳에서 막고서 지구전으로 끌고 가려고 했다.

그러려면 제일 요긴한 것이 군량(軍糧)의 확보였다.

그러기 위해서 식량의 수송로를 닦는 것이 필요했으므로 유방은 그것에 최선을 기울였다. 우선 길 양쪽에 담을 쌓고, 그 길이 황하(黃河)까지 이어지도록 하고 형양의 서북쪽에 있는 강가의 쌀창그로부터 옮겨오도록 했다.

그런데 그 수송로가 항우의 공격의 과녁이 되어 한나라 3년에는 여러 번 습격을 당해 식량을 강탈당했다.

한군(漢軍)은 식량이 줄어들어 중대한 위기를 맞게 되자 어쩔 수 없이 강화를 제의했다.

형양부터 서쪽을 한나라 영토로 인정해 달라고 간청한 것이다.

항우도 그만쯤해서 화의(和議)를 해도 좋다고 생각해서 아버지 다음으로 존경하던 범증(范增)과 의논하기에 이르렀다. 한데 범증은 극력 반대했다.

"그건 안 됩니다. 지금이야말로 한(漢)을 항복시킬 수 있는 절호의 때입니다. 지금 치지 않으면 뒤에 꼭 후회할 것입니다."

그런 반대에 부딪치자 항우도 그럴싸해서 급히 형양을 에워쌌다. 난처해진 것은 한왕 유방이었다.

한데 여기 진평이라는 녹녹치 않은 인물이 있었다. 한 가지 책략을 안출해 내었다.

진평은 일찌기 항우의 신하였는데, 사정이 있어서 유방 밑으로 간 지략에 뛰어난 자였다. 진평은 항우가 성미가 급하고 귀가 엷을 뿐 아니라, 지레짐작 잘하기로 유명하다는 것을 잘 알고 있었기 때문에 항우와 범증 사이를 이간질하면 될 것이라고 생각했던 것이다.

먼저 부하를 초군 속에 숨어 들어가게 했다. 그런 다음 '범증은 논공행상이 없음을 원망하고 항우 몰래 한과 내통하고 있다'라고 모함하였다.

단순한 항우는 그 풍문만으로도 마음이 동요되어 범증 몰래 강화사자(講和使者)를 유방에게 보냈다.

진평은 장량 등 한나라의 수뇌부들과 정중하게 그 사자를 맞이했다. 또 쇠고기 양고기 돼지고기 등을 넣은 최상의 요리상을 내놓았다. 그러면서 아무렇지도 않은 듯 물었다.

"아부(亞父——범증을 가리킴)께서는 여전하시겠죠?"

사자는 항우의 안부보다도 첫째로 범증의 안부를 물어오기 때문에 심기가 좋지 않았다.

"전 초패왕 항우 전하의 사신으로 왔소."

퉁명스럽게 한 마디 뱉았다.

그러자 이번엔 진평이 일부러 깜짝 놀라면서 말했다.

"뭐요? 항우 전하의 사신이라구요? 난 또 아부 범증님의 사자인 줄 알았죠."

진평은 그렇다면 하는 듯이 요리상을 치우게 하고 적당한 식사를 내오도록 하였다.

이 소식을 듣고 머리끝까지 화가 치밀어오른 항우가 그 공격의 화살을 범증 쪽으로 돌렸다. 그리고 유방과 내통하고 있음이 틀림없다고 믿기에 이르렀다. 범증에게 주었던 권한도 박탈하자 범증도 격노했다.

"이제 천하의 대세도 어느 정도 정해졌으니까, 모든 것을 임금님 자신이 수행하십시오. 소신은 해골을 짊어지고 백성들 사이에 파묻혀 살겠습니다."

항우도 곧바로 그렇게 하라고 인정했는데 어리석게도 진평의 책략에 걸려 유일한 지장을 잃은 것이다.

범증은 초나라의 서울 팽성으로 돌아가려고 했는데 도중 그만 그 격노가 너무했던지 등에 악성 등창이 생겨서 75세에 죽어 버리고 말았다.

이상은 흔히 '걸해골(乞骸骨)'의 전거라고 일컬어지고 있는 「사기(史記)」의 항우본기(項羽本紀)에 의한 것이지만, '빈다〔乞〕'라는 글자가 보이는 것은 「안씨춘추(安氏春秋)」나 「사기」의 평진후

전(平津侯傳) 등이다.

아무튼 이때부터 '걸해골'이란 자기 일신은 주군(主君)에게 바쳤으나 그 해골은 자기에게 내려주시면 좋겠다고 하는 것 곧, '노신(老臣)들이 사직을 바라는 일', '벼슬아치들이 사직원을 내는 것'을 뜻하게 되었다.

결초보은(結草報恩)

춘추시대 진(晉)나라의 위무자(魏武子)와 그 아들 과(顆), 그리고 과의 서모(庶母)에 얽힌 은혜 갚음의 이야기이다.

결초보은(結草報恩)이란 '풀을 엮어서 은혜를 갚다'란 뜻으로 죽어서까지도 잊지 않고 은혜를 갚는 것을 말한다.

위무자에게는 사랑하는 첩이 있었다. 과에게는 곧 서모가 되는 셈이었다. 어느 때 위무자가 중병에 걸려 죽게 되었다.

그가 아직 병이 그다지 깊어지기 전의 일이다. 위무자는 아들을 불러 말했다.

"나의 사랑하는 첩을 반드시 개가하게 하라."

그런데 병이 위독해지자 위무자는 생각이 달라졌는지 다시 아들인 과에게 명령하여 말했다.

"나의 사랑하는 첩을 반드시 순사(殉死)하게 하라."

마침내 위무자가 죽었다.

아들인 과는 아버지의 명령을 따르지 않고 그 서모를 개가하게 하고서, 이렇게 말했다.

"사람이 병환이 위독해지면 마음이 혼란해집니다. 저는 아버님께서 올바르신 정신으로 하신 말씀에 따르기로 했나이다."

그후 선공(宣公) 15년 7월에 진(秦)의 환공(桓公)이 진(晉)나라를 쳐서 군대를 보씨(輔氏)에 주둔시켰다.

이 보씨의 싸움에서 위과는 진(秦)의 이름난 역사(力士) 두회란 인물과 싸워 목숨이 위태롭게 되었다. 그러나 어떤 인물의 도움으로 오히려 두회를 사로잡았다.

한 노인이 두회의 발 앞에 풀을 엮어서 걸려 넘어지게 했으므로 그를 잡을 수 있었던 것이다.

그날 밤 위과의 꿈 속에 그 노인이 나타나서 말했다.

"나는 그대가 시집보내 준 여자의 아비 되는 사람이오. 그대가 선친의 바른 유언에 따랐기 때문에 내 딸이 살았으므로 내가 은혜를 갚은 것이외다."

이때부터 '결초보은(結草報恩)'이란 죽어 혼령이 되어도 은혜를 잊지 않고 갚는다는 뜻으로 쓰여지고 있다.

겸　애(兼愛)

인간 누구에게나 평등하고 차별없이 대해야 한다는 묵자(墨子)의 주장이 바로 겸애사상이다.

영주가 자기의 영지를 위하는 것처럼 남의 영지를 위하고, 경(卿), 대부(大夫)들이 자기의 일족을 위하는 것처럼 다른 집안을 위하는 등, 상대방을 자기 몸처럼 생각할 수가 있다면 전쟁이나 내란, 분쟁 등은 절대로 일어나지 않을 것이다.

전쟁이나 내분이 없는 상태가 바로 '천하(天下)의 이(利)'다. 이 '천하의 이'는 남을 사랑하고 남에게 이익을 주는 행위, 즉 겸애에서 생길 수 있다는 것이 묵자의 주장이다. 공리적 상호부조(相互扶助)의 사상이라고 해도 좋으리라.

그러나 이러한 사상은 하나의 이상으로서는 인정되었는지 모르지만 실제로는 좀처럼 받아들여지지 않았던 모양이다.

「묵자(墨子)」 경주편(耕柱篇)에 다음과 같은 얘기가 실려 있다.

무마자(巫馬子)가 묵자에게 말했다.

"저는 선생님과는 달라서 겸애의 가르침을 실천할 수가 없습니다. 남쪽의 야만국 월(越)나라의 사람보다는 이웃나라 추(鄒)의 백성을, 추나라 백성보다는 우리 노(魯)나라 사람을, 노나라 사람

중에서도 같은 마을 사람을, 같은 마을 사람보다는 가족을, 가족
에서는 부모를, 부모보다는 나를 사랑합니다. 자기와 가까운 자를
사랑하는 것은 당연하지 않습니까? 자기가 맞으면 아픔을 느끼지
만 남이 맞으면 아픔 따위를 느끼지 않습니다. 자신에게 닥치는 고
통은 달갑게 받고, 남에게 닥치는 화는 막아 주려는 그 까닭을 아
무래도 이해할 수가 없습니다. 자기의 이익을 위해서 남을 살해한
다는 것은 이해할 수 있지만 남의 이익을 위해서 자신을 생명의 위
험에 처하게 하는 따위의 행동을 나는 도저히 할 수가 없습니다. ”
  “그대는 그러한 주의를 혼자 속에만 품고 있는가 ? ”
  “그렇지 않습니다. 남에게 터놓고 주장합니다. ”
  “그렇다면 만일 한 사람이 그대의 주의를 받아들였을 경우, 그
한 사람은 자기의 이익을 위해 그대를 살해할 뜻을 품으리라. 열
사람이 받아들일 경우엔 그 열 사람이, 세상 사람 모두가 받아들
였다면 그 전부가 자기의 이익을 위해서 그대를 살해하려고 생각
하리라. 반대의 경우도 마찬가지이다. 한 사람이라도 그대의 주의
를 반대하는 자가 있으면 그 한 사람은 그대를 위험한 사상의 소유
자라고 생각하여 그대를 없앨 뜻을 품으리라. 세상 사람 모두가
반대한다면 그 전부가 그대를 없애고 싶어하리라. 공감을 얻든지
반대를 받든지 여하간에 그대는 살해당하고 만다. 그대의 주의는
그대 자신에게 전연 도움이 되지 않을 뿐더러 세상 사람들에게도
아무런 도움이 되지 않는 공론(空論)일 뿐이다. ”

경 국(傾國)

  한무제(漢武帝)를 섬기는 가수(歌手)에 이연년(李延年)이라는 사
람이 있었다. 음악적인 소질과 재능이 풍부한 사람으로 노래와 춤
이 능했으며, 새로운 곡을 만들거나 편곡할 때마다 사람들을 감동
시켰기 때문에 무제의 지극한 사랑을 받았다.
  어느 때 그는 무제의 어전에서 춤추면서 노래를 불렀다.

북방의 한 아름다운 여인
세상에 둘 없이 홀로 섰네.
한 번 고개짓하면 성(城)이 기울고
두 번 고개짓하면 나라가 기운다.
성을 잃고 나라가 기우는 일이야 어이 모르랴마는
그런 가인은 두 번 얻기 어려우리.
北方有佳人兮
絕世而獨立兮
一顧便傾人城兮
再顧便傾人國兮
寧不知傾城傾國
佳人難再得

노래를 다 들은 무제는 한숨을 내쉬며 말했다.
"아아, 이 세상에 그런 여인이 있을까?"
"이연년에겐 누이가 있답니다."
옆에 있던 무제의 누님인 평양공주(平陽公主)가 귓속말로 소곤거렸다. 귀가 번쩍 뜨인 무제는 곧 이연년의 누이를 불러들이게 했다. 그녀는 비길 데 없이 아름답고 춤을 잘 추었다. 무제는 한눈에 그녀의 포로가 되어 버렸다.

이 이야기는 「한서」에 있는데 늘그막에 접어든 무제의 총애를 한몸에 받고 꽃다운 나이로 세상을 떠나가 무제로 하여금 추모의 정을 금치 못하게 만든 이부인전(李夫人傳)의 일부이다.

흔히 경국(傾國)이라 하면 '나라를 위태롭게 한다'는 뜻으로 쓰인다.

「사기」의 항우본기에는 고조(高祖) 유방의 부모처자가 항우의 볼모가 되어 난처한 처지에 놓인 것을 후공(後公)이 그 능란한 변설로 되찾아 왔을 때 유방이 다음과 같이 말한 것으로 기록돼 있다.

"허참, 천하의 변사(辯士)로다. 그 변설이면 나라도 기울게 하

34

리라."

따라서 한고조 유방의 이 말에서 경국의 어원이 비롯되었다고
보기도 한다.

경   원(敬遠)

공자(孔子)는 양친의 야합의 결과로서 태어난 자식이었다. 즉
양친은 하늘에 제사도 지내지 않고 남녀관계를 맺고 조상의 영(靈)
에 고하지도 않고 공자를 낳았다는 것이다.

'——나는 짐승과 다름 없는 교합에서 생겨난 자식이다.

이 열등감……불륜의 죄업을 보상하기 위해서는 정상적인 부부
관계에서 태어난 인간 이상으로 도덕적으로 완전한 사람이 되어야
만 한다. 그렇게 함으로써 하늘의 인정을 받아야만 한다.'

공자의 이상하리만큼 끈덕진 자기수업은 바로 이와 같은 결심
아래 시작된 것이라는 견해도 있다.

그러나 도덕적으로 완전한 사람이 되려고 부모의 행위를 부정하
면 불효라는 죄를 범해야만 하였고 불효라는 죄를 피하여 부모
의 행위를 용인하면 배덕(背德)이라는 행위를 긍정하는 것이 되
었다.

근대의 지성이라면 마땅히 이자 택일을 강요할 이 궁지를 만나
공자는 실로 독자적인 태도로 나왔다. 도덕은 도덕으로서 공경하
고 어버이는 어버이로서 공경하여 어버이와 도덕과의 관계에 대해
서는 관여치 않는다는 태도를 취했던 것이다. 말하자면 자기만은
어떠한 대상에 대해서도 올바르게 대하고 싶다는 자기중심주의를
견지했던 것이다.

이 결과 공자는 그 당시의 도덕과 인간정신의 대립이라는 문제
를 놓치고 윤리관에 새로운 창조를 가할 계기를 놓쳤으며 하늘과
조상의 영에 의해 사람에게 부과된 도덕률 등, 인간의 의사를 초
월하여 존재하는 모든 권위에 순순히 따르게 된 것이라고 보기도

한다.

따라서 공자의 가르침은 이러한 것이 ‘인간의 의사를 초월’해 있다면서 어째서 ‘권위’에 젖은 것이냐 하는 비밀을 추구하는 것이 아니라 어떻게 하여 이러한 ‘권위’에 따르느냐는 실천론에 머물렀다는 것이다.

특히 공자는 이와 같은 태도야말로 ‘지(知)’라고 확신하고 있었다. 제자인 번지(樊遲)가 어느 날 ‘지(知)’에 대해 물었다.

공자께서 말씀하셨다.

“내 스스로가 해야 할 일에만 노력을 하고 귀(鬼—사람의 영혼)와 신(神—하늘에 있는 초월자)은 공경을 하나 멀리해 둔다. 이렇게 하면 ‘지(知)’라 할 수 있으리라.”

‘공경을 하고 이를 멀리 한다’란 공경은 하나 친숙하게 여기지 말 것, 요컨대 신에게 의지하지 않는다는 것을 뜻하며 여기에 공자가 지닌, 초월자의 객관적인 공정함에 대한 절대적인 신뢰가 엿보인다.

오늘날 ‘경원(敬遠—공경하여 멀리 한다)’이라는 말이 ‘꺼려서 피한다’는 뜻으로 쓰여지고 있다는 것을 안다면 공자는 아마 크게 놀랄 것이다.

계군일학(鷄群一鶴)

학립계군(鶴立鷄群), 군계일학(群鷄一鶴) 등의 말과 같은 뜻이다. 뭇사람보다 빼어났거나 많은 평범한 사람들 중에 오직 한 사람 뛰어난 인물이 섞여 있을 때에 비유된다.

「진서(晋書)」의 혜소전(嵇紹傳)에서 인용된 말이다.

혜소는 자(字)를 연조(延祖)라 하며 죽림칠현(竹林七賢)의 한 사람으로 유명한 위(魏)의 중산대부(中散大夫) 혜강(嵇康)의 아들이다.

혜소는 열 살 때 부친이 무고한 죄로 형장의 이슬로 사라진 이래 홀어머니를 모시고 근신하고 있었으나 당시 이부(吏部)에서 벼슬하고 있던 죽은 부친의 친구이며 죽림칠현의 한 사람인 산도(山濤)가 무제(武帝)에게 그를 천거했다.

"강고(康誥―서경의 편명)에, 아비의 죄는 아들에게 미치지 않으며 아들의 죄는 그 아비에게 미치지 않는다고 씌어 있습니다. 혜소는 혜강의 아들이긴 합니다마는 슬기롭기는 춘추시대 진(晉)나라의 대부 각결(郤缺)보다 앞서면 앞섰지 뒤떨어지지 않습니다. 아무쪼록 그를 불러 비서랑(秘書郎) 벼슬을 주시기 바랍니다."

"경이 추천할 만한 사람이라면 낭(郎)보다 승(丞)을 주어도 괜찮겠지."

이렇게 말한 무제는 비서랑보다 한 계급 위인 비서승(秘書丞)으로 혜소를 발탁했다.

혜소가 처음으로 낙양(洛陽)에 들어갔던 무렵 어떤 사람이 칠현의 한 사람인 왕융(王戎)에게 말했다.

"어저께 혼잡한 사람들 속에서 처음으로 혜소를 봤습니다만 드높은 의기며 기개가 마치 닭의 무리 속에 한 마리 학이 끼여 있는 것 같더군요."

이에 왕융은 대답했다.

"자네는 당초부터 그의 부친을 본 적이 없었기 때문일세."

계군일학(鷄群一鶴)이란 말은 여기에서 나왔다. 그러나 왕융의 이 말로 미루어 보아 혜소는 그의 부친 혜강보다는 좀 떨어지는 인물인 듯하다. 어쨌든 그는 얼마 안 가서 여음태수(汝陰太守)가 되었다.

상서좌복야(尙書左僕射)로 있던 배외(裴頠)도 혜소를 매우 높이 평가하는 사람으로 입버릇처럼 되뇌이고 있었다.

"연조(延祖)를 이부상서(吏部尙書)로 삼았다면 천하의 모든 영재(英才)가 하나 빠짐 없이 등용될 것을……"

혜소는 그의 힘을 입어 산기상시(散騎常侍)에서 시중(侍中)으로 승진되어 혜제(惠帝)를 가까이 모시고 기회 있을 때마다 올바르고 곧은 말을 올렸다.

제왕(齊王) 경(冏)이 상당한 세력을 떨치고 있을 무렵 혜소는 의논할 일이 있어서 제왕에게 갔다.

그때 왕은 두세 사람의 측근자들과 연회중이었는데 그 측근자들이 왕에게 말했다.

"혜시중(嵇侍中)은 거문고의 명수(名手)이십니다."

이렇게 떠들며 그 자리에 거문고를 갖고 오게 하자 왕은 혜소에게 한 곡조 뜯어보라고 청했다.

그러자 혜소는 서슴치 않고 말했다.

"왕은 나라를 바로잡고 백성들의 모범이 되어야 할 분이 아니십니까? 이 혜소도, 비록 못난 자이긴 하지만 천자를 가까이 모시며 조복(朝服)을 입고 궁중에 출입하는 몸입니다. 그런 사람이 어찌 거문고 줄이나 튕기며 악인(樂人) 노릇을 하겠습니까? 평복(平服)을 입은 사적인 술자리라면 구태여 거절하지 않겠습니다."

왕은 얼굴을 붉히고 대꾸를 못했다.

영흥(永興) 원년, 팔왕(八王)의 난이 한창일 때 천자는 하간왕(河間王) 옹(顒)을 치고자 출병했으나 싸움에 패하여 수도를 버리고 피난길에 오르게 되었다.

혜소가 천자의 부름을 받고 그 피난처까지 달려갔을 때는 천자의 군대는 이미 탕음(蕩陰)에서 패전한 뒤였으며 천자를 가까이 모셔야 할 문무백관과 시위(侍衛)들은 거의가 도망을 치고 천자의 주변에는 열 손가락으로 헤아릴 정도밖에 사람이 없었다.

혜소는 홀로 의관을 가다듬고 천자의 수레 앞을 지키며 다시 피난길에 올랐다. 무수한 적군들이 몰려들고 창칼이 난무하며 화살이 비오듯 했으나 혜소는 온몸에 상처를 입어 가면서도 끝내 천자를 지키다가 화살을 맞고 쓰러졌다. 이때 그의 피가 튀어 천자의 옷을 붉게 물들였다고 한다.

천자는 깊은 감동을 받았다. 나중에 위험에서 벗어난 뒤 근시(近侍)들이 천자의 옷에 묻은 선혈을 씻어내려 하자 왕은 말했다.

"이것은 혜시중의 충성된 피이다. 씻어내지 말라!"

그리고는 그 옷을 벗지 않았다.

처음 혜소가 천자를 찾아 출발하려 했을 때 같은 시중인 진준(秦
準)이 물었다.
"혜시중은 큰 싸움판에 나가신다는데 좋은 말을 갖고 계시오?"
혜소는 꾸짖듯 대답했다.
"폐하의 친정(親征)은 정(正)으로써 역(逆)을 치는 것이니만큼
어디까지나 정토(征討)이지 싸움이 아니외다. 만일 폐하의 옥체를
보호하지 못한다면 신하의 도리를 다하지 못하는 것이오. 준마가
무슨 소용이 있겠소."
나중에 이 말을 전해 듣고 감격하지 않은 이가 없었다고 한다.

계　　　륵(鷄肋)

삼국연의(三國演義)로 유명한 삼국 정립시대(鼎立時代)가 출현
하기 바로 직전인 후한(後漢)의 헌제(獻帝) 24년에 있었던 일이다.
익주(益州)를 점령한 유비(劉備)가 한중(漢中)을 평정한 다음,
그를 토벌하기 위해서 출병해 온 위(魏)나라 조조(曹操)의 대군을
맞아 역사적인 대전투를 벌이고 있을 무렵이었다. 전투는 일진일
퇴를 거듭하면서 여러 달에 걸쳐 오랫동안 계속되었다.
유비의 병참은 후방의 요소요소를 제갈량(諸葛亮)이 용의주도한
방법으로 확보해 놓은 데 반하여, 조조는 병참을 소홀히 하여 질
서가 문란하고 도망병이 속출하기에 이르렀다. 진격이냐, 수비냐
하는 판단을 내려야 할 고비에 섰는데도 저마다 안절부절 조조의
눈치만 살피고 있는 형편이었다.
그러자 조조는 계륵(鷄肋)이라는 명령을 내렸다.
"계륵이라니, 대관절 이게 무슨 뜻일까."
조조의 막료들은 어리둥절했다. 그 중에 다만 한 사람 양수(楊
修)만이 고개를 끄덕이고 있었다.
양수는 원래 홍농(弘農) 사람으로 고겸(考兼)에게 천거되어 낭
중(郎中)을 거쳐 주부(主簿)의 벼슬에 오른 인물이다. 조조의 측

근에서 '수수께끼'의 명수로 이름을 날리기도 했고, 학문도 어지 간했으며 지혜가 뛰어난 사람이었다.

전에 강남(江南)에 갔을 때 조조와 비(碑)라는 글자의 은어풀이를 겨루었던 적이 있었다. 그때 양수는 막히는 법이 없이 척척 풀어냈으나 조조는 서른 걸음을 걸은 뒤에야 겨우 문제를 풀었다. 이때 조조는 다음과 같이 탄식했다고 한다.

"나의 재능은 너보다 뒤떨어지기 삼십 리로다."

어쨌든 양수는 조조의 명령을 듣자 혼자서 주섬주섬 보따리를 꾸렸다. 수도 장안(長安)으로 돌아가기 위한 행장이었다. 모든 참모들이 놀라서 그 까닭을 물었을 때 양수는 다음과 같이 해석을 내렸다.

"닭의 갈비(鷄肋)는 먹으려 하면 먹을 것이 없고, 그렇다고 해서 버리려면 아까운 것이오. 한중(漢中)을 여기다 비유해서 승상께서는 일단 철수하기로 결정하신 것이오."

과연 조조는 위나라 전군을 불러모아 한중으로부터 철수했다.

이것은 「후한서(後漢書)」의 양수전(楊修傳)에 수록된 이야기로서 '계륵'이라면 맛없는 것, 크게 소용되지는 않으나 그대로 버리기에는 아까운 것을 가리키고 있다.

송(宋)나라 때에는 이러한 의미를 가려 계륵편(鷄肋篇), 장계우편(壯季祐篇)이라는 책이름으로 사용하였다.

원래 양수라는 인물은 관도의 싸움에서 크게 패하여 하북(河北)의 실권을 조조에게 빼앗긴 원소(袁紹)의 아우 원술(袁術)의 생질이었던 관계로 나중에 조조의 둘째아들을 위나라 왕위 계승자로 만들기 위해 왕래했던 일을 모함받아 억울하게도 조조에게 죽음을 당했다.

'계륵'은 신체가 마르고 약한 사람을 가리키는 데도 사용되고 있다. 닭의 갈빗대 모양 골격이 빈약한 사람을 비유하는 것으로 순 우리 말이랄 수 있는 갈비씨라는 뜻과도 통한다.

또 「진서(晉書)」의 유령전(劉伶傳)을 보면 이런 이야기가 있다.

술을 좋아하는 죽림의 일곱 현인 중에서도 좌장격인 유령(劉伶)

이 어느 날 잔뜩 취해서 길을 가다가 행인과 부딪쳐 시비가 벌어졌다. 상대방이 팔소매를 걷어올리고 주먹을 휘두르며 덤벼들었을 때 유령은 서서히 물러서며 이렇게 말했다.

"보아하니 닭의 늑골과 같이 초라한 체격인 것 같으니 그대의 주먹은 사양하겠소."

상대방은 자기도 모르게 웃음이 터져나와 싸움판이 그만 웃음판으로 변했다는 것이다.

계명구도(鷄鳴狗盜)

아무리 못생기고 쓸모없는 사람일지라도 한 가지 재주만 가지고 있으면 자신은 물론 남까지도 도울 수 있다는 비유로 이 계명구도(鷄鳴狗盜)란 말이 사용된다.

이 말의 기원을 살펴보면 이러하다.

그 옛날, 진(秦), 초(楚), 제(齊), 한(韓), 위(魏), 조(趙) 등 소위 열국(列國)의 항쟁이 한창이던 전국시대도 거의 반이나 지나간 무렵이었다.

설(薛)이라는 곳에 제나라 왕족의 한 사람으로 정곽군(靖郭君) 전영(田嬰)이 살고 있었는데 이 사람에겐 맹상군(孟嘗君) 전문(田文)이란 아들이 있었다.

전영에겐 자식이 40여 명이나 되었는데, 맹상군 전문은 지체가 얕은 첩의 몸에서 태어났다. 더구나 당시에는 5월 5일에 태어난 자식은 부모에게 해를 끼친다는 속담이 있었는데 그는 바로 5월 5일 태생이므로 그가 태어났을 때 그 부친은 좋아하기는커녕 오히려 언짢게 여기기까지 했다.

그러나 이 아들이 보통 인물이 아니었다. 40여 명이나 되는 많은 자제들 중에서도 두드러지게 부친의 눈에 들어 이윽고 부친의 뒤를 이어 성주가 되었다.

그는 선정을 베풀기에 온 힘을 기울이는 한편 막대한 재산을 아껌없이 뿌려서 천하의 여러 인재를 모아들이기 시작했는데, 맹상군 휘하에 몸을 의지한 식객(食客)은 무려 3천 명이나 되었다고 한다.

이 식객들은 너나 할 것 없이 자신만만한 천하의 호걸들. 그러나 그 중에는 이 이야기의 주인공처럼 구도(狗盜—좀도둑)의 명인과 성대모방(聲帶模倣)에 천재적인 소질을 가진, 동료들로부터 경멸의 대상이 되는 사람도 섞여 있었다.

그러던 중 맹상군의 인물과 명성을 들어서 알게 된 진나라의 소양왕(昭襄王)이 맹상군을 자기 나라의 재상으로 초빙하겠다는 뜻을 전해 왔다.

맹상군은 주위 사람의 반대도 있고 해서 한때는 얼른 결정을 짓지 못하고 망설였으나 자기가 진나라의 재상이 된다면 모국인 제나라를 위하는 길이 되리라는 생각으로 결정을 내렸다.

곧 식객 중에서 고르고 고른 몇 사람만을 이끌고 진나라로 간 그는 값비싼 흰 여우가죽으로 만든 털옷을 선물로 내놓고 소양왕과 상면했다.

왕은 약속대로 재상에 임명하려고 했으나,

"맹상군은 제나라 왕족의 혈통을 이어받았습니다. 그런 사람을 재상에 임명하면 진나라에 이롭지 못합니다."

하는 반대론이 나와 한때 중지되고 말았다.

그렇다고 맹상군을 이대로 돌려 보낸다면 약속을 어긴 소양왕을 원망하고 틀림없이 그 앙갚음을 할 것이라 생각한 왕과 그 신하들은 맹상군을 남몰래 죽여 없애자는 계획을 세우게 되었다.

이런 형세를 눈치 챈 맹상군은 왕의 총희(寵姬)를 찾아가 그럴 듯한 이유를 들어 고향으로 돌아가야 되겠으니 왕에게 잘 말해 달라고 애원했다.

총희는 빙그레 웃으며 이렇게 말했다.

"그야 내가 왕께 여쭙기만 하면 어렵지 않겠지만 무슨 보답이 있어야 할 게 아니오?"

"무엇으로 보답했으면 좋겠습니까?"

"그대들이 왕께 선물로 바친 물건과 똑같은 흰 여우가죽 털옷이 아니면 싫소!"

어처구니 없는 생떼였다.

맹상군은 난처했다. 값진 흰 여우가죽 털옷을 거듭 두 벌이나 구할 자신이 없어서 골머리를 싸매고 있으려니 그 말을 들은 식객 중의 한 사나이가 어슬렁거리고 나왔다.

좀도둑질에 능한 바로 그 사나이였다.

그는 귀신도 모르게 진왕의 궁중에 잠입해서 선물로 바친 흰 여우가죽 털옷을 훔쳐냈다. 이런 내용을 모르는 총희는 입이 함지박만하게 벌어져서 이것을 받자 곧 소양왕에게 응석과 애교로 졸라대어 맹상군의 귀국을 승낙시켜 버렸다.

맹상군 일행은 우물쭈물하다간 언제 왕의 마음이 변할지 모르는 판국이라 그날로 진나라 서울 함양(咸陽)을 탈출하여 국경인 함곡관(函谷關)을 향해 떠났다.

한편 소양왕은 맹상군의 귀국을 허락한 것을 후회하고 지체없이 군사를 보내어 그들을 죽이도록 했다.

맹상군 일행이 함곡관에 도착한 것은 날이 밝기 전이었다. 이 나라의 법으로는 첫닭이 울기 전에는 관문을 열지 못했다.

"큰일났구나. 여기서 지체하고 있으면 곧바로 추격병들이 달려올 텐데……"

모두들 어찌할 바를 몰라 안절부절하고 있는데 이번에는 식객들 속에서 또 한 사람이 어슬렁거리고 나왔다. 바로 성대모방에 능한 사나이였다.

이 사나이의 자못 자신만만해 보이는 모습이 어둠 속으로 사라지는가 싶자, 날이 새자면 아직도 까마득한 시간에 첫닭이 우는 소리가 상쾌하게 울려퍼지는 게 아닌가. 이어 그 닭소리에 이끌린 다른 닭까지 일제히 울부짖기 시작했다.

관문을 지키던 병졸들은 눈을 비비며 잠에서 깨어나 고개를 갸우뚱거리면서 관문을 활짝 열었다.

"이때다!"

모두들 어렵지 않게 관문을 통과했다. 그뒤는 말에 채찍을 가하여 도망치는 일뿐이었다.

소양왕이 보낸 군사들이 그곳에 도착한 것은 그들이 떠난 지 불과 얼마 안 된 뒤였다고 한다.

계　발(啓發)

뜻을 열어 주고 지식을 넓혀 주며 사물의 이치를 밝게 해 줌을 일컫는 말이다.

「논어(論語)」술이편(述而篇)에 '분발하지 않으면 계발해 주지 않고 표현하지 못해 더듬거리지 않으면 밝혀 주지 않고(不憤不啓 不排不發)'라는 말이 나온다. 여기에서 분(憤)은 마음에 맞는 것을 구하여 얻지 못하고 있음을, 배(排)는 말하려고 하나 아직 말 못하고 있음을 뜻하는 것이며 계(啓)는 그 뜻을 폄을 이르고 발(發)은 그 말을 다함을 뜻한다.

공자는 중국에서 교육집단을 형성한 최초의 인물이었다. 그 교단은 제자 3천 명, 그 중 주요한 제자들만 해도 70명에 달할 정도의 규모였다. 제자들의 대부분은 신흥 선비계급에 속하는 사람들이었다. 이를테면 공자는 그때까지 귀족계급만이 독점하고 있던 학문을 해방시켜 새로 일어난 계급의 인격도야를 위한 학문을 일으킨 사람이라고 할 수 있다.

그 교육 형태는 개별적인 사실을 통해 추측할 수밖에 없으나 학숙(學塾)과 같은 형태가 아니었는가 싶다.

「논어」에는 공자와 제자간의 대화가 꽤 많이 나온다. 어떤 경우에도 공통된 사실은 공자가 상대를 관찰한 후 그 제자에게 적절한 교훈을 주고 있다는 점이다.

짐작컨대 공자는 자기와 제자 또는 제자 상호간에 자유스러운 깊은 토론을 하게 함으로써 제자들을 연마시켰던 모양이다. 따라서 공자 스스로는 학습교재였던 셈이다.

우리들이 현재 흔히 쓰고 있는 계발(啓發)이라는 말도 공자의 교육방법에서 유래한다. 공자는 자신의 교육방법은 어디까지나 상대의 자발성을 기대하는 것이라면서 다음과 같이 말하고 있다.

"애써 공부하여 왔는데도 바로 눈앞에 와서 무엇인가에 걸려 주저하거나 머뭇거리는 사람이 있다. 이런 상태가 아니고는 암시를 줄 수가 없다—(不憤不啓). 하고 싶은 말은 머리 속에 있으나 아무리 해도 잘 표현되지 않아 답답해 하고 있는 그런 상태가 아니면 도와 줄 수가 없다—(不排不發). 이편에서 한 가지 예를 들어 주면, 당장 다른 유형을 찾아 대뜸 응해 올 수 없는 자는 그 이상 지도할 수 없는 것이다."

결국 상대의 자발적 학습 태도를 기다린 다음에 잘 깨우치도록 도와 주어야 한다. 이것이 공자의 교육방법이었으며 '계발'이라는 말 속에도 그러한 뜻이 내포되어 있는 것이다.

물론 공자 또한 이 방법을 획일적으로 적용한 것은 아니다. 질문하는 사람이 지나치게 무지하여 무엇을 물어야 할지 모르고 있을 때에는 여러 가지 반문을 거듭한 연후에 의문점을 명백히 해주는 방법도 사용하였다.

공자는 교육자로서 실로 뛰어난 천분을 지녔었다고 말할 수 있을 것이다.

계포일낙(季布一諾)

초(楚)나라 사람 계포(季布)는 젊을 때부터 의협심이 강한 사나이로 알려져 있었다.

"좋소!"

하고 한 마디 말한 이상에는 그 약속은 반드시 지켰다.

후에 서초(西楚)의 패왕(覇王) 항우가 한(漢)의 유방과 천하를 건 싸움을 벌였을 때, 그는 초나라 장군으로 몇 번이나 유방을 괴롭혔으나 항우가 망하고 유방이 천하를 통일하게 되자 천금(千金)

의 현상금이 붙은 쫓기는 신세가 되었다.

그러나 그의 인간됨을 아는 사람은 감히 그를 밀고하지 않았을 뿐 아니라 고조 유방에게 그를 받아들이도록 주선해 주기까지 하였다.

그는 그 덕분으로 용서를 받고 처음엔 낭중(郎中)이 되었으나 다음 혜제(惠帝) 때 중랑장(中郎將)이 되었다.

권모술수가 소용돌이치는 궁정살이를 하는 동안에도 그는 옳은 것은 옳고 그른 것은 그르다고 주장하는 줏대와 성의가 조금도 변함이 없어 더욱더 사람들의 존경을 받았다.

다음에 그의 일화 하나를 소개한다.

흉노의 추장이 당시의 권력을 한손에 쥐고 있던 여태후(呂太后)를 업신여기는 듯한 불손하기 짝이 없는 서신을 조정에 보낸 적이 있었다.

"괘씸한 것들, 어떡했으면 좋겠느냐?"

매우 분노한 여태후는 곧장 제신들을 불러들여 어전회의를 열었는데 제일 먼저 앞으로 나선 사람은 상장군(上將軍) 번쾌(樊噲)였다.

"제가 10만 군대를 이끌고 흉노 오랑캐놈들에게 따끔한 맛을 보여 주겠습니다."

여씨(呂氏) 문중이 천하의 권력을 쥐고 있는 시대였다. 더구나 번쾌는 그 여씨 문중의 딸을 아내로 맞았고 여태후의 총애와 신임이 두터운 사람이므로, 여태후의 비위를 맞추고 그 눈치만 살펴오던 아첨배들이 즉석에서 이구동성으로,

"지당하다고 아뢰오."

하고 말한 것도 무리가 아니었다.

그때였다.

"번쾌를 베어야만 하오!"

하고 큰 소리로 외친 사람이 있었다. 그것은 계포였다.

"고조황제 같은 분도 40만의 대군을 이끌고 가셨지만 평성(平城) 싸움에서 그들에게 포위를 당한 적이 있지 않습니까. 그런데

도 불구하고 지금 번쾌는 고작 10만의 군대로 무찌르겠다 하니 호
언장담도 분수가 있어야 하오. 우리들 전부를 바보 등신이라고 생
각하지 않고서야 그런 말이 나올 수 없습니다. 지난날을 돌이켜
보면, 진나라가 망한 원인도 오랑캐를 상대로 쓸데없는 일을 꾸몄
기 때문에 진승(陳勝) 등이 그 헛점을 기화로 일어선 것입니다. 그
들에게서 받은 상처가 오늘날까지 완전히 아물지도 못한 판국인데
번쾌가 저런 말을 함부로 하는 걸 보면 그는 황제에게 아첨하며 천
하의 동요를 불러들이려는 자가 아니고 무엇이겠습니까!”
   뭇사람들의 얼굴빛이 싹 변했다. 계포의 목숨도 오늘로 마지막
이구나 하고 가슴이 덜컹 내려앉은 것이었다.
   그러나 여태후는 화를 내지 않았다.
   “그만 물러들 가거라.”
하고 명하더니 그 이후 두 번 다시 흉노 토벌에 대해 입을 떼지 않
았다고 한다.
   그 무렵, 초나라에 조구(曹丘)라는 사람이 있었다. 변론이 매우
능한 사람이지만 권세욕과 금전욕이 강한 사나이여서 조정내에 은
연한 세력을 갖고 있는 환관(宦官) 조담(趙談)이란 자의 비위를
맞추어 그 후원을 받고 있었다. 또한 당시의 황제였던 경제(景帝)
의 외숙(外叔)뻘 되는 두장군(竇長君)의 집에도 자주 출입하고 있
었다.
   이 소문을 들은 계포는 두장군에게,
   “조구는 쓸모없는 자입니다. 교제를 끊으시오.”
하는 내용의 편지를 보냈다.
   조구는 때마침 출장중이었으나 서울에 돌아오자 두장군을 찾아
와 계포에게 소개장을 써 달라고 부탁했다.
   “계포장군은 자네를 좋아하지 않는 것 같네. 가지 않는 편이 좋
지 않을까.”
   두장군은 이렇게 말렸으나 조구는 그래도 떼를 쓰다시피해서
소개장을 받아들자, 먼저 방문하고 싶다는 편지를 보내 놓은 다음
찾아갔다.

“네 녀석이 날 찾아오겠다고? 어디 두고 보자!”

편지를 읽고 화가 머리끝까지 치밀은 계포는 조구가 오기만을 기다리고 있었는데, 찾아간 조구는 인사를 마치자 입을 열었다.

“초나라 사람들은 ‘황금 백 근을 얻느니보다 계포의 한 마디 승낙을 받는다’고들 떠들고 있으며 이것이 어느새 속담으로 변하기까지 했는데 도대체 어째서 이토록 유명해지셨는지 가르쳐 주시지 않겠습니까. 우리들은 본디 같은 고향 출신입니다. 그런 내가 당신의 소문을 천하에 퍼뜨리고 다니면 어떻게 되겠습니까. 지금 당신의 명성은 고작해야 양(梁)나라와 초나라에만 자자하지만 내가 각처를 돌아다니며 말을 퍼뜨리면 당신의 이름은 온 천하에 떨쳐 울리게 될 것입니다.”

자기의 명성이 천하에 자자해진다는 말을 듣고 보니 계포인들 기쁘지 않을 리 없었다. 곧 조구를 자기 집에 머물게 하고 몇 달 동안을 귀한 손님처럼 대접한 뒤에 떠나 보냈다. 이 조구의 구변으로써 계포의 이름은 더욱더 유명해졌다.

고　희(古稀)

당나라 도성 장안, 그 동남쪽 끝에 곡강(曲江)이라는 못이 있었다. 못 남쪽에는 부용원(芙蓉苑)이라는 궁원(宮苑)이 있고 풍광이 아름다와 봄이면 꽃을 즐기는 장안 사람들로 들끓었다. 이 곡강 가에서 두보(杜甫)가 몇 수의 시를 남기고 있다. 그것은 건원(乾元) 원년, 두보가 47세 때 일이다.

두보는 이 무렵 좌습유(左拾遺)라는 관직을 얻어 궁중에 종사하고 있었다. 그리고 이 1년도 되지 못하는 세월이 그가 중앙에 종사한 최초이자 최후의 나날이기도 했다. 두보는 나이 어려서는 각지를 방랑하였으며 서른이 지나서야 장안으로 돌아와 관직을 얻으려 했으나 소망이 이루어지지 않았다. 곧 당나라 조정을 뒤흔드는 안록산(安祿山)의 난이 일어났다. 두보는 영무(靈武)의 행재소(行

在所)에 있는 숙종(肅宗)을 찾아가다가 난군에게 아홉 달 간 사로
잡혀 있었는데, 마침내 탈출하여 봉상(鳳翔)의 행자로 갔으므로 그
공에 의해 좌습유에 임명되었다.
　그리하여 전년 겨울 숙종을 따라 도성으로 돌아온 것이다. 허나
숙종을 둘러싸고 소용돌이치는 정치는 그의 마음에 분노를 불러일
으켰던 듯하다. 두보는 대궐에 참내하지도 않은 채 곡강 가로 나
가는 적이 많았다.
　곡강 가에서 꽃을 즐기는 두보의 뇌리에 오가는 것은 과연 무엇
이었을까. 그의 시에 이런 내용의 것이 있다.

　　　……날마다 조정을 물러나오면 봄옷을 저당잡고
　　　곡강 가에서 곤드레가 되어 돌아온다.
　　　술값을 외상 지는 것은 당연지사
　　　어차피 살아가노라면 있는 법
　　　인생은 그리 길지 않다.
　　　옛부터 칠십까지 사는 일이란 드문 것이다.
　　　만발한 꽃잎 사이를 날으는 나비는
　　　꽃밭 깊숙히 보이고
　　　잠자리는 물 위에 꽁지를 닿을 듯 말 듯
　　　한가로이 날아간다.
　　　봄의 풍광이여, 말 전하겠다.
　　　나나 너나 다같이 옮아 가고 흘러 가는 것
　　　이 짧은 한때를 우리 서로 소중히 여겨 가며
　　　거스르지 말기로 하자.

　이 시 가운데의 마지막 2행은 옛부터 여러 가지로 해석이 되었
으며, 또 '옛부터 칠십까지 사는 이란 드물도다'란 전해 내려오는
속담일 것이라고도 한다.
　허나 어쨌든 이 말은 두보에 의해 훌륭하게 정착되었고, 어떤
때는 애감(哀感)을 담고, 또는 드문 나이에 이르게 된 것을 축복

하는 뜻에도 사용하게 되었다. 칠십을 고희라 한 것도 여기서 비롯된 것이다.

그리고 두보는——그에게도 칠십은 드문 나이였다——중앙에 종사한 지 1년이 못가서 지방관으로 좌천이 되어 벼슬자리는 그만두고 또다시 각지를 방랑했다. 감숙성(甘肅省) 변두리 거리에서 골짜기의 거리로, 그리하여 원숭이들이 먹다 남긴 도토리로 허기를 면하기도 했다. 이윽고 사천(四川)의 성도(成都)에서 거의 3년 동안 비교적 행복한 날을 보내었는데 그것도 곧 틀어지게 되어 또다시 방랑생활이 시작되었다.

대력(大曆) 3년 봄, 두보는 멀고먼 장안을 향해 양자강에 배를 띄워 마지막 여행길에 올랐다. 그러나 길은 막히고 배는 물 위를 계속 헤매일 뿐이었다. 대력 5년 봄에 그는 배 안에서 노래를 불렀다.

　　늙은 눈에 비치는 꽃은
　　안개 속에서 보는 듯 흐리구나.
　　요염한 나비는 희롱을 하여
　　잠잠한 배의 휘장을 가로지르고
　　여기저기 갈매기는
　　재빨리도 강물 위를 날아 내리네.
　　흰 구름 푸른 산 너머 만 리 저편
　　저 북쪽에 장안이 있노라고
　　나는 근심을 하며 바라보노라……

두보는 이해 겨울 상강(湘江)에 띄운 배 안에서 죽었다. 쉰 아홉……허나 오랜 유랑의 고난을 통해 그의 시는 단지 비통한 것이 아니라 신비한 아름다움으로 닦여져서 이미 세상의 유전(流轉)을 초월한 자의 것 같았다.

곡학아세 (曲學阿世)

전한(前漢) 제 5 대 임금 무제(武帝)는 즉위와 동시에 천하에 어질고 현명한 인사를 구했는데 제일 먼저 시인으로 이름 높은 원고생(轅固生)을 불러들였다.

산동(山東) 태생인 원고생은 그 당시 나이 90세였으나 황제의 부름을 받자 매우 감격하여 '젊은 녀석들한테 지지 않을 테다'하고 백설 같은 머리를 흔들거리면서 서울로 올라왔다.

그런데 곧기만 하고 고집불통인 이 늙은이가 오게 되자 잘난 척하던 사이비 학자들은 큰 야단들이었다. 그들은 어떤 수단을 써서라도 황제의 마음을 돌이켜 보려고 필사적으로 원고생을 헐뜯고 욕을 늘어놓았다.

"그 늙은이는 이젠 쓸모가 없습니다. 시골 구석에 그대로 눌러앉아 증손자나 데리고 놀게 하는 편이 어울릴 겁니다. "

그러나 무제는 이들의 중상을 물리치고 기어코 원고생을 등용하기로 했다.

이 원고생과 동시에 등용된 사람이 또 있었다. 같은 산동 출신인 공손홍(公孫弘)이라는 소장학자였다.

공손홍은,

"이 송장이 되다가 만 늙은이가 알면 얼마나 안담……."
하는 태도로 원고생을 대했다.

그러나 원고생은 언짢게 여기는 기색 없이 공손홍에게 말했다.

"지금 학문의 길은 어지러워지고 속설이 유행하고 있다. 이대로 내버려 둔다면 역사 있는 학문의 전통은 요사스런 학설에 의해 드디어 모습을 잃게 될 것이다. 다행히 자네는 나이 젊고 학문을 좋아하는 선비라고 하니 아무쪼록 올바른 학문을 잘 익혀서 세상에 널리 퍼뜨려 주게. 결코 자기가 믿는 학설을 굽히고(曲學) 세상의 속물들에게 아부하지(阿世) 않도록……."

이것이 곡학아세(曲學阿世)란 말의 기원이다.

원고생을 만만히 보았던 공손홍도 절개를 굽히지 않는 원고생의 훌륭한 인격과 풍부한 학식에 경의를 표했으며 스스로를 부끄럽게 여겼다.

곧 찾아가서 지금까지의 무례함을 빌고 그의 제자가 되었다.

원고생이 태어나고 생애의 태반을 살아온 산동에서는 시(詩)를 배우려는 사람은 모두 원고생을 본받았고, 당시 이름있는 시인은 거의가 그의 제자였다고 한다.

원고생이 얼마나 강직한 사람이었는가를 설명하는 이야기로 또 하나의 일화가 있다.

그가 먼저 섬긴 바 있는 경제(景帝)의 모친 두태후(竇太后)는 노자(老子)라면 죽고 살지 못할 만큼 좋아하였다. 어느 때 박사(博士)인 원고생을 불러 이렇게 물었다.

"그대는 노자를 어떻게 생각하는가?"

"노자 따위는 머슴이나 노예와 다름 없는 형편 없는 사나이입니다. 때문에 그 자가 말한 것은 모두가 엉터리 아니면 속임수에 지나지 않습니다. 적어도 천하 국가를 논하는 인물로서는 문제삼을 만한 가치가 없는 자입니다."

하고 조금도 두려움 없이 말해 버렸다.

태후는 노발대발했다.

"뭣이 어쩌고 어쨌다고! 감히 노자를 엉터리라고 말했겠다. 이 괘씸한 것! 여봐라 이놈을 당장 감옥에 가두어라."

감옥에 갇힌 원고생에겐 매일 돼지를 죽여야 하는 벌이 주어졌다. 태후는 아흔 살이 넘은 노인인 그에게 돼지잡기란 쉬운 노릇이 아닐 게다, 못하면 못하는 대로 또다른 벌을 줄 이유가 된다는 생각에서였다.

그러나 태후의 아들 경제가 노인을 불쌍히 여기고 옥중의 원고생에게 예리한 칼을 주어 돼지를 찌르게 했으므로 원고생은 단 한 차례에 돼지의 심장을 찌를 수 있었다. 돼지는 쿵! 하고 쓰러져서 숨이 끊어져 버렸다. 이 소식을 들은 태후는 자기의 아들이긴 하지만 황제가 그를 감싸 주고 있다면 더 이상 원고생을 들볶을 수가 없으므로 하는 수 없이 감옥에서 풀어 주었다.

이렇듯 권력을 두려워 않고 심중의 말을 곧장 내뱉는 태도에 감탄한 황제는 원고생을 삼공(三公)의 하나인 청하왕(靑河王) 태부(太傅)에 승진시키고 그 신임은 더욱 두터워졌다.

그후 원고생은 나이가 너무 많다는 이유로 몇 번이나 사직하기를 원했으나 황제는 허락하지 않다가 그가 병들어 더는 출사(出仕)할 수 없게 되어서야 간신히 면관(免官)의 허락이 내렸다. 황제는 그를 그토록 신임하였던 것이다.

관포지교(管鮑之交)

당대(唐代)의 시성(詩聖)으로 유명한 두보의 시에 〈빈교행(貧交行)〉이란 작품이 있다.

손을 뒤집으면 구름이 일고
손을 덮으면 비가 오네.
분분한 경박함 따위 헤일 수 없네.
아는가, 관포(管鮑)가 어려울 때의 사귐을
지금 그 길 사람들 버려 흙 같네.

이 시는 인정의리가 땅에 떨어진 세태를 풍자한 것으로 굳게 맹세한 친구 사이도 별것 아닌 일로 사이가 벌어져 그야말로 말조차 하기 싫을 정도의 경박함으로 의리를 배반하는데, 옛날 관중(管仲)과 포숙아(鮑叔牙) 사이와 같은 빈부에 구애받지 않는 우정을 본받아야 함을 나타내고 있다.

그 관중과 포숙아의 사귐은 「사기」 관열전(管列傳)에 자세히 나와 있다.

관중은 춘추시대 초엽 제(齊)나라 사람이었다. 젊었을 때부터 포숙아와 더불어 둘도 없는 친구로 사귀었다. 포숙아도 관중의 보통이 아닌 재주에 반해서 항상 그의 좋은 이해자로 있었으며, 친구가 되었다.

뒤에 관중이 소홀(召忽)과 더불어 제나라의 공자 규(糾)의 측근이 되었고 포숙아는 공자의 동생인 소백(小白)을 모셨다. 얼마 안 있어 두 공자의 아버지인 양공(襄公)이 사촌동생인 공손무지(公孫無知)의 반란으로 시해를 당했다. 그러자 관중과 소홀은 공자규를 모시고, 노(魯)나라의 포숙아는 공자 소백을 모시고 거(莒)나라로 망명했다. 참주(僭主)인 공손무지가 자기네 나라 사람에게 살해당하자 관중과 포숙아는 적이 되었다. 관중은 공자 규를 등극시키려고 한때는 소백의 목숨을 뺏으려고 했으나 뜻을 이루지 못했는데 소백은 포숙아와 대부 고계(高傒)의 협력을 얻어 왕위에 올랐다. 그가 곧 춘추오패(春秋五覇)의 한 사람인 유명한 제(齊)의 환공(桓公)인 것이다.

항쟁에 진 공자 규는 환공(桓公)의 요구로 망명처인 노(魯)나라에서 살해되고, 그 협력자였던 관중과 소홀은 제(齊)나라로 호송되었다. 소홀은 자살해 죽고 관중은 조용히 묶여 왔다. 환공으로 치면 관중은 한때 제 목숨을 노렸던 불충한 놈이라 그 목을 쳐서 분통을 터뜨리려고 했으나 포숙아로서는 전에 가지고 있던 우의를 잊을 수 없었다. 또한 관중의 정치적 역량에 깊이 기대하는 바가 있어 환공에게 그를 추천했다.

"상께서는 제(齊) 한 나라를 다스리는 데 만족하신다면 고계와 저로서도 충분하시겠지만 천하를 다 얻으려고 한면 관중을 기용하지 않으면 안 되옵니다."

도량과 식견이 큰 환공은 평소 크게 신임하고 있는 신하인 포숙아의 충간을 받아들였다. 그리하여 죄인인 관중에게 그대로 대부라는 벼슬을 주어 정치를 맡겼다. 정말 관중은 대정치가의 수완을 발휘해서 저 유명한, '예(禮)·의(儀)·염(廉)·치(恥)는 나라의 네 가지 벼리[綱]이며 네 가지 그 벼리가 없으면 나라가 망한다'라는 「관자(管子)」목민편(牧民篇)을 내었다.

또한 '창름을 보아, 곧 식량이 넉넉하면 예절을 알고, 의식이 풍족하면 영욕을 안다'란 말에서 알 수 있듯이 국민경제의 안정에 입각한 덕본주의(德本主義)의 선정(善政)을 펴서 마침내 환공(桓公)으로 하여금 춘추시대(春秋時代) 유일의 패자(覇者)가 되게끔 만들었다.

그것은 물론 환공의 관용과 관중의 재능이 서로 맞아떨어진 결과 얻어진 성공이었다. 그리고 그 출발점은 포숙아의 관중에 대한 한결같은 우정이 있었기 때문에 가능한 것이었다.

그러므로 뒷날 관중은 포숙아에 대한 감사의 마음을 이렇게 술회하고 있다.

"내가 아직 젊고 가난했을 때에 포군(鮑君)과 함께 장사를 한 적이 있었는데 그 이문을 나누는데 언제나 그보다 많이 취했다. 한데도 그는 나를 욕심장이라고 한 적이 한 번도 없었다. 내가 가난한 것을 알고 있었기 때문이다. 또 그를 위해 한 짓이 실패해서 그를 더욱 궁지로 몰아넣게 되어도 그는 나를 어리석다고 하지 않았다. 일이란 틀어질 수도 있으니까. 나는 또 몇 번씩 벼슬자리에 올랐다가 목을 잘릴 때가 있었지만 그는 한 번도 나를 무능하다고 하지 않았다. 운(運)이 돌아오지 않고 있었기 때문이다. 전쟁시에는 자주 져서 도망친 적이 있지만 한 번도 비겁하다고 한 적이 없다. 나에겐 늙은 어머니가 계시는 줄 알고 있었기 때문이다. 그리고 규공(糾公)께서 지고 소홀이 자살했을 때에 나만 오라에 묶이는 치욕을 당했지만 그걸 염치없는 자라고 비웃지 않았다. 내가 작은 일에 구애받지 않고, 천하에 공명을 날리지 못함을 부끄러워한다는 것을 알기 때문이다. 나를 낳아 주신 것은 부모지만, 나를 알아 주는 사람은 포군(鮑君)이다."

그렇게까지 자기를 알아 주는 친구를 가지고 있다는 건 얼마나 행복한 일인가.

교언영색 (巧言令色)

　사람을 애교 있는 말이나 표정으로 대하는 것, 즉 교묘한 말과 아첨하는 얼굴빛으로 대하는 것을 말한다. 소인의 교묘한 수단과 아양 부리는 태도를 두고 이르는 말이다.

　공자는 「논어」 학이편(學而篇)에서, '교묘하게 꾸민 말과 곱게 꾸미는 얼굴빛에는 인애(仁愛)의 덕이 적으니라(巧言令色, 鮮矣仁)'라고 말하고 있다.

　듣기 좋은 변설, 남을 기쁘게만 하는 응대, 그런 경우일수록 인(仁)과는 거리가 멀다. 이것이 연유가 돼서, 표면뿐이고 속으로는 하등의 성의가 없는 말이나 표정이라는 뜻으로 흔히 쓰인다.

　또한 공자는 공야장편(公冶長篇)에서 같은 말을 쓰면서 다음과 같이 말하고 있다.

　'말을 꾸며 하고 얼굴빛을 좋게 하고, 지나치게 공손한 태도를 보이는 것을 좌구명(左丘明)이 부끄럽게 여기더니 나도 또한 부끄러워하노라. 원망을 숨기고서 그 사람과 친구로 지내는 것을 좌구명이 부끄럽게 여기더니, 나도 또한 부끄러워하노라.'

　'겉만 번지레한 애교, 공연한 친절, 그러한 비굴성을 좌구명은 수치로 알았다. 나도 동감이다. 또한 마음 속으로는 상대를 경멸하면서도 겉으로만 친구로 사귀는 것을 좌구명은 수치로 알았다. 이점에 대해서도 나는 동감이다'라는 공자의 명쾌한 태도가 잘 나타나 있는 글이다.

　좌구명이라는 사람에 대해서는 「춘추좌씨전(春秋左氏傳)」의 작자로만 전해지고 있을 뿐 자세한 것을 알 수가 없다.

　따라서 공자와의 관계도 잘 알 수 없다. 읽기에 따라서는 공자의 선배일 것 같기도 하고 제자인 것 같기도 하다.

　공자는 좌구명이 교언영색을 수치로 알았다는 사실을 지적하고 덧붙여 '나 역시 이를 수치로 안다'고 하여 강력히 동조하고 있다.

허식에 대한 공자의 강한 반발이 이러한 표현이 되어 나타난 것으로 생각된다. 거의 혐오에 가까운 감정을 엿볼 수 있다.

'선의인(鮮矣仁)', 즉 '적도다, 인(仁)이' 하는 도치법적 강조에서 바로 그런 점을 느낄 수 있다.

공자는 무엇보다도 대인관계에 있어서 허식을 미워했던 것이다.

교토사양구팽(狡兎死良狗烹)

'교활한 토끼가 다 잡히고 나면 이번엔 충실한 사냥개가 잡아먹힌다'라는 말로 교활한 토끼는 죽어서도 좋은 개를 삶아먹히게 한다는 뜻이다.

초나라의 패왕(覇王) 항우가 망하고 천하는 한나라로 돌아갔다. 한왕 유방이 제위에 올라 한나라의 고조(高祖)가 되었다.

그 이듬해의 일이다. 유방은 다음과 같은 강력한 교서를 제후들에게 내렸다.

"짐이 이제부터 운몽호(雲夢湖)에 행차하니 그대들도 짐을 따르도록 초(楚)의 진(陳)에 모이라."

거기엔 이유가 있었다.

당시 한신은 초왕(楚王)으로 책봉되어 있었는데 그 한신한테 항우의 용장(勇將)이었던 종리매(鐘離昧)가 숨어 있었다.

전에 여러 싸움에서 종리매에게 여러 번 시달림을 받은 고조는 그를 여간 미워하지 않고 있었으며 그 체포를 한신에게 명했는데 이전부터 한신은 종리매와 가까운 사이였기 때문에 그 명령을 듣지 않고 오히려 숨겨 주고 있었던 것이다.

그걸 안 어떤 자가 '한신이 역심(逆心)을 품고 있다'고 모함하자 고조는 진평의 책략을 쫓아 행차를 구실로 하여 제후군(諸侯軍)을 소집했던 것이다.

사태가 이쯤되자 한신은 진짜 반란을 일으킬까도 문득 생각해 보았지만 '내게는 아무 죄도 없지 않은가'라고 마음을 돌려 차라리 나아가서 고조에게 배알하려고 했다. 하지만 어슬렁어슬렁 나아갔다가 붙잡힐 것 같아 어쩐지 불안했다. 그러던 중 어느 날, 평소 술수가 뛰어난 부하가 속삭였다.

"종리매의 머리를 가지고 배알하시면 폐하도 기뻐하시고 군주께서도 걱정할 만한 일이 일어나지 않을 것입니다."

정말 그럴 듯하다고 생각된 한신이 그런 얘길 종리매에게 하게 되었다. 그러자 종리매가 말했다.

"고조가 초나라를 습격하지 않는 것은 자네 집에 내가 있기 때문일세. 그런데도 자네가 나를 죽여 고조에게 아첨한다면 자네도 이어 죽을 걸세. 자네도 참 한심한 친구일세. 내가 잘못 보았네. 정 그렇다면 내가 죽어 주지. 자네는 도저히 사람들 우두머리가 될 수 없는 자로군!"

그렇게 욕을 퍼붓고 자진해서 목을 잘랐다. 그 목을 가지고 한신은 진으로 갔는데, 아니나 다를까 그는 반역죄로 체포되었다. 한신은 억울했다.

"아아, 교활한 토끼가 죽어서 좋은 사냥개를 끓여 죽음을 당하게 하고, 적국이 패하고 모신(謀臣)이 망한다고 하는데 정말 그렇구나. 천하가 평정되고 무서운 적이 사라진 지금, 교활한 토끼가 다 잡히니까 이제 충실한 사냥개를 주인이 삶아 먹듯이, 한나라에 충성을 다한 내가 이번엔 고조에게 죽음을 당하다니!"

그렇지만 고조는 한신을 죽이지는 않았다. 하지만 초왕에서 회음후(淮陰侯)로 신분을 강등시켰다.

이 얘기는 「사기」의 회음후열전(淮陰侯列傳)에 나온다. 같은 열전 가운데 제(齊)의 괴통(蒯通)이 한신을 설득한 말로 월왕구천(越王句踐)에 대한 충신 범려(范蠡)를 보기로 들어 '들짐승이 이미 사라지고 사냥개를 삶는다'라고 했는데 같은 뜻으로 쓰인 다른 말이라고 할 수 있다.

'교토(狡兎)'라는 말은 혼히 쓰이는 말로 「전국책(戰國策)」에도 동곽준(東郭逡)을 '해내지 교토(海內之狡兎)'라고 쓰고 있다.

교토삼굴(狡兎三窟)

교토삼굴(狡兎三窟), 즉 슬기로운 토끼가 살아남을 수 있는 것은 숨을 굴을 셋이나 가지고 있기 때문이라는 뜻으로 사람이 난을 피하는 데 있어서 교묘한 재주를 가지고 있음을 두고 하는 말이다.

「전국책」중의 제책(齊策) 가운데 '교토유삼굴, 근득면기사이(狡兎有三窟, 僅得免其死耳)'라는 글에서 유래한 것으로, 식객 풍훤(馮諼)이 맹상군(孟嘗君)을 위해서 세 곳의 은신처를 마련해 준 고사에서 비롯하였다고 한다.

풍훤은 맹상군으로부터 설(薛)땅의 차용금을 거두어 오라는 명을 받았다. 풍훤은 설까지 수레를 몰고 가서 현지 관리를 시켜 부채가 있는 자들을 모두 모았다. 한 사람 빠짐 없이 모여들었으므로 그들의 증서를 맞추어 보니 전부 일치했다.

그는 모은 증서를 그 자리에서 모두 불태워 버렸다. 설의 백성들은 만세를 부르며 기뻐했다. 빈털터리로 돌아온 풍훤을 보고 맹상군은 못마땅한 얼굴이 되었으나 어쩔 수 없었다.

"당신에게 부족한 것이 있다면 그것은 은의(恩義)올시다. 차용증서를 태워 버리고 그 대신 당신을 위해서 은의를 사가지고 왔습니다."

이것이 풍훤의 대답이었던 것이다. 그로부터 1년 후, 맹상군이 제(齊)나라 민왕(湣王)의 노여움을 사게 되어 재상 자리를 내어놓고 영지로 돌아가자 설땅 사람들은 백 리 앞까지 나와서 맹상군을 위로해 주었다. 이것이 맹상군을 위해 준비한 첫번 은신처였다.

다음 풍훤은 위(魏)나라 서울 양(梁)으로 가서 혜왕(惠王)을 설득했다.

"제나라는 맹상군을 파면하고 말았습니다. 이분을 맞이하는 나라는 국력과 군사력이 아울러 강력해질 것입니다."

위나라는 맹상군을 맞기 위해 황금 천 근과 수레 백 량을 임관
준비용으로 세 번이나 보냈다. 허나 맹상군은 풍훤의 책략을 받아
들여 굳이 사양하고 받지 않았다. 두려움을 느낀 것은 이 소문을
들은 민왕이었다. 당장 사신을 보내어 자기의 잘못을 사과하고 또
다시 제나라 재상으로 맞이하였다. 이것이 두 번째의 은신처였다.
　세 번째 은신처로서, 풍훤은 설땅에 선대의 종묘를 세우도록 맹
상군에게 건의하였다. 선대의 종묘가 맹상군의 영지에 있는 한 민
왕으로서는 그에게 함부로 손을 대지 못할 것이므로 맹상군의 지
위는 확고부동한 것이 되었다.
　이리하여 맹상군이 재상의 지위에 머물기를 수십 년 동안 전혀
화를 입지 않은 것은 식객 풍훤이 맹상군을 위해서 세 가지의 숨
을 구멍을 마련해 주었기 때문이었다.
　이 이야기는 「사기」의 맹상군 열전에도 나와 있는데 거기에는
풍훤이 풍환(馮驩)으로 되어 있다.

구밀복검(口蜜腹劍)

　당나라 현종(玄宗)이, '개원(開元)의 치세(治世)'라는 칭송을
받았던 그 치정(治政)에도 이럭저럭 싫증을 느끼고 주색에 빠져들
게 되던 무렵 후궁을 통해서 현종의 환심을 얻고 재상이 된 사람
으로 이임보(李林甫)라는 자가 있었다.
　이임보는 황제의 근시(近侍)에게 아첨하여 자기를 칭찬하게 하
는 궁리도 하고, 좋든 나쁘든 무턱대고 황제의 의견에 복종해서 비
위를 맞추었다. 나아가서는 올바르고 곧은 신하나 백성의 목소리
가 황제의 귀에 들어가지 못하게 방해하는 등 차츰 황제의 마음을
사로잡았다.
　어느 땐가는 비위를 탄핵하는 직책인 어사(御史)에게,
　"폐하는 고금에 다시 없는 명군이시오. 그러므로 우리들 신하는
많은 말을 아뢰일 필요가 없소. 저 궁전 앞에 있는 의장병의 말을

보시오. 어사께서도 저와 같이 잠자코 서 있기만 하면 되는 거요.
만약 단 한 마디라도 쓸데없는 말을 지껄이면 그때는 가만 두지
않겠소！”
하고 위협하여 입을 봉해 버렸다.

그러나 정의의 인사는 얼마든지 있었다. 그래서 이임보는 특히
학문이 있는 선비를 싫어하고 조금이라도 정론을 지껄이는 자, 현
능(賢能)의 칭여가 높은 자가 있으면 지체 없이 구실을 만들어 주
살하든가 멀리 내쫓든가 하여 황제에게 접근하지 못하게끔 했다.
그리하여 당시의 사람들은,
“임보는 입끝으로는 달콤한 말을 하지만 뱃속에는 칼이 있다(口
蜜腹劍). 위험한 사람이다.”
하고 두려워했다.

그가 야밤중에 언월당(偃月堂)에 들어앉아 무언가 생각에 잠겼
다면 그 이튿날은 반드시 누군가가 주살되었다. 이런 식으로 조정
내의 권세를 잡고 마음대로 흔들었으므로 황태자를 비롯한 그 이
하의 사람들치고 그를 겁내지 않는 자가 없을 정도였다.

그러나 아무런 거리낌 없이 제멋대로 놀아나던 임보도 죽은 뒤
에는 벌을 받았다.

그는 죽은 지 넉 달 뒤, 생전에 호인(胡人)과 내통하여 모반을
꾀했다는 죄목으로 관직이 박탈되고 자손은 귀양을 가게 되었으며
그의 시체도 욕됨을 받았다.

그리고 이임보가 살아 있었을 때는 그를 두려워하여 찍소리 없
었던 안록산은 이제 겁나는 사람이 없어지자 반란을 일으킬 준비
를 서둘렀다.

구우일모(九牛一毛)

사마천(司馬遷)이 이릉(李陵)을 변호한 나머지 궁형(宮刑—남자
로서의 자격을 박탈하는 형)에 처해진 데는 다음과 같은 사정이 있

었다.

천한(天漢) 2년, 이릉은 이사장군(貳師將軍) 이광리(李廣利)의 별동대가 되어 흉노(匈奴) 정벌에 나섰다. 그는 변강(邊疆)에서 이름을 날린 이광(李廣)의 손자이다.

이릉은 불과 5천의 병사를 이끌고 있었을 뿐인데다 기마(騎馬)는 무제(武帝)로부터 주어져 있지도 않았다. 그런데도 불구하고 적의 주력과 맞부딪친 것이다.

그는 몇십 배나 되는 적군과 10여 일에 걸쳐 연이어 싸웠다. 이릉으로부터 승전 보고의 사자가 오면 조정에서는 천자를 비롯하여 모두들 축배를 들며 기뻐했다. 그러므로 그가 패배했다는 소식은 천자와 대신을 이를 데 없이 슬프게 했다.

그 다음해의 일이다. 죽은 줄 알았던 이릉이 흉노에게 항복하여 후한 대접을 받고 있다는 것을 알게 되었다. 한(漢)나라 무제는 이 소식을 듣자 화가 머리끝까지 치밀어 이릉의 일족을 몰살시키려고 했다.

군신은 일신의 안전과 이익을 위해 무제의 안색만 살피고 누구 하나 이릉을 위해 말해 주는 자가 없었다. 만년의 무제의 조정에는 점차 암운이 드리워지고 있었던 것이다.

이때 단 한 사람 이릉을 변호한 것이 사마천이었다. 사마천은 전부터, '이릉은 목숨을 던지고서라도 국난(國難)을 맞아 나설 국사(國士)이다'라고 생각하고 있었다.

그는 역사가로서의 엄격한 안목으로 일의 진상을 간파하고 대담 솔직하게 말하지 않을 수가 없었다.

"황공하오나, 아뢰옵니다. 이릉은 얼마 안 되는 병력으로 억만의 적과 싸워 오랑캐의 왕을 떨게 만들었습니다. 하오나 원군은 오지 않고 아군에 배신자가 나오는 판국이 되고 보면 어쩔 수 없는 일이었으리라 생각되옵니다. 또한 이릉은 병졸들과 고생을 함께 하여 인간으로서 할 수 있는 힘을 다 발휘한 명장이라 해도 과언이 아니옵니다. 그가 흉노에게 항복한 것은 아마 뒷날 한나라에 보답할 의도가 있기 때문일 것입니다. 이때 이릉의 공을 크게 천하에 나타내어 주시옵소서."

이 말을 들은 무제는 분연히 화를 내며 말했다.

"사마천은 이광리의 공을 저지하여 이릉을 이롭게 만든다."

이렇게 오해를 하고 사마천을 감옥에 넣었을 뿐만 아니라 끝내는 궁형에 처하고 말았다.

궁형이란 수염이 빠지고 얼굴이 멀대처럼 되어 성격까지 변하게 된다는 형벌이다. 사마천 자신도 '최하등의 치욕'이라 하고 있다. 또 그는, '세상 사람들은 내가 형을 받은 것 따위는 아홉 마리의 소(九牛)가 터럭 하나(一毛)를 잃은 정도로 밖에 느끼지 않을 것이다'라고도 말하고 있다.

그럼 사마천은 왜 창피를 당하면서도 살아야만 했던 것일까. 노비(奴卑)라 할지라도 자결할 길이 있었는데 왜 목숨을 끊지 않았던 것인가.

그것은 「사기」를 완성하기 위해서였다. 그의 아버지 사마담(司馬談)은 원수(元狩) 원년 태산에서 있었던 봉선(封禪—천자가 하늘에 제사 지내는 의식) 때 태사령(太史令—제사를 맡아 봄)이라는 직책임에도 불구하고 병이 들어 참가를 하지 못하자 그 때문에 울화가 치밀어 죽고 말았다. 이때 그는

"통사(通史)를 기록하라."

고 아들 사마천에게 유언을 했다.

사마천으로서는 「사기」를 완성하지 않고는 죽을래야 죽을 수도 없었던 것이다. 아버지의 노여움과 자식의 노여움이 결합되어 사마천의 집념이 되었다.

그는 비록 세상 사람들의 조소의 대상이 되어도——하루에 오장이 아홉 번 뒤틀리는 듯한 느낌을 당하면서도 계속 써나갔다. 속된 무리들이 알 수 없는 고생을 겪으면서 「사기」133권이 완성되었던 것이다.

이상은 사마천의 '임안(任安)에 보답하는 서(書)'에 의하는 것인데 '구우일모'는 문자 그대로 아홉 마리의 소 털 중의 하나로서 '다수 중의 극히 소수' '대단한 것이 못된다'는 의미이다.

그리고 같은 책에 나오는 말에, ‘죽음은 때로 태산보다 중하고 혹은 홍모(鴻毛)보다 가볍다’라는 말이 있는데 이것은 다음과 같은 의미를 갖는다.

‘죽음을 중하게 보고 가볍게 죽지 못할 때도 있고 가볍게 보고 한 목숨을 버릴 때도 있으므로, 어떤 때에 죽느냐가 문제이다.’

국　척(跼蹐)

국척(跼蹐)이란 ‘국천척지(跼天蹐地)’의 뜻으로 머리가 하늘에 닿을 것을 두려워하고 땅이 패일 것을 두려워해서 떠는 상태를 형용한 것이다.

이 말의 출전은 여러 곳에 보인다. 우선 육조시대(六朝時代)의 송(宋)의 범엽(范曄)이 지은 「후한서(後漢書)」의 진팽전(秦彭傳)에, ‘간리국척(姦吏跼蹐)하여 거짓을 받아들이지 않는다’는 말이 나온다.

이는 공정한 진팽(秦彭)을 맞이해서 부도덕한 벼슬아치들이 벌벌 떨어서 거짓말할 여지가 없었음을 이른다.

또 육조시대 양(梁)나라 무제(武帝)의 장자(長子) 소명태자(昭明太子)가 엮은 「문선(文選)」에 수록된 장형(張衡)의 〈동경부(東京賦)〉에, ‘어찌 헛되이 높은 하늘에 허리를 굽히고, 두터운 땅을 살금살금 걸을 정도일까. 그보다 더 떨고 있을 정도이다’라는 대목이 보인다.

이 국척이란 말은 「시경」 중 주(周)나라 조정의 아가(雅歌)를 수록한 것으로 알려진 소아(小雅)편의 〈정월(正月)〉이란 시에도 나온다.

　하늘이 확실히 높다 해도
　감히 허리를 굽힐 리 없고
　땅이 두텁다 하더라도

살금살금 걸어갈 리 없다.
지금 여기서 말하는 것은
이치에 맞기 때문이며
아 슬프다 오늘날
전갈처럼 독이 있음은.

이는 간신이 국정을 어지럽히고 정의지사가 '높은 하늘 밑에서 허리를 굽히고, 두터운 땅을 살금살금 걷는' 화를 만나지 않도록 두려움에 떤다는 뜻이다.

또한 '누가 새의 암수〔雌雄〕을 알리요'라는 말도 이 〈정월〉속에 있는 구절이다.

다른 구절이 「시경」의 통례대로 4언(四言)인데 이 구절만은 글자가 남아서 6언(六言)으로 되어 있다.

간신이 권력을 잡았기 때문에 임금이 나이든 원로나 복관(卜官)에게 무엇을 물어봐도 진실대로 답할 수 없으므로 '누가 새의 암수를 알리요'라고 했던 것이다. 오늘날에도 그와 같은 의미로 자주 인용되는 말이다.

국사무쌍(國士無雙)

진(秦)나라가 망하고 초(楚)나라의 패왕 항우와 한(漢)나라 왕 유방이 천하를 다투고 있을 무렵의 일이다.

초나라 군사의 위세에 눌려서 파촉에 들어박혀 있던 한나라 군사 속에 사타구니 사이를 빠져나갔다는 이야기로 유명한 한신이 있었다.

한신은 처음엔 초나라 군에 속해 있었으나 아무리 군략(軍略)을 헌책(獻策)해도 항우가 한 번도 들어 주지 않았으므로 정나미가 떨어져서 달아나 한나라에 항복을 했던 것이다.

아직까지 유방에게 알려질 기회는 없었으나 그래도 우연한 일로

부장(部長)인 하후영(夏侯嬰)에게 인정되어 치속도위(治粟都尉)로
천거되었다.

병량(兵量)을 관리하는 직무상 그는 다시 승상(丞相)인 소하(蕭
何)와 알게 되었다. 한신은 대망을 품고 있었으므로 그에 어울리
는 영재(英才)도 물론 가지고 있었다. 과연 소하는 그것을 꿰뚫어
보고 남몰래 기대를 걸고 있었다.

그즈음 관동(關東) 각지에서 유방을 따라온 부장들 중에는 향수
를 이기지 못하여 도망하는 자가 상당히 많았다. 마땅히 군사들
사이에 동요의 빛이 보이기 시작했다. 연달은 도망병들 속에 섞여
서 한신도 도망을 쳤다. 스스로의 영재에 자부하는 바가 컸던 그
는 치속도위 정도로는 도저히 만족할 수가 없었던 것이다.

한신이 도망쳤다는 보고가 전해지자 소하는 급거 뒤를 쫓았다.
그것이 이상하리만큼 갑작스러운 일이었으므로 소하도 도망을 쳤
다고 지레짐작한 자가 있어 유방에게 보고되었다. 유방은 두 팔을
잃은 것같이 낙담을 하였고, 분노 또한 컸다. 그런데 이틀이 지
나자 소하가 불쑥 돌아왔다. 그 얼굴을 보자 유방은 한편 노하고
한편 기뻐했다.

"승상쯤 되는 자가 어찌하여 도망을 쳤느냐?"

"도망을 친 것이 아니옵니다. 도망친 자를 쫓았던 것이지요."

"누구를?"

"한신입니다."

"뭣이, 한신이라고? 지금까지 장수들이 도망친 것은 열 손가락
이 넘을 정도이다. 경은 그 중 한 사람이라도 뒤쫓은 일이 있었던
가? 한데 이름도 없는 한신을 쫓다니 거짓말 말라."

"지금까지 도망친 장수 정도의 인물이라면 얼마든지 있습니다.
주공께서는 이름도 없는 한신이라고 말씀하시지만 그건 한신을 잘
모르시기 때문입니다. 한신은 실로 국사무쌍(國士無雙)이라고 이
를 만한 인물입니다. 주공께서 이 파촉 땅만을 영유하는 것으로
만족하신다면 한신이란 인물은 필요치 않습니다. 그러나 만약 동
방에 진출하여 천하를 다투시겠다면 한신을 빼고는 함께 군략을

짤 자가 없습니다. 한신이 필요한지 아닌지는 주공께서 천하를 바라시느냐 아니냐에 의해 정해지는 것입니다."

"물론 나는 천하를 목표로 삼고 있다. 이 땅에서 썩을 생각은 꿈에도 없다."

"그러시다면 제발 한신을 활용할 것을 결심하십시오. 한신은 반드시 머무를 것입니다."

"알겠다. 나는 한신을 모르나 경이 그토록 천거를 한다면 경을 위해 한신을 장군으로 임명하겠다."

"아닙니다. 그 정도로는 아직 활용하는 것이 못되옵니다."

"좋아, 그럼 대장군으로 임명하자."

이렇게 하여 한신은 한나라의 대장군이 되었다. 드디어 한신은 자기의 영재를 휘두를 출발점에 섰던 것이다.

때는 한왕 원년의 일이었다. 이 이야기는 「사기」의 회음후열전에 나온다.

이와 같이 국사무쌍이란 한 나라 안에 둘도 없이 뛰어난 사람이라는 뜻이다.

국파산하재(國破山河在)

'나라는 쓰러져도 그 산하는 남아 있도다(國破山河在)'

당(唐)의 대시인 두보(杜甫)가 지은 오언절구 〈춘망(春望)〉의 첫구절이다.

두보가 그동안의 소원이 이루어져 벼슬자리에 오른 것은 43세 때 일이었다.

하여튼 소원이 이루어져 이제는 생활도 안정되려니 하던 차에 공교롭게도 안록산의 난이 터졌다.

안록산은 북동방(北東方)의 절도사(節度使)로 18만의 대병력을 장악하고 있었으며 지금의 북경(北京) 가까이에 있는 범양(范陽)에 있었는데 현종(玄宗)의 좌우에 있는 불충한 신하들을 없앤다는 구실로 궐기했던 것이다.

755년 11월이었다. 파죽지세로 남하한 그는 정월에 동도(東都)인 낙양을 함락시키고 대연황제(大燕皇帝)라 칭했다.

그해 5월, 장안(長安) 서울도 위태로워지고 현종을 비롯해 벼슬아치들과 양반들도 낙향할 수밖에 없었다.

두보도 처자들이 있던 장안의 동북방 시골로 그저 목숨만 건진 채 도망쳤다. 그 시골도 마냥 안전하리라고는 생각되지 않아서 더 두메산골인 강촌(羌村)이란 시골로 처자를 피난시킨 두보는 당시 현종의 태자(太子)로 서방(西方)의 영무(靈武)라는 외떨어진 시골에서 그래도 등극한 숙종(肅宗)의 조정에 입궐하려고 출발했다. 그러나 다시 적에게 붙들려 장안으로 호송되고 말았다.

두보는 이렇게 포로가 되었지만 불행 중 다행으로 그 벼슬이 그리 높지 않았던데다 백발이 성성하고 늙어빠진 늙은이였기 때문에 ——두보는 조로한 편이었다——목숨을 건졌을 뿐 아니라 감시도 허술했다.

두보는 전화(戰禍)에 피폐되고 보잘것없이 가련할 정도로 파괴된 서울거리를 직접 눈여겨볼 수 있었다.

안록산은 본디 오랑캐 호인(胡人)이었다. 그래서 오랑캐로 짜여진 군대를 키우고 있었다. 거친 오랑캐들이 내노란 듯 말을 타고 쏘다니자 부녀자들은 벌벌 떨었고 거지행색을 하고 거리를 헤매는 왕손공자(王孫公子)들까지 있었다.

두보 자신 또한 사람의 눈을 피하여 장안거리를 헤매며 그 처참한 광경을 목격하고 슬픈 노래들을 지었다.

　나라는 쓰러져도 그 산하는 남아 있도다.

서울의 거리가 파괴되고, 당황실(唐皇室)이 안록산에게 져서 나라는 멸망하고, 질서는 사라지고 제도도 망가져 백성들은 의지할 데가 전혀 없어진 상황에서 그 간절한 슬픔을 통해 인간사의 허무함을 표현한 것이다.

안록산의 난은 그 뒤 사사명(史思明) 부자의 난으로 발전하였는
데 그 난이 완전히 평정되기까지에는 99년이 걸렸다. 허나 당시
가장 큰 나라였던 당조(唐朝)는 이 난으로 전성기의 질서와 위력
을 회복할 만한 실력을 잃어버려 무인(武人)들이 할거하자 곧 쇠
퇴해 가고 말았다. 곧 당조의 기반은 이때 망가졌다고 해도 과언
이 아니다. 나라가 망한 것이다.
〈춘망〉의 전편은 다음과 같다.

  나라는 쓰러져도 그 산하는 남아 있도다.
  성은 봄을 맞아 초목은 푸르르나
  시대를 느끼니 꽃 한 송이에도 눈물 겹고
  이별을 한탄하여 새소리에도 마음이 아프다.
  횃불은 석 달을 이어지니
  가서(家書)는 천금에 해당한다.
  흰 머리를 긁으니 더욱 빠져
  이제는 망건 비녀 찌를 데 없도다.

군자표변(君子豹變)

군자는 자기에게 과실이 있으면 이를 개선하는 데 매우 빠르고
분명하다는 것이 그 본래의 뜻이다. 그런데 이것이 어찌된 영문인
지 단순히 표변(豹變)이라고만 사용하여 주의, 주장, 행동을 성급
히 바꾸어 버리는 것, 또는 요령 좋게 탈바꿈을 할 때에 쓰이는
말이 되고 있다.
이 말의 근거는 「주역(周易)」의 다음과 같은 구절에 있다.
'君子豹變, 小人革面, 征凶, 居貞吉'
즉 군자는 자기 잘못을 고치는 데 몹시 빠르고 그 결과는 표범
〔豹〕의 무늬가 확실한 것처럼 외면에도 뚜렷이 나타난다. 소인은
군자만큼 뚜렷이 자기를 고치기는 어려우나 얼굴빛을 변할 정도의

자기변혁은 할 수가 있다. 그 이상의 변화를 요구하는 것도 좋지 않고 옳은 것을 지키고만 있으면 된다는 뜻이다.

이 해석이 일반적으로 많이 쓰이는 뜻이나 어찌된 셈인지 오늘 날에는 본뜻에서 벗어나 재주 좋은 처세술을 비꼬는 말로써 주로 통용되고 있는 것 같다.

이에 대해, '대인(大人)은 호변(虎變)한다'는 말도 있다.

대인은 군자에 비하여 한층 높은 사람이다. 호랑이가 표범에 비하여 한층 더 힘도 세고 그 가죽이 아름다우며 가을에 새털이 나서 찬란한 얼룩무늬를 이루는 것을 대인의 자기 변혁으로 비유하고 있다. 하지만 이는 '군자표변'에 비해 혼히 사용되지 않는 것 같다.

급격하게 변화가 많은 현대 사회에서, 너무나 현실을 쫓기에 바빠 고전적이며 인도적인 중요한 고사성어를 신의와 우정의 급격한 변화에 대한 야유로 쓰고 있음을 우리는 비극으로 알아야 할 것인가.

굴신제천하(屈臣制天下)

체면을 생각하는 나머지 부하의 진언을 듣지 않고 그 때문에 실패하는 예는 참으로 많다. 이 이야기도 그 일례이다.

진(秦)나라와 조(趙)나라 사이에 전국시대 중 제일 큰 장평(長平)의 싸움이 일어난 것은 기원전 306년의 일이다. 이 싸움에서 진나라는 크게 이기기는 했으나 그 손해는 막대한 것으로서 밀려가는 적을 추격할 여유가 없었다. 그로부터 1년이 지났다. 진나라의 소왕(昭王)은 병력이 회복되었으므로 다시 한 번 조나라를 치려고 했다.

명장 무안군(武安君)이 이것을 말렸다.

"그것은 안 됩니다. 장평의 싸움에서 우리 진나라는 대승을 하고 적은 대패했습니다. 진나라는 승리로 들끓고 전사자는 정중히 매장되고, 부상자나 쇠약해진 사람에게는 후한 돌봄이 있었습니다.
그러나 그 때문에 진나라의 재력은 바닥이 났습니다. 그와 반대로
대패한 조나라는 전사자를 수용하지 못하고 부상자를 돌볼 수도
없는 참상이었습니다. 그러나 온나라가 다함께 슬픔을 나누고, 걱
정을 해오면서 부흥에 힘썼기 때문에 이제는 국력이 충실해지고
게다가 신하는 물론 임금까지가 밤낮으로 정무에 힘쓰고 있습니
다. 지금은 조나라를 칠 시기가 아닙니다.”

그러나 소왕은 장군 왕릉(王陵)에게 명하여 조나라를 치게 했
다. 왕릉은 고전 끝에 다섯 군단(軍團)을 잃었다. 소왕은 무안군
을 보내려고 했으나 무안군은 병을 구실삼아 사퇴했다. 할 수 없
이 소왕은 다시 병력을 증강하고, 왕릉을 대신해서 왕흘(王齕)을
대장으로 하여 조나라를 치게 했다. 왕흘은 8, 9개월 동안이나 조
나라의 서울인 한단(邯鄲)을 포위했으나 사상자만 속출했을 뿐,
함락시킬 수는 없었다. 초조해진 소왕은 무안군을 찾아가서 억지
로 병상에서 일어나게 한 뒤,

“누운 대로라도 좋으니 지휘를 해주오.”
하고 명했다.

무안군은 머리를 조아리고 아뢰었다.

“제발 조나라를 치는 일은 그만두어 주십시오. 조나라를 치지
않아도 천하를 잡는 길은 있습니다. ‘신하에게 굽히고 천하를 제
패한다(屈臣制天下)’란 이것을 말하는 것입니다. 만일 신의 말을
듣지 않으시고 꼭 조나라를 치시고, 신을 벌하실 마음이시라면
‘신하에게 이기고 천하에 지는’ 결과가 될 것입니다. 신을 이겨서
위엄을 세우는 것과 천하를 이겨서 제위를 빛내는 것과 어느 쪽이
나은 것일까요. 제발 신의 뜻을 굽어 살펴 주소서.”

소왕은 말도 않고 가 버렸다.

무안군은 이름을 백기(白起)라고 하며 장평의 싸움에서는 조나
라의 병졸을 40만이나 몰살시킨 용장이었으나 이 항명사건 때문에
얼마 안 가서 소왕으로부터 죽임을 받아 그 비극적인 생애를 끝마
쳤다.

권토중래(捲土重來)

일패도지(一敗塗地)란 말이 있다. 승승장구해 들어가던 것이 하루아침에 꺼꾸러져 여지없이 망해 버리는 것을 가리키는 말이다.

권토중래란 그 반대의 의미를 지닌다.

이 권토중래란, 사람이 다시 세력을 만회한 다음 최후로 총력을 기울여 다시 승부를 결정지으려 하는 것을 말한다.

건곤일척(乾坤一擲)이니, 사면초가(四面楚歌)니, 팔년풍진(八年風塵)이니 가지가지 문자들을 남기고 간 항우에 관한 이야기이다.

항우가 스물 네 살 때 8천 명의 병졸을 이끌고 일어나 서른 한 살에 자결을 할 때까지의 8년은 그야말로 승승장구였으나 한 번 넘어지자 역시 일패도지가 되고 말았다.

한신이 그를 잡기 위해 수십만 대군을 구리산(九里山) 70리 곳곳에 매복시켜 두었건만 그는 혼자 무사히 탈출하여 고향으로 갈 생각으로 배를 탔다.

적과 싸울 때는 지기 싫은 오기와 살고 싶은 본능에서 화살이 비오듯 하고 칼과 창이 숲을 이루는 속을 악전고투 무사히 빠져나왔으나 막상 적의 포위를 벗어나 고향땅에 발을 들여놓으려 하자 살 생각도, 다시 일어날 용기도 팍 꺾이고 말았다.

그가 오강(烏江)에 다다랐을 때 오강을 지키고 있던 초소장 비슷한 정장(亭長)의 권고로 그의 고향인 이른바 강 동쪽으로 건너려 했다.

그러나 그는 다시 마음을 바꾸어 배에서 내려 끝내 자살을 해버리고 말았지만 그때 오강 정장은 그에게 권토중래할 것을 권했다고 한다.

이 대목을 두고 지은 시가 바로 그가 죽은 천 년 뒤 사람인 두목(杜牧)의, 〈오강정에 붙인다(題烏江亭)〉라는 시이다.

그 시를 소개하면 다음과 같다.

지고 이기는 것은 병가로도 알 수 없는 일
분함을 안고 욕됨을 견디는 것이 사나이
강동의 자제들에 인재가 많으니
나라를 들어 다시 오는 날 아직도 알 수 없구나
勝敗兵家不可期
包着忍恥是男兒
江東子弟才俊多
捲土重來未不知

　이것은 오강 정장이 항우에게 한 이야기를 읊은 것이다. 낙심하지 말고 강동의 인재를 망라해서 힘을 기른 다음 온 국력을 다 기울여, 즉 땅을 쓸어 다시 와 싸우면 이길 가능성이 전연 없는 것도 아니라는 충고였다. 그래서 여기에 '무면도강(無面渡江)'이란 말이 또 생겼다.
　정장의 말이 옳은 것이고 또한 가능성이 없는 것도 아니나 8천 명 부하를 있는 대로 다 죽이고 난 지금 혼자 무슨 낯으로 강을 건너가겠느냐는 것이다.
　이런 항우의 심정을 사나이다운 생각으로 평하기도 한다.
　무면도강이란 문자는 돌아갈 면목이 없다는 이야기요, 소기의 일이 실패로 돌아가 그에게 기대를 걸었던 사람들의 얼굴을 대할 수 없게 된 심정을 말한 것이다. 두목은 항우의 인간성에 동정을 보내어 그의 사나이다운 일면을 강조하기 위해 이런 글을 쓴 것이다.
　두목의 이런 동정에 대해 왕안석(王安石)은 반대의 의견을 말한다.
　'강동 자제가 있기로서니 그를 위해 권토중래할 사람은 없다'는 것이다.
　「사기」에서, 저자인 사마천은 항우를 평해 '너무 자신이 지나친 사람'이라고 했다.
　항우에 대해서는 각자 평을 달리하지만 목적을 위해서는 수단방

법을 가리지 않고 권모술수를 일삼는 사람보다는 힘껏 힘을 구사
하고 실패와 동시에 죽어 버린 항우가 더 위대하다고 보는 사람도
있다.

권토(捲土)란 땅을 싹 쓸어 총력을 기울인다는 뜻이 아니고 하
늘 높이 흙먼지를 일으키는 위세를 말한 것이라고 해석하는 사람
들도 있다.

어쨌든 권토중래는 두목의 시에서 시작된 말이다. 총력을 기울
여 오든, 흙먼지를 일으키고 오든, 그건 문제가 아니다.

다만 한 번 실패했다고 해서 낙심하지 않고 다시 힘을 길러 재
기의 새 출발을 하는 것을 권토중래라고 한다.

금성 탕지(金城湯池)

전국(戰國)의 어지러운 천하를 통일하여 역사상 전무후무한 대
제국을 건설한 진(秦)나라도 시황제(始皇帝)가 죽고, 정치에 어둡
고 용렬한 이세황제(二世皇帝)가 즉위하자 차츰 그 주춧돌이 흔들
릴 징조가 보이기 시작했다.

그와 때를 같이 하여 각처에 잠복하고 있던 전국시대 여섯 강국
의 종실(宗室)과 유신(遺臣)들은 진을 타도하기 위해 각기 머리를
쳐들고 일어섰다. 그리고 제각기 왕이라 칭하고 군사를 일으켜 군
현(郡縣—진나라는 봉건제가 아니라 군현을 두는 중앙집권제였다)의 책임
자를 죽이고 성시(城市)를 점령하는 등 그 기세는 자못 대단했으
며 진나라의 위엄은 아주 땅에 떨어지고 말았다.

그런 무렵 무신(武信)이란 사람이 조(趙)나라의 옛 영토를 평정
하고 무신군(武信君)이라 칭했다.

이것을 본 범양(范陽)의 논객(論客) 괴통(蒯通)이 현령(縣令) 서
공(徐公)에게 말했다.

"당신은 지금 매우 위험한 상태에 놓여 있습니다. 그래서 차마
모른 척할 수가 없어 일러드리려고 왔습니다. 그러니 제 말을 반

74

아들이기만 한다면 화가 바뀌어서 복이 될 것입니다.”
　서공은 놀랐다.
　“어째서 위험하다는 거요?”
　“생각해 보십시오. 당신이 현령이 되고 십여 년이 지나는 동안 진나라의 형벌이 너무 가혹했기 때문에 형벌로 어버이가 피살된 자식, 팔다리를 잘리운 사람, 몸에 문신(紋身)이 넣어진 사람 등 헤아릴 수도 없습니다. 이 사람들은 모두 마음 속으로 진나라를, 아니 직접적으론 당신을 원망하고 있지만 그렇다고 그 누구도 감히 당신에게 해를 입히려고는 하지 않았습니다. 그것은 진나라가 무섭기 때문이었습니다. 다만 지금은 다릅니다. 지금은 천하가 어지럽고 진의 호령은 효력이 없어졌으므로 사람들은 지금이야말로 당신을 죽여 원한을 풀며 이름을 떨치려고 합니다. 어찌 딱하지 않겠습니까?”
　“그렇다면 그대의 말을 듣는다면 어떻게 된다는 건가?”
　괴통은 바싹 다가앉으며 다음과 같이 말했다.
　“나는 당신을 대신해서 무신군을 만나 이렇게 말하겠습니다.
　‘싸움에 이기고 토지를 빼앗고 공격을 하여 성을 빼앗는 것은 희생이 너무 큽니다. 나에게 싸우지 않고 토지와 성을 빼앗는 계략이 있는데 그것을 사용하도록 하십시오.’ 하고 말입니다.
　무신군은 틀림없이,
　‘그건 어떤 방법인가?’ 하고 물을 것입니다.
　그때 나는 이렇게 말합니다.
　‘만약 당신이 범양을 공격하여 현령이 힘이 다 해서 항복했을 경우 당신께서 현령을 대접하는 태도가 소홀하다면 죽음을 겁내고 부귀를 탐내는 각국의 현령들은 모처럼 항복했는데 저런 대우를 받는다면 손해라고 더욱 싸울 준비를 충실히 하고 끓는 물의 못에 둘러싸인 강철 성(金城湯池)처럼 철통 같은 수비로써 당신의 군대를 기다릴 것입니다. 이렇게 되면 일이 쉽지 않습니다. 나는 감히 충고하겠습니다. 아무쪼록 범양 현령을 후하게 대접하고 그 사람을 각처에 보내어 이쪽의 뜻을 전하도록 하십시오. 각처의 현령은 그것을 보고 (범양 현령은 남보다 빨리 항복한 덕분에 죽음을 당하기는커녕 오히려 후한 대접까지 받는구나. 그렇다면 나도…) 이런 심정들로 모두 싸우지 않고 항복할 것입니다. 이것이 천 리 사방을 힘 안 들이고 평정하는 방법입니다.'
하고 말한다면 무신군도 틀림없이 들어 줄 것입니다."
"거참 좋은 방법이오. 곧 떠나도록 하시오."
크게 기뻐한 서공은 괴통을 곧 무신군에게 보냈다.
무신군도 괴통의 말을 듣고 과연 그렇군, 하고 감탄했으며 그가 시키는 대로 범양 현령을 정중한 예로써 초대한 후 각처를 두루 돌며 유세하도록 했다. 이리하여 범양의 사람들은 전화(戰火)를 면하게 되어서 공의 덕을 칭송했고 싸우지 않고 무신군에게 항복한 성이 화북(華北)에만도 30여 개나 되었다고 한다.

금슬상화(琴瑟相和)

「시경」 소아의 〈상체(常棣)〉에 '처자가 좋아하고 금슬이 북 치는 것 같다'라는 시구가 나온다. 곧 슬(瑟)은 큰 거문고, 금(琴)은 작은 거문고로 그 둘을 뜯을 때 그 음조가 잘 어울려 두 거문고의 소리가 서로 고르게 응해 즐거운 분위기를 자아내는 것같이 부부 사이가 좋다는 것을 말하고 있다.

또 「시경」 주남(周南)의 〈관저(關雎)〉에 '요조숙녀(窈窕淑女)는 금슬(琴瑟)로 이에 가까웁다'라고 했다. 여기서 일반적으로 부부 사이가 좋은 것을 '금슬상화(琴瑟相和)' 한다고 한다.

이 〈상체〉는 형제일족(兄弟一族)을 모아 놓고 연회를 열어 먹고 마시는 모양을 노래한 것으로 주(周)의 무왕(武王)의 아우 주공 단(周公旦)이 그 형제인 관숙선(管叔鮮)과 채숙도(蔡叔度)가 정도를 어기고 주(周)를 배반한 사실을 불쌍히 여겨 노래한 시라고 한다.

또 일설에는 주(周)의 여왕(厲王) 때에 종족이 불화하자 소목공

(召穆公)이 일동을 모아놓고 그 자리에서 주공(周公)이 지은 노래
라고도 한다.

관숙(管叔)과 채숙(蔡叔)이란 주공의 형과 아우 벌이 되며 은
(殷)의 주왕(紂王)의 뒤를 이은 무경(武庚)의 대신이었다. 무왕이
붕서(崩逝)한 뒤 주공이 어린 성왕(成王)을 수렴청정하고 있자 주
공을 못마땅하게 여기던 관숙과 채숙은 주공이 성왕을 몰아내려는
내심을 가지고 있다는 소문을 널리 퍼뜨려 주공을 왕으로부터 멀
리 떼어놓았다.

그러나 주공이 다시 초빙된 것을 본 두 사람은 두려워져 무경을
위에 세워 반란을 일으켰다. 그러나 결국 왕명을 받은 주공에 의
해 무경과 관숙은 주살되고 채숙은 추방당했다.

시(詩)는 각장 4구(四句), 8장(八章)으로 되어 있는데, 그 대강
의 뜻은 다음과 같다.

산앵도나무꽃이 어지러이 피었어라.
모두 이렇게 아름다이 만발하여
지금이사 형과 아우의 정애가 이렇듯 깊을 수가.
죽음의 위협을 받아도 형제는 서로 생각하고
들과 못이 모이듯, 형제는 서로 찾거니.
할미새가 물가를 떠나 들에서 괴로움을 겪듯 괴로울 때에도
형제는 서로 도우려고 달려가는데
아무리 친한 벗 사이라도 그럴 수는 없으리.
집에서는 서로 다투어도 밖에서는 서로 감싸 주니
벗으로는 도저히 그럴 수 없으리.
무사태평할 때에는 형제란 아무 쓸모도 없고
벗이 더더욱 도움이 될지 모른다.
허나 어떠냐! 형제들이 모두 모여 산해진미 앞에 놓고
약주타령하는 즐거움은.
처자 모두 정답게 금슬이 서로 맞아떨어져
형제가 모여 부드러운 기분이 이어진다.

집일도 번창하고, 처자도 즐긴다.
왜 그런고 하고 물으면
형제화합이 그 근원이라면 납득이 갈 것이어늘——.

기　우(杞憂)

주(周)나라 시대, 지금의 하남성(河南省) 개봉(開封) 근처에 기국(杞國)이라는 작은 나라가 있었다.

그 기국에 한 사나이가 있었는데 이 사나이는 만일 하늘이 무너지고 땅이 꺼지면 내 한몸을 의지할 데가 없으니 어쩌나 하는 근심을 매일 하다 보니 밤에는 잠을 이루지 못하고 목구멍으로 밥이 넘어가지 않았다.

그런데 그 사나이가 근심하는 꼴을 보고 그걸 또 근심하는 사람이 있었는데, 그 사람은 생각다 못해 사나이를 찾아가서 타일러 주었다.

"여보게, 하늘이란 공기가 쌓였을 뿐이야. 공기가 없는 곳은 한군데도 없어. 우리들은 자나깨나 하늘 속에서 몸을 움직이기도 하고 팔다리를 놀리고 있잖나. 그런데 왜 하늘이 무너진단 말인가?"

"하늘이 정말로 공기가 쌓여서 된 거라면 해나 달이나 별들이 떨어지지 않을까요?"

"허참, 한심한 친구군. 해나 달이나 별도 모두 쌓이고 쌓인 공기 속에서 빛나고 있기 때문에 떨어진다 해도 사람이 다칠 염려는 조금도 없다네."

"왜 땅은 꺼지지 않지요?"

"땅이란 흙더미가 쌓였을 뿐이야. 사방 팔방 어디할 것 없이 모두 흙더미로 돼 있어. 우리가 아무리 뛰고 뛴다 하더라도 언제나 땅 위에 있잖은가. 그러니 뭣 때문에 대지가 꺼진다고 근심을 할 것인가."

그래서 근심걱정하던 사나이는 근심을 덜고 속이 후련해졌다. 타

일러 준 사람은 근심하는 꼴을 보지 않게 되어 대단히 좋아했다.

열자(列子)는 이 이야기를 듣고 웃으며 말했다.

"천지가 무너지지 않는다고 말한 사람도 역시 잘못 말한 것이다. 무너지느냐, 무너지지 않느냐는 우리들이 알아낼 수 없는 아득한 곳의 문제이다. 그러므로 무너진다고 말한 자에게도 일리가 있고 무너지지 않는다고 말한 자에게도 일리가 있다. 따라서 삶은 죽음을 알지 못하고 죽음은 삶을 알지 못한다. 미래는 과거를 알지 못하며 과거는 미래를 모른다. 하물며 천지가 무너지고 않고를 우리들이 어떻게 마음 속에 담아서 생각할 수 있단 말인가."

기우(杞憂)니, 기인우천(杞人憂天)이니 하는 말은 이 「열자」의 천서편(天瑞篇)에 있는 말로 '안해도 좋을 근심걱정을 한다' 또는 '쓸데없는 근심을 한다'는 비유로 쓰인다.

기호지세(騎虎之勢)

위(魏), 오(吳), 촉(蜀)의 삼국 대립이 위나라의 승리로 끝나자 위는 국호를 진(晋)이라 고치고 천하를 다스렸다.

그러나 진의 천하도 불과 50년만에 변경 오랑캐 민족의 침공으로 망하고, 남방 양자강(楊子江) 지대의, 지난날 오나라의 수도인 건업(建業)에 새로이 동진(東晋)이 일어났다.

진나라의 옛땅은 5호(五胡) 즉 흉노(匈奴), 갈(羯), 선비(鮮卑), 저(低), 강(羌)의 다섯 이민족(異民族)에 의해 점령되었고 이후 한민족(漢民族)에 대립하여 항쟁을 계속하더니 약 130년 동안에 무려 16개나 되는 나라가 생겨났다간 망하곤 했다. 이것을 5호 16국시대(五胡十六國時代)라고 한다.

이후 동진은 내란으로 멸망하고 다시 송(宋)나라가 생기더니 그 뒤를 이어 제(齊), 양(梁), 진(陳) 등이 연이어 일어났다.

한편 북방에서는 선비가 후위(後魏)를 세웠고 그것은 다시 동위(東魏), 서위(西魏), 북주(北周) 등 차례차례로 이어졌는데 이

시대를 남북조시대(南北朝時代)라고 한다.

그런데 북조 최후의 왕조인 북주(北周)의 의제(宜帝)가 세상을 떠나자 그의 외척이 되는 한민족(漢民族)인 양견(楊堅)이 뒷처리를 하기 위해 궁중에 들어갔다.

이 양견이란 사람은 북주의 외척이 되는 동시에 인물도 훌륭한 사람으로 재상이 되어 혼자 도맡다시피 국정을 처리해 왔으나 자기의 나라가 이민족인 오랑캐에게 점령된 것을 전부터 분하게 여겨오던 터라 기회만 있으면 천하를 다시 한민족의 수중에 넣으려는 생각을 남몰래 품고 있었다.

그런 판국에 의제가 죽은 것이었다.

의제의 아들은 아직 나이가 어린데다 또 그리 똑똑한 편이 못되었으므로 그는 탁월한 수완과 교묘한 내치외교(內治外交) 끝에 마침내 어린 황제에게서 제위를 물려받아서는 자기가 수(隋)나라를 세웠다.

그리고 8년 후인 서기 518년, 양견은 남조의 진을 멸망시키고 천하를 통일했다.

이 사람이 바로 수고조(隋高祖) 문제(文帝)이다.

이 문제의 황후는 독고황후(獨孤皇后)라고 했다.

그녀는 전부터 남편의 입을 통해 남편이 큰 뜻을 품고 있음을 들어왔기 때문에 의제가 죽고 남편이 기다리고 기다리던 북주의 천하를 빼앗기 위해 궁중에 들어가 계책을 세워 동분서주할 무렵 그에게 사람을 보내어 이렇게 말을 전했다.

"하루에 천 리를 달리는 호랑이 등에 올라탄 이상 도중에서 내릴 수는 없습니다. 도중에서 내린다면 호랑이에게 잡아먹히고 말 것이니까요. 어떤 일이 있더라도 끝까지 호랑이와 함께 가야 합니다. 이미 큰 일을 하고자 일어선 바에는 중도에서 꺾여서는 안 됩니다. 반드시 목적을 달성하도록 노력해 주십시오."

양견이 아내의 이 말에 크게 힘입었음은 말할 것도 없다.

황후는 하남(河南)사람으로 북주의 대사마(大司馬) 벼슬을 지낸 하내공(河內公) 신(信)의 딸이었다. 하내공 신은 양견의 사람됨을 보고 딸이 열네 살 되던 해에 시집보냈다.

　그녀는 신부 시절에는 얌전하게 부도(婦道)를 지켜왔으나 후에 그 언니가 북주나라 명제(明帝)의 황후가 되고 장녀는 의제의 황후가 되자 차츰 여걸다운 능력을 발휘하기 시작했다.

　한편 이런 이야기도 있다.

　전에 이민족의 어떤 사람이 8백만금의 가치가 있는 훌륭한 주옥을 그녀에게 갖고 와서 사라고 권했다.

　그때 그녀는,

　"지금은 외적의 끊임없는 침공을 받고 있으며 장병은 그것을 막아 싸우느라고 지칠 대로 지쳤습니다. 구슬을 살 8백만금의 돈이 있다면 공을 세운 장병들에게 나누어 주는 편이 훨씬 잘하는 처사이겠지요."

하고 말하며 단호하게 거절했다고 한다.

　어쨌든 그녀는 여장부임에 틀림없었던 것 같다.

　「수서(隋書)」에는 기호(騎虎)가 아니고 기수(騎獸)로 쓰여져 있다. 이것은 고조 문제의 이름자가 범호(虎)자 이므로 호자를 피한 것으로 보인다.

기화(奇貨)를 놓치지 말지어다

　때는 전국(戰國)시대 말엽이다.

　조(趙)나라 도읍인 한단(邯鄲)은 나라가 쇠퇴해 가는데도 불구하고 중원(中原)문화의 정수를 모으고 상업이 왕성하여 오가는 여러 나라 사람들이 많았다.

　한(韓)나라 도읍인 양책(陽翟)의 호상(豪商) 여불위(呂不韋)는 상용으로 자주 한단에 가곤 했는데 우연히 진(秦)나라 태자 안국군(安國君)의 서자(庶子)인 자초(子楚)가 인질로서 이 도성에 살고 있다는 것을 알았다. 이야기를 들어보니 몹시 고생을 하고 있는 듯했다.

그로부터 며칠 뒤 문득 이 상인의 머리에 기막힌 영감이 번뜩였다.

──이 기화를 놓치지 말지어다!

여불위는 무언가 큰 투기라도 하는 듯한 심정으로 곧 헐어빠진 자초의 처소를 찾아가,

"제가 귀하를 도와 드리지요."

하고 얼토당토 않은 말을 꺼내었다.

농담이려니 하고 처음부터 가볍게 들어 넘기는 자초에게 여불위는 간곡하게 말했다.

"아닙니다, 귀하께서 잘 되면 자연히 저에게도 좋은 일이 생길 테니까요."

이렇듯 무슨 깊은 사유라도 있는 듯한 태도에 안방으로 청해 들였다.

여불위는 소리를 낮추어 말했다.

"아시겠습니까, 소양왕(昭襄王)께서는 이제 연로하시니 곧 귀하의 아버님이신 안국군님이 진왕(秦王)이 되실 것입니다. 그러나 정실 화양부인(華陽夫人)에게는 세자가 없습니다. 귀하를 포함한 이십수 명의 서자들 가운데서 누구를 태자로 택하실까요. 솔직히 말해서 귀하는 유리한 입장에 있다고 할 수 없습니다."

"하지만 이제 와서는 어떻게 할 도리가 없지 않소?"

"문제는 바로 그것입니다. 저에게 돈이 있으니 화양부인에게 보낼 선물과 널리 여러 인재를 모으기 위한 자금을 대어 드리지요. 직접 진나라로 가서 귀하를 태자로 책립해 주시게끔 힘을 써 드리겠습니다."

자초는 그제야 기쁨을 이기지 못하여 손을 잡을 듯이 반가와하며, 맹세했다.

"만약 당신 말대로만 된다면 함께 진나라를 다스리기로 합시다."

여불위의 엄청난 재력(財力)과 뛰어난 웅변은 마침내 불우한 일개 서자를 태자로 책립시키는 데 성공하였다.

그리하여 자기 자식을 잉태한 조희(趙姬)를 순진한 자초에게 시

집보내어 태어난 아이가 시황제가 된 것이니 여불위의 야망은 보
기좋게 달성되었다고 해도 좋으리라.

　자초라는 기화(奇貨)는 여불위의 손아귀에서 마침내 그 가치가
폭등한 것이었다.

나
나의 혀를 보라—능서는 붓을 가리지 않는다

나의 혀를 보라

전국(戰國) 세상도 절정에 이른 기원전 4세기 말 무렵이다. 위(魏)나라에 장의(張儀)라는 가난한 사람이 있었다. 비록 가난하더라도 남보다 무언가 뛰어난 재능이나 수완의 소유자, 혹은 지혜자라면 출세할 수 있는 기회가 여기저기 딩굴어 있던 당시였다. 이 가난뱅이 장의도 젊은 나이에 입신 출세의 야망을 품고 있었다.

그래서 귀곡(鬼谷)이라는 권모술수에 뛰어난 선생에게 사사하여 학문을 배웠는데, 장의의 우수한 머리는 남달리 뛰어나 다른 제자들로 하여금 혀를 내두르게 했다.

이윽고 수업을 마치자 자기를 발탁해 줄 자를 찾아서 여러 나라를 돌아다니다가 남쪽의 초(楚)나라에 가서 재상인 소양(昭陽)이라는 인물의 식객이 되었다. 식객이란 군자나 제후고관이 집에 두어 기르는 장래성 있는 인물을 말한다.

어느 날 소양이 초나라 제후에게서 선물받은 '화씨벽(和氏璧)'이라는 보석을 신하들에게 구경시키는 연회를 베풀었는데 웬일인지 그 연회석에서 보석이 없어지고 말았다. 그리하여 그 자리에 있었던 장의가 의심을 받게 되었다.

"장의는 가난뱅이인데다 소행이 나쁜 놈이니 틀림없이 저놈이 훔쳤을 것이다."

모두들 너도 나도 장의에게 죄를 뒤집어 씌웠으므로 소양도 그렇게 믿고 장의를 힐문했으나 자백을 받지 못했다. 결국은 매를 수백 대나 맞으면서도 끝까지 그는 죄인임을 승복하지 않았다. 소양은 하는 수 없이 놓아 주었다. 온몸이 터지도록 **상처를 입고** 초주검이 되어 고향으로 돌아온 장의에게 아내가,
  "섣불리 책을 읽고 유세(遊說) 따위를 하니 이런 욕을 당하는거예요."
하고 눈물을 흘렸다. 그러자 장의는 혀를 쑥 내밀고 물었다.
  "내 혀를 보라. 있느냐, 없느냐?"
  이이가 대관절 무슨 소리를 하는가고 아내는 우스워져서,
  "혀는 있어요."
하고 웃으며 대답하자,
  "그렇다면 충분해!"
  장의는 시치미를 뚝 떼고 말했다.
  「사기」 장의전(張儀傳)에 나오는 이야기이다.
  몸이 아무리 상처가 나건, 비록 절름발이가 되고 손이 없어지는한이 있더라도 자기 혀만 있다면 충분히 살아갈 수 있다. 그뿐이랴, 천하라도 움직여 보이겠다. 장의는 아내에게 그렇게 말한 것이었다. 뒷날 그는 진(秦)나라에 종사하여 재상까지 지냈으며 그혀로 천하의 나라들을 자유 자재로 움직였다.
  혀는 자기 생각을 말하는 데에 소용될 뿐 아니라 때로는 상대를위협하고 혹은 추켜세우며 알랑거려서 책략에 빠뜨리고 자기가 생각한 대로 끌어들이는 무기이기도 한 것이다. 백만 대군보다도 무서운 무기이며 더구나 밑천이 들지 않는 무기였다.
  장의는 이와 같은 혀의 기능을 유감없이 발휘하여 그 당시의 여러 큰 나라들을 어느 기간 동안 휘둘러서 연형(連衡)의 책략을 이루게 한 대천재라고도 할 수 있을 것이다.

낙양(洛陽)의 지가(紙價)

  육조(六朝)시대, 진(晋)나라에 좌사(左思)라고 하는 사람이 있

었다.

제(齊)나라의 임치(臨淄) 사람으로 어렸을 때에는 공부를 잘못하고 장고나 거문고 등 음악을 배웠으나 거기에도 소질이 없는 듯 아무런 진도가 없었다.

그러나 철들면서부터 아버지의 간절한 소원과 일깨움으로 부지런히 학문을 닦은 결과 시인으로서의 재질을 발휘하게 되었다.

천생으로 얼굴이 못생긴 추남인데다가 말까지 더듬어서 가까운 친구도 별로 없었으나 일단 붓을 들기만 하면 청산유수로 술술 흘러나오는 그의 시는 실로 장엄하고 미려해서 어깨를 겨눌 사람이 없었다.

그는 혼자 고독 속에서 창작에 몰두하여 꼬박 1년만에 〈제도부(齊都賦)〉를 완성하였다. 단지 서정적이거나 감상적인 전원시 따위가 아니었다.

그는 이어 〈삼도부(三都賦)〉를 다시 착수하겠다는 열망에 사로잡혔다. 삼도란 세 나라의 도읍을 말하는 것으로 촉(蜀)나라의 성도(成都), 오(吳)나라의 건업(建業), 그리고 위(魏)나라의 업(鄴)인 것이다.

좌사는 이 파란만장했던 세 나라의 수도가 정립해서 흥망성쇠를 되풀이한 역사를 노래로써 읊어보고 싶었던 것이다.

그리하여 마침 낙양으로 이사를 가게 된 것을 기화로 그는 이 회심의 대작에 착수하였다.

1년, 2년, 좌사는 온신경과 모든 전력을 기울여 자나깨나 거작 〈삼도부〉에 몰두하였다.

집안에도 뜨락에도 종이와 붓을 놓고 불현듯 한 마디의 구절이 떠오르면 놓칠새라 그 자리에 엎드려 글을 써 모았다.

이리하기를 10년. 10년을 한결같이 집착한 끝에 〈삼도부〉의 거작이 완성되었으나 아직 알아 주는 사람은 없었다.

얼마 후 당시의 유명한 시인 장화(張華)가 우연한 기회에 이 시를 읽었다. 웅대한 구상, 화려하고 다양한 환상, 유려한 필치에 장화는 자기도 모르게 놀라 부르짖었다.

"이 시인은 적어도 반(班), 장(張)의 영역을 넘어서고 있다."

후한(後漢)때 〈양도부(兩都賦)〉를 읊은 반고(班固), 그리고 〈이경부(二京賦)〉를 쓴 장형(張衡), 이 두 사람의 대시인에다 비유를 한 것이었다.

〈삼도부〉는 이 장화의 격찬과 더불어 사람들의 관심을 모으기 시작하여 날이 갈수록 날개돋힌 듯이 팔렸다.

고관과 귀족사회에서 앞을 다투어 좌사의 시를 베껴 쓰게 되었으며 계속해서 그의 〈삼도부〉를 요구하는 층들이 늘어났기 때문에 사본용으로 쓰는 종이가 날개 돋힌 듯 팔려 드디어는 낙양의 종이값이 마구 뛰어오르게 되었다.

그 시대에는 아직 인쇄로 책을 만들지 못하던 때인지라 읽고 싶은 책이 있으면 종이를 구해다가 일일이 붓으로 옮겨 써서 읽는 도리밖에 없었다.

아뭏든 이 좌사의 〈삼도부〉의 완성으로 인해 일약, '낙양의 종이값이 올랐다'고 했으니 그 인기를 가히 짐작할 수 있으리라.

이상이 「진서(晋書)」의 문원전(文苑傳)에 수록되어 전해 내려오는 이야기이다.

이리하여 저서가 세상에 출판되어 호평을 받고 특별히 많은 부수가 팔리는 것을 '낙양의 지가' 운운으로 말하게 되었으니, 지금 말로 하여 베스트 셀러인 것이다.

좌사는 그후에도 꾸준히 시작(詩作)을 계속하여 〈영사(詠史)〉, 〈초은(招隱)〉 등 많은 걸작을 발표해서 〈삼도부〉와 함께 「문선(文選)」에 수록되어 있다.

남가일몽(南柯一夢)

누가 꿈 이야기를 하면 흔히, '남가일몽(南柯一夢)이었군' 한다.

일장춘몽(一場春夢)이라는 말과 함께 자주 쓰이는 이 말에도, 모든 꿈 이야기가 그렇듯이 꿈 속에서나마 한바탕 호사를 누린다는 사연이 깃들어 있다.

당(唐)나라 덕종(德宗) 때였다. 광릉(廣陵) 지방에 순우분(淳于棼)이라는 사람이 있었다.

그의 집 남쪽에 천 년 묵은 느티나무가 있었는데 순우분은 술에 취하면 곧잘 그 고목의 그늘에서 자는 버릇이 있었다.

하루는 그날도 역시 잔뜩 취해서 느티나무 밑둥에 기대어 잠이 들고 말았다. 그런데 어디선가 난데없이 자주빛 의복을 입은 사람 둘이 순우분 앞에 나타났다.

"저희들은 괴안국(槐安國) 왕의 어명을 받고 영감을 모시러 왔습니다."

이렇게 말하며 같이 가기를 재촉하였다. 부시시 일어난 순우분은 얼떨결에 그들을 따라 느티나무 밑둥에 뚫린 큰 구멍으로 들어갔다. 한참을 가다 마침내 장엄한 성문이 그의 앞을 가로막고 우뚝 섰는데 고개를 들어 바라보니 대괴안국(大槐安國)이라는 금자박이 현판이 걸려 있었다.

곧 성문이 열리고 시종들의 전갈이 오락가락한 다음 드디어 국왕이라는 자를 만나게 되었다. 그를 맞아들이는 국왕은 마치 십년 지기나 되는 듯이 반가와했다. 며칠 후에 그는 국왕이 시키는 대로 넌지시 국왕의 딸을 아내로 맞아들였다.

이리하여 순우분은 일약 궐내의 유력자가 되었다. 그의 이름이 널리 알려지자 뜻밖에도 옛날 고향 친구인 주변(周辯)과 전자화(田子華)가 찾아왔다. 물론 순우분의 기쁨은 매우 큰 것이었다.

어느 날 임금은 순우분에게 걱정스레 이런 말을 했다.

"근래 남가(南柯) 지방의 정치가 도무지 시원치 못해서 매우 골치를 앓고 있는데 어찌 했으면 좋을지 모르겠구려. 당분간 그곳 태수로 부임해서 직접 수습을 해볼 생각은 없는지?"

순우분은 그렇지 않아도 무슨 직책이든 한자리 맡아서 자기의 재질과 실력을 발휘해 보고 싶었던 터였다. 옛친구 두 사람을 심복 부하로 삼고 남가군으로 내려갔다. 그들은 워낙 유능하고 우정이 두터운 사람들인데다 본래 인품이 착실한 순우분과 일치단결했기 때문에 정치는 곧 바로잡을 수 있었다.

중앙에서까지 골치를 앓고 있던 남가 지방이 짧은 시일에 도리어 어느 지방보다도 더 평화롭고 인심좋은 고장이 되었다.

악명을 떨쳤던 전임 태수의 학정과 착취와 등쌀에 신음하던 백성들이 순우분과 그의 참모들을 어버이처럼 존경하고 순종했을 뿐만 아니라 몇해 뒤에는 조정의 높은 자리로 영전이 되어 가려 해도 모두 길을 막고 데모를 하는 바람에 근 20년의 세월을 순우분은 남가군에만 붙들려 지내고 말았다.

그동안 군내에는 가는 곳마다 백성들에 의해서 송덕비가 섰으며 인근 여러 지방에서까지 순우분을 우러러 칭송하였다. 자연 조정에까지 그러한 소문이 끊임없이 올라가서 임금도 크게 기뻐하고 순우분에게 따로 영토를 갈라준 다음 재상으로 올려 앉혀 주었다.

그해 단라국(檀羅國)이라는 이웃나라가 남가군 일대로 군사를 몰고 침범해 왔다.

순우분은 즉시 주변을 방위 사령관에 임명하여 이를 물리치도록 하였다. 그러나 주변은 적군을 얕보고 작전을 소홀히 했기 때문에 그만 중요한 전투에서 참패를 하고 말았다. 게다가 주변이 동창으로 고통을 겪다가 죽어 버렸으니 순우분의 전세는 말이 아니었다. 처음부터 약탈이 목적이었던 적군은 어느틈에 온갖 재물을 걷어가지고 돌아가 버렸다. 여기에 또 아내마저 이름모를 병으로 앓다가 10여 일만에 세상을 떠났다.

순우분은 그래도 피땀을 흘리면서 황폐한 남가 지방을 어지간히 복구시켜 놓고 나서 임금에게 중앙으로 올라가고 싶다는 전갈을 올렸다.

국왕도 측은히 여겨 날짜를 잡아 그의 상경을 허락했다. 과연 그가 서울로 올라오던 날은 인산인해를 이룬 가운데 열렬한 환영을 받았다.

그에 대한 명망은 날로 높아져서 조정 안팎은 물론 중앙의 각계각층 유지들까지 순우분과 교분을 갖기 위해서 연락부절로 그의 집을 드나들었다. 가만히 집안에 앉아 있기만 해도 이렇듯 자진해

서 사람들이 찾아들었으니 그의 권세는 실로 임금 다음이라 할 만
했다. 그의 권세와 지위가 이쯤 되자 국왕은 은근히 불안을 느끼
게 되었다.

때마침 나라 안에 이변이 생겨서 수도를 옮기느냐 않느냐에 대
해 공론이 일어났다. 이런 때 임금에게 고약한 상소문을 올린 자
가 있었다.

"이와 같은 시국의 불안은 순우분의 돌연한 세력팽창 때문에 일
어나기 시작한 민심의 동요가 그 중 중요한 원인의 하나라고 봅
니다."

임금은 드디어 순우분을 집안에 연금시켜 버렸다.

순우분은 부당하다고 항의를 했다.

대관절 자기에게 손톱만한 과실이라도 있었다면 모르려니와 까
닭없이 이렇듯 부당한 취급을 한다면 남가의 많은 백성들을 비롯
해서 경향 각지의 무수한 사람들까지 그냥 내버려두지는 않을 것
이라고 호통을 쳤다.

임금도 그 말에는 기가 꺾이지 않을 수 없었다. 하는 수 없이
그를 집으로 돌려보냈다.

"아, 아!"

번쩍 눈을 떠보니 순우분은 느티나무 아래 누운 채였다.

"회한한 꿈도 있군."

한바탕 휘젓고 다닌 꿈의 장면들이 눈앞에 선했다. 입맛을 다시
며 털고 일어난 그는 느티나무 밑둥을 둘러보았다.

과연 한아름이나 되는 구멍이 있었다. 하인을 불러 도끼를 가져
오라고 했다. 도끼를 들고 그는 나무 구멍으로 들어가 헤쳐 보았
다. 몇 길 땅 속에 한 평이 넘는 번듯한 공간이 있었다. 자세히 보
니 개미 떼가 뒤엉켜서 움직이고 있는데 그 한가운데 유난히 큰
개미 두 마리가 도사리고 있었다.

이 땅굴이 바로 괴안국의 서울이요, 두 마리의 유난히 큰 개미
가 바로 임금 내외였던 것이다.

다시 입구로 되돌아 올라오던 길에 이번에는 남쪽으로 뻗은 굵

다란 나뭇가지가 텅 비어 있어서 몇 길인가 따라 올라가 보았더니
굵은 가지들이 합쳐진 곳에 또 펑퍼짐한 자리가 있었다. 그곳에도
이루 헤아릴 수 없는 개미 떼가 우굴거렸다. 여기가 바로 순우분
이 원님으로 부임하여 백성을 다스렸던 남가군이었던 셈이다.
　그는 하인과 함께 느티나무 속과 밖으로 통하는 구멍을 처음과
마찬가지로 손질해 두고 집으로 돌아왔다.
　그날 밤 돌연한 뇌성벽력과 함께 큰 비가 내렸다. 다음날 느티
나무 밑으로 가서 기웃해 보았더니 전날에는 구멍턱에서부터 바글
바글하던 개미가 한 마리도 눈에 뜨이지 않았다. 그때 순우분은
나라에 이변이 생기므로 천도를 해야 한다고 법석을 떨던 꿈이 생
각났다고 한다.
　이상은 이공좌(李公佐)의 「남가기(南柯記)」를 간추린 것이다.
　한편 「이문집(異聞集)」에서도 볼 수 있으며 명(明)나라 때 탕현
조(湯顯祖)의 희곡 「남가기(南柯記)」에도 나온다. 남가일몽(南柯
一夢), 혹은 괴안몽(槐安夢)이라고도 한다.

남　상(濫觴)

　무슨 일의 시초나 근원이 되는 것을 남상이라고 한다.
　같은 공자의 연원을 이어받으면서도 맹자와는 반대로 성악설을
주장한 순자가 쓴 「순자」라는 책에 나오는 말이다.
　공자의 제자에 자로(子路)라는 좀 색다른 사람이 있었다.
　성질이 무척 강직하고 한번 한다면 목숨을 걸고라도 하는 사람
이었다.
　그는 공자보다 나이가 아홉 살 아래였는데 원래는 공자를 우습
게 보고 있던 사람의 하나였다.
　공자의 사랑하는 제자가 된 뒤에도 공자의 진의를 이해 못하고
화를 냈다는 이야기가 기록에 많이 나온다.
　공자는 그를 칭찬해서 이렇게 말한 적이 있다.

"다 낡고 떨어진 옷을 입고도 가장 값비싼 가죽옷을 입은 사람과 나란히 서서 조금도 부끄러워하지 않을 사람은 우리 중에 자로밖에 없다."

반면 꾸중을 많이 듣기도 했다.

그는 공자의 칭찬만 들으면 우쭐해지는 어린아이 같은 성격을 가진 사람이기도 했다.

어느 날 공자는 혼자 이렇게 탄식을 했다.

"내 도(道)가 행치 못하니 장차 배를 타고 정처없이 떠나 버릴까 보다. 그때에 나를 따라나설 사람은 자로 밖에 없으리라."

자로는 선생이 자기를 그토록 생각해 주는 데 기쁨을 감추지 못했다.

그것을 본 공자는 그를 이렇게 평했다.

"유(由—자로의 이름)는 용기는 나보다 나은데 아는 것이 없어."

그의 으쓱해진 어깨를 탁 내리누르는 말이었다.

한번은 주(邾)나라 임금이 노(魯)나라를 찾아와 서로 침략하지 않겠다는 불가침조약 비슷한 것을 맺게 되었다.

그때 주왕은 노나라 임금에게 이런 말을 했다.

"나는 임금과의 맹약보다도 자로라는 분의 보장을 얻고 싶습니다. 오늘 맹약이 내일 어떻게 될지 그것은 한 조각 종이에 불과한 것입니다. 그러나 자로가 오늘의 이 맹약을 보증만 해 준다면 다른 형식은 아무 것도 필요치 않습니다."

노나라 임금은 자로를 불러 보증을 서라고 청했으나 그는 이를 듣지 않았다.

그런데 여기 나오는 남상의 이야기는 순자가 다분히 자기 주장을 정당화시키기 위해서 보태 만든 이야기 같기도 하다.

평소에 사치를 하지 않던 자로가 한번은 분에 넘치는 좋은 옷을 입고 공자 앞에 나타났다.

공자는 마음 속으로 격정을 하며 그를 보고 이렇게 꾸짖었다.

"유야, 너 그 화려한 옷이 어찌된 거냐?"

자로는 스승의 말하는 기색이 자기의 사치스런 생각을 꾸짖는 것 같아 어리벙벙하고 있었다.

공자는 그에게 다음과 같은 비유를 들려 주었다.

"옛날부터 양자강은 그 근원이 민산(岷山)에서부터 시작되었다. 그것이 처음 시작할 때는 아주 분량도 적고 흐름도 고요해서 잔[觴]을 띄울[濫] 정도였다. 그러나 그것이 점점 아래로 흘러내리며 물이 점점 불어나고 따라서 흐름도 빠르게 되므로 하류 사람들은 배를 타고도 빠질까 염려를 하게 되었다. 세상의 모든 일은 처음이 중요한 것이다. 착한 일을 시작해서 그침이 없으면 점점 커져서 훌륭한 인물을 이루게 되고 착하지 못한 일을 한번 시작해서 끝이 없으면 나중에는 걷잡을 수 없는 지경에 이르고 만다."

이렇게 비유를 들어 원칙을 설명한 다음 공자는 다시 그에게 조용히 타일렀다.

"유야, 지금 너는 좋은 옷을 입고 매우 만족하는 태도이나 너를 타이를 사람은 나 하나 밖에 없을 줄 안다."

그러자 자로는 곧 자리에서 일어나 부랴부랴 밖으로 나가더니 사치스런 옷을 수수한 옷으로 바꿔 입고 들어왔다.

잘못을 안 그는 비로소 마음이 편안한 것같이 느껴졌다.

자로가 그같이 잘못을 깨우치고 곧 실천에 옮기는 것을 본 공자는 역시 자로다운 데가 있다고 생각하며 또 이런 이야기를 들려 주셨다.

"내가 지금부터 하는 이야기를 잘 들어 두어라. 말을 꾸미는 사람은 마음이 바르지 못한 사람이요, 행동을 꾸미는 사람은 자랑이 앞서는 사람이요, 재주를 드러내고저 하는 사람은 소인이다. 그러므로 군자는 알고 알지 못하는 것을 분명히 구별하여, 아는 것만을 안다고 하고 모르는 것은 절대 안다고 하지 않는다. 행할 수 있는 것만을 행할 수 있다고 하고 행할 수 없는 것은 행할 수 없다고 한다. 먼저 것은 지혜 있는 사람의 일이요, 뒤엣 것은 덕이 있는 사람의 일이다.

아는 것을 안다고 하고 모르는 것을 모른다고 하는 것이 곧 아는 것이 되느니라."

이것은 「논어」에 나오는 이야기인데 이것을 기초로 해서 순자가
부연했을 가능성이 많다.
　어쨌든 일의 첫출발을 남상이라고 하는 것은 이 이야기에서 나
온 것이다.

노마지지(老馬之智)

　관중(管仲)이 산길에서 길을 잃고 괴로워할 때 늙은 말을 풀어
그 뒤를 따라가서 길을 찾아내었다는 고사에서 온 것으로 무엇이
든지 저마다 장점이 있다는 비유인데 노마지교(老馬之敎)라고도
한다.
　제(齊)나라 환공(桓公)의 재상 관중은 어느 봄날 대부 습붕(隰
朋)과 함께 공을 따라 고죽(孤竹)이란 나라를 정벌하기 위해서 행
군한 적이 있었다. 겨울까지 오래 끈 싸움이었는데 도중 어디서 길
을 잃고 말았다. 이때 관중이 말했다.
　“늙은 말이 이런 때에 필요합니다(老馬之智可用也).”
　그리하여 말을 풀어 그 말이 가는 곳을 따라감으로써 위기에서
탈출할 수 있었다.
　또 어느 때 산 속을 거닐다가 마실 물이 떨어졌다. 이때 습붕이
말하는 것이었다.
　“개미는 겨울에 산의 양지쪽에 살고 여름에는 북쪽 그늘에 있는
법입니다. 그리고 개미집이 땅 위 한 치 높이에 있으면 그 여덟 자
밑에는 반드시 물이 있습니다.”
　물론 그 말대로 개미집을 찾아 땅을 파서 물을 얻을 수가 있었다.
　이 이야기는 「한비자(韓非子)」의 세림편(說林篇)에 나온다.
　한비자는 어찌하여 이런 이야기를 꺼냈을까. 그것은 다음 말을
보면 알 수가 있다.
　“관중이나 습붕처럼 성인이란 말을 듣고 지혜자라는 소문이 난
사람도 자기가 모르는 것, 미치지 않는 것이 있으면 늙은 말이나

개미일지라도 수치를 느끼지 않고 길잡이로 삼아 선생으로 모신다.
그러나 오늘날의 사람들은 잘 알지도 못하면서 고대 성인의 지혜
를 스승삼아 배우려 하지 않으니 얼마나 어리석은 일인가.”
　겸손하게 진리를 배우라는 중요한 교훈이다.

녹　림(綠林)

　전한(前漢) 말엽, 대사마 왕망(王莽)은 끝내 왕위를 빼앗아 천
자가 되어 국호를 신(新)이라고 고치고 새로운 정책을 연이어 공
포했다.
　관직도 변하고 지명도 변했다. 또한 토지겸병(土地兼倂)을 없애
고 노비를 해방한다고 해서 왕전제도(王田制度)와 노비제도가 정
해졌으나 결과는 오히려 반대 현상이 일어나고 말았다.
　성가신 세부규칙으로 땅을 잃고 도리어 노비가 되는 자들이 속
출했다. 화폐는 8년 동안에 네 번이나 변했고 오균(五均), 기타
경제정책이 시행됨에 따라 일반 민생은 더욱 궁핍하게 되었다. 혼
란이 극도에 달한 서북변(西北邊)의 농민들이 폭동을 일으키자 대
규모 반란이 연달아 일어났다.
　이때 남쪽에서도 ‘녹림병(綠林兵)’이 일어났다. 호북(湖北) 서
부에는 한발이 몇 년 동안 계속되어 굶주린 농민들은 들의 풀을
뜯어먹기 위해 서로 다투었다. 이리하여 이러한 무리를 거느린 신
시(新市)의 왕광(王匡)과 왕봉(王鳳)이 지도자로 일어났다. 이어
마무(馬武), 왕상(王常), 성단(成丹) 등도 가담했다. 이들은 군도
(群盜)가 되어 도처에서 관아를 습격, 마침내 녹림산(綠林山)에 웅
거했다. 이들은 곧 7, 8천으로 불어나 스스로 ‘녹림병’이라 자처
했으며 그 수는 나중에는 5만 명으로 불어났다.
　이러한 녹림군의 행동은 마침내 반왕망군의 봉기를 촉진하게 되
었다.
　이때 이 상황이 ‘녹림’이란 용어를 낳아 도둑을 뜻하게 되었다.

그러나 이들은 민중과 퍽 가까운 뜻으로 사용된 모양이어서 그 때문인지 '녹림호객(綠林豪客)'으로 영웅시되기도 했다.

「수호전(水滸傳)」도 역시 녹림호객들의 이야기이다.

농　단(壟斷)

본래의 뜻은 높이 솟은 언덕을 말한다. 그러나 일반적으로는 가장 유리한 자리를 차지해 이익이나 권력을 독점할 때 비유로 쓰이는 말이다.

맹자가 제선왕(齊宣王)의 옆을 떠나 고향으로 돌아가려 하자 선왕은 저택과 많은 봉록으로 그를 잡아두려 했다. 이때 맹자가 이 '농단'에 관한 비유를 들어 이를 사양했다.

「맹자」공손추편(公孫丑篇)에 그 전말이 나와 있다.

맹자가 제선왕의 측근에게 말했다.

"……내가 만일 부를 바란다면 전에 십만 종의 녹을 받는 경(卿) 자리를 사퇴하고 지금 만 종의 녹을 받겠는가. 일찍이 계손씨(季孫氏)는 이런 말을 했다.

'자숙의(子叔疑)는 참 이상한 사람이다. 처음 자기가 경상의 지위에서 정치를 하다가 자기 의견이 받아들여지지 않으면 물러나면 그만인데 자기 자제를 다시 경상이 되게 하다니. 물론 누구나 부귀를 바라지 않는 사람이 있겠는가만 자숙의는 너무나 부귀에 연연해 자기 혼자서만 부귀 안에서 유리한 지점을 차지하고 있다'고.

만일 나도 만 종의 녹을 탐낸다면 자숙의처럼 부귀에 미련을 갖는 사람이 되고 만다."

맹자는 여기에서 시장에서 맨처음 '유리한 지점'을 차지한 한 사나이의 예를 들어 '농단'을 설명했다.

"옛 시장거래는 물물교환이 전부였다. 관원은 시장의 질서를 다스릴 뿐 세금을 징수하지 않았다. 그러던 것이 어느 한 천한 사나이가 나타나 우뚝 솟은 높은 지점을 찾아가 좌우를 바라보며 이익이 있을 만한 것을 다 차지하려 했다. 그래서 사람들이 모두 그 사나이를 천하게 여겼고 관원은 최초로 그에게서 세금을 징수하게 되었다. 상인에게 세금을 징수하게 된 것이 그 천한 사나이로부터였고 '농단'이란 말도 여기서 생겨난 것이다.”

이 맹자의 말씀에서부터 '농단'이란 말이 유래되어 오늘날까지 쓰이고 있는 것이다.

누란(累卵)의 위기

때는 바야흐로 전국시대, 다만 한 가지 재주라도 남보다 뛰어난 사람이라면 누구나 할 것 없이 실력으로 입신출세하려고 필사의 노력을 계속하고 있던 시기였다.

이 중에서도 종횡가(從橫家)라고 불리우는, 제후들을 찾아다니며 능란한 변설로 유세를 하는 세객의 지위는 전무후무하리만큼 높았다.

위(魏)나라 가난뱅이의 아들로 태어난 범수(范雎)도 이 종횡가가 되고자 뜻을 품고 있는 사람 중의 하나였다. 그러나 아무리 실력주의의 세상이 왔다고는 하지만 성씨도 이름도 알려지지 않은 사나이가 출세의 실마리를 발견하기란 용이한 일이 아니었다.

그는 우선 고향에서 중대부(中大夫) 수가(須賈)의 부하가 되었다. 어느 때 수가가 사신으로서 제(齊)나라에 갈 때 범수는 그 종자로서 따라갔다.

그런데 제나라에 도착하자 부하인 범수가 주인 수가보다도 인기가 더 좋았으므로 수가는 몹시 기분이 언짢았다.

귀국한 후 수가는 위나라의 재상 위제(魏齊)에게 있는 말 없는 말을 꾸며 범수를 모함했다.

“네놈은 제나라와 밀통하고 있었구나!”

위제는 즉시 하급관리들에게 명하여 범수에게 심한 매질을 시킨 뒤 멍석에 둘둘 말아서 변소에 던져 넣도록 했다.

범수는 기회를 보아 간수에게 교섭을 하여 탈출한 뒤 그를 동정해 주었던 정안평(鄭安平)의 집으로 간신히 잠복해 들어갔다. 그 뒤 이름을 장록(張祿)이라 고치고 언제든지 기회만 있으면 진(秦)나라로 들어갈 뜻으로 형세를 엿보고 있었다. 그러던중 진나라 소왕(昭王)의 사신으로 왕계(王稽)라는 사람이 왔다.

정안평은 곧 그 사람의 숙소로 찾아갔다.

"당신에게 추천하고 싶은 훌륭한 인물이 있습니다. 다만 그 사람에겐 적이 있어서 낮에는 데려올 수가 없습니다."

왕계는 밤을 타서 찾아온 정안평과 장록을 고생 끝에 진나라로 데려가 왕께 이렇게 여쭈었다.

"위나라의 장록 선생은 천하의 외교관입니다. 진나라의 정치를 비평하기를 '진나라는 계란을 쌓아 올린 것보다 더 위태롭다(累卵之危)고들 합니다. 그러나 나를 채용하신다면 귀국은 평안할 것입니다. 불행히도 오늘날까지 편지를 올릴 기회가 없었습니다'라고 말하고 있습니다. 이것이 신이 선생을 모셔온 이유입니다."

진왕은 이 건방진 손님을 후하게 대접하려 하지 않았다. 그렇다고 전국(戰國)의 왕자답게 별로 처벌도 하지 않고 일단은 하객(下客) 대우를 하게 했다. 범수가 참다운 재능을 발휘한 것은 이후 오래지 않아서였다.

「사기」 범수전(范雎傳)에 나오는 이야기이다.

또 다음과 같은 이야기도 있다.

춘추시대에 조(曹)라는 작은 나라가 진(晉)과 초(楚)나라 사이에 끼인 채 이럭저럭 독립을 유지하고 있었다.

그 당시 진나라에는 내분이 있어 공자(公子)인 중이(重耳)는 망명 도중에 조나라를 지나게 되었다. 그때 조공(曹公)의 태도가 몹시 고약했다. 조공은 일찍이 중이의 앞가슴 갈비뼈가 하나로 붙어 있어서 마치 넙적한 판자와 같다는 소문을 들어왔으므로 공자를 발가벗기고 구경을 했다.

그러나 조의 대신인 이부기(釐負羈)만은 밤중에 남몰래 사람을 시켜 황금을 보냈다.

"제가 보는 바로는 진나라의 공자는 만승군자(萬乘君子)로서 어울리는 훌륭한 얼굴이십니다. 이후 어지러운 나라가 평정되어 왕위에 오르게 되면 반드시 오늘의 모욕을 복수하려 할 것입니다. 그러므로 지금과 같이 어려운 때에 공자와 뜻을 통해 두시면 반드시 장래에 이로울 것입니다."

그의 아내가 이렇게 충고하는 말을 옳다고 여겼기 때문이었다.

그리고 10년 후 진(秦)나라에 몸을 의지하고 있던 공자는 그 원조로 다시 돌아가 진공(晋公)이 되었다. 바로 춘추오패의 한 사람인 진문공(晋文公)이 이 공자이다. 그리고 다시 3년 후 문공은 과연 군사를 이끌고 조로 쳐들어왔다. 이부기가 고난을 면했음은 말할 것도 없다.

그렇기 때문에 예의란 지켜야 한다. 조는 작은 나라로 진과 초 사이에 끼어 있어, 그 나라의 위태롭기가 쌓아올린 계란과 같았으면서도 무례한 태도를 취한 것이 당초의 잘못이었던 것이다. 「한비자」의 십과편(十過篇)에 기록된 일화이다.

눈물을 머금고 마속(馬謖)을 참(斬)하다

촉(蜀)나라 건흥(建興) 5년 3월, 제갈공명(諸葛孔明)은 위(魏)나라를 치기 위해 삼군(三軍)을 이끌고 성도(成都)를 떠나 북진하여 한중(漢中)으로 나갔다. 그리하여 각지에서 위군(魏軍)을 무찌르고 그 해 겨울 장안을 치기 위해 군사를 기산(祁山)으로 진격시켜 위수(渭水)의 서쪽에다 진을 치고 위의 대도독(大都督) 조진(曹眞)의 군사 20만을 무찔러 위수에서 후퇴하게 하였다. 이때 위는 사마중달(司馬仲達)을 써서 새로이 20만의 대군으로써 공명의 침공을 막게 하였다.

중달은 기산의 들판에 촉군에 대비한 부채꼴 진을 폈다. 이를 깨뜨릴 공명의 작전은 이미 완성되어 있었다. 허나 상대가 조진을 대신한 중달이니만큼 공명으로서는 한 군데 불안한 곳이 있었다 그것은 촉군의 군량 수송로인 가정(街亭)이었다. 만약 그곳을 위군에게 막히게 된다면 전선의 촉군은 꼼짝할 수가 없다. 그 가정을 누구에게 어떻게 방비케 해야 하느냐에 공명은 고민했다.

그때 스스로 그 임무를 맡겠다고 자청해 나선 자가 마속(馬謖)이었다. 마속은 공명과 절친한 사이였던 마량(馬良)의 아우로서 재기 발랄하여 공명이 남몰래 그의 대성을 기대하여 친아우처럼 사랑하고 있는 부하였다.

그러나 중달과 대항시키기에는 그는 너무 어렸다. 공명은 주저했으나 마속은 열심히 간청했다.

"오랫동안 병법을 공부한 자가 가정 하나 수비하지 못한대서야 어떻게 하겠습니까. 만일 패하는 날에는 소인은 물론이요, 일문 권속을 모조리 군벌에 처하시더라도 결코 원망치 않겠습니다."

"좋아, 진중에서 농담은 없는 법이다."

마속은 고개를 끄덕이고 공명의 명을 받았다. 공명은 특히 왕평(王平)을 골라 부장(副將)으로 삼고 급히 가정으로 떠나 보냈다.

가정의 산은 삼방이 절벽으로 되어 있었다. 공명의 명령은 산기슭 길을 사수하여 위군을 접근시키지 말라는 것이었으나 마속은 지형을 보고, 적을 끌어들여 역습하기에는 절호의 땅이라 생각하고 왕평의 간언을 물리치고 산 위에 진을 쳤다. 그 결과 위군에게 산기슭을 포위당하고 물이 끊기자 궁지에 빠진 마속이 전군을 이끌고 산에서 달려내려오는 것을 산기슭에서 포위하고 있던 위군이 공격을 가하여 싸움은 촉군의 참패로 끝났다.

가정이 위군에게 점령되자 공명은 마속을 보낸 것을 후회했으나 이제와서는 어떻게 할 도리도 없어 전군을 일시 한중으로 철수시키는 수밖에 없었다.

건흥 6년 5월, 가까스로 한중에 전군을 철수시킨 공명은 패전의 책임을 지워 마속에게 참형을 언도했다. 때마침 성도에서 와 있던 사자 장원(蔣琬)이 마속 같은 유능한 인재를 잃는다는 것은 국가의 손실이라고 설득했으나 공명은 듣지 않았다.

"마속은 아까운 인물이다. 허나 그와 같은 사정(私情)은 그가 범한 죄보다도 더 큰 죄이다. 마속을 잃는다는 것은 국가의 손실일지도 모른다. 허나 그를 베지 않는다는 것은 더욱 큰 손실을 초래하는 것이다. 아까운 인물이기 때문에 더욱 단연코 베어서 대의를 바로잡아야 한다."

공명은 형리를 재촉하여 마속을 베게 하였다. 마속이 형장으로 끌려가자 공명은 소매로 얼굴을 가리고 바닥에 엎드려 울었다.

"마속이여, 용서해 다오. 정말은 나에게 죄가 있는 것이다. 내가 똑똑하지 못한 데에 있는 것이다. 허나 나는 내 목을 칠 수도 없다. 왜냐하면 살아서 촉을 위해 너의 죽음을 살리도록 도모하지 않으면 안 되기 때문이다."

마속의 목은 진중에 내어 걸렸다.

전 군사는 공명의 심중을 알고 누구 하나 눈물을 흘리지 않는 자가 없었다고 한다.

「삼국지(三國誌)」 제갈량전에 나오는 일화이다.

능서(能書)는 붓을 가리지 않는다

수(隋)나라의 뒤를 이은 당(唐)나라는 중국의 남북 문화를 융합시켰을 뿐만 아니라 사방의 민족과 서역(西域), 인도, 로마에 이르기까지의 문화를 흡수하여 총합적인 문화를 완성시켰다.

그러므로 중국 역사상에서 가장 현란하고 호화로운 시대의 하나이기도 하다.

따라서 학문과 예술면에서도 크게 번영하여 많은 학자, 시인, 화가 등이 배출됐다.

이즈음의 서도(書道)의 달인으로는 우세남(虞世南), 저수량(褚遂良), 안진경(顔眞卿), 구양순(歐陽詢) 등이 유명하나 그 중에서도 구양순은 특히 오늘까지 그 이름을 떨치고 있다.

그는 처음에 수나라에 종사하여 태상박사(太常博士)가 되었다. 수나라가 망한 뒤에는 당나라에 벼슬하였고 태종(太宗) 때 홍문관

박사(弘文館博士)가 되었다. 그리고 나아가서는 발해남(渤海男)으로 봉해졌으며 태종 정관(貞觀) 15년에 85세로 세상을 떠났다.

그의 서체(書體)는 '솔경체(率更體)'라고 불리웠으며 힘이 있기를 스승인 왕희지(王羲之)를 능가했다.

아들인 통(通) 또한 글의 달인으로서 아버지인 순에 비해 '소구양(小歐陽)'이라 일컬어졌다. 이 부자의 서체를 하나로 하여 세상 사람들은 '대소구양체(大小歐陽體)'라고 하며 크게 소중히 여겼다. 일찍이 고려(高麗)에서 사자가 와서 순의 글을 청한 일이 있었다.

그 말을 들은 태종의 아버지 고조(高祖)는,

"순의 이름이 드디어 동쪽 나라에까지 알려졌구나."

하고 감탄했다고 한다.

「당서(唐書)」의 구양순전(歐陽詢傳)에 다음과 같은 일화가 실려 있다.

저수량은 좋은 붓과 먹이 없으면 글을 쓰려 하지 않았다.

어느 때 저수량이 우세남에게 물었다.

"내 글과 순의 글을 비교한다면 어느 편이 우수할까?"

우세남은 대답했다.

"순은 종이나 붓에 대해서는 일체 불평을 하지 않고 어떤 붓이든, 어떤 종이에든 썼네(종이와 붓을 가리지 않는다). 그런데도 어떤 것을 써도 마음대로 쓸 수 있었다고 하네. 자네는 아직 종이나 붓에 구애를 받고 있는 모양이니 도저히 순에게는 못당하겠네 그려."

이 말에는 저수량도 손을 들었다고 한다.

「후산담총(後山談叢)」에는, '선서(善書)는 지필(紙筆)을 가리지 않으며 묘심(妙心)은 손에 있도다'라는 말이 있고 「왕긍당필진(王肯堂筆塵)」에는, '능서(能書)는 붓을 가리지 않는다. 하나 이 속담은 구양(歐陽)까지이며, 그 이후부터 사람들은 종이와 붓을 문제시하게 되었다'고 되어 있다.

한편 주현종(周顯宗)의 「논서(論書)」에는 다음과 같이 기록돼 있다.

　'글을 잘 쓰는 자는 붓을 가리지 않는다……는 설이 있는데 이것은 통설이라고 할 수가 없다. 행서(行書)나 초서(草書)를 쓰는 자에 대해서는 이렇게도 말할 수 있을 것이다. 허나 해서(楷書), 전서(篆書), 예서(隸書)를 쓸 경우는 붓에 따라 잘되고 못되고가 있으므로 붓을 가리지 않을 수가 없다.'

　요컨대 그림이건 글이건 참다운 달인은 종이와 붓 등의 자료나 도구에는 불평을 하지 않는 법이 아닐까. 그런 것에 구애를 받는다면 참다운 서도가라 할 수가 없을 것이다.

다기망양(多岐亡羊)

양자(楊子)의 이웃에서 양을 한 마리 잃어버렸다. 그러자 여러 사람이 양을 찾아나서 양자의 하인까지 동원되었다. 이상히 여긴 양자가 물었다.

"양은 한 마리가 도망갔을 뿐인데 어찌 이리 많은 사람이 뒤쫓는가?"

"갈림길이 여럿이기 때문입니다."

그러나 모두 양을 찾지 못하고 돌아와 말했다.

"갈림길 속에 다시 갈림길이 있어서 도저히 방향을 잡을 수 없었습니다."

양자는 우울한 얼굴을 하고 하룻동안 내내 말이 없었다. 맹손양(孟孫陽)이란 제자가 선배인 심도자(心道子)에게 이 얘기를 하고 두 사람이 함께 양자를 찾아왔다.

심도자가 양자에게 말했다.

"옛날에 삼형제가 있었는데 같은 스승 밑에서 공부를 마치고 집에 돌아오자 그 아버지가 인의(仁義)에 대해서 물었습니다. 그런데 세 사람 모두 각기 대답이 달라 맏아들은 '내 몸을 소중히 하고 명성을 뒤로 미루는 것입니다'고 했고, 둘째는 '내 몸을 죽여 명성을 얻는 것입니다' 했고, 막내는 '몸과 명성을 온전히 함께 얻는 것'이라고 대답했습니다. 과연 어느 쪽이 옳은 것인지요?"

이 질문에 양자는 대답했다.

"황하 기슭에 한 사나이가 살고 있었다. 그는 헤엄을 잘 쳐 뱃사공으로 일해 가족을 먹여 살렸다. 많은 이들이 그에게 수영하는 법을 배우러 왔는데 그 중 반 가량이 익사하고 말았다. 그들은 본래 수영을 배우러 왔지 익사하려고 온 것은 아닌데. 그러니 돈을 버는 사람과 빠져 죽는 사람과는 그 얻고 잃음이 너무 큰 차이가 있다. 너희는 어느 편이 옳고 그르다고 생각하느냐?"

맹손양은 그 말을 이해할 수 없었으므로 밖으로 나오자 심도자에게 그 뜻을 물어 보았다. 심도자가 말했다.

"큰 길은 갈림길이 많기 때문에 양을 놓치고 학문하는 사람은 방법이 많은 까닭에 본성을 잃는다. 본래 학문이란 그 근원이 하나였음에도 끝에 가서 이렇듯 달라지고 말았다. 그러니 하나인 근본으로 돌아가면 얻고 잃음도 없는 것임을 말씀하신 것이다."

「열자」 설부편(說符篇)에 나오는 이야기로 '다기망양'이라 함은 갈림길이 많아 양을 잃어버렸다는 비유를 통해 학문도 그 근본을 잊고 지엽적인 갈래에서 헤매다 보면 아무것도 얻을 수 없음을 말한 것이다.

다다익선(多多益善)

많을수록 좋다. 얼른 들으면 누구에게나 이해가 가는 말 같지만 실상 많을수록 다 좋은 것은 아니다.

물이 없으면 죽고 못 살지만, 물이 필요 이상 많으면 빠져 죽는 것은 물론, 습기로 병이 들고 곡식도 썩어 버리게 된다.

불도 마찬가지다. 성냥불 하나로 수억의 재산이 삽시간에 잿더미로 화하고 마는 일은 너무도 흔해빠진 실례이다.

돈도 마찬가지다. 돈을 쓸 줄 모르는 사람이 너무 많이 가지면 그걸로 인해 사치와 방탕으로 일생을 그르치게도 되고 때로는 도둑의 칼에 생명을 앗기기도 하며 다정한 친구와 형제 친척들로부터 손가락질을 받게 되는 경우도 많다.

모든 것은 적당히 알맞을 필요가 있는 것이다. 그런데 그 적당히란 것이 매우 힘드는 일이다.

황금 노다지를 사람들이 생명처럼 귀하게 여기며, 눈이 벌겋게 되어서 구하러 다니는 실정이지만, 흙 대신 황금 노다지가 전세계에 깔려 있다면 결과는 어떻게 될 것인가?

우선 곡식을 어디에다 심어 먹을 것인가? 그때에는 황금보다도 한 줌의 흙이 귀하고, 한 포기의 나무가 사막의 오아시스처럼 신비스럽게 보일 것이다.

결국 우리는 황금의 사막에서 헐벗고 굶주리고 목말라 애타는 기막힌 인간이 되고 말 것이다.

그런 의미에서 다다익선(多多益善)이란 한결 묘미 있는 말이라 하겠다.

다다익선, 구체적으로 말해서 많으면 많을수록 좋다는 이 말은 「사기」에 나온다.

한고조 유방은 숙적인 항우를 무찌르고 천하를 통일하자 지금까지 자기를 위해 일해 온 사람들이 한결같이 적으로만 보이기 시작했다.

항우를 치기에 전력을 기울여 싸우는 동안 유방과 손잡아 온 사람들은 유방만을 위해서 싸운 건 아니었다.

우선 큰 적부터 넘어뜨리고 나서 다음 기회를 보자는 것이 일부 사람들의 공통된 생각이었다.

그러므로 유방의 입장에서 볼 때 장차 자기의 적이 될 수 있는 사람은 가장 공로가 많고 실력이 두드러진 사람들이었다.

그 중에 가장 공로가 큰 장량(張良)은 신선이 되겠다면서 숨어 버렸고, 그 다음으로 가장 무서운 것은 한신이었다.

한고조는 일찍이 이런 말을 한 적이 있었다.

"장막 속에서 수판을 놓아 승리를 천 리 밖에 얻게 하는 데는 내가 장량만 못하고, 양식을 천 리에 실어보내 군사들로 하여금 굶주리지 않게 하는 것은 내가 소하(蕭何)만 못하고, 싸우면 이기고 치면 빼앗는 것은 내가 한신만 같지 못하다."

결국 그들 세 사람의 정치 경제 군사 전문가들의 지혜와 능력을
빌어 통일천하를 이룩한 것이다.

한신은 한때 반란을 일으키려 한 적도 있었다. 관상 잘 보기로
유명한 괴통(蒯通)이 그로 하여금 반기를 들도록 권고한 것이었다.

또 항우가 살아 있을 때는, 한신에게 동북부를 주고 중서부를
유방에게 주고 남쪽을 항우가 갖도록 하자는 천하 삼분의 의논이
나온 적도 있었다.

그러므로 유방으로서는 한신을 가장 무서운 실력자로 두려워했
고 또 그가 족히 반기를 들 수 있는 성격의 인물로 염려를 하고
있었다.

맨 처음에 유방은 한신을 초왕(楚王)으로 봉했다.

그러나 한신이 과거 항우의 부하였던 종리매(鐘離昧)를 숨겨 주
었다는 핑계로 한신을 초왕에서 회음후(淮陰侯)로 격을 떨어뜨리
고 말았다.

언젠가 한고조는 회음후인 한신에게 이런 말을 하게 되었다. 지
나간 이야기를 근거로 여러 공신들 중 군사를 거느릴 수 있는 능
력을 평가한 것이다.

누구는 만 명 군사, 누구는 10만 명 군사라는 식으로 점수를 매
겨 가고 있었다.

그렇게 한 바퀴를 다 돌고 나서 한고조는 자기 문제로 화제를
돌렸다.

"그럼 나는 얼마만한 군사를 거느릴 수 있겠소?"

"폐하는 10만 명 군사를 거느릴 수 있습니다."

"그래?"

한고조는 약간 서운한 느낌이 들었다. 원래가 무식하고 욕 잘하
고 혼자 잘난 체하는 성격의 사람인데다가 어쨌든 전쟁을 통해 천
자가 된 그였는데 한신이 겨우 10만 명 실력 밖에 인정을 안했으
니 마음이 좋을 리 없었을 것이다.

"그럼 경은 몇 명이나 거느릴 수 있소?"

"신은 다다익선이올시다."

임금은 10만 명으로 줄잡아 두고, 자기만은 백만 명이 되는 천만 명이 되든 많으면 많을수록 좋다는 것이었다.

한고조는 약간 화가 났으나 그 화를 웃음으로 나타냈다.

"으하하하하…… 그런데 경이 왜 내게 잡혀오고 내 부하가 되었지?"

한신은 태연히 대답을 했다.

"신은 군사를 쓰는 데 능하고, 폐하는 장수를 거느리는 데 능하기 때문입니다."

한신의 말은 최고의 명언이었다.

장수를 잘 다루는 사람은 천자가 될 수 있고, 군사를 잘 다루는 사람은 대장이 되는 것이다.

사실상 한신은 항우 밑에서 출세를 꾀하고 있었다. 그러나 항우는 한신의 지혜와 능력을 알지 못하고 썩혀 두고 있었다.

그 한신을 발견한 것이 장량이었고 그 한신을 추천한 것은 소하였지만 그를 대장군에 봉해 삼군의 전권을 맡긴 것은 역시 한고조 자신이었다.

그는 도둑질한 사람도 장수로 썼고 형수를 데려다가 중매장이에게 팔아넘겼다는 사람도 받아 썼다.

장량도 그를 하늘이 낸 사람이라고 했을 정도였다.

다른 사람은 아무리 설명을 해도 깨닫지 못하는데 한고조는 한마디만 하면 금시 알아듣고 그대로 실천했던 것이다.

한신은 이날의 대답에서도 큰 실수를 한 셈이었다.

한고조로 하여금 그의 거만한 생각을 알게끔 만들었고 그의 실력이 얼마나 무서운가를 다시 한 번 절감하게 만들었다.

뒷날 사람들은 한신이 억울하게 반역으로 몰려 죽은 것도 그의 그런 태도 때문이었다고 생각했다.

단　장(斷腸)

　　창자가 끊어질 만큼 몹시 슬퍼하여 마음에 상처를 입는다는 뜻
이다. 「세설신어(世說新語)」에 나오는 말이다.
　　제(齊)나라 환공(桓公)이 촉(蜀) 땅에 가던 중 몹시 험한 곳으
로 이름난 삼협(三峽)이란 곳에 이르렀다.
　　그때에 그의 군졸 가운데서 어떤 자가 새끼 원숭이를 한 마리
잡아왔는데 어미 원숭이는 이들이 탄 배를 쫓아 강기슭 절벽을 따
라 슬피 울면서 천여 리나 일행을 뒤따라 왔다. 그리하여 끝내는
강이 좁아진 틈을 노려 어미 원숭이는 기슭에서 몸을 날려 배에
올라 탔다.
　　그러나 너무나 오랫동안 먼 길을 먹지도 못하고 서둘러 달린 탓
인지 배에 오르자 그 순간 숨이 끊어져 버렸다.
　　배 안에 있는 자들이 해부하여 원숭이 뱃속을 갈라 보니 창자
가 한 치 길이로 토막토막 끊겨 있는 것이었다.
　　배 안에 탔던 모든 사람들은 놀랐다.
　　환공은 이 소리를 듣고 너무나도 애처로워 새끼원숭이를 잡아온
부하를 꾸짖고 추방해 버렸다고 한다.
　　지금도 매우 슬플 때 단장지사(斷腸之思)라 함은 이를 두고 말
함이다.
　　백낙천(白樂天)의 〈장한가(長恨歌)〉에도 이러한 말이 보인다.

　　　왕의, 조석으로 그리워하는 정
　　　행궁(行宮)의 달을 보며 수심에 잠기네
　　　밤비에 방울 소리를 듣는 단장의 마음.

　　이 노래는 촉나라 땅에서 이미 죽은 양귀비를 그리워하는 현종
의 심정을 읊은 것이다.

당랑지부(螳螂之斧)

제(齊)나라 장공(莊公) 때의 일이다. 어느 날 장공이 사냥길에서 한 마리의 벌레가 넓적한 앞다리를 쳐들고 수레를 막아서는 모양을 보았다.

장공이 그 벌레의 이름을 묻자 마부가 대답했다.

"사마귀라는 것으로 저놈은 나아갈 줄만 알지 물러설 줄 모르는 놈입니다. 자기 힘은 생각지도 않고 오직 적에게 덤벼들기만 한답니다."

"사마귀가 만일 인간이었다면 분명 천하의 용사가 되었을 것이다."

장왕은 이렇게 말하고 수레를 돌려 사마귀를 피해 갔다.

당랑(螳螂)이란 사마귀를 말하며 부(斧)란 쳐드는 앞발이 도끼 같다는 데서 비롯된 말이다. 자신의 분수는 생각지도 않고 무모하게 전진을 꾀할 때 '당랑지부' 혹은 수레 앞을 가로막았다 해서 '당랑거철(螳螂拒轍)'이라고도 한다.

「문선」에는 진림(陣琳)이 유비에게 보내는 격문에 조조군의 열세를 비웃어 '당랑의 도끼로 수레바퀴를 막으려 한다'고 한 말이 보인다.

「장자」천지편(天地篇)에도 '장사(將士)의 말 같은 것은 제왕의 덕에 비하면, 오히려 사마귀가 무모하게 수레에 대드는 것과 같다'는 말이 보인다.

대기만성(大器晚成)

"자네는 대기만성(大器晚成)형이니 조급히 굴지 말고 착실히 정진하게."

입시에 실패한 수험생, 혹은 좀체로 진급 못하는 월급쟁이 등에 가장 적당한 위로의 말이 이것이다.

삼국 정립시대, 위(魏)나라에 최염(崔琰)이라는 이름난 무장(武將)이 있었다.

자는 이규(李珪), 산동성(山東省) 무성(武省) 사람으로 그 목소리하며 모습이 대범하게 생겨 대인(大人)의 품격이 있었다. 수염의 길이가 넉 자나 되었으며 무제(武帝)의 신임은 보통이 아니었다.

최염의 사촌동생에 임(林)이라는 자가 있었다. 보기에 그다지 영리해 보이지 않았기 때문이었던지 도무지 이름을 내지 못하였으며 친척들도 모두 업신여겨 꼭대기서부터 경멸하고 있었다. 그러나 최염만은 그 인물을 꿰뚫어보고 말했다.

"큰 종이나 큰 솥은 쉽사리 만들어지는 것이 아니다. 그와 마찬가지로 큰 재능이라는 것도 그리 쉽사리 완성되는 것이 아니다. 완성이 되려면 아무래도 시간이 걸린다. 임도 이와 같이 대기만성의 편이겠지. 두고 보게, 필경에는 반드시 대단한 인물이 될 테니까……."

이 말대로 임은 뒤에 삼공(三公)이 되어 천자를 보좌하는 대임을 완수하는 큰 인물이 되었다.

또 한 가지 이야기. 후한(後漢)의 초기, 부풍무릉(扶風茂陵)에 마원(馬援)이라는 무장이 있었다. 처음에는 전한(前漢)의 천하를 뺏아 신(新)이라는 나라를 세운 왕망(王莽)에게 종사했으나 그가 죽고나자 후한의 광무제(光武帝)에 종사하여 종종 공을 세웠으므로 복파(伏波) 장군으로 임명되었다. 복파 장군이란 전한의 무제 이래 큰 공이 있는 장군에게만 주어지는 칭호이다.

그는 인도지나 등지의 반란을 평정하고 각지에 후한의 위광이 미친 표적의 구리 기둥을 세웠다. 만년에 흉노의 오환(烏桓)을 정벌하기 위해 출정했으나 광무제의 건무(建武) 25년, 불행히도 진중에서 죽었다.

그때 나이 63세, 이 명장 마원이 일찍이 시골 관원이 되어 부임을 하려고 형인 황(況)에게 인사를 하러 갔다.

"너는 대기만성형이다. 솜씨 좋은 목수는 산에서 갓 벌채해 온 어떤 재목이라도 시간과 노력을 들이면 자기 마음대로 물건을 만들어낸다. 너도 너의 특성을 살려서 시간을 들이면 큰 인물이 될 것이다. 자중해서 처신해라."

이 충고를 지킨 마원은 끊임없이 자기 계발(啓發)에 힘써 뒤에 과연 역사에 남는 유명한 인물이 되었다.

이 이야기는「후한서」마원전(馬援傳)에 씌어 있다.

'대기만성'에는 더없이 큰 그릇은 완전무결한 그릇이라고는 할 수 없다는 해석도 있으나 그보다는 큰 인물은 그리 간단하게 완성되는 것이 아니라, 오랜 세월과 끊임없는 노력에 의해 비로소 생겨난다는 의미를 담고 있다. 무엇이든지 오래 두고 보아야 안다는 것이 대기만성의 참뜻인 것이다.

대의멸친(大義滅親)

대의를 위해서는 부자지간의 정도 끊는다는 뜻이다.

반역에 가담한 아들을 사람을 시켜 죽이게 했다는 이야기에서 비롯된 말이다.

위(衛)나라의 공자 주우(州吁)는 아버지 장공(莊公)의 지극한 사랑 밑에서 응석받이로 자라났다. 그는 태자가 되지 못한 것에 불만을 품고 장공의 뒤를 이어서 환공(桓公)이 즉위하자 반란을 일으켜 그를 죽이고 자기가 즉위했다. 그리고는 민심을 얻기 위하여 송(宋), 진(陳), 채(蔡)의 세 나라와 연합하여 위나라와 적대관계에 놓여 있던 정(鄭)나라를 쳐서 승리를 거두었다.

이 주우의 측근에 석후(石厚)라는 사나이가 있었다. 그의 아버지 석작(石碏)은 싸우기를 좋아하는 주우에게 불만을 품게 하면, 장래 나라의 화가 되지 않을까 하고 늘 걱정을 하였다. 그런데 석후는 아버지의 걱정은 아랑곳없이 주우의 환심을 사기 위해 함께 반란을 일으켰던 것이다.

주우는 반란에 성공하여 정나라와의 싸움에는 이겼으나 민심은 여전히 얻을 수가 없었다. 석후는 아버지 석작에게로 가서 어떻게 했으면 좋겠느냐고 의논을 했다. 그러자 석작은,

"역시 천자를 가서 뵈옵는 길 밖에 없다."

하고 대답했다.

그러기 위해서는 왕실에 신뢰가 두터운 진나라에 중개를 청하는 것이 좋을 것이라는 점까지 가르쳐 주었다.

석후는 주우와 함께 진나라를 향해서 출발했다.

그런데 석작은 진나라에 사자를 보내서 '귀국을 방문하는 두 사람은 자기의 임금을 죽인 반역자이니 아무것도 꺼릴 것 없이 처분을 부탁합니다' 하는 전갈을 전해 두었다.

진나라에서는 두말할 것도 없이 석작의 부탁을 들어 주우와 석후 두 사람을 붙잡아 처형해 버렸다.

이 이야기를 기록한 「좌전(左傳)」의 필자는, '석작이야말로 충신의 이름에 부끄럽지 않다. 반란자인 주우를 증오하고, 자기의 아들인 석후까지도 용서치 않았다. 이것이 바로 대의멸친(大義滅親)이라는 것이다' 하고 석작을 칭송했다.

대장부(大丈夫)

장부는 사나이란 뜻, 대장부는 물론 큰 사나이란 말이다.

사내다운 사나이, 그 중에서도 위대한 사나이가 대장부다.

남자 중 위대한 사람이 대장부요, 여자로서 대장부다운 여자는 여장부라 한다. 여대장부란 말도 만들자면 만들지 못할 바도 아니다.

이른바 여걸이란 인물들은 스스로 그렇게 자처하고 있을 것이다.

그러나 여기에 말하는 대장부는 그런 영웅호걸을 말하는 것이 아니다.

맹자를 찾아온 어떤 사람이 불쑥 이런 말을 한 적이 있다.

"공손연(公孫衍)과 장의(張儀)가 어찌 대장부가 아니겠습니까? 그들이 한 번 성을 내면 천하가 다 겁을 내고, 그들이 가만히 있으면 천하가 다 조용합니다."

장의라면 유명한 세객(說客)이다.

이른바 종합(從合) 연형(連衡)의 외교술어를 만들어내어 중국 천지를 손에 쥐고 놀던 그이니 보통 사람들이 볼 때 당연히 위대한 인물로 보였을 것은 뻔한 일이었다.

공손연도 역시 그런 층의 인물로 모두가 당대에 이름을 떨치던 사람들이었다.

그러니 그들을 대장부라고 한 것이 조금도 이상할 것은 없었다. 그러나 맹자는 웃었다.

"그들이 어찌 대장부가 될 수 있겠느냐? 그것은 여자들이나 할 수 있는 일이다."

이렇게 전제한 맹자는 다음 말을 계속했다.

"대저 대장부란 이런 것이다. 천하의 넓은 집에서 살며, 천하의 큰 길에 서며, 천하의 큰 덕을 행하여 뜻이 이루어지면 백성과 더불어 즐기고 뜻을 얻지 못하면 혼자 도를 지켜, 부귀를 가지고도 내 마음을 그른 길로 이끌지 못하며, 위세와 폭력으로도 내 마음을 꺾지 못하며 아무리 가난하고 천한 위치에 있더라도 내 마음이 옮겨가지 않는 것, 이것이 대장부이다. 저들은 정도를 밟지 않고 옆길로 가며, 문으로 들지 않고 담을 넘으니 세상에 그런 천한 사나이가 없거늘, 어찌 대장부라 할 수 있겠는가?"

역시 정도를 걷는 성인의 입장에서 볼 때 그들은 거짓말과 협박과 간사한 꾀 등, 목적을 위해서는 수단을 가리지 않는 천박한 인간들이기도 했다.

대장부란 곧 대인(大人)을 말한다. 맹자는 대인을 가리켜 성인(聖人) 다음이라고 정의를 내렸다. 성인의 하는 일을 능히 할 수 있는 사람이 대인이요, 대인으로서 노력하지 않고 완전히 화해 버린 것을 성인이라고 했다.

맹자는 공자와 같이 도탄에 빠진 백성을 구원하기 위해 자기를 써 줄 사람을 찾아다녔다.

그러는 중 그가 가장 희망을 걸고 있던 임금은 제나라 선왕(宣王)이었다.

선왕은 맹자를 객경(客卿)이라는 무임소 장관에 임명하고 1년에 봉록 10만 석을 주었다.

그러나 맹자는 그 10만 석을 받지 않았다. 그가 그 자리를 지킨 것은 임금이 혹시나 자기에게 나라를 맡겨 줄까 하고 기다린 것 뿐이었다.

그야말로 그로 하여금 부귀에 마음을 동하게 만들지 못한 것이다.

천하의 큰 집이란 우주를 내 집으로 삼는다는 이야기이다.

도불습유(道不拾遺)

말 그대로 '길에 물건이 떨어져도 줍지 않는다'는 뜻으로 태평하게 나라가 잘 다스려짐을 비유할 때 쓰인다. 그 유래는 다음과 같다.

정(鄭)나라 때 재상이던 자산(子產)은 형법을 엄격하게 만들어 이의 시행을 철저히 이행하도록 했다. 자산은 농지분배와 계급 사회에서의 특권의식에 쐐기를 박는 평등의 개념을 도입했고 인재를 적재적소에 등용하는 데 힘을 기울였으며 법적용을 엄격히 했다. 임금이나 경상대부, 서민에 이르기까지 예외가 없었으므로 백성들은 순순히 이것을 받아들여, 자산이 정사를 다스리기 5년 동안 나라에는 도둑이 없고 길에 물건이 떨어져 있어도 사람들이 줍지 않고 복숭아와 대추가 거리에 가득해도 따 가는 사람이 없었다. 송곳이나 칼이 땅에 떨어져도 사흘 뒤에는 임자에게 돌아갔다. 3년 동안 변함이 없으니 백성 중에는 굶주리는 사람이 없게 되었다.

「한비자」에 나오는 이야기로 여기에서 '도불습유'는 태평성대를 가리키는 말이 되었다.

노(魯)나라 정공(定公) 때에도 이런 일이 있었다. 이때 공자는 법을 다스리는 대사구(大司寇)의 벼슬에 있었다. 공자가 대사구가 된 지 3개월이 지나자 그의 인의정치는 나라 전체에 미쳐 마찬가지로 '물건이 길에 떨어져 있어도 주워가지 않게' 되었다고 한다.

도원결의(桃園結義)

「삼국지」의 유비, 장비, 관우가 도원에서 의형제를 맺은 이야기에서 유래되어 그 뒤로도 의리로 맺어져 죽음을 맹서하는 동지애 등을 비유할 때 이 말은 자주 인용되고 있다.

황건적의 난으로 나라가 어지러워지자 한(漢)의 조정에서는 각지에 황건적을 토벌하기 위해 의용군을 모집한다는 방을 나붙이기에 이르렀다. 유비가 살고 있던 유주(幽州) 탁현(涿縣)에도 이 방이 나붙어 어느 날 유비는 그것을 보고 한숨을 길게 내리쉬고 있었다.

그때 한 사나이가 유비에게 다가와 싸울 생각은 않고 한숨만 내리쉬고 있느냐고 고함을 쳤다. 그가 바로 장비였다. 두 사람은 수인사를 나누고 주막에 들어가 함께 나라일을 걱정하게 되었다. 얼마 후 이 주막에 한 거한이 들어왔으니 그가 곧 관우였다. 어딘지 늠름한 귀골인지라 인사를 청해 자리를 함께 하게 되었다.

이야기는 무르익어 세 사람은 마침내 의기투합, 나라를 위해 몸 바쳐 일하기로 했다. 그리하여 유비의 집 후원 드넓은 복숭아나무 밑에서 의형제를 맺기에 이르렀다.

이것이 곧 오늘까지 인구에 회자되는 저 유명한 '도원결의'의 의식이다.

도원경(桃源境)

진(晉)나라 태원(太元) 무렵에 있었던 일이다.

무릉(武陵)에 한 어부가 살고 있었다. 어부는 어느 날 여느 때와 마찬가지로 작은 배를 타고 고기를 잡기 위해 골짜기의 강을 따라 올라갔다.

얼마나 배를 멀리 저어 갔던지 온통 낯설은 곳으로 나아갔는데 그 근처 가득히 복숭아나무 숲이 펼쳐져 있었다. 그 넓이는 대충 몇백 보나 되었을까. 그 속에는 잡목 하나 보이지 않고 복숭아나무만이 말할 수 없는 감미로운 향기를 뿜으며 아름다운 꽃잎을 화려하게 날리고 있었다.

이 기막힌 경치에 어부는 잠시 황홀해 있었는데 이윽고 그 숲 안쪽까지 가보고 싶어졌다. 그래서 다시 배를 저어 가노라니 수원지(水源地) 근처에서 산이 막혔다.

그 산에는 조그만 굴이 입을 벌리고 있었는데 희미하게 안이 밝았으므로 어부는 배에서 내려 그 속으로 들어갔다. 처음에는 가까스로 사람 하나가 지나갈 정도의 넓이던 것이 5, 60걸음 걸어가는 동안 갑자기 활짝 주위가 밝게 트였다.

부신 눈을 뜨고 바라보니 땅은 사방으로 펼쳐져 있었으며 집들이 늘어섰고 여기저기에 비옥한 논밭이 있었으며 뽕나무와 대나무도 무성하게 자라 있었다.

논 가운데의 길도 가로 세로 통했고 닭울음 소리, 개짖는 소리도 들렸으며, 밭일하는 사람들과 오고가는 남녀들은 모두 이국인 같은 차림을 하였고 머리털이 누런 늙은이와 아이들도 모두 싱글벙글 즐거워 보였다.

멍하니 우뚝 서 있는 어부를 본 사람들은 모두 이 낯선 사나이를 보고 놀라 어디서 왔느냐고 물었다. 어부가 있는 그대로 자세히 대답하자 곧 그를 어떤 집으로 데리고 가 닭을 잡고 술을 내어 크게 환대를 하는 것이었다.

이윽고 어부에 대한 말을 전해 들은 마을 사람들이 모여와서 차례차례 그에게 묻는 것이었다.

그들이 말했다.

"우리 조상이 처자를 데리고 마을 사람들과 함께 진(秦)나라의

전란을 피해서 이 절경에 이른 뒤 한 번도 여기를 나간 일이 없으
므로 결국 다른 곳 사람들과 전혀 상종이 없게 되고 말았지요. 한
데 지금은 대관절 어떤 세태인가요?”

이렇게 한(漢)나라의 일도 모르거니와, 위(魏), 진(晋)에 대해
서도 알지 못했다. 어부가 자세히 설명을 하자 모두들 감개무량한
듯이 듣고 있었다. 이렇듯 어부는 이집 저집 불려다니며 대접을
받고는 사람들에게 이야기를 해주느라고 4, 5일이나 머무르고 말았
다. 가까스로 그 마을에 이별을 고하고 먼저 배를 매어 놓은 곳으
로 나가 강을 따라 집으로 돌아왔다.

“우리들에 대한 것은 이야깃거리도 못되니 다른 사람들에게 말
하지 말아 주시오.”

이런 말을 듣긴 했으나 도중에 군데군데 표지를 남겨 두었다.

집으로 돌아간 어부는 곧 관가의 원에게로 가서 자기의 신기한
체험담을 이야기했다. 원은 크게 흥미를 느끼고 사람을 보내어 다
시 그곳으로 안내케 했다. 그러나 돌아오는 길에 해놓은 표지는
아무리 찾아도 보이지 않아, 전에 갔던 길을 찾을 수가 없었다.

때마침 남양(南陽)에 유자기(劉子驥)라는 군자가 있었는데 이 이
야기를 전해 듣고 매우 기뻐하여 그 선경으로 가려 했으나 뜻을
이루기도 전에 병이 들어 세상을 떠나고 말았다. 이뒤부터 다시는
그곳으로 가려고 하는 자가 없었다고 한다.

이 이야기에서 ‘무릉도원(武陵桃源)’ ‘도원경(桃源境)’은 선경
의 뜻으로 사용되었으며, 더 넓게 이상경(理想境)의 뜻도 포함하
고 있다.

도청도설(道聽塗說)

‘도청도설(道聽塗說)’이란 「논어」의 양화편(陽貨篇)에서 유래된
말이다.

‘먼젓번 길에서 들은 좋은 말(道聽)을 마음에 담아 자기 수양의

118

양식으로 삼지 않고, 나중의 길에서 곧 남에게 지껄여 버리는(塗
說) 것은 자기 스스로 그 덕을 버리는 것이나 다름 없다. 좋은 말
은 모두 마음에 잘 간직하였다가 자기의 것으로 삼지 않으면 덕을
쌓을 수 없다.'

몸을 수양하고, 가정을 다스리고, 나라를 다스리고, 천하를 평
정하여 하늘의 길을 지상에 행하는 것을 이상으로 삼은 공자는 그
때문에 사람들이 엄격하게 자기를 다스리고 인덕을 쌓아서 실천해
가기를 가르쳤다.

그리고 덕을 쌓기 위해서는 끊임없는 노력이 필요하다는 것을
「논어」에서 가르치고 있다.

후한(後漢)의 반고(班固)가 편찬한 「한서예문지(漢書藝文志)」에
는, '대저 소설(小說)이라는 것의 발단은 군주가 백성들의 풍속을
알기 위해 관원들에게 명령하여 쓰게 한 것에서 비롯된다. 즉 세
상 이야기나 항간의 소문거리는, 좋은 말을 듣고도 곧 남에게 지
껄여 버리는 무리들이 지어낸 것이다'라고 씌어 있다.

소설이라는 말은 이런 뜻에서 본래는, '패관(稗官─낮은 관원) 소
설'이라고 하였는데 뒤에는 그저 소설이라고만 하게 되었다.

또 「순자」의 권학편(勸學篇)에는, '소인의 학문은 귀로 들으면
곧 입으로 빠져나가 조금도 마음에 담아 두지를 않는다. 입과 귀
의 사이는 약 네 치, 이 정도의 거리를 통할 뿐이니 어찌 7척의
몸을 훌륭하게 만들 수가 있겠는가. 옛날에 학문을 한 사람은 스
스로를 닦기 위해 노력을 했는데 요즈음 사람은 배운 것을 곧 남
에게 알려 주고 자기 것으로 삼으려 하지 않는다. 군자의 학이 자
기 자신을 아름답게 만드는 것에 반하여 소인의 학은 사람을 못쓰
게 만들어 버린다.

그러므로 묻지도 않는 말을 입에 담는다. 이것을 잔소리라고 하
고, 하나를 묻는데 둘을 말하는 것을 수다라고 한다. 어느 것이나
다 좋지 않다. 참다운 군자는 묻지 않으면 대답을 하지 않고, 물
으면 그것만을 대답하는 법이다'라고 해서 말 많은 것을 훈계하
고 있다.

어느 세상에나 오른편에서 들은 말을 곧 왼편으로 전하는 수다
쟁이 정보통이 많다. 더구나 입에서 입으로 전해지는 동안에 차츰
꼬리와 발이 달리게 된다.

'이런 무리는 세상에 소용이 없다.'

공자와 순자는 이렇게 훈계하고 있다.

또 자기가 학식이 있다는 것을 자랑하는 행위도 삼가야 한다는
것이다.

도탄(塗炭)에 빠지다

하(夏)나라의 걸왕(桀王)과 은(殷)나라의 주왕(紂王)은 요염한
미녀 말희(妺喜)와 달기(妲己)의 품안에 들어 주지육림의 음락으
로 세월을 보냈다.

그리하여 도리를 그르치고 나라를 멸망케 한 제왕으로서 '걸주
(桀紂)'라는 이름으로 함께 불리워질만큼 중국사상 대표적인 폭군
으로 전해 내려오고 있다.

걸왕은 하나라의 마지막 임금이었는데 이 걸왕의 학정에 시달리
는 백성을 보다 못해 군사를 일으켜 걸왕의 대군을 명조산(鳴條
山)에서 격파한 뒤 천자의 위를 차지한 인물이 은나라의 탕왕(湯
王)이다.

이 탕왕이 반란을 일으킬 때 수만 군중들 앞에서 이른바 출진의
서약을 한 말 가운데, '백성은 도탄(塗炭)에 빠져 있다'라는 유명
한 구절이 있다.

'내가 감히 군사를 일으키는 것이 아니라 하나라의 죄가 워낙
많으므로 하늘이 이를 치게 하신 것이다.'

이러한 탕왕의 서사는 「서경」의 탕서편(湯誓篇)에 기록되어 있
다.

탕왕은 또한 군사를 몰고 걸왕과 싸워서 크게 이겨 개선장군이
되어 자기 고향 박(亳)지방으로 돌아왔을 때 다시 제후를 모아 놓

고 걸왕의 포학무도를 공격하는 일장 연설을 하였다.

"걸왕은 덕을 멀리하고 폭위만을 떨치어 백성에게 학정을 가하였다. 그대들 만방의 백성은 그의 흉해를 입은 쓰라림을 이기지 못하므로 그 무고한 고통을 만방에 고하노라. 천도(天道)는 언제나 선한 데 복을 주고 음란에 화를 준다. 하늘은 이제 걸왕에게 재앙을 내리고 이로써 그의 죄를 밝혔도다."

이렇듯 걸왕의 포학을 통렬히 비판하고 하늘은 이미 하왕조(夏王朝)를 버렸으며 새로이 은나라를 내려 주게 되었음을 정당화시키기에 온갖 적절한 문자를 다 인용하였던 것이다.

이밖에도 걸왕을 응징 비난하는 말은 고전 속에 허다히 있지만 같은 「서경」의 '중훼지고(仲虺之誥)'에 보면 이런 구절이 있다.

'유하혼덕(有夏昏德)하여 민은 도탄에 빠졌다.'

'중훼지고'란 즉 탕왕의 신하였던 중훼가 탕왕에게 올린 말을 널리 민중에게 고했다는 것으로서 걸왕의 천인무도한 부도덕과 악행 때문에 백성이 받아야 했던 고난을 '도탄에 빠졌다'는 한 마디로 표현한 것이다.

이것이 바로 '도탄의 괴로움'이니 '도탄의 민생고'니 하는 말의 어원이다.

그러나 백성이 도탄의 고통 속에서 신음했던 일은 비단 하왕조 말엽인 걸왕의 시대에만 있었던 것은 아니다.

걸왕의 폭정을 다스렸던 은나라의 마지막 임금 주왕도 마찬가지요, 고대의 많은 제왕에게서도 그 예는 얼마든지 찾아보기 어렵지 않다.

극단적으로 말해 유사 이래 수천 년의 인류의 역사는 거의가 백성이 '도탄 속의 괴로움'에 시달리는 연속적인 되풀이였다고 해도 과언이 아니다.

'도탄(塗炭)'이란, 글자 그대로 흙탕물과 숯불을 가리키는 말이다. 흙탕물에만 빠져도 괴로운데 숯불에까지 빠지는 괴로움과 두려움을 합친 고통이니 오죽하랴.

돌에 꽂히는 화살

명장(名將)에는 장(將)으로서의 타고난 그릇과 무용에 뛰어난 부장(部將)으로서 알려진 두 부류가 있다.

한(漢)의 이광(李廣)과 그의 손자 이릉(李陵) 같은 사람은 후자에 속한다. 농서(隴西—지금의 감숙성)의 이장군(李將軍) 집안은 천하에 용맹을 떨친 장군을 수없이 배출한 조상 대대로 무인(武人)의 혈통을 자랑하고 있었다.

농서는 오랑캐 땅에서 가깝다. 바로 북쪽에 인접한 올도스 사막은 흉노의 전진기지가 되어 있었으며 거리의 주변에는 육반산맥(六盤山脈)의 한 줄기가 뻗쳐 있었다. 지리적으로나 환경적으로나 이렇듯 국경도시다운 거칠은 분위기에 싸여서 어린 시절을 보낸 이광은 자라나면서 정식으로 무술의 훈련을 받게 되자 두드러지게 두각을 나타내기 시작했다.

그는 타고나면서부터 무장의 아들로서 부끄럽지 않은 인품과 용모를 지니고 있었으나 특히 활을 잡으면 좀처럼 남에게 뒤지지 않을 자신이 있었다. 문제(文帝) 14년, 흉노가 대거해서 숙관(肅關)을 침범해 왔을 때, 그는 얼마 되지는 않지만 충분히 단련된 휘하 병사를 거느리고 흉노에게도 결코 부끄럽지 않은 멋진 기마전술(騎馬戰術)과 활솜씨를 보였다.

수십 년 동안을 줄곧 흉노 때문에 고배를 마셔오던 문제는 이 소식을 듣고 더없이 기뻐했다. 그리고 갑자기 자기 몸 가까이 두고 싶었던지 시종무관에 임명했다.

어느 때 문제를 수행하여 사냥을 나갔던 이광은 호랑이와 맨주먹으로 맞붙어 싸워서 이를 두들겨 잡았다. 덕분에 위험을 면한 문제는 새삼스럽게 그 용맹에 놀라며 말했다.

"허참, 너는 정말 아깝구나. 고조(高祖)에 태어났더라면 대제후로 출세했을 걸 그랬구나."

“아닙니다. 저는 대제후는 되고 싶지 않습니다. 국경의 수비대 장이 저의 회망입니다.”

이렇게 해서 이광은 전부터 바라던 변경의 수비대장으로 전전하게 되었다. 이 동안에 세운 공로는 헤아릴 수도 없다. 그러나 처세술이 서툰 탓이었는지 벼슬은 좀처럼 오르지 않을 뿐 아니라 때로는 면직될 뻔한 적도 있었다.

장군의 참다운 가치를 인정한 것은 오히려 적인 흉노 쪽이었는지도 모른다. 그들은 한나라의 비장군(飛將軍)이라고 해서 이광의 용맹을 존경한 나머지 이광의 성채는 아예 엿볼 생각도 하지 않았다.

그가 변경의 수비대장으로 있을 때 그의 용맹으로 위협을 받은 것은 우북평(右北平)의 흉노들 뿐 아니라 자기 세상인 듯이 산과 들을 횡행하던 호랑이도 서리를 맞았다.

이광은 자주 사냥을 했다. 풀섶에 묻힌 돌을 호랑이인 줄 알고 활을 쏘았을 때는 활촉이 파묻힐 만큼 깊숙히 돌에 꽂혔다. 화살이 돌에 꽂힌 것이다. 가까이 가 보고 돌이란 것을 알고 다시 쏘았더니 이번에는 꽂히지 않았다고 한다.

이것은 이광 장군의 활솜씨를 높이 평가한 사람들이 만들어 낸 이야기인지도 모르지만, 그가 궁술(弓術)에 빼어난 것만은 확실하다. 더구나 그 궁술은 수련에 의해 얻어진 재간의 범위를 훨씬 넘어선 천부적인 것이었던 모양이다.

동가식 서가숙(東家食 西家宿)

옛날 제(齊)나라에 한 처녀가 있었다. 그녀에게 동쪽에 있는 집과 서쪽에 있는 두 집에서 똑같이 청혼이 왔다.

동쪽집 아들은 흉하게 생긴 사나이나 부자였고, 서쪽집은 가난했으나 그 아들은 이름난 미남이었다. 난처하게 된 부모는 장본인의 의견이 중요하다면서 딸에게 뜻을 물었다.

"만일 동쪽집에 시집을 가고 싶거든 왼편 어깨를 벗고, 서쪽 집에 시집을 가고 싶거든 오른편 어깨를 벗어라."

한동안 망설이고 있던 딸은 두 어깨를 한꺼번에 벗어 버렸다. 부모가 놀라 그 까닭을 묻자 딸은 말했다.

"낮에는 동쪽 집에 가서 먹고 입고 싶고, 밤에는 서쪽집에서 자고 싶어요……."

「천평어람(天平御覽)」에 나오는 이야기이다.

사람이 이익을 추구하는 데 탐욕이 지나치다는 비유이다. 그러나 요즈음은 떠돌이의 삶에 대한 비유로 더 많이 쓰이고 있기도 하다.

동병상련(同病相憐)

「오월춘추(吳越春秋)」에 나오는 오자서(吳子胥)의 비극에 얽힌 이야기로, '같은 병을 가진 사람들끼리 서로 불쌍히 여기는 마음을 가진다'는 뜻이다. 오늘날에도 처지가 비슷한 사람끼리 서로 상대를 잘 알고 연민을 느낀다는 뜻으로 자주 쓰이고 있다.

오자서는 아버지와 형이 모반의 혐의를 받고 죽자 초나라를 떠나 오(吳)나라로 망명했다. 이때 관상을 잘 보는 피리(被離)란 인물이 오자서가 거지행색으로 거리를 돌아다니고 있는 것을 발견하고 그를 공자 광(光)에게 추천했다. 공자 광은 오자서의 능력에 힘입어 오나라의 왕이 되었고 오자서는 초나라에 마침내 복수를 하기에 이르렀다.

어느 때 초나라에서 오자서와 마찬가지로 부친을 간신배에게 억울하게 잃은 백비(伯嚭)란 인물이 오자서를 찾아왔다. 오자서는 그를 왕에게 추천해 대부의 벼슬을 주었다. 그러자 피리가 오자서에게 어떻게 한 번 보았을 뿐인 인물을 쉽게 신임하는지를 물었다.

오자서는 다음과 같이 대답했다.

"그 역시 나와 마찬가지로 원한을 품고 있소. 강가에서 부르는 노래가 있지 않소?

'같은 병은 서로가 불쌍히 여기고 같은 근심은 서로가 구원하네 놀라서 날아오르는 새는 서로 따라서 날고, 여울 아래 물은 인하며 서로 다시 함께 흐르네(同病相憐 同憂相救, 驚翔之鳥 相隨而飛, 瀨下之水 因復俱流).'

호마(胡馬)는 북풍을 향해 서고 월의 제비는 햇빛을 구해 노는 법, 육친을 사랑하여 슬퍼하지 않을 사람이 어디에 있겠소?"

"이유란 단순히 그뿐입니까?"

"그렇소."

그러자 피리는 백비가 눈은 매와 같고 걸음걸이는 범을 닮아 살인쯤은 예사로 할 잔인한 관상이니 결코 마음 속까지 주어서는 안 됨을 역설했다.

그러나 오자서는 피리의 충고를 무시했고, 뒷날 결국 백비의 배신으로 자살하는 비극에 이르고 말았다.

오자서는 동병상련의 정으로 상대를 이끌었던 것인데 백비는 잔인하게 배신을 한 것이다.

두주불사(斗酒不辭)

진(秦)나라 말기 패공(沛公) 유방이 진나라 서울 함양(咸陽)을 공략했다는 말을 듣고 항우가 화가 나서 유방을 칠 각오를 했다. 이를 알게 된 유방은 두려워하며 항우의 진중에 몸소 나가서 해명을 했다.

이를 '홍문지회(鴻門之會)'라고 한다.

항우의 의심은 풀린 것 같았으나 항우의 모신(謀臣) 범증(范增)은 이를 호기로 유방의 모살을 기도하여 칼춤을 추며 유방의 목숨을 노렸다.

유방의 위급함을 듣고 부하인 용사 번쾌는 왼팔에 방패를 들고 위병을 쓰러뜨리고 오른편에 든 칼로 포장을 들처 연회석에 뛰어들어 항우를 노려보았다.
　항우는 깜짝 놀라 소리쳤다.
　"누구냐?"
　"패공 유방의 수행 부하 번쾌다."
　옆에서 장량이 중재했다.
　"오오, 장사로구나. 술을 대접해라!"
　나온 한 말들이 잔을 번쾌는 선 채 마셨다.
　"안주가 필요할 테지. 돼지 어깨고기를 주어라!"
　번쾌는 방패 위에다 생고기를 놓고 썰어 먹었다.
　어지간한 항우도 간담이 서늘해졌다.
　"굉장한 장사로구나. 한 잔 더하겠나?"
　"죽음도 불사한 저올시다. 큰 잔 두셋을 어찌 사양하리오."
　그리하여 그는 주군을 구해 냈다. 「사기」에 나오는 이야기이다.
　여기서 두주불사(斗酒不辭)라는 말이 나왔다. 여느 호주가들을
두고 하는 말이 아님을 알 수 있다.

득어망전(得魚忘筌)

　전(筌)이란 대나무로 만든 물고기를 잡는 도구이다.
　'물고기를 얻고 나면 전을 잊는다.'
　물고기를 잡고 나면 벌써 전은 소용이 없다. 학문이 성취되면 책
이 필요없듯이 모든 일에 있어 근본(목적)을 얻고 나면 실마리(수
단)를 잊어도 좋다는 뜻으로 「장자」에 실려 있는 말이다.
　'성인(聖人)이 천하를 움직이는 연유를 신인(神人)은 문제로 삼
지 않고 현인(賢人)이 세상을 움직이는 연유를 성인은 문제로 삼
지 않으며, 군자가 나라를 움직이는 연유를 현인은 문제로 삼지
않고, 소인이 때에 따르는 연유를 군자는 문제로 삼지 않는다. 소
인은 군자에 미치지 못하고, 군자는 현인에 미치지 못하고, 현인
은 성인에 미치지 못하고, 성인은 신인에게 미치지 못하기 때문

이다.'

뒤이어 다음과 같은 구절이 나온다.

'송나라에 어버이를 여읜 자가 있었는데 어버이의 죽음을 슬퍼한 나머지 몹시 여위었기 때문에 효자라고 칭찬을 받고 관리가 되었다. 그 선례(先例)를 본받은 향당(鄕黨)의 반수가 말라서 죽었다고 한다.

옛날 성천자(聖天子)였던 요(堯)는 천하를 현자인 허유(許由)에게 주려 하였으나 허유는 달아나 받지 않았다. 은(殷)나라 탕왕(湯王)도 현인인 무광(務光)에게 양도하려 했더니 무광은 화를 내었다. 기다(紀多)는 이 말을 듣자 제자를 이끌고 관수(欸水)에 은거하고 말았다. 제후들은 3년 동안이나 이를 섭섭해 했다.

전은 고기를 얻는 연유이니 고기를 얻으면 전을 잊는다. 덫은 토끼를 잡는 연유이므로 토끼를 잡고 나면 덫을 잊는다. 말은 뜻을 이루는 연유이니 뜻을 얻고 나면 말을 잊는다.

모든 일에 그 목적이 달성되면 그 연유는 소용이 없다. 나도 어떻게 해서든지 말을 잊은 사람을 만나고 그 사람과 더불어 이야기를 해보았으면 싶다.'

그런가 하면 「전등록(傳燈錄)」에는 다음과 같이 기록돼 있다.

'뜻을 얻으면 말을 잊는다. 이치를 깨달으면 가르침을 잊는다. 그리고 고기를 얻고 전을 잊는 것은 토끼를 잡고 덫을 잊는 거나 같도다.'

등용문(登龍門)

후한(後漢)도 이미 말엽이 가까운 환제(桓帝) 때의 일이다.

발호장군(跋扈將軍)이라 불리우며 횡포와 독재로 악명이 드높았던 외척 양기(梁冀)가 주살당하자 백성들은 쾌재를 불렀다. 그러나 그 대신 선조(單趙)라는 자를 필두로 한 이른바 오사(五邪)의 환관들이 포학과 매관직을 마음대로 하여 세상은 다시 혼란과 암혹 속에 빠져 있었다.

이때 일부 정의파 관료들이 이에 대항해서 과감한 투쟁을 벌였는데, 이들을 인도한 자가 이응(李膺)이었다.

이응은 자(字)를 원례(元禮)라 하며 영천(領川) 양성(襄城) 태생으로 일찍이 한 고향의 유명한 유교학자 순숙(荀淑)에게서 학업을 닦고 관도(官途)에 있어서는 청주자사(靑州刺史)를 비롯하여 어양(漁陽), 촉군(蜀郡)의 태수를 역임하였으며 또 오환교위(烏桓校尉), 탁료장군(度遼將軍) 등의 군직(軍職)도 맡아 이름을 떨친 실력가였다.

한때는 하남(河南)의 지방장관으로 좌천되었을 뿐만 아니라 환관들의 비위를 거슬렸기 때문에 투옥당하기까지 했다. 그러다가 그의 선배 진번(陣蕃)의 추천으로 다시금 치안책임자인 사례교위(司隷校尉)의 자리에 올랐다.

이때 궁중에서는 환관들이 판을 침으로써 기강은 나날이 허물어지고 나라 전체가 부패와 퇴폐로 기울어가고 있었다.

그러한 때 이응은 혼자 바른 정치와 양심을 수호하고 당당히 맞서 절조를 굽히지 않았기 때문에 그의 명성은 더욱 높았으며 태학(太學)의 젊은 학생들은 그를 흠모하여, '천하의 모범은 이원례(李元禮)'라고까지 했다. 이러한 평판과 함께 그를 향한 격려와 찬사 또한 아끼지 않았다.

신진 관료들도 이응의 추천을 받는 것을 명예로 알았으며 이를 가리켜 등용문(登龍門)이라 일컫기에 이르렀다는 이야기가 「후한서」의 이응전(李膺傳)에 나온다.

용문(龍門)이라는 것은 황하 상류에 있는 협곡의 이름으로 그 흐름이 대단히 급격하기 때문에 웬만큼 큰 물고기도 이 격류를 거슬러 올라가기가 매우 어려웠다고 한다. 그러므로 한 번 이 물살을 거슬러 올라 타고 넘기만 하면 그 물고기는 당장 용으로 변한다는 전설이 있었다.

따라서 '등용문' 하면 '용문에 오르다'는 말로써 난관을 돌파하여 약진할 기회를 얻는 것을 의미하게 되었다.

　이응의 문하에 모여든 청년 학도들과 신진관료들의 경우는 천하의 석학 명류에 자기도 이름을 올리고 정의의 정치에 몸을 바친다는 순진한 동기의 자랑과 감격이 이 말을 낳게 한 것 같다.

　그러나 속된 말로 표현한다면 '등용문'이란 또 모든 출세가도의 실마리를 붙잡는 일이라는 의미로도 해석된다.

　우리 나라의 왕정 시대와 마찬가지로 중국에서는 특히 진사 시험에 합격하는 것이 입신출세의 첫걸음이라는 뜻에서 '등용문'이라 일컬어졌다.

　'등용문'과 반대의 뜻을 가진 말로 점액(點額)이라는 말이 있다. 액(額)은 이마를 뜻하고 점(點)은 상처를 내다, 혹은 흠집을 낸다는 뜻이다.

　용문을 거슬러 올라가려고 거세게 물살치는 급류에 도전한 물고기가, 있는 힘을 다하여 솟구치려 하다가 바위에 비늘을 긁히거나 껍질이 벗겨져서 상처를 입는 것을 '점액'에다 비유한 것이다.

　결국은 정신을 잃고 물 위에 떠서 하류로 되밀려 내려가 출세 경쟁에서 전락되는 낙오자요, 패배자가 된다는 말이다.

마

마이동풍—미생지신

마이동풍(馬耳東風)

소 귀에 경읽기라는 옛말과 마찬가지로 남의 의견이나 비평 또는 옳은 충고에는 전혀 귀를 기울이지 않는 자를 빗댄 말이다.

마이동풍(馬耳東風)이라는 말은 본래 이백(李白)의 장시, 〈왕십이(王十二)의 추운 밤에 홀로 잔을 드는 심사에 답하노라〉 속의 한 구절이다.

이것은 왕십이라는 친구가 이백에게, 〈추운 밤에 혼자 술잔을 기울이며 감회에 서린다〉라는 시를 보낸 데 대한 이백의 회답으로 굉장히 긴 시이다.

왕십이란 친구는 아마도 시로써 불우한 심경을 이백에게 호소했던 모양이다.

이 호소가 담긴 시를 받은 이백은 썰렁한 밤에 외로이 술을 마시고 있을 친구의 모습을 그리면서, '술을 퍼서 만고의 시름을 씻어 버리게. 자네처럼 고결하고 출중한 인물은 세상에 어울릴 수 없는 것이 오히려 당연한 일이 아니겠는가'라는 시를 지어 권주와 위로를 했던 것이다.

'지금은 닭싸움(당나라 때 왕족과 귀족들 사이에 성행했었다)의 기술이 능한 자가 임금에게 귀염을 받고 큰 길을 활개치며 돌아다니거나, 오랑캐의 침입을 막아 서푼어치의 전공을 세운 자들이 충신인양 의기양양해 하는 세상일세. 자네나 나는 그런 인간의 흉내를 낼 수야 없지 않는가.

우리는 차라리 북창(北窓)에 기대어 시를 읊고 노래나 지으세.
우리의 작품이 아무리 뛰어나게 훌륭한 걸작이라 할지라도 지금
세상에서는 한 잔의 냉수만큼도 값어치가 없다네. 세상 사람들은
이것을 듣고 고개를 내저으니 동풍(東風)이 말의 귓가(馬耳)를 스
치는 것과 다름이 없네.'

중국은 원래 무술보다 문장을 중히 여기고 숭상했던 나라이다.
문장의 힘이 한 나라를 흥하게도 하고 기울게도 했다.

그러니만큼 문장가로서의 자랑과 자신과 포부가 그들의 가슴 속
에 뿌리를 박고 있었다.

특히 이백과 같이 자신에 대한 자부심이 강했던 대시인에게는
더욱 그 뿌리가 깊이 파고들어 있었을 것이다. 그러나 현실 세상
은 이러한 시인의 노래에도 마이동풍이었다.

이백의 노래는 계속된다.

'어목(魚目)이 또한 우리를 비웃고 감히 명월(明月)과 같기를
청하누나.'

생선눈과도 같이 어리석고 타락된 무리들이 밝은 달과도 같은
시인들의 존귀한 지위를 탐내고 있으니 옥석(玉石)이 뒤섞이고 어
리석음과 현능한 재기(才氣)가 뒤바뀐 것이 오늘날의 세상이라는
것이다.

다음은 장단구를 섞어서 지은 이 시의 끝구절이다.

'우리들 시인에게는 제아무리 높은 감투라 해도 벼슬자리 따위
가 원래의 상대였던 것은 아니다. 어린 시절부터 우리들은 산을
타고 들을 거니는 것이 소원이 아니더냐.'

만 가(挽歌)

'만가(挽歌)'는 수레 끄는 사람의 노래이다. 그 수레는 보통 수
레가 아니라 상서롭지 못한 영구차를 말한다.

만(挽)은 원래 수레를 앞으로 끈다는 뜻으로, 장례식 때 영구차

의 상여줄〔紼〕을 잡는 사람들이 서로 화(和)하여 부르는 노래가 만가이다. 그 유래도 다음과 같은 비창(悲愴)한 이야기로 아로새겨져 있다.

한나라의 유방이 초나라의 항우를 해하에서 격파한 뒤 즉위하여 한의 고조가 된 때의 일이다.

이보다 앞서 유방과 화목하였을 즈음 한신에게 급습을 당한 분풀이로 화목사(和睦使)인 세객 역이기를 삶아 죽인 제왕(齊王) 전횡(田橫)은 고조의 주살을 두려워하여 부하 5백여 명과 더불어 바다 가운데의 섬으로 도망쳤다.

고조는 전횡이 후일에 난을 일으킬까 두려워하여 그 죄를 용서하고 불렀다. 그러나 전횡은 낙양 못미처 30리쯤 와서는 포로가 되어 한왕을 섬기는 것을 부끄럽게 여기고 목을 찔러 죽었다. 그 목을 고조에게 바친 두 사람의 객(客)도 이내 전횡의 묘소에서 스스로 목을 베고 순사(殉死)하였다.

섬에 남았던 5백여 명도 전횡의 높은 절개를 추모하여 모두 순사를 하였다.

이렇게 하여 그들은 다 죽고 말았다. 그 무렵 전횡의 문인이 해로(薤露), 호리(蒿里)의 두 장으로 나뉘어진 상가(喪歌)를 지었는데 전횡이 자살하자 그 죽음을 서러워하여 이것으로 슬프게 노래를 불렀다.

그 중 하나 해로의 노래——

> 부추〔薤〕 위의 이슬은 쉽게도 마르도다
> 이슬은 말라도 내일 아침 또 내리리
> 사람 죽어 한 번 가면 언제 다시 돌아오나.
> 薤上朝路何易晞
> 露晞明朝更復落
> 人死一去何時歸

또 하나 호리의 노래——

　호리는 누구의 집터인고
　혼백 거두는 덴 현자 우자 따로 없네.
　귀백이여, 재촉도 심하여라
　인명은 잠시도 지체 못하네.
　蒿里誰家地
　聚斂魂魄無賢愚
　鬼伯一何相催促
　人命不得少踟蹰

　얼마 안 가서 한조(漢朝)는 상무호문(尙武好文)의 명군이라고 불리운 무제(武帝)의 시대가 온다. 무제는 악부(樂府)라는 국립 음악원을 설립하고 음악, 가요의 연구작성에 힘썼으며 악인(樂人) 이연년(李延年)을 총재로 임명하였다. 이연년은 앞의 두 장을 두 곡(曲)으로 나누어 전자로 공경귀인(公卿貴人)을 장송(葬送)하고 후자로 사부서인(士夫庶人)을 장송하여 상여를 끄는 사람들에게 부르게 하였다. 사람들은 그것을 만가라고 부르게 되었다.
　죽음을 서러워하는 말[詞]을 만(輓—또는 挽)이라고 하는 것은 이런 연유로 말미암은 것이다.
　「진서(晋書)」의 예지(禮志)에 의하면 만가는 원래 무제 때 노동자들이 부르던 노래였는데 노래 소리가 하도 슬프게 마음을 울리기 때문에 사자(死者)를 장송하는 의식에 쓰여지게 되었다고도 한다.
　그러나 만가의 기원은 전횡보다 훨씬 오래인 것 같다.
　주(周)나라의 경왕(敬王) 36년, 노(魯)나라의 애공(哀公)은 오왕(吳王) 부차(夫差)와 같이 제(齊)를 쳤다. 이때 요격(邀擊)준비를 끝낸 제군의 공손하(公孫夏)는 종자양(宗子陽)과 여구명(閭丘明) 두 사람을 격려하며 말하였다.
　"필사적 각오로 싸우거라."

싸움이 막 벌어지려 할 무렵 공손하는 부하들에게 우빈을 부르도록 명하였다. 「좌전」에 나오는 이야기이다.

우빈이라는 것은 장송의 가곡(歌曲)으로 지금의 만가였다.

슬프게 울려나오는 우빈의 노랫가락이 필사필승(必死必勝)을 격려하여 두 사람에게 용기를 주리라고 생각한 것이다. 그러나 결과는 정반대였다.

애릉(艾陵)의 싸움에서 제나라군은 오(吳), 노(魯) 연합군에 의하여 대패하고 공손하와 여구명 등은 포로가 되어 애공에게 바쳐졌으며 이로 말미암아 우빈은 불길한 전조가 되어 버렸다.

만사휴의(萬事休矣)

온갖 수단과 방법을 다해 보았지만 달리 해결할 수 없는 사태에 직면했을 때, 그리고 뜻하지 않았던 실패를 하고 돌이킬 길이 없는 경우에 사용하는 말이다.

「송사(宋史)」의 형남고씨세가(荊南高氏世家)에서 비롯된 말이다.

당(唐)나라 말기 희종(僖宗) 5년에 황소(黃巢)의 난이 일어나자 천하는 극도로 어지러워져서 30년 말에는 당나라의 명맥도 점차 황혼을 맞이하게 되었다.

이어 송나라가 일어나기까지에는 왕조가 갈리기 다섯 번, 그 무렵은 지방에 할거했던 약소국이 10개나 되어 항상 무력에 의한 항쟁과 찬탈이 되풀이되었다.

따라서 군주라는 것은 우선 무장이 아니면 도둑 출신, 그리고 이민족이라는 세 가지 부류 중의 하나였다.

대체로 초대에는 무력을 배경으로 해서 군림하지만 2, 3대로 내려가면 그 억센 배경이 없어지고 무기력 상태로 돌아가기가 일쑤였다. 또 작은 나라는 강대국의 보호를 받고 생존을 유지하는 예가 많았다. 이들은 마치 기생충과 같이 하나의 상전국이 망하면 그 다음 상전국으로 옮아가면서 노예처럼 살았다. 약소한 나라가 꽤 오랜 수명을 유지했다는 사실은 모두 이런 이유에서이다.

형남(荊南)이라는 나라도 이와 같은 약소국 가운데 보잘것없는 한 나라였다.

개조(開祖) 고계흥(高季興)은 후량(後梁)의 태조(太祖)를 섬겨 무공을 세웠기 때문에 당나라의 마지막 임금인 애제(哀帝)를 폐하고 주전충(朱全忠)이 후량의 태조로 등장하면서부터 형남절도사(荊南節度使)로 임명이 되었다. 다시 6년 후에는 발해왕(渤海王)이 되었으며 후량이 망하고 후당(後唐)이 일어섰을 때에는 장종(莊宗)에 의하여 남평왕(南平王)으로 봉직받았고 불과 3년 만에 영인(伶人) 곧 명종(明宗)의 공격을 받고 장종이 시해되자 이번엔 오(吳)나라에 붙었다.

그의 아들 종회(從誨)는 영리한 반면에 모략이 심해서 또다시 후당에게 붙어 남평왕이 되었다. 남한(南漢), 민(閩), 촉(蜀)나라들이 두각을 드러내자 특사가 내리는 것을 이용해서 이들 여러 나라에 골고루 신(臣)이라 칭하였기 때문에 여러 나라에서는 그를 천하게 여겨 고무뢰(高無賴)라는 별명을 지어 불렀다.

다음 종회의 아들 보융(保融), 그리고 보융의 아우 보훈(保勖)이 대를 물렸지만 이 무렵에는 후주(後周)도 쓰러지고 송나라가 되었으므로 보훈은 송나라의 신하가 되어 이를 따랐다.

바로 이 보훈 때의 일이다. 그는 어렸을 때 종회의 맹목적인 편애를 받고 자라났다. 그런 버릇이 있었기 때문에 누가 일부러 화를 내 보여도 그는 으레 싱글벙글 웃음으로 받아넘겼다. 이래서 형남 사람들은 '만사휴의(萬事休矣)'요, 이제 아무것도 기대를 걸어볼 수가 없게 되었으니 세상은 마지막이라고 생각했던 것이다.

아니나 다를까, 그가 정권을 물려받았을 때 만사를 전폐하고 제일 먼저 착수한 일이 굉장한 누각을 세우는 일이었다. 이 바람에 백성들은 피땀을 강요당하고 원망과 저주를 터뜨렸다. 결국 밤낮을 모르는 향락과 그칠 줄 모르는 황음이 시작되었다. 관청에 기생을 모아 놓고 이를 상대로 하여 체력이 늠름한 장정들을 뽑아다가 벌거숭이를 만들어 한자리에 딩굴게 하여 마음껏 희롱하도록 했다. 자신은 여러 첩들을 거느리고 어둠 속에 앉아서 이 따위 구경으로 나날을 보냈다. 정치는 질서를 잃고 썩을 대로 썩었다.

그가 죽은 후 몇 달이 못가서 모든 실권을 송나라에 갖다 바침으로써 형남은 멸망하고 말았다.

송나라 건륭(建隆) 4년에, 앞서 말한 고계흥이 형남절도사로 출발한 이래 57년에 걸쳐 4세(四世), 5주(五主)로써 이 보잘것없는 약소국의 명맥이 그럭저럭 유지된 셈이라 하겠다.

"다 틀렸어, 만사휴의란 말이야……. 집안에 아들놈 하나 있는 것이 시험준비는 아랑곳없이 프로레슬링 구경에만 미쳐 돌아다니고 있으니……"

요즈음에도 이렇게 한탄하는 사람들을 볼 수가 있다.

약 천 년 전에 형남 임금 고종회가 그의 아들 보훈을 보고 단단히 일렀어야 할 말이리라.

맑은 물에 큰 고기는 없다

후한(後漢) 초엽, 반초(班超)라는 인물이 있었다.

그는 매우 신체가 건장하고 호방담대하고 용맹활달했다. 그러나 그의 집안은 모두 학문에 뛰어나 그의 아버지 반표(班彪)는 역사가로서 많은 업적을 남겼고, 그의 형 반고(班固) 또한 「한서(漢書)」의 저술을 비롯하여 학문과 문필을 겸한 인물로 이름을 떨쳤으며 누이동생인 반소(班昭) 또한 문학에 출중하였다. 그 중에서 유독 그만이 이질적으로 태어나 용맹스러웠던 것이다.

반초는 집안이 워낙 씻은 듯 가난하였으므로 관청의 말단 서기로 취직을 하였다. 그러나 얼마 되지 않아 그나마도 쫓겨나게 되어 방랑길에 나섰다.

몇 해에 걸친 오랜 방랑 끝에 명제(明帝)의 영평(永平) 17년에 드디어 좋은 기회가 그를 찾아왔다.

그리하여 가사마(假司馬)라는 관직에 올라 서역(西域)으로 진출

하여 선선국(鄯善國)에서 눈부신 활약을 하며 서역 생활 30년을
지내었다. 반초의 위세에 눌린 서역에 널려 있는 여러 약소국들은
모두 한나라를 두려워해서 그 아들을 낙양(洛陽)에 볼모로 보내어
한나라에 복종할 것을 서약하게까지 되었다.

반초는 화제(和帝) 때 다시 서역의 총독인 도호(都護)가 되었으
며 얼마 뒤에는 다시 정원후(定遠侯)에 봉해짐으로써 오랫동안의
숙원과 포부를 달성하게 되었다.

그 뒤 영원(永元) 14년에는 귀국하고 싶다는 청원이 허락되어
모든 사람의 선망과 환호를 받으며 금의환향했으나 애석하게도 불
과 달포 만에 병에 걸려 세상을 떠나고 말았다.

이러한 반초가 서역의 총독을 그만두고 물러날 때에 그의 후임
으로 임명된 임상(任尙)이라는 자가 사무인계차 반초를 방문했을
때의 일이다.

서로 인사가 오고간 다음 임상이 입을 열어 간청하였다.

"저에게 서역을 통치하는 데 가장 적절한 요령을 부디 가르쳐
주시기 바랍니다."

"보아하니 귀관은 매우 성격이 엄격하고 참을성이 적을 것 같구
려. 원래 물이 지나치게 맑으면 큰 고기는 몸을 숨길 곳이 없어 살
지 않게 마련이오. 정치도 그와 같아서 너무 엄하고 성급해서는
만사가 원만치 못한 법입니다. 일견 대범하고 둥글둥글하여 모가
안 나도록 하는 것이 좋을 것이오."

반초가 이렇게 친절하게 일러 주었으나 임상은 그저 마주앉은
자리라 마지 못해 고개를 끄덕일 뿐인 것 같았다.

아니나 다를까, 임상은 반초의 성의와 친절을 무시하고 만나는
사람에게마다 적반하장 격으로 그에 대한 불만을 털어놓았다.

"내 나름으로는 반군(班君)을 만나면 반드시 기발한 책략을 일
러줄 것으로 잔뜩 기대를 안고 찾아갔었는데 막상 만나보고 나니
그의 말이란 모두가 상식 이하의 것이더군. 고작 수신교과서 따위
를 놓고 누굴 설교하려는 투란 말이야."

이런 식으로 반초를 경멸하던 임상에 의해 마침내 변경의 평화

는 온통 깨어져 버리고 말았다.

이상은 「후한서」의 반초전(班超傳)에 수록돼 있는 이야기로 「십팔사략(十八史略)」에도 나온다.

임상이라는 인물은 오늘날의 일부 인텔리들과 매우 비슷한 점이 있다.

줏대가 있고 결벽한 것은 좋으나 너무 아는 체하고 그것이 또한 지나쳐서 타인이 가까이하려 들지 않기 때문에 날이 갈수록 혼자 따돌려져서 고독하게 지내야 하는 타입이다.

'물이 맑으면 대어(大魚)가 살지 않는다.'

이 말은 임상과 같은 사고와 삶의 방식을 은근히 역설적으로 표현한 말이라 하겠다.

또한 「공자가어(孔子家語)」에도 다음과 같은 말이 보인다.

'공자께서 말씀하시기를 물이 지극히 맑으면 곧 물고기가 살지 않느니라. 사람이 지나치게 살피게 되면 곧 따르는 무리가 없느니라.'

이런 말들이 후세로 전해짐에 따라 차차 변하여, '물이 맑으면 고기가 살지 않는다'라는 말까지도 나오게 되었다.

망국지음(亡國之音)

'나라가 망하는 음악은 슬프고 생각하게 하니, 그 백성이 곤궁한 까닭이다(亡國之音 哀以思 其民困)'――「예기」에 나오는 '망국지음'에 관한 설명이다. 이처럼 '망국지음'은 나라를 망치는 음란하고 미혹된 음악 또는 망한 나라의 음악을 뜻하며, 오늘날에는 허황된 일에 지나치게 몰입하는 것을 비유하기드 한다.

「한비자」 십과편에 이 '망국지음'에 관한 다음과 같은 상징적인 일화가 보인다.

옛 춘추시대 위영공(衛靈公) 때의 일이다. 영공이 진(晋)나라로 가던 도중 복수(僕水) 부근에서 하룻밤을 묵게 되었다. 한밤중이 되자 어딘가에서 기막히게 절묘한 음악이 들려오기 시작했다. 그 음악에 홀린 듯 빨려들어간 영공은 곧 악사장(樂師長) 사연(師涓)으로 하여금 그 악보를 취하게 했다.

그후 진나라에 도착한 영공은 진평공(晋平公)에게 그 새로운 음악을 소개하고자 했다. 그때 진나라에는 사광(師曠)이라는 음악의 명인이 악사장으로 있었다. 한창 음악이 연주되고 있을 때 그가 사연의 손을 잡으며 간곡히 음악을 멈출 것을 청했다.

"이것은 망국지음입니다. 끝까지 연주해서는 안 됩니다."

의아하게 여긴 두 임금에게 사광이 말했다.

"옛 은(殷)나라에 사연(師延)이라는 악사장이 있었습니다. 이 음악은 바로 사연이 은의 주왕(紂王)을 위해 만든 음란하고 사치한 음악입니다. 주무왕(周武王)이 은나라를 치자 사연은 이 복수까지 도망쳐 와 몸을 던져 죽었습니다. 그런 까닭에 이 음악을 듣게 되면 그 나라는 반드시 멸망하고야 맙니다."

그러나 왕은 사광의 충고를 물리치고 음악을 끝까지 연주시켰다. 그러자 무서운 폭풍우가 몰려와 궁전 건물을 무너뜨릴 기세였으므로 모여 있던 사람들은 도망치고 흩어져 버렸다.

그뒤 진나라에는 3년 동안이나 극심한 가뭄이 계속되고 평공은 악성 종기로 고문을 당했다고 한다.

매실을 생각하고 갈증을 잊는다

삼국시대(三國時代), 위(魏)나라를 빼앗고 진(晋)나라를 세워 세조(世祖) 무제(武帝)가 된 사람이 사마염(司馬炎)이다.

황제는 뒤에 오(吳)나라를 멸망시켜 천하를 통일했는데, 머리카락은 길어서 땅에 닿았고 팔을 늘어뜨리면 손가락이 무릎 아래로 내려가는 이상(異相)을 갖추고 있어, 인품 골격이 원래 평민의 그것이 아니었다.

이 무제가 오나라를 공략하기 위해 군사를 진격시키고 있을 무렵의 일이었다.

어느 때 길을 잃고 마실 물이 모자라 병사들은 심한 갈증을 만나 고생을 했다. 이제는 한 발자국의 진격도 못하리만큼 전군의 고달픔은 극도에 이르렀다.

군사의 선두에 섰던 무제는 그때 문득 계책을 생각해 내고 외쳤다.

"모두들 힘을 내라. 조금만 더 참아라. 얼마 안 가면 매화나무 숲이 있다. 거기 가면 매실이 가지가 휘도록 주렁주렁 열려 있을 게다. 우리들의 갈증을 없앨 시큼한 매실이 말이다!"

매실이란 말을 듣자 모두들 입 속에 침을 고이며 그 시퍼런 과실을 생각했다. 이렇게 하여 기운을 되찾은 군대는 다시 진격을 할 수가 있었다는 것이다.

'매실을 생각하고 갈증을 잊는다.'

이것은 「세설신어」에 실린 고사에서 유래되는데, 그 뜻은 대용품이라도 일시적인 소용은 된다는 말이기도 하다.

맥수지 탄(麥秀之嘆)

요순(堯舜)이 중국의 전설적인 태평성대를 상징하는 인물들이라면 걸주(桀紂), 곧 하(夏)나라의 걸왕(桀王)과 은나라의 주왕(紂王)은 폭정의 대명사이다.

이 주왕에게도 훌륭한 신하가 있었다. 그들이 바로 공자가 '은에 세 사람의 어진 인물이 있다'고 감탄한 미자(微子), 기자(箕子), 비간(比干)이다.

미자는 주왕의 이복형으로, 임금이 아무리 간해도 그 포악함을 거두지 않자 절망 끝에 다른 나라로 망명해 버렸다. 기자 역시 어떤 설득이나 간언도 소용없음을 알자 망명한 뒤 미친 사람 흉내를 내며 마침내 종이 되어 숨어 살았다.

비간만은 남아서 끝까지 간언했으나 결국에는 죽음을 당하고 말았다. 주왕은 '성인의 심장에는 일곱 개의 구멍이 있다고 하던데 과연 그런지 보자'고 하며 비간의 심장을 열어 보았다고 한다.

주무왕에 의해 은나라가 멸망한 뒤 미자와 기자는 각기 제후에 봉해졌다. 어느 때 기자는 은의 도읍으로 가던 도중 옛 도읍이 폐허로 변한 것을 보고 지난날의 일들이 되살아나 감회와 무상함을 누를 길이 없었다. 그리하며 〈맥수의 시〉를 읊었다.

옛 궁궐터에는 보리가 무성하고
벼와 기장은 잎도 기름지네
저 사나운 주왕이
나의 말을 듣지 않은 것이 슬프구나
麥秀漸漸兮, 禾黍油油
彼狡僮兮, 不與我好兮

이때부터 '맥수지탄'이란 나라의 쇠함을 탄식하는 비유로 쓰여 왔다.

맹모삼천지교(孟母三遷之敎) ·
맹모단기지교(孟母斷機之敎)

현모양처라는 말이 있는데, 그 대표적인 예로서 맹자의 어머니를 들 수 있다.

맹자는 더 설명할 나위도 없이 전국시대 중국의 유교학자이다. 성인 공자 다음 가는 유교의 중심인물로 '현철(賢哲)', '아성(亞聖)'이라고까지 불리운 추(鄒)나라 출신의 사람으로 본명은 맹가(孟軻)라고 한다.

맹자는 일찍 부친을 여의고 어렸을 때부터 어머니의 손에서 자라났다. 그의 어머니는 평범한 사람으로 마음씨 착하고 무던한 미망인이었는데 자기 자신은 여하한 고난과 희생을 겪더라도 오직 아들을 훌륭한 인간으로 키우고자 온 정성을 다 바쳤다. 그 집념이 실로 강하여 삼천지교(三遷之敎)라든가 단기지교(斷機之敎)라는 말까지 낳게 된 것이다.

맹자는 그 어머니와 함께 묘지 근처에서 살고 있었다. 맹자는 늘 동네 어린이들과 함께 상여를 메고 가는 것이라든가 묘지 인부들의 흉내, 심지어는 상복을 입고 곡을 하는 시늉까지 내며 놀았다. 이것을 보고 그의 장래를 몹시 근심하던 그의 어머니는 시장 근처로 이사를 하였다.

그러자 이번에는 장사치들의 흉내를 내어, 물건을 사고 파는 시늉을 하며 노는 것이었다.

그곳도 교육상 오래 있을 곳이 못되었으므로 다시 옮긴 곳이 서당 곁이었다.

맹자는 늘 서당에서 들려 오는 글 읽는 소리를 흉내내기도 하고 서당 아이들이 하듯이 단정하게 꿇어 앉아 독서하는 놀이에 열중하였다.

그것을 본 어머니는,

"이제야 내 아들을 바르게 키울 수 있는 곳으로 왔구나."

하고 속으로 매우 기뻐하였다.

이렇게 하여 맹자는 그 어머니의 남다른 배려에 의해 살게 된 서당 근처에서 예법대로 제단을 차려 놓거나 혹은 책을 펼치고 공부하는 놀이를 함으로써 아성, 현철에의 첫발을 내디디게 되었던 것이다.

이 맹자가 열 두어 살 때 어머니의 곁을 떠나 타관으로 유학을 갔던 시절의 이야기이다.

어느 날 맹자가 오랫만에 집에 돌아와 보니 어머니는 베틀에 앉아 무명을 짜고 있었다.

"어머니……"

맹자는 반가움과 그리움이 가득한 벅찬 목소리로 어머니를 불렀으나 어머니는 힐끗 한 번 돌아봤을 뿐 여전히 베틀에 앉은 채 엄격한 표정으로 물었다.

"공부를 다 마치고 왔느냐?"

"아니오, 아직 멀었어요."

맹자가 이렇게 대답하자, 어머니는 대뜸 베틀 모서리에 꽂혔던 손칼을 빼어들고는 여러 길이나 짜놓았던 무명을 조금도 주저하는 기색 없이 북 찢어 버리고 나서 준열히 꾸짖었다.

"이것을 봐라. 네가 한창 공부해야 할 때에 도중에서 중단하고 돌아온 것은 내가 이 필묵을 중도에서 잘라 버리는 일과 다름이 없지 않느냐."

맹자는 그 자리에 엎드려 어머니께 사죄하고 지체없이 하직을 고한 후 그 길로 돌아섰다. 그리하여 오로지 학문에만 몰두하여 마침내 공자 다음 가는 유교의 명현(名賢)이 되었다.

이것은 「열녀전(烈女傳)」에 나오는 맹자 어머니에 대한 이야기이다. 우리나라에도 한석봉(韓石峰)에 대한 이와 비슷한 이야기가 있으니 위대한 학자나 위대한 인물의 어머니는 반드시 그 아들에 못지 않는 훌륭한 어머니인 모양이다.

또한 이 삼천지교의 일화는——어린이의 교육은 환경이 주는 영향이 크다는 것, 교육은 환경에 지배되기 쉽다는 점 등을 가르쳐 주고 있다.

맹인모상(盲人摸象)

옛날 어느 나라의 왕이 맹인들에게 코끼리를 보여 주도록 했다. 그리하여 많은 맹인들 앞에 한 마리의 코끼리를 데려왔다.

맹인들은 왕의 명령대로 코끼리의 모양을 알아내기 위해 코끼리의 여기저기를 만져보았다. 그 일이 끝나자 왕은 여러 맹인들에게 코끼리의 모양이 어떻게 생겼는지를 물어 보았다.

코끼리의 상아를 만져본 맹인은 무우와 같다고 대답했다. 귀를 만져본 사람은 쌀을 까부는 키, 머리를 만져본 사람은 돌, 코를 만져본 사람은 방앗공이와 같다는 것이 대답이었다.

그밖에 등을 만져본 사람은 널판지라는 둥, 다리를 만져본 사람은 나무토막이라는 둥, 뱃가죽을 만져본 사람은 툭 튀어나온 옹기와 같다는 둥 제각기 다른 소리를 했다. 그런가 하면 꼬리를 만져본 사람은 굵은 밧줄과 같다고 우겼다.

여기에서 코끼리는 부처를 비유한 것으로 맹인들은 세속에 떨어져 밝은 이치를 깨닫지 못하는 중생들을 가리킨다.

「열반경(涅槃經)」에 나오는 이야기로, '여러 맹인이 코끼리를 평한다'고 해서 군맹평상(群盲評象)이라고도 한다.

오늘날에도 어떤 사물의 일면만을 보고서 마치 전체를 아는 듯이 떠들어대는 모습에 곧잘 이 비유가 인용된다.

명경지수(明鏡止水)

티 한 점 없이 맑고 깨끗한 거울…… 그 거울처럼 정지된 듯 고요히 담겨 있는 물. 이러한 거울과 물처럼 청명하고 동요됨이 없는 양심과 심경을 표현할 때 불도(佛道)에서 흔히 쓰는 말이다.

중국의 고전 「장자」에 이와 같은 의미가 담긴 두 가지 재미있는 이야기가 있다.

먼저 「장자」의 덕충부편(德充符篇)에 있는 이야기이다.

노(魯)나라에 왕태(王駘)라는 올자(兀者─형벌로 발목이 잘린 사람)가 있었다. 비록 올자일망정 학문이 뛰어나고 덕망이 높았으므로 그의 제자가 되기를 원하는 사람이 많았다. 그 수가 나날이 늘어가 마침내는 공자의 문하생들 수와 비길 만큼 왕태의 주위에도 제자들이 모여들게 되었다.

이것을 본 공자의 제자로 있던 상계(常季)라는 젊은이가 은근히 시기심이 나서 공자에게 물었다.

"저 몸도 병신인 왕태라는 자는 별로 특출한 데라고는 하나도 없어 보입니다. 그런데 어찌하여 날마다 수많은 제자들이 저렇게 모여드는 것일까요? 스승께서는 혹시 그 사람의 인물됨에 대해 잘 알고 계시는지요?"

이 말을 들은 공자는 왕태가 이미 성현군자의 영역에 들어선 것이나 다름이 없는 훌륭한 인물이라고 칭송한 다음 이렇게 덧붙였다.

"그분은 우주 자연의 원리를 그대로 속속들이 꿰뚫어보고 있으며 눈앞에 알찐거리는 사물에 솔깃하여 마음 흔들리는 법이 없고, 또한 세상 만물의 변화를 있는 그대로 받아들여 도(道)의 근원으로 삼아 통달한 분이다. 귀로 듣고 눈으로 보는 아름다움이나 추한 것 따위에는 이목을 기울이지 않으며, 그 정신을 오로지 아름다움과 기꺼움과 평안함 속에서 놀게 하고 모든 사물을 보고 겪음에 있어 손해와 이득을 초월하여 도시 문제삼지 않으니 비록 발목한 개쯤 잘린 것은 그 어른에게 있어 한 줌의 흙을 내다 버린 것정도로 밖에 생각되지 않을 것이다."

상계는 비로소 왕태에 대한 좋지 않은 감정을 버리고 그가 남다른 수양을 쌓고 도통한 인물이라는 스승의 말씀을 믿지 않을 수 없었다. 그러나 그같은 인물이 어찌하여 많은 사람에게서 존경을 받는지에 대해서는 아무래도 의아스러워 그 점을 다시 공자에게 물어보았다.

"그것은 여하한 일을 당하고 여하한 일을 보든지 간에 추호도 흔들림이 없는 그분 마음의 고요함에 있다. 대개의 사람이 자기의 모습을 물에 비쳐 보려 할 경우 조용히 고여서 정지된 상태의 수면을 거울로 삼는 법이다. 그와 마찬가지로 언제나 흔들림이 없는 마음의 자세를 보전하는 자만이 다른 사람들에게도 마음의 평안을 안겨 줄 수 있기 때문인 것이다."

이렇게 말한 다음 공자는 마음의 평정과 '지수(止水)'의 평정을 비교하여 설명해 주었다.

역시 덕충부편의 다른 대목에 이런 이야기가 있다.

신도가(申徒嘉)라고 불리우는 또한 사람의 올자가 그의 스승 백혼무인(伯昏無人)을 칭송, 자랑하며 스승의 말을 인용하였다.

"거울에 흐림이 없으면 먼지가 머무르지 못하나, 먼지가 앉으면 흐림이 생긴다. 이와 마찬가지로 인간도 성현군자와 오랫동안 같이 있으면 마음이 깨끗해지고 잘못을 저지르지 않게 된다."

첫번째 이야기와는 달리 여기서는 티없이 깨끗한 거울이 성현의 마음과 인품에 비교되고 있다.

그리고 또 장자는 응제왕편(應帝王篇)에서 지인(至人)의 처신 즉 도통한 성자의 몸가짐을 말하는 가운데 이렇게 가르치고 있다.

"지인이 마음을 쓰는 일은 저 맑은 거울에 비유할 수 있으리라. 명경(明鏡)은 모든 것을 남들이 거래하는 대로 맡겨 버린 채 자신은 참견하여 움직이지 않는다. 미인이 오면 미인을, 추녀가 오면 추녀를 비쳐 여하한 상대일지라도 다 같이 응접하되, 그렇다고 해서 그 비쳤던 물건의 흔적을 하나도 남기는 법이 없다. 이렇게 하여 다음 다음으로 얼마든지 물건을 비추어 주건만 자신의 밝음과 맑음을 그르치는 일도 없다. 그와 마찬가지로 지덕(至德)한 성인 또한 그 마음쓰임이 사물에 대해서 차별하지 않고 집착하지 않으므로 자유자재일 수가 있는 것이다."

모　순(矛盾)

때는 전국시대, 주(周)나라 황실의 위력은 완전히 땅에 떨어져 군웅이 천하에 난립하여 서로 패권을 다투고 있었다. 여기저기서 싸움이 거듭되어 땅과 성을 뺏고 빼앗기어 피비린내 나는 바람이 중국 전토를 휩쓸고 있었다.

그런 시대이므로 병기의 소모가 심했으며, 좋은 무기는 날개 돋힌 듯이 팔렸다. 그 무렵 어느 거리의 길가에서 세모창[矛]과 방패[盾]를 땅에 늘어놓고 파는 자가 있었다.

싸움은 일시 소강상태에 들어가 있었으므로 사람들은 언제 닥쳐 올는지 모르는 전운에 겁을 먹으면서도 얼마 안 되는 평화스러운 날을 즐기기 위해 모두들 거리로 나갔다. 거리는 상당히 붐비고 있었다. 우왕좌왕하는 사람들의 북대기 속에 온갖 물건 파는 외침

소리를 누르고 이 사나이의 목쉰 소리가 울려퍼졌다.

"자, 어서 오십시오. 여기 있는 이 방패[盾]는 아무 데나 있는 방패와는 같은 방패라도 물건이 다릅니다. 명인이 만든 이 방패의 단단함은 천하 무적이랍니다. 아무리 날카로운 창으로 찔러도 절대로 뚫리지 않는 물건입니다. 자 사십시오, 사요. 적은 언제 쳐들어올지 모릅니다. 그때가 되어 허둥대어 보았자 때는 이미 늦습니다. 자 빨리 사는 자가 이깁니다. 사십시오, 사요."

신나게 한바탕 소리를 지른 사나이는 이번에는 곁에 놓아둔 창[矛]을 들고 붉은 술이 달린 날을 햇빛에 번뜩이면서 전보다 더 큰 소리로 고함을 질렀다.

"자, 여러분, 이번에는 이 창을 보십시오. 눈을 뜨고 찬찬히 보십시오. 구슬이 흩어지는 얼음 같은 날, 이 벼른 솜씨 좀 보십시오. 정말 천하에 이처럼 훌륭한 창은 보지 못했을 것입니다. 여러분, 이 창으로 말하자면 어떤 방패라도 뚫고 마는 창입니다. 이 창에 당해 내는 방패가 있다면 여러분, 어디 한 번 보여 주십시오."

아까부터 말없이 듣고 있던 한 노인이 에헴 하고 기침을 하더니 천천히 입을 열었다.

"과연 임자가 갖고 있는 창과 방패는 훌륭한 거요. 허나 나는 늙어서 그런지 머리가 나빠 아무래도 모르는 점이 하나 있소. 그게 뭔고 하니 임자가 자랑하는 어떤 방패라도 뚫는 창으로 또하나인 어떤 창으로도 뚫리지 않는 방패를 찌른다면 대관절 어느 쪽이 이길까, 그 점을 좀 똑똑히 가르쳐 주시오."

사나이는 말문이 콱 막혔다.

"자, 어떤가요, 여기가 요긴한 점이 아니겠소. 안 그렇소, 여러분?"

늙은이는 심술이 사납다. 어느 틈엔지 까맣게 모여든 구경꾼들을 휘둘러보며 자랑스럽게 외쳤다.

말도 하지 못하고 불그락푸르락하던 사나이는 주섬주섬 물건을 챙겨가지고 슬그머니 인파 속으로 사라지고 말았다.

그의 뒷모습에 대고 군중들은 큰 소리로 웃어댔다.

이 이야기는 「한비자」에 나온다. 이렇게 하여 생긴 '모순(矛盾)'
이라는 말이 뒷날에는 '절대 모순인 자기 동일(自己同一)'이니,
'주요 모순(主要矛盾)의 측면'이니 하는 어려운 명제를 낳게 된
것이다.

무산지몽(巫山之夢)

「문선(文選)」 중 송옥(宋玉)의 고당부(高唐賦)에 나오는 고사에
서 유래된 말로 남녀의 밀회나 정교(情交)를 일컫는 말이다.

송옥은 전국시대 초(楚)나라 대부 굴원(屈原)의 제자로, 어느
땐가 그는 초양왕(楚襄王)과 함께 운몽(雲夢)의 고당관(高唐館)에
간 일이 있었다.

문득 관 위를 바라보니 높은 구름이 걸려 있는데 그것은 어느
순간 홀연히 여러 형태로 변하는 것이었다. 양왕이 그 구름에 대
해 묻자 송옥은 그 구름은 '조운(朝雲)'이라고 한다며 그에 얽힌
고사를 다음과 같이 들려 주었다.

옛날 선왕(先王)이 바로 그 고당에서 잔치를 베풀고 즐기다가
어렴풋이 낮잠이 들고 말았다. 꿈 속에 한 여인이 농염한 모습으
로 왕을 찾아와 말했다.

"저는 무산(巫山)에 사는 여자입니다. 고당에 와 보니 당신께서
도 와 계시길래 이렇게 찾아 뵈었습니다. 부디 함께 있도록 해주
십시오."

왕은 비몽사몽간에 그 여인과 함께 밤을 지냈다. 이윽고 이별할
때가 되자 여인은 다음과 같은 말을 남기고는 홀연히 사라졌다.

"저는 무산 남쪽의 험준한 벼랑에서 살고 있습니다. 그러나 아
침에는 구름이 되고 저녁이면 비가 되어 아침저녁으로 양대(陽臺)
아래에서 당신을 그리워하고 있겠습니다.

이튿날 아침 왕이 무산 쪽을 바라보니 정말 꿈 속의 여인이 말
한 대로 아침 구름이 뭉게뭉게 피어오르고 있었다. 왕 역시 하룻밤

인연을 맺었던 여인을 그리워하여 사당을 세우고 그 사당의 이름을 '조운'이라고 했다.

여기에서 남녀의 밀회를 **무산의 꿈**이라고 해서 '무산지몽'이라 부르게 된 것이다.

무슨 면목으로 이를 대하리

한(漢)나라 고조 5년, 한초(漢楚)의 싸움은 막바지에 들어갔다. 항우는 해하로 몰려 들어가 사면초가(四面楚歌)를 듣자 마침내 유방 앞에 그 힘이 극한에 이르고 말았다.

불과 8백 남짓한 기마병을 이끌고 포위망을 돌파한 항우는 이윽고 28기 밖에 남지 않은 것을 보고 마지막 결심을 굳히고 있었으나 임회(臨淮)에서 한군을 휘둘러 놓고 난 뒤 어느덧 남쪽으로 향하고 있는 자신을 발견했다.

이윽고 장강(長江)의 북쪽 기슭으로 나갔다. 오강(烏江)을 동으로 건너려 했던 것이다. 건너면 그곳은 자기가 군사를 일으킨 강동(江東)의 땅이었다. 그때 오강의 정장(亭長)이 배를 대어 놓고 그를 기다리고 있는 것이 눈에 띄었다. 정장은 항우를 보자 이렇게 말했다.

"강동은 천하에서 본다면 조그맣습니다만 지방이 천 리, 백성이 수십만입니다. 하오니 왕이 되옵기 충분한 곳입니다. 부디 대왕께서 서둘러 강을 건너십시오. 이 밖에 배는 없사오니 한군이 오더라도 건널 수는 없습니다."

그러자 항우는 껄껄 웃고 이것을 거절했다.

"벌써 하늘이 나를 멸망시킨 것이다. 나는 건너지 않겠다. 뿐만 아니라 8년 전에 나는 강동의 자제 8천 명과 더불어 이 강을 건너 서쪽으로 향했었는데, 지금 나와 함께 돌아갈 자는 하나도 없다. 설사 강동의 부형들이 딱하게 여기고 왕으로 삼아 준다 할지라도 어찌 그들을 대할 낯이 있겠는가(내가 무슨 면목으로 이를 대하리).”

　항우는 한군의 격심한 추격을 받고 고전 끝에 강동에 마음이 끌려서 거기까지 갔던 자기를 부끄러워했던 것이리라. 몇년 전에 함양(咸陽)을 함락시켰을 때 ‘비단옷을 입고 밤길을 걷는 것과 같다’고 하며 고향으로 돌아간 자기가 지금은 단지 홀로 전진(戰塵)에 시달린 모습으로 풀이 죽어 도망치고 있다는 것을 깨달았던 모양이다.

　‘무슨 면목으로 이를 대하리.’

　그것은 과연 전국(戰國)의 패왕이 스스로 뇌까리는 데에 어울리는 마지막 말이었다.

　항우는 애마를 정장에게 주고서 이제는 아무런 감정도 없이 떼지은 한군 속으로 쳐들어갔다. 수백 명을 죽인 뒤 한군 속에서 옛 친구를 발견한 그는,

　“내 목을 베어 공을 세워라.”

　이렇게 말하고 스스로 목을 쳐서 죽었다.

　아직 서른 한 살의 젊은 나이였다. 그 목에는 천금(千金)과 만호(萬戶)의 읍(邑)이 걸려 있었다. 떼지어 설치는 한군으로 말미암아 몸은 산산조각이 났다. 서로 뺏고 싸우는 바람에 수십 명의 동지들이 죽었다. 산산조각이 난 시체는 다시 이어져서 항우의 시체임이 확인되자 각자에게 상으로 영지가 하사됐다.

　그 광경은, ‘무슨 면목으로 이를 대하리’라고 한 항우의 말과는 몹시도 대조적이었다. 내장을 드러내고 땅바닥에 딩굴리어 이어진 괴상한 시체는 설달의 삭풍을 받으며 한심스러운 인간 세계를 비웃고 있는 듯이 보였다.

　「사기」 항우본기에 나오는 이야기이다.

무용지용(無用之用)

세상에 크게 쓰이지 않는 것이 도리어 크게 쓰인다는 뜻이다.

못 쓰겠다고 단념하고 버린 것이 후에 중용된 경우를 두고 하는 말이다. 버린 돌이 주춧돌이 된다는 속담과 일맥상통한다.

이 말의 출처는 「장자」의 인간세편(人間世篇)에 나오는 '사람들은 모두 유용(有用)의 쓰임을 알지만 무용(無用)의 쓰임은 아무도 알지 못한다(人皆知有用之用, 而莫知有用之用也)'라는 말에서 비롯했다.

장자는 자연을 손상한다고 해서 인위(人爲)를 부정하였다. 그에게는 일체의 존재가 자연 그대로 있는 것만이 최고의 가치였다. 세상에서 무용지물(無用之物)이라면 그 무슨 도구가 될 필요가 없이 자연 그대로 목숨을 다할 수가 있다.

'무용지용(無用之用)'이라는 것은 인위의 관점에서 볼 때에는 무용인 것이지만 그야말로 참된 유용이며, 무용인 것이 참으로 귀하다는 가치의 전환을 뜻한 말이다.

「장자」에는 교묘한 비유를 써서 이 무용지용을 설득한 우화가 여러 개 있다.

그 하나를 소개하면 다음과 같다.

——송(宋)나라에 형씨(荊氏)라는 땅이 있는데 그곳에는 가래나무 잣나무 뽕나무가 잘 자랐다. 이 나무들이 한두 줌 굵기로 자라자 원숭이를 부리는 사람이 베어서 원숭이가 앉을 대를 만들었다. 두 아름 세 아름으로 크니까 목수가 베어서 대들보 나무로 썼다. 일고 여덟 아름이 되자 부자들이 베어서 관을 짰다. 그러다 보니 한 그루도 남지 않고 다 베어 갔다. 이것들은 세상에서 쓸모가 있기 때문이었다.

이마가 흰 소, 코가 뒤집어진 돼지, 치질을 앓는 사나이, 이 삼자는 절대로 하백(河伯)에게 제물로 바치지 않았다. 이것들은 불길(不吉)이요, 흉(凶)이었던 것이며 따라서 바쳐서는 안 되는 것임을 제관(祭官)들은 잘 알고 있었다.

세상에서 불길하다고 하는 것만이 신인(神人)에게는 대길이란 뜻이다.

이처럼 육체상의 장애가 있어도 세상에서는 편안한 생활을 보낼 수가 있다. 하물며 재(才)와 덕(德)에 있어서도 무용한 인간이 천수를 다하지 못할 이유가 있겠는가.

장자는 공자를 비꼬아 말했다.

"산의 나무를 베는 것은 쓸모가 있어서, 기름이 없어지는 것은 타기 때문에, 육계(肉桂)는 베어서 먹이고, 옷나무는 베어서 칠[塗料]이 된다. 유용을 구하는 자는 많은데 무용지용을 깨닫는 자가 어찌 이다지도 적은가."

무위이화(無爲而化)

「노자」 57장에 나오는 성인의 말씀 '내가 행함이 없으면 백성은 스스로 화하고 내가 고요함을 좋아하면 백성은 스스로 바르게 된다. 내가 일없이 있으면 백성은 절로 잘 살게 되고 내가 욕심이 없으면 백성은 절로 순박해진다(我無爲而民自化 我好靜而民自正 我無事而民自富 我無欲而民自樸)'에서 유래되어 바로잡으려고 노력하지 않아도 저절로 잘 교화되어 나가고 또 감화됨을 이를 때 비유로 쓴다.

노자는 언제나 '무위자연'으로 돌아갈 것을 주장했으며 또 그것을 완벽히 실천한 인물이다. 그러므로 '무위이화'도 자연 본래의 소박함으로 돌아간다면 이루려 애쓰지 않아도 저절로 이루어진다는 한 표현이다.

그밖에 이 '무위지화'는 '위정자가 인의의 덕을 지니고 있다면 백성은 저절로 그 덕에 감화되어 바르게 됨'을 이르기도 한다.

무자식 상팔자

이것은 「장자」의 천지편(天地篇)에 나오는 이야기이다.

장자는 공자의 제자의 제자다. 그는 공자의 사상을 받으면서도 공자의 형이상학적인 면만을 성공 발전시킨 사람이다.

어찌됐든 「장자」 천지편에 이런 이야기가 실려 있다. 이것은 물론 장자가 만들어낸 이야기이다.

공자를 비롯해 많은 중국의 사상가들이 가장 이상 시대로 꼽는 시대가 있다면 바로 요순(堯舜) 때이다.

말하자면 권력을 잡은 사람이 권력을 권력으로 알지 않고 하나의 주어진 사명과 의무로 알며 혹시 일에 소홀하고 태만해서 백성에게 누가 되지 않을까 염려하며 진정으로 하늘이 주신 대리임무를 충실히 수행하고 만백성의 올바른 지도와 번영을 위해서 일할 수 있는 후계자를 물색하기에 전심전력을 기울인 사람이 바로 요와 순이기 때문이다.

요는 자기 아들을 버리고 순을 후계자로 삼았고, 순 역시 자기 아들을 버리고 우(禹)에게 천하를 맡김으로써 천하가 태평할 수 있었다.

말하자면 요순시대는 정의의 시대요 평화의 시대요 인류 전체를 위해 사심을 버린 시대였으며, 그것은 권력을 잡은 사람이 권력을 악용하지 않고, 아들 손자에게로 뒤를 이어 가던 씨족개념에서 떠나 백성 본위의 지도자를 선택할 수 있는 민주주의, 사회주의의 원시적인 표본을 보여 준 시대이기도 했던 것이다.

그 요임금이 지방순시를 돌던 도중 화(華)라는 곳에 도착했다. 이 화라는 곳을 지키는 봉인(封人) 즉 경비 책임자가 임금에게 축하의 인사를 올렸다.

"바라오니 오래 오래 사십시오!"

사람의 욕심 중 가장 큰 욕심이 오래 살겠다는 욕심이다.

백 살 먹은 노인의 집으로 세배를 갔다가 그분이 백 살인 줄은 모르고 '백살 사시겠습니다' 하고 인사를 했더니 술도 한 잔 대접 않고 돌려보냈다는 것이 사람의 감정이다.

그런데 요임금은 싫다고 머리를 흔들어 보였다.

"아니, 나는 오래 사는 것을 원하지 않소."

그러자 화봉인(華封人)은 다시 또 다른 것을 빌었다.

"그러시다면 부자가 되시기를 빌겠습니다."

"그것도 원하지 않소. 나는 부자가 되었으면 하는 생각은 가져 본 적도 없소."

"그러면 아드님을 많이 두시기를 빌겠습니다."

"싫소, 나는 아들이 많은 것을 원하지 않소."

봉인은 자못 이해가 안 갔다.

"수부다남자(壽富多男子)는 누구나가 다 원하는 것인데 임금님께서는 그것을 다 싫다고 하시니 무슨 까닭이십니까?"

"까닭이 있지. 세상 사람들은 겉만 보고 속을 보지 못하며 눈앞의 것만 보고 먼 데 것을 보지 못하기 때문에 아들이 많고 돈도 재산도 많고 오래 오래 사는 것을 원하고 있지만 실상은 그렇지 못한 거거든."

"그러면 그 이유를 듣고저 하옵니다."

"아들이 많으면 개중에는 착하지 못한 놈도 생기기 마련이야. 하나를 두어도 항상 그놈이 혹 잘못되지나 않을까, 무슨 나쁜 짓을 하지나 않을까 늘 격정이 되는데 둘이면 그 두 배, 셋이면 그 세 배가 될 것이 아닌가? (무자식 상팔자)"

"…………"

"사람은 빈손으로 왔다가 빈손으로 돌아가기 마련이다. 부자라고 한 끼에 밥 두 그릇을 먹는 것이 아니고, 부자라고 필요 이상 옷을 걸치고 다니는 것도 아니다. 내가 필요로 하는 것 이외로 땅이 많으면 그것을 관리하고 감독하는 일이 생기며, 필요한 물건 이외로 많은 물건을 가지면 그것을 저장할 창고를 지어야 하고 문단속을 해야만 된다. 부는 곧 필요 이상의 물건을 가졌다는 뜻인즉 애쓰지 않을 일에 애를 써야 하고, 수고 않을 일에 수고를 해야 된다는 이야기가 아니겠는가?"

"…………"

"사람은 나면 반드시 죽게 마련이다. 필요한 나이만큼 살면 온 곳으로 돌아가는 것이 원칙이다. 인간 세상사 뜻에 안 맞고 뜻대로 안 되는 것이 열이면 여덟 아홉인데 필요 이상 오래 산다는 것은 그만큼 욕된 일을 많이 겪어야 한다는 이야기가 아니겠는가?"

이제까지 듣고만 있던 화봉인은 같잖은 웃음을 지었다.

"나는 당신을 성인으로 알았더니 군자 밖에 못되는구려. 아들이 아무리 많더라도 각자의 소질과 능력에 맞추어 일을 맡기면 두려울 것이 무엇 있으며, 재물이 붙으면 붙는 대로 남에게 나눠주면 일이 많을 게 무엇 있으며, 참으로 성인이라면 메추라기와 더불어 사는 곳을 가리지 아니하며, 나는 새와 같이 자취를 남기지 아니하며, 세상이 올바르면 사람들과 더불어 즐기고, 세상이 그릇되면 혼자 몸을 닦아 숨어 사는 것도 무방하지 않겠는가. 천 년을 세상과 더불어 있다가 정 싫으면 신선이 되어 구름을 타고 상제의 옆으로 가 놀 수도 있지 않겠는가. 병도 없고 늙지도 않고 죽지도 않는 것이 욕될 것이 무엇이 있겠는가?"

봉인은 말을 마치자 뒤도 돌아보지 않고 멀리 떠나 버렸다.

요임금은 그가 범상한 인물이 아닌 줄 알고 뒤따라가며 소리쳐 불렀으나 그는 보기 싫다는 듯이 휭 달아나 버렸다.

'수부다남자(壽富多男子)'와 '무자식 상팔자'란 말은 여기서 처음으로 나왔다.

묵　수(墨守)

「묵자(墨子)」 공수편(公輸篇)에 나오는 고사에서 유래되어, 자기 의견이나 소신을 굽히지 않고 끝까지 지키는 것을 말할 때 비유로 쓰인다. '묵적지수(墨翟之守)'라고도 한다.

묵자(묵적)가 제(齊)나라에 있을 때 초(楚)나라가 송(宋)나라를 공격하려 한다는 이야기가 들려왔다. 초나라의 공수반(公輸盤)이 성벽에 대고 기어올라갈 수 있게 된 거대한 사다리인 운제(雲梯)라는 것을 만들어 송나라 공격이 훨씬 쉬워졌기 때문에 초나라는 실제로 공격준비를 시작하고 있었다.

묵자는 곧 초나라로 가 공수반을 만났다. 이 전쟁을 막기 위해서였다. 묵자가 말했다.

"북방에 나를 모욕하는 자가 있는데, 부디 그를 죽이는데 도와주셨으면 합니다."

"나는 사람을 죽이지 않는 주의를 지니고 있습니다."

그러자 묵자는 일어나 두 번 절하고 나서 말했다.

"내가 듣자니 당신은 운제를 만들어 송나라를 공격하려 한다더군요. 초나라는 드넓은 영지를 가지고 있으나 송나라는 비좁은 땅에 인구만 많습니다. 그런 곳을 굳이 공격할 필요가 있습니까? 더구나 송나라는 아무런 잘못도 한 일이 없습니다. 사람을 죽이지 않는 주의라고 하면서 전쟁으로 수없는 살상을 행하는 것은 괜찮단 말씀입니까?"

묵자는 통렬히 공박하고 초왕을 만나게 해줄 것을 요구했다. 공수반은 하는 수 없이 그를 초왕에게로 안내했다. 묵자는 이 자리에서 '부강한 나라가 빈곤한 나라를 치는 것은 비단옷을 가지고 있으면서 이웃집의 하나 밖에 없는 헌옷을 훔치려는 행위와 다를 바 없다'는 논지를 펴며 초왕을 설득했다.

초왕은 이 전쟁의 책임을 공수반에게로 돌렸다. 묵자는 공수반과 함께 모의 성을 만들어 일종의 전쟁 게임을 벌이기로 했다.

이 모의 전쟁에서 공수반은 열 가지 책략으로 성을 공격했으나 묵자는 끄떡도 하지 않았다. 마지막으로 공수반이 말했다.

"당신을 이길 수 있는 방법이 있으나 말하지 않겠소."

"당신은 나를 죽일 생각이겠지요? 하지만 소용없습니다. 설령 내가 죽는다 해도 이미 나의 제자 3백 명이 송나라 도읍에서 당신들을 기다리고 있습니다."

결국 초왕은 묵자에게 송나라를 치지 않겠다고 다짐하는 수밖에 없었다.

이때부터 '묵수'는 견고한 수비를 일컫는 말이 되었다.

문경지교(刎頸之交)

인상여(藺相如)는 맨처음에는 몹시 가난하게 살았다.

진국시대에는 거지가 하루 아침에 정승이 되는 수도 있기는 했지만 싸움이 그칠 새 없던 시절이라 백성들은 생업에 몸을 붙이고 살 수가 없었고 남다른 포부를 가진 사람들은 일확천금의 심정으로 각국을 돌아다니는 것이 일이었다.

상앙(商鞅)이 그랬고, 소진(蘇秦), 장의(張儀)가 그랬다. 그래서 떠돌이 건달들을 괄시하지 않는 풍조마저 일어났다.

인상여 같은 위대한 인물도 때를 얻지 못해 유현(繆賢) 같은 소인 밑에서 밥을 얻어 먹고 있었다.

유현은 조(趙)나라 혜문왕(惠文王)의 총신(寵臣)이었다.

총신이란 사랑하는 신하라는 뜻이다. 사랑한다는 그 자체가 남자에게는 해당치 않는 이야기이다.

임금의 비위나 맞추고 손발을 부지런히 놀리며 재치있는 말재주로 임금의 좌우에 붙어앉아 이야기 동무나 되어 주는 그런 인물이다.

그런 사람 밑에서 밥을 얻어먹고 있다는 자체부터 불명예스런 일이었다.

그러나 사람의 출세나 성공이 반드시 정당한 길을 걸어야만 되는 것은 아니다. 발은 시궁창을 딛었더라도 오르기만 구슬다락으로 오르면 된다.

그런 생각으로 있던 인상여에게 마침내 출세의 기회가 왔다.

그때 조왕(趙王)은 화씨벽(和氏璧)을 가지고 있었다. 조왕으로서는 그 구슬이 보물이 아니라 하나의 화근이었다.

호랑이처럼 무서워하고 있는 진왕(秦王)이 반갑지 않은 사신을 보내 그 화씨벽을 달라는 것이었다.

남이 가진 것을 그저 달랄 수는 없으니까 옛날 조나라의 영토였던 열 다섯 고을을 반환하는 조건으로 그 구슬을 갖고 싶다는 이야기였다.

진왕의 속셈은 너무도 잘 들여다보였다. 어린아이 꼬이듯 하려는 수작이었다. 구슬을 가져오면 구슬은 구슬대로 받아 두고 땅은 안 줄 작정이었다.

조왕은 그 속을 거울처럼 들여다보고는 있지만 거절할 방법이 마땅치 않았다.

진나라는 없는 핑계를 억지로 만들어서라도 싸움을 걸려는 것이 그들의 상투수단이었다.

만일 구슬을 보내 주지 않을 경우 자기의 호의를 무시한다고 군사를 몰고 쳐들어올 것이 뻔했다.

사신을 객관에 머무르게 하고 사흘이나 어전회의를 거듭했으나 묘안이 안 나왔다.

편전으로 들어온 임금은 격정해 묻는 유현에게 이런 말을 했다.

"지혜도 있고 담력도 있는 사람이 하나 있었으면 좋으련만……"

임금은 못내 답답하고 못내 인물이 아쉽다는 태도였다.

"신의 사인(舍人)에 인상여라는 사람이 있는데 그 사람이 어떨는지요?……"

"네가 그를 추천하는데 무엇 특별한 까닭이라도 있느냐?"

"네에, 있사옵니다."

"어디 이야기를 좀 들어보자꾸나."

유현은 자기가 인상여의 도움을 받게 된 이야기를 임금에게 들려 주었다.

그는 한때 임금에게 비밀히 죄를 저지른 적이 있었다. 임금이 그걸 알고 노발대발하고 있다는 소식을 전해 들은 그는 목숨이 아까워 도망갈 궁리를 하고 급히 집으로 돌아왔다.

가족들도 모르게 살짝 빠져나가는 유현을 인상여가 꽉 붙들었다.

"상공은 지금 어디로 가시렵니까?"

"아, 잠깐 볼일이 있어서……"

유현은 인상여를 속이려 했다.

"나를 속이진 못합니다. 대관절 무슨 죄를 졌기에 도망을 치시는 겁니까?"

알고 묻는 데야 별 도리가 없었다.

"실은 내가 임금을 속인 것이 탄로나 버렸소. 그래서 도망을 치려는 거요."

"장차 어디로 가시려고?"

"제나라로 갈까 하오."

"제나라엔 무슨 이유로?"

"내가 임금을 모시고 제나라 국경에서 그분을 만났을 때 그는 내 손을 잡으며 은근한 정을 말한 적이 있었소. 그래, 그리로 가려는 거요."

"그건 모르는 말씀이오. 그가 상공께 은근한 정을 보낸 것은 임금에게 잘 말해 달라는 부탁이었소. 이제 만일 상공이 죄를 짓고 그리로 가면 그는 상공을 묶어 조왕에게로 보냄으로써 호의를 보이려 할 거요."

생각을 해보니 틀림없는 일이었다.

"그럼 어디로 가야 한단 말이오?"

"지금 상공이 살 길은 하나밖에 없소."

"어떤 거요?"

"지금 곧 궁중으로 들어가 임금님 앞에 이마를 조아리고 죽여 달라 애원을 하십시오. 그러면 임금님의 화가 풀어질 겁니다. 임금님이 당신을 사랑하게 된 것이 당신의 정직 때문만은 아니었을 테니 틀림없이 용서해 주실 겁니다."

유현은 인상여의 일깨움에 용기를 얻어 임금의 용서를 받는 한편 더욱 총애를 받게 되었다.

이상과 같은 이야기를 다 듣고난 조왕은 곧 인상여를 불러들였다.

"경이 이 구슬을 가지고 진나라로 들어가 성 열 다섯과 바꿔 오든지, 그것이 불가능할 경우 그 구슬을 되돌려 가지고 올 수 있겠는가?"

“할 수 있습니다.”

“어떻게?”

“그것은 저쪽의 태도를 보아서 정할 일이므로 미리 말씀을 드릴 수는 없습니다.”

“그렇겠군.”

왕은 곧 인상여에게 대부 벼슬을 내리고 그로 하여금 화씨벽을 가지고 진나라 사신을 따라가서 성 열 다섯과 바꿔오도록 시켰다.

인상여가 구슬을 진왕에게 바치자 진왕은 침이 마르도록 구슬 칭찬만 하고 성 열 다섯을 주겠다는 이야기는 비치지도 않았다.

진왕은 공짜로 구슬을 얻게 된 기쁨에 신하들에게도 구슬을 구경하게 했다.

인상여는 속으로 땅을 받기는 다 틀렸다고 생각하고 얼른 수단을 꾸몄다.

“대왕마마, 옛말에 옥에도 티가 있다고, 아깝게도 그 구슬에도 티가 한 곳 있사옵니다.”

왕은 급히 구슬을 가져오게 해서 한참 동안 들여다보았다.

“티가 없는 것 같은데……”

“제가 지적해 드리겠습니다.”

“어디……”

인상여는 진왕에게서 구슬을 받아들자 뒤로 몇 발자국 물러서서 구슬을 돌기둥에 겨누며,

“우리 임금께서는 이 구슬을 보낼 때 사흘간 목욕재계를 하고 만조백관이 전송하는 가운데 떠나 보냈었습니다. 그런데 대왕께서는 한낱 계집아이들의 놀이개감으로 밖에 취급을 않으시니 이런 모욕을 받게 할 바에는 차라리 구슬을 깨어 버리고 저도 함께 죽겠사옵니다.”

이렇게 협박에 가까운 날카로운 태도를 보였다.

진왕은 당황했다. 구슬이 깨어지면 만사는 다 헛일이다.

“그럼 진작 그렇게 말할 일이지……내, 대부가 시키는 대로 할 테니 말만 하오.”

"정 그러시다면……사흘간 목욕재계를 하신 후에 만조백관이 다 정장을 한 가운데 다시 구슬을 올리겠습니다."

진왕은 구슬을 차지할 욕심으로 사흘을 기다리고 있었다. 인상 여는 그 동안에 데리고 온 사람을 시켜 비밀리에 구슬을 조왕에게 로 보냈다. 물론 관문을 통하지 않고 산을 넘어 갔다.

사흘 후, 진왕은 화를 내었으나 인상여는 정정당당히 따지고 들 었다.

"지금이라도 열 다섯 성만 주시면 대왕의 사신과 함께 가서 구 슬을 보내드릴 수 있습니다."

진왕은 할 말이 없었다. 후히 대접을 해서 돌려보내고 말았다. 트집도 잡을 수 없는 인물이었다.

조왕은 어찌나 기쁜지 인상여를 상대부에 올렸다. 상대부라면 장관급을 말한다.

그뒤 진나라 임금과 국경에서 만났을 때 진왕은 조왕에게 옛날 의 그 구슬로 인한 수치를 풀어 볼 생각으로 국왕에게 거문고를 한곡 타 달라고 부탁했다.

조왕은 여흥으로 부탁하는 걸 감히 뿌리칠 수가 없어 마지못해 한 곡을 탔다.

그런데 그 다음이 문제였다. 진왕은 사관에게 기록을 남기게 했다.

'몇월 며칠 진왕은 조왕을 시켜 거문고를 타게 했다.'

완전히 조왕을 부하 취급하는 것이었다.

조왕은 얼굴이 시뻘겋게 달아올랐으나 감히 말을 못했다.

그러자 인상여가 자리에서 벌떡 일어나 진왕이 있는 앞으로 나 아갔다.

"예란 서로 주고받는 법이옵니다. 대왕께서도 우리 임금을 위해 한 곡 타 주십시오."

진왕은 성난 어조로 말했다.

"나는 지금 악기가 없지 않은가? 악기에는 소질도 없고……"

인상여는 옹기그릇 하나를 진왕 앞에 놓고 호령하듯 했다.

"진나라 사람들은 축(筑)을 잘 친다고 하니, 축 대신 이 항아리라도 치시오."

진왕은 위엄있게 꾸짖었다.

"내가 너의 임금과 노는데 네가 무슨 상관이냐?"

인상여는 눈을 부릅떴다. 눈에서 불이 일며 눈가죽이 찢어져 피가 흐르고 있었다. 진왕은 소름이 오싹 끼쳤다.

"대왕이 비록 10만대군이 있은들 지척에 있는 인상여가 피로써 대왕의 옷을 젖게 하는 것을 막을 수 있겠소?"

진왕은 마지못해 젓가락짝으로 항아리를 한 번 치는 척하고 말았다.

인상여는 곧 감사의 뜻을 표하고 사관을 불러 아까 진나라 임금이 한 식으로 적게 만들었다.

진왕은 혹을 떼려다가 붙이고 돌아갔다.

구슬을 무사히 가지고 왔을 때의 조왕의 기쁨은 이에 비하면 아무것도 아니었다.

돌아오자 인상여를 최고의 지위인 우상(右相)에 앉히고 염파(廉頗)를 좌상(左相)으로 하여 함께 국사를 보도록 했다.

일은 여기서부터 벌어졌다.

염파는 백전백승의 노장군으로 조나라를 위해서는 만리장성 같은 존재였다. 그런데 그를 좌상에 두고, 두각을 나타낸 지 불과 3년 밖에 안 되는 인상여를 우상에 앉혀 놓았으니 지기 싫은 무관의 마음이 좋을 리 없었다.

"요, 주둥이로만 큰일을 다 하는 줄 알고 있는 쥐새끼 같은 놈! 만나기만 하면 죽여 버리리라."

이렇게 벼르고 있었다. 조정에서는 차마 그럴 수 없고 거리에서 만나면 죽여 없앨 기회를 노리고 있었다.

인상여는 항상 그를 피하고 있었다. 그의 문객들이 불평을 해도 좋은 말로 달래며 염장군집 사람과 다투지 말도록 부탁했다.

어느 날 사인들은 회의를 열고 인상여의 문하를 뜨기로 결의를 보았다.

그 소식을 들은 인상여는 까닭을 물었다.

이유인즉 염파를 밤낮 피해만 다니는 그가 마음에 안 들어 그만 떠난다는 것이었다.

인상여는 그들에게 이렇게 물었다.

"염장군과 진왕과 어느 편이 더 무섭겠소?"

"그야 물론 진왕이지요."

"진왕을 무서워하지 않는 내가 왜 염장군을 무서워하겠소?"

"그러기에 우리가 하는 이야기가 아닙니까?"

"다른 데 이유가 있는 것이 아니오. 진나라가 우리 나라를 감히 넘보지 못하는 것은 염장군과 나, 두 사람이 있기 때문이오. 그런데 우리 두 사람이 싸우게 되는 날이면 둘 중의 하나가 상하게 될거요. 내가 그를 피하는 것은 나라를 위해서지, 그가 겁이 나서 그런 게 아니오. 그러니 여러분들은 내 뜻을 받들어 나라를 위해 작은 분을 참도록 해주시오."

이리하여 이 소문이 필경은 염파의 귀에 들어가게 되었다.

염파는 무장이었다. 그리고 정의감이 굳센 대장부였다.

"이제보니 내가 인상여에게 죄인이었구나! 내가 못나고 작은 인간이었구나! 지금까지 그가 나를 피하는 줄 알았더니 실은 나를 용서하고 있었구나!"

염파는 자신이 어쩌나 못나 보이는지 죽고만 싶었다.

그는 곧 매를 한 다발 짊어지고 웃옷을 벗고 인상여의 집 뜰 밑에 가서 엎드려 대죄를 하고 있었다.

달려나온 인상여에게 그는 눈물로써 사과했다.

인상여의 방으로 들어온 그들은 서로 수없이 절을 하며 서로기 서로를 위해 목을 베겠다고 맹세를 했다.

문경지교(刎頸之交)란 친구를 위해 목숨을 바칠 수 있는 정다운 사이란 뜻이다. 과연 의리에 죽고 의리에 사는 사나이들의 본색이 뚜렷이 살아 있는 아름다운 이야기가 아닐 수 없다.

「사기」 인상여열전(藺相如列傳)에 나오는 고사이다.

문전성시(門前成市)

후한(後漢)의 성제(成帝)라고 하면 뛰어난 선비들을 널리 기용했던 탁월한 임금이었지만 무엇보다도 중국의 유명한 고대언어학자 양웅(楊雄)에게 많은 연구비를 내려서 방언(方言)을 완성케 한 황제로 알려져 있다.

그 성제가 죽은 다음 즉위한 애제(哀帝) 때의 일이다.

나이가 어린데다 인물됨이 원래부터 탐탁치 못했던 애제가 임금이 되자 조정의 실권은 왕씨(王氏) 일족에서 애제의 조모인 전씨(傅氏), 어머니인 정씨(丁氏) 일족의 손으로 넘어가고 말았다. 그리하여 성제 때 대사마(大司馬)였던 왕망(王莽)을 밀어내고 전희(傅喜), 정명(丁明) 등이 군사정치의 실권을 장악했다.

젊은 임금 애제는 정치는 외척에게 온통 내어맡긴 채 향락에만 빠졌는데 계집보다도 특히 동현(董賢)이라 불리우는 얼굴이 예쁘장하고 살결이 보드라운 소년들과 놀기를 즐기는 버릇이 있어서 밤낮없이 이 미소년들과의 사랑(동성애)에 도취되어 있었다.

명유(名儒) 포선(鮑宣)을 비롯하여 중신 왕굉(王閎), 왕선(王善), 정숭(鄭崇) 등 뛰어난 인물들이 애타게 충고하였으나 애제는 귀도 기울이지 않았다.

'문전성시(門前成市).'

이 말의 출처는 충신 정숭이 무고함을 받게 되었을 때 나온 말로서 찾아오는 사람이 득실거려서 마치 장마당 같다는 뜻이다.

정숭은 본래 왕족과 인연이 두터운 명문 출신이며 그의 부친 정빈(鄭賓)은 법률에 밝은 어사(御史)로서 많은 공적을 남긴 사람이었다.

정숭의 아우 정립(鄭立)이 전희와 동창생이었던 관계로 전희가 왕망을 내쫓고 대사마의 지위를 차지했을 때 정숭을 천거하여 그는 상서복야(尙書僕射)라는 각료급 고관으로 임명되었다.

　정숭은 맹목적으로 전희의 부하 노릇이나 하고 자기에게 씌워진 감투에만 족하여 아부를 하고 굽실거리는 졸장부가 아니었다.

　그러므로 정숭은 요직에 오른 지 얼마 안 되어서부터 도저히 눈 뜨고는 볼 수가 없는 외척들의 횡포와 부패상을 황제에게 통렬히 간하였다.

　애제는 처음에는 그의 당당한 태도에 눌려 귀를 기울이는 척했으나 정숭을 대하면 까다롭고 골치 아픈 이야기만 하므로 점점 회피하는 기색을 보였다.

　"폐하, 전태후(傳太後)의 종제를 시중광록대부상(侍中光祿大夫商)으로 봉하신다는 일은 앞뒤를 깊이 통찰하시지 못한 그릇된 처사가 아닐까 생각되옵니다."

　정숭의 입에서 거침없이 이런 말이 나왔을 때 애제의 이마는 드디어 찌푸려지기 시작했다. 그리하여 정숭의 직간은 물론 받아들여지지 않았을 뿐 아니라 왕을 배후에서 조종하고 있던 전태후가 가만 있을 리 없었다.

　그러나 정숭은 추호도 자기의 태도와 주장을 굽히려 하지 않았다.

　애제의 동성애가 점점 더 도를 넘게 되자 다른 중신들과 함께 계속 간하여 임금으로서의 처신이 너무나 한심스럽다고 공격해댔으므로 애제는 단지 성가스럽게만 여기던 단계를 넘어 매우 비위를 상하고 말았다. 그리하여 임금은 도리어 어떻게든 꼬투리를 잡아내어서 그를 힐책하게 되었다.

　나라와 황실을 위해 충성을 다하건만, 한 가지도 받아들여지지 않은 채 당치도 않은 생트집을 잡아서 힐책하는 임금의 태도에 상심하던 정숭은 드디어 병들어 드러눕고 말았다.

　이러한 때에 으레 끼어들어 일을 꾸미는 것이 간신의 무리이다.

　상서령(尚書令)을 지내던 조창(趙昌)이라는 자는 오래 전부터 정숭을 몹시 꺼려하고 시기하여 어떻게 하면 그를 내쫓을 수 있을까 하고 늘 기회만 엿보고 있었다. 그러던 중 때마침 임금이 그를 노골적으로 비난하고 면회조차 거절함을 알자 간계를 꾸몄다.

'정승은 대궐 밖에 있는 종족(宗族)과 내통을 하고 있습니다. 그에 대해서 특별한 경계가 있어야 할 것이 요망되오며 무슨 일이 일어나기 전에 단호한 조처가 있어야 할 줄로 아옵니다.'

이러한 내용의 상소문을 애제에게 올렸다.

애제는 곧 정승을 불러들여 노발대발하며 힐문했다.

"너의 집 대문간에는 마치 장마당처럼 사람이 들끓고 있다는데 그것이 사실이냐?"

임금의 이 말은 벼슬을 사려는 사람들이 뇌물을 들고 장마당처럼 몰려들고 있다는 뜻이다. 이 말을 들은 정승은 얼굴색 하나 변치 않고 추연히 대답했다.

"비록 신의 집 문전이 장마당 같다 할지라도 신의 마음은 물과 같소이다."

애제는 화가 머리끝까지 치밀어 정승을 옥에 가두게 했다.

이렇게 되자 사예(司隷)로 있던 손보(孫寶)가 직간 탄원서를 올려 조창의 무고를 들어 공격하는 한편 충신 정승을 열렬히 변호하였다.

그러나 어리석은 애제는 오히려 손보의 관직을 박탈하여 서민으로 떨어뜨렸으며, 얼마 되지 않아 정승은 옥사하고 말았다.

이것은 「한서」의 손보전(孫寶傳)과 정승전(鄭崇傳)에 나오는 이야기이다.

또한 문전성시와 같은 의미의 말로 문정여시(門庭如市)가 있다.

「전국책」에 있는 말로서 다음과 같다.

'많은 신하가 앞을 다투어 간하기에 궁궐문 안은 마치 장마당과 같았다.'

이 역시 임금에 대한 충간과 관계가 있다고 하겠다.

'문정성시', '문정여시' 둘 다 찾아오는 손님이 많다는 뜻이지만, 이 말이 후세 사람에게 전해짐에 따라 점차 뜻이 달라졌다.

그리하여 '높은 자리에 있는 자가, 물질을 곁들여서 교제를 청해 오는 자들을 직접 혹은 간접으로 끌어들이는 일'로 그 뜻이 바뀌었으며 동시에 이와 같은 부정을 경계하지 않으면 안 된다는 의미까지 포함하여 사용되고 있다.

문외작라(門外雀羅)는 이와 대조되는 말로써 쓰이고 있다.

물고기의 기쁨

물 속을 헤엄치는 물고기의 모습은 보기만 해도 즐거운 것이다. 허나 고기가 어떻게 생각하는지 그런 것을 사람들은 생각해 본 적이 있을까. 장자와 혜자(惠子)의 논의가 여기에서 비롯된다.

어느날 장자와 혜자가 함께 호수 기슭을 산책하고 있었다. 어떤 다리 옆에 이르러 장자는 문득 발길을 멈추었다.

"저봐, 저 흰 고기는 자기 마음 내키는 대로 헤엄을 치고 있구나. 저것이 고기의 유일한 기쁨이겠지."

그러자 혜자는 대뜸 말했다.

"물고기도 아닌 자네가 고기의 기쁨을 어찌 안단 말인가?"

장자도 지지 않았다.

"자네는 내가 아닌데 어찌하여 내가 고기의 기쁨을 모른다고 하는가."

"물론 나는 자네가 아니지. 그러니까 자네 심중은 몰라. 마찬가지로 고기가 아닌 자네가 고기의 기쁨을 알 수 없는 것도 사실이 아닌가."

"그럼 이야기를 다시 시작하세. 고기의 기쁨을 알 수 없다고 먼저 말한 것은 자네가 아닌가. 그것은 자네가 내 심중을 안다는 전제가 되지 않나. 그러고 보면 다리 위에 있는 내가 고기의 기쁨을 알 수 있다는 것을 인정하고 한 말이 아니겠나."

여기서 장자는 상대의 논리를 역용하여 혜자를 패배시켰다.

장자의 말에 의하면 혜자는 장자의 친구이며 좋은 토론 상대였다. 두 사람은 토론을 통해 깊은 영향을 받았다고 생각되는데 위(魏)나라 혜왕을 섬기며 재상이 된 혜자의 생활태도가 장자에게는 탐탁하지 않았던 모양이다.

「장자」 추수편(秋水篇)에 나오는 이야기이다.

미망인(未亡人)

춘추시대 무렵, 노(魯)나라에는 성공(成公)이 제위에 올라 국정을 다스리고 있었는데 그 9년 노나라의 백희(伯嬉)가 송공(宋公)에게 출가를 하게 되어 계문자(季文子)라는 자가 공주를 호위하여 송나라에 따라갔다.

계문자는 무사히 그 임무를 완성하고 노나라로 돌아와 성공에게 복명하였으므로 성공은 하룻저녁 이의 수고에 대해 위로의 주연을 베풀었다. 그 자리에서 계문자는 「시경」의 말을 빌어 주군 성공과 송공을 칭송하고 송나라 땅은 좋은 곳이므로 공주께서 반드시 즐겁게 지내실 수 있을 것이라는 뜻을 노래불렀다.

이것을 들은 공주의 어머니 목강(穆姜)은 크게 기뻐하여 정중히 답례를 하며 말했다.

"이번에는 수고가 많았습니다. 임자는 선군(先君) 때부터 충성을 다하였을 뿐 아니라 이 미망인(未亡人)에게까지 힘을 다해 주시니 정말 감사합니다."

목강 역시 「시경」의 〈녹의(綠衣)〉 마지막 장(章)에 만족의 정을 담아 노래를 부르고는 자기 방으로 돌아갔다.

——이 역시 같은 춘추 무렵.

앞서 이야기보다 5년 쯤 뒤의 일로서 위(衛)나라는 그 무렵 정공(定公)의 다스림 아래 있었는데, 정공이 그만 병상에 드러눕게 되었으므로 서실인 경사(敬姒)부인의 아들 간(衎)을 책립하여 태자로 삼았다.

정공의 병은 끝내 차도가 나지 않고 그해 시월에 세상을 떠나고 말았다.

한데 태자인 간은 아버지의 죽음을 슬퍼하는 기색이 없었다. 정공의 아내 강씨는 사흘 동안 음식을 끊는 상(喪)을 끝내었건만 태

168

자의 태도에 몹시 분개를 하고 또다시 음식을 먹으려 하지 않고 탄식하며 말했다.

"저 팔푼이는 필경 나라를 망치고야 말 것이다. 미망인인 나를 창으로 찔러 죽이겠지……아아, 하늘은 위를 저버리신 것일까. 전야(鱄也)가 제위에 오르지 못하다니…"

이 말을 들은 간은 기겁을 하고 두려워하여 삼가했다고 한다.

이 두 가지 이야기는 다 같이 「좌전」의 성공(成公)의 조항에 나와 있는데 '미망인'이란 남편이 죽으면 아내도 같이 죽어야 할 것을 아직 생존해 있다는 뜻으로 아내가 자기 자신을 겸손히 이르는 말이다.

남편을 잃은 아내를 다른 사람이 미망인이라고 말하는 것은 원래는 참으로 실례천만인 이야기이긴 하나 언제부터인지 이것이 당연한 것처럼 사용되어 왔다.

미 봉(彌縫)

춘추시대 초기 제(齊)나라 환왕(桓王) 13년 가을의 일이다.

환왕은 점점 약화되어 가고 있는 제나라의 세력을 어떻게 하면 한 번 크게 되찾아 일으킬 수 있을까 하는 데 온 심혈을 기울이고 있었다.

한편 점점 세력을 떨쳐가는 정(鄭)나라의 장공(莊公)은 환왕 따위는 문제삼지도 않는 듯한 태도를 보였다.

이러한 상황 속에서 환왕은 장공을 토벌하여 자신의 명예를 만회하지 않으면 안 되겠다는 결심을 굳게 가지게 되었다.

그리하여 환왕은 제1단계로, 지난날 왕조의 경사(卿士)라 하여 장공에게 위임했던 정치상의 실권을 빼앗았다.

이에 분개한 장공은 환왕과의 관계를 일체 끊어 버리고 환왕이 주재하는 제후들의 회의에도 출두하지 않았다.

환왕은 이 일을 기화로 장공을 토벌한다는 명목 아래 군사를 일으켜 제후들에게도 이에 참가할 것을 명령했다.

이러한 환왕의 명령을 받들고 괵(虢), 채(蔡), 위(衛), 진(陳) 등의 군사가 모여들었다.

환왕은 스스로 토벌군의 총지휘를 하며 정나라 장공의 타도에 나섰다. 소위 천자가 직접 군대를 이끌고 앞장서 전쟁에 나선 것은 춘추 240년 역사상 이 환왕 뿐으로 전무후무한 일이었다. 그러니만큼 이 토벌은 그 역사적 의미가 크다.

한편 장공은 환왕이 토벌에 나설 준비를 끝마쳤다는 정보를 받았다.

"드디어 올 것이 왔구나!"

장왕은 소리쳤다.

종래 경사로서의 실권을 박탈당한 일이야 어찌 되었건 간에 가만히 앉아서 토벌을 당할 수는 없는 노릇이므로 장공은 장공대로 단호히 맞서서 토벌군을 대항해 싸울 각오를 했다.

토벌군은 환왕 자신이 총지휘를 하고 괵공(虢公) 임부(林父)가 우익군 대장이 되었으며 채·위의 연합군이 이에 뒤따랐다. 좌익군 대장은 주공(周公)인 흑견(黑肩)이 되고 진(陳)의 군사가 이에 소속되어 뒤를 따랐다.

이 어마어마한 토벌군의 배치를 본 정나라의 공자(公子) 원(元)이 장공에게 그에 대비한 아군의 대처에 대한 의견을 내놓았다.

"진나라는 현재 국내 문제가 매우 복잡하여 혼란한 가운데 있는 형편이므로 진나라 사람들에게는 싸울 기력이 없습니다. 그러니만큼 무엇보다도 제일 먼저 진나라 군사를 공격하면 반드시 흩어져 도망쳐 버릴 것입니다. 그렇게 되면 환왕 휘하의 중앙군도 자연히 혼란을 일으키게 되고 채·위의 연합군인 우익군이 무너져 버릴 것입니다. 그런 다음 중앙군만 집중적으로 공격하면 성공은 의심할 여지가 없습니다."

열심히 귀를 기울이고 있던 장공은 이 의견을 따르기로 했다.

대부 만백(曼伯)을 우익으로, 상경 제중(祭仲)을 좌익으로 삼은 다음 자신은 원번(原繁)과 고거미(高渠彌) 등 용맹한 장수들의 군사를 추려 중앙군을 이루었다.

이 전투의 진용을 「좌전」은 다음과 같이 기록하고 있다.

——어려(魚麗—둥근 형태)의 진을 짜고 편(偏—전차)을 앞머리에 세워 오승미봉(伍承彌縫—보병을 후진으로 하여 전차와 전차 사이의 빈틈을 메꾸도록 하는 것)하였다.

이리하여 양군은 정나라 땅 수갈(繻葛)에서 일대 격전을 전개하였다. 비장한 결의로써 이 싸움에 임한 장공은 좌우 양익의 군사로 하여금,

"본진의 깃발이 움직이거든 요란하게 북을 울리며 일거에 진격, 돌격하라."

고 단단히 명령을 내렸다.

과연 장공이 취한 전략은 바로 들어맞았다. 맨 먼저 진나라 군사를 찌르고 다음에 채·위의 연합군에게로 맹격을 가하니 환왕의 우익이 무너지며 중앙군까지 걷잡을 수 없는 혼란에 빠졌으므로 장공의 군사는 더욱 사기충천해서 계속 환왕의 주력부대마저 두들겨 부쉈다.

이 전투에서 장공의 부하 축담(祝聃)이 환왕의 어깨를 활로 쏘아 맞혔다.

그러나 환왕은 활 맞은 상처의 중상에도 불구하고 도망치는 부하들을 수습해 가며 죽기까지 버텨 싸우려 하였다.

이에 장공은 기세가 등등하여 계속 추격하려는 자기 군사에게 일단 정지명령을 내린 다음 이렇게 타일렀다.

"군자는 어디까지나 짓궂게 쫓아다니며 약세에 몰린 자를 괴롭히는 것이 아니다. 하물며 천자를 시해할 수는 없는 일이 아니냐. 우리는 본래 자체의 방위수단으로 부득이 전쟁에 나서지 않을 수 없었던 만큼 나라의 안전만 보장케 된다면 그로써 족할 뿐 그 이상의 야심은 없다."

그날 밤 장공은 제중을 환왕의 진중으로 보내어 왕의 노고를 위로하였다.

여하튼 이 전쟁으로 인하여 장공은 그 이름을 천하에 떨치게 되

었으며, 후일 제나라 환공(桓公)에 의해서 실현된 이른바 '패자(覇者)의 도(道)'의 실마리가 되었다.

미봉(彌縫)이란 말은 「좌전」의 환공 5년(桓公五年)을 포함하여 중국 고사 세 군데에서 찾아볼 수가 있다.

그 본래의 뜻인 빈구석을 메꾼다, 모자라는 부분을 때우고 이어 댄다라는 의미로부터 오늘날에 이르러서는 눈어림으로 얼렁뚱땅 꾸며 넘기는 경우까지를 미봉이라고 하게 되었다.

미생지신(尾生之信)

옛날 노(魯)나라에 미고(尾高)란 사람이 살고 있었다. 미생(尾生)의 생(生)은 벼슬을 하지 못한 서생을 말한 것이다.

그는 나면서부터 정직한 사람이었다. 한 번 약속한 일이면 절대 변동이라는 것을 몰랐다.

어느 날 그는 그의 사랑하는 여인과 냇가의 다리 밑에서 만나기로 했다.

그는 약속한 시간에 조금도 어김이 없이 다리 밑에 가서 기다렸다.

젊은 남녀들이 비밀리에 만나기로 약속을 했을 때는 사모하는 측이 자연 시간보다 먼저 나가 지키기 마련이지만 미생이 꼭 그래서 일찍 나간 것은 아니었다.

그런데 어찌된 일인지 약속 시간이 되어도 온다는 처녀는 오지 않았다.

미생이 하도 고지식하게 매달리니까 헛인사로 승낙을 한 것이었는지, 부모들의 눈을 속여 살짝 나오려고 한 것이 뜻대로 안 되었는지는 알 수 없는 일이나 처녀는 끝내 안 오고 말았다.

미생은 약속이 약속인 만큼 자리를 그대로 지키며 하마나 하마나하고 있었다.

온다는 여자는 안 오고 조수물이 슬슬 불어 올라왔다. 처음에는 발등을 적시고 나중에는 무릎까지 올라왔다.

그가 당황해서 밖으로 나오려고 했을 때는 이미 시간이 늦어 그만 물 속에 빠져 죽고 말았다.

교주고슬(膠柱鼓瑟)이란 말이 있다.

거문고나 비파를 탈 때 제소리를 내려면 줄의 받침대를 밀고 당기고 해야만 한다. 그런데 기둥을 아교풀로 딱 붙여 버리면 제 소리를 내지 못하게 되므로 거문고와 비파는 악기로서의 구실을 전혀 못하게 된다.

미생과 같이 변통할 줄을 모르고 곧이곧대로 지키고만 있는 것을 교주고슬이라 한다.

즉 신의는 신의인데, 가치없는 신의답지 못한 신의, 어리석은 신의 등등으로 사용되고 있다.

전국(戰國) 시절의 유명한 변설가 소진이 연왕(燕王)을 만나 자기의 주장을 내세울 때, 신의있는 사나이의 표본으로 이 미생의 이야기를 예로 들기도 했다.

그러나 거의 같은 시대의 장자는 그의 저서인 「장자」에서 미생을 우리가 오늘날 말하듯 변통할 줄 모르는 바보스런 고지식한 사나이의 예로 들었다.

도척편(盜跖篇) 중, 도척은 공자를 만나 공자에게 일장 훈시를 하는 걸로 되어 있다.

도척은 미생의 예를 들고 나서 다음과 같은 말을 하였다.

"이와 같은 신의는 못에 박혀 있는 강아지나, 물에 떠내려 가는 돼지나, 혹은 제멋대로 큰소리치며 얻어먹고 다니는 거지 모양으로 쓸모없는 형식에 얽매여 귀중한 생명이 아까운 줄 모르는 인간들이나 할 수 있는 것이다. 참다운 생의 이치를 분별하지 못하는 무리들이다."

장자의 주장은 물론 옳다.

공자가 중용이란 책에서 말하듯, 참다운 진리란 고정되어 있는 것이 아니라, 이른바 그때 그때의 형편에 따라 가장 적절한 대처를 하고 행동해야 하는 것이다.

바

반 간—빙탄불상용

반 간(反間)

간(間)은 간자(間者), 즉 첩자를 이르는 말이다.

적국의 사람으로 가장하여 적의 진중에 들어가 정보를 얻어서 돌아오는 사람이다. 물론 오늘날에는 오열(五列)이라기도 하고 간첩이라기도 한다.

「손자(孫子)」 용간편(用間篇)은 전쟁 수행에 있어서는 우선 사전조사를 해야 한다고 주장하여 정보활동의 중요성을 설득하고 있다. 손자는 이 간자를 다섯으로 분류하고 있는데 반간(反間)은 그 중의 하나이다.

다섯 종류의 간자라 함은,

향간(鄕間)——적국의 주민을 이용하여 정보를 얻는 것.

내간(內間)——적국 관리를 사서 정보를 얻는 것.

반간(反間)——적의 간자를 포섭하여 아군의 간자로 삼는 것.

사간(死間)——죽음을 각오하고 적국에 잠입하여 활동하는 것.

생간(生間)——적국에 들어가서 보고를 가지고 꼭 살아서 돌아오는 것.

이상 다섯 가지의 간자를 잘 쓰는 것이 일국의 군주의 중요한 심득이라는 것이다.

반간(反間)은 계략을 써서 적 사이를 이간한다는 뜻으로 사용된다. 따라서 '반간고육지책(反間苦肉之策)'이라고 하면 자기를 희생의 제물로 삼으면서까지 적의 사이를 갈라놓는 것을 두고 하는 말이다.

이중간첩, 또는 흔히 근자에 묘한 유행어로 사용되었던 '매터도우 작전' 등 정치적으로 불미한 술어들이 이에 해당될 것이다.

반근착절(槃根錯節)

'구부러진 뿌리와 뒤틀린 마디'를 표현한 말로 험난한 상황을 만났을 때 흔히 '반근착절'이라는 비유를 쓴다.

「후한서」우후편(虞詡篇)에 나오는 고사에서 비롯되었다.

우후는 어릴 때 부모를 잃고 할머니의 손에서 자랐다. 뛰어난 수재로 열 두 살 때 이미 「서경」에 정통했다고 한다.

그가 태위(太尉) 이수(李修)의 추천으로 낭중(郎中)의 벼슬에 있을 무렵이었다. 이민족이 병주(并州)와 양주(凉州)를 침입해 왔다. 그러자 외척으로 세력이 등등했던 대장군 등질(鄧騭)은 국비 부족을 이유로 양주를 포기하려고 했다. 이때 우후는 강력하게 등질의 의견을 반대했다.

옛부터 열사무인(烈士武人)을 많이 배출한 양주 같은 땅을 오랑캐에게 내어줄 수는 없다는 것이 그 이유였다. 결국 회의는 우후의 승리로 끝났다.

이 일로 등질은 우후를 미워하게 되었다. 그해에 우연히 조가현(朝歌縣)에 폭동이 일어나 장관이 살해되는 참사가 있었다. 이때다 싶어 등질은 우후를 후임장관으로 임명해 폭도들을 토벌할 것을 명령했다. 복수를 꾀한 것이다.

이 소식을 전해 들은 우후의 친구들이 그의 이 지독한 불운을 위로하러 왔다. 그러나 정작 당사자인 우후는 태연히 말했다.

"뜻은 안이함을 구하지 않고 일은 험난한 것을 피하지 않음은 신하된 도리이다. 구부러진 뿌리와 뒤틀린 마디(槃根錯節)를 만나지 않는다면 어디에서 날카로운 칼날을 부딪쳐 보겠는가."

조가현에 부임한 우후는 등질의 바램과는 달리 무사히 폭도들을 평정했다. 그리고 그 뒤로도 언제나 이 '반근착절'을 피해 가지 않고 당당히 맞서 싸웠다고 한다.

방약무인(傍若無人)

전국(戰國)의 세상도 진(秦)나라의 통일로 안정되어 시황제의 권위가 뭇나라를 눌렀던 무렵의 일이다. 위(衛)나라 사람으로 형가(荊軻)라는 자가 있었다.

선조는 제(齊)나라 사람이었으나 그는 위나라로 옮겨가 거기서 경경(慶卿)이라 불리우고 있었다. 책 읽기와 칼 쓰기를 좋아했다. 나라 일에도 마음을 기울이고 있었으므로 위나라의 원군(元君)에게 정치에 대한 것을 설득했으나 등용이 되지 않아 그 뒤부터 여러 나라를 유랑했던 듯하다. 그의 인품은 침착했으며 각지에서 현인(賢人), 호걸들과 사귀었다. 그가 유랑하는 동안의 이야기들이 다음과 같이 전해지고 있다.

산서(山西)의 북부를 지날 무렵, 개섭(蓋聶)이라는 자와 검(劍)에 대해 논했다. 개섭이 성을 내고 노려보자 형가는 곧 그 자리를 떠나갔다. 어떤 이가 개섭에게 한 번 더 형가와 이야기를 해보면 어떠냐고 말하자,

"한 번 숙소로 찾아가 보시오. 이미 머물러 있지 않을 것이오."

이렇게 대답했다는 것이다. 사자를 보내어 알아보게 했더니 과연 떠나고 난 뒤였다. 이 말을 들은 개섭은,

"물론 그럴 테지, 지난번에 노려보며 위협을 했으니까."

라고 했다는 것이다.

또 형가가 한단(邯鄲)에 갔을 때의 일이다. 노구천(魯句踐)이라는 자와 주사위 놀음을 하다가 실랑이가 벌어졌다. 노구천이 화를 내고 고함을 지르자 형가는 말없이 달아나 돌아오지 않았다.

그는 연(燕)나라로 갔다. 거기서 사귄 것이 개백정과 축(筑)의 명수인 고점리(高漸離)이다. 축은 가야금과 비슷한 악기로서 대

[竹]로 줄을 쳐서 울린다. 형가는 이 두 사람과 날마다 거리로 나가 술을 마셨다. 취기가 돌면 고점리는 축을 울리고 형가는 이에 따라 노래를 부르며 함께 즐겼다. 감상이 솟구치면 같이 울기도 했다. 마치 곁에 아무도 사람이 없는 것 같았다(傍若無人).

‘방약무인’이라는 말은 「사기」의 자객전(刺客傳) 대목에 나타나는 것이 처음이다. 곁에 사람이 없는 것같이 남의 생각은 마음에도 두지 않고 제멋대로 행동한다는 뜻이다.

그 무렵의 사람들은 아마 형가를 그렇게 생각하고 있었겠지만 ‘방약무인’이라 하면 건방진 무례함을 가리키는 편이 비교적 많으나, 분명 여러 가지 뜻이 있다. 일에 열중하여 방약무인인 것과 그저 품성에 의해 그러한 것과, 사람 나름으로 품은 뜻이 바뀌는 것이다.

형가는 뒷날 연나라 태자 단(丹)의 간청을 받아 진왕(秦王)을 치기 위해 죽음을 각오한 길에 오른다. 전송객 속에 고점리도 끼어 있었으나 그들은 결국 역수(易水) 강가에서 헤어지게 되었다. 이때 고점리는 축을 울리고 형가는 이에 화답하여 저 〈바람은 쓸쓸히……〉라는 노래를 불렀다.

이 두 사람, 형가는 끝내 일을 이루지 못한 채 죽었고, 고점리는 뒷날 장님이 되어 가지고도 친구의 원수를 갚으려고 진왕을 노리다가 실패하여 형가의 뒤를 쫓게 된다.

그리고 먼저 말한 노구천은, 형가에 대해 자기의 똑똑하지 못함을 부끄러워했다고 한다. 그러나 이 역수 강가의 이별 때 두 사람은 그러한 것을 알지 못했다. 한 사람은 축을 울리고, 한 사람은 노래를 부르며 곁에 사람이 없는 듯 심취하기라도 했던 것일까….

배반낭자(杯盤狼藉)

제(齊)나라 위왕(威王) 8년의 일이다. 초나라가 많은 군사를 이끌고 침공해 왔다. 다급해진 위왕은 조(趙)나라에 원병을 요청하기로 하고 순우곤(淳于髡)을 사신으로 명했다. 위왕은 조왕에게 보내는 선물로 황금 백 근에 네 마리의 말이 끄는 마차 열 쌍을 준비해 주었다.

이것을 본 순우곤은 갓끈이 끊어질 만큼 크게 웃어 위왕을 당혹케 했다.

"그대는 이 선물이 약소하다고 여기는가?"

위왕이 당혹감을 감추지 못하고 물었다.

"천만에요. 그럴 리가."

"그렇다면 왜 웃는가?"

"사실은 제가 여기 오는 도중에 풍년을 기원하는 제사를 올리고 있는 사람을 보았습니다. 그는 제물로 돼지발톱 한 개와 술 한 잔을 바치고 오곡에 가득가득 풍년이 들기를 빌더군요. 제가 웃은 건 아까 그 사람이 제물에 비해 너무 많은 것을 바라서 웃은 것 뿐입니다."

순우곤은 그 당시 이미 이름난 해학가였으므로 왕은 꼼짝 못하고 선물을 가득 채울 수밖에 없었다. 호화로운 선물을 받은 조왕은 기분이 흡족해 대군을 빌려주기로 했다. 이 소식이 전해지자 초군은 뒤도 돌아보지 않고 자기 나라로 모두 돌아가 버렸다.

위왕은 크게 기뻐하며 순우곤을 초대해 융숭한 잔치를 베풀었다. 그 자리에서 왕은 순우곤에게 주량을 물어 보았다. 다음은 순우곤의 대답이다. 그리고 여기에서 '배반낭자'란 말이 유래되었다.

"저는 한 말에도 취하고 한 섬에도 취합니다. 이런 자리에서 술을 마시면 앞뒤로 높은 신하와 경비대가 진을 치고 있으니 그 위엄에 눌려 한 말도 마시기 전에 취하고 맙니다. 손님을 접대하는 자리에서는 몸을 바르게 가지느라 신경을 써서 두 말도 마시기 전에 취합니다. 하지만 오랜만에 다정한 벗과 만나서 이야기를 나누다 보면 대여섯 말에 취합니다.

마을 사람들과 어울려 남녀 둘러앉아 놀이를 하면서 술잔을 주고받는데, 여기저기 귀고리며 비녀가 빠져 있을 때쯤 되면 저는 은근히 기뻐져 여덟 말쯤 마시게 됩니다. 다시 날이 저물어 주연이 절정에 이르면 신발은 뒤섞이고 '술잔과 안주접시들은 어지러이 흩어지고(杯盤狼藉)' 마침내 주인은 나만을 머물게 하고 다른 손님은 모두 돌려 보냅니다. 등불은 꺼지고 내 곁에서는 비단 옷 깃이 풀어지면서 향긋한 향내음이 풍겨옵니다. 이런 때가 되면 저는 그만 너무 기뻐져서 능히 한 섬 술을 마십니다."

이렇게 말을 마친 순우곤은 잠시 침묵한 뒤 곧 뼈아픈 결론을 내렸다.

"그러므로 '술이 극도로 지나치면 어지러워지고 즐거움이 극하면 슬퍼진다'고 하는 것입니다. 세상사가 다 그와 같습니다."

무엇이든지 극에 이르면 곧 쇠퇴의 길로 접어든다는 것을 순우곤은 말하고 싶었던 것이다.

이때 이후 왕은 밤새워 즐기던 주연을 그만두고 순우곤을 제후의 접대자로 삼았다고 한다.

「사기」 순우곤전에 실려 있는 고사이다.

배수진(背水陣)

한나라의 유방이 초나라의 항우를 물리침으로써 천하를 통일하여 한나라의 고조황제(高祖皇帝)로 오르기 2년 전에 일어난 일이다.

한나라의 정예부대를 이끌고 나갔던 용장 한신은 위(魏)나라 군사를 격파한 여세를 몰아 그대로 조(趙)나라로 진격해 들어갔다.

한신이 공격해 온다는 정보를 받은 조나라의 헐왕(歇王)은 성안군(成安君) 진여(陳餘)와 함께 20만 대군을 급거 정형(井陘)의 좁은 길목 어구에 집결시킨 다음 튼튼한 진지를 구축해 놓고 적군이 오기를 기다렸다.

한신은 미리 파견했던 첩자를 통해서 조나라가, '한나라 군사가 정형 어구에 도달하는 순간 일거에 두들겨 부숴야 한다'라고 광무군(廣武君) 이좌차(李左車)가 건의한 전략을 채택하지 않은 사실을 알았다.

한신은 그 좁은 길목을 단숨에 통과하여 조나라 군사가 집결되어 있는 어구로부터 10리 쯤 떨어진 지점에서 밤이 되기를 기다렸다. 그리고 어둠을 틈타서 진격하기 위해 우선 경기병 2천 명을 뽑아 전원에게 한나라 깃발을 한 장씩 지니게 하였다.

"너희들은 지금부터 용맹한 기습부대로서 대장의 명령에 따라 조나라의 진지 가까운 산기슭으로 가서 감쪽같이 숨어 있어야 한다. 내일 전투에서 아군이 짐짓 패한 체 달아나면 적군은 신바람이 나서 모조리 몰쳐나와 추격해 올 것이다. 이때 너희들은 조나라의 성 안으로 들어가 적군의 깃발을 뽑아 버리고 그 대신 우리 깃발을 올려라."

그리고 만여 명의 군사를 정형의 길목 밖으로부터 전진케 하여 상당히 깊고 넓게 흐르는 강물을 등뒤에다 두고 진을 치도록 명령을 내리고 한신 자신은 주력부대를 좁은 골목 안쪽으로 이동시킨 다음 날이 밝기를 기다렸다.

조나라 군사는 날이 밝자 위험천만하게도 강물을 등에 이고 진을 쳐놓은 한신의 군사를 보고 소리내어 비웃었다.

이윽고 날이 밝아 오자 한신은 대장기를 선두에 앞세우고 주력부대를 휘몰아 북소리도 요란하게 공격해 나갔다. 이에 맞서 조나라 군사도 성문을 열어젖히고 응전으로 나섰다.

전진했다가는 후퇴하는 여러 차례의 접전 끝에 한신은 드디어 군기와 군고를 집어던진 채 예정대로 퇴각하여 자기의 진지인 강물 가까이로 달아나는 체했다.

이에 기세가 하늘을 찌를 듯 충천해진 조나라 군사는,

"한신의 목을 쳐라!"

소리 높이 외치며 전병력이 앞을 다투어 추격해 왔다.

그리하여 자연히 조나라의 성 안은 텅 비게 되었고 한신의 기습부대는 간단히 침입하여 성벽에 죽 둘러 있는 조나라의 깃발을 갈아 꽂았다.

한편 강물을 등에 업은 한신의 본대는 뒤로 물러설 수가 없으므로 죽을 힘을 다하여 싸우는 수밖에 없었다. 필사적으로 대항하여 싸운 끝에 마침내 적군을 밀고 나오게 되었다.

이에 몰린 조나라 군사는 퇴각하여 자기 진영으로 발길을 돌렸으나 한나라의 깃발이 이미 성을 점령하고 있는 것을 보고 깜짝 놀라 일대 혼란이 벌어졌다.

이때를 놓칠새라 한신의 군사가 물밀듯이 앞뒤에서 밀어닥쳐 왔다. 그리하여 승부는 실로 허무하리만큼 일찍 끝나 버리고 말았다.

싸움이 끝나고 승리에 들뜬 축하연이 벌어졌을 때 부장(部將)들이 물었다.

"병법으로는 산을 등뒤에 놓고 물을 앞에다 두는 것이 원칙이온데 이번에는 반대로 물을 등에 업고 싸웠는데도 승리를 거두었으니 이것은 대체 어떻게 된 일입니까?"

한신이 이에 대답했다.

"이것도 훌륭한 병법이라는 것을 귀관들은 모르고 있었던 모양이군. 어떤 병서를 보면, '나를 사지에 디밀어 놓고, 비로소 살 길을 얻는 수가 있느니라'라고 적혀 있지 않는가? 그것을 잠깐 응용해 본 것이 이번의 배수진(背水陣)이다.

사실상 우리 부대는 오랜 원정을 거듭하는 동안 태반이 보충병으로 구성된 부대라, 막상 유사시에는 잡병들로 변할 요소가 많다. 그래서 상식적인 생지(生地)에다 놓고 싸우느니보다는 거꾸로 사지에 디밀어 놓고 살 길을 찾는 데 전력을 다하도록 전략을 꾸며 본 것이다."

이 이야기는 「사기」의 회음후열전에도 있고 「십팔사략」의 서한편(西漢篇) 한고조(漢高祖)에도 수록되어 있다.

주(周)나라 때 병법가로 유명한 울료(尉繚)는 그의 병서(兵書) 「울료자(尉繚子)」 천관편(天官篇)에서 이르기를, '물을 등뒤에 놓고 진을 치면 절지(絶地)를 만들고 언덕을 향하여 진을 치면 폐군(廢軍)을 만든다'라고 하였다.

이렇게 병법의 일반적인 원칙을 깨뜨린 명장 한신의 배수진은 오늘날, '만일 성공하지 못하면 여지없이 죽음을 각오해야 한다'

라는 의미로 널리 사용되고 있다.

백년하청(百年河淸)

춘추시대, 한낱 약소국에 지나지 않는 정(鄭)나라는 북쪽에 진(晋)나라, 남쪽에는 초(楚)나라라는 강대국이 그 기세를 떨치는 틈바구니에 끼어 한시도 편안할 날이 없었다.

주(周)나라 영왕(靈王) 7년의 일이었다.

정나라 대신 자국(子國), 자이(子耳) 등이 초나라의 속국인 채(蔡)나라를 공격하여 채나라의 사마공(司馬公)인 자섭(子爕)을 포로로 잡아왔다.

채의 종주국인 초나라가 이를 그냥 보아 넘길 리 없었다. 그해 겨울 초나라의 자양(子襄)이 군사를 이끌고 쳐들어 온다는 정보가 정나라에 들어왔다.

정나라에서는 육향(六鄕)이라 불리는 지도자들을 부랴부랴 도성으로 불러들여 회의를 열었다. 그런데 이 회의에서는 처음부터 의견이 두 가지로 갈려서 팽팽하게 대립되었다.

초나라에 항복을 하자는 자사(子駟), 자국, 자이와 진나라의 구원을 기다리자는 자전(子展), 자공(子孔), 자교(子蟜)의 의견이 팽팽히 맞서 갑론을박이 계속되었다.

항복론을 대표한 자사가 말했다.

"주나라의 시(詩)에 이런 것이 있소. '황하의 흐린 물이 맑기를 기다리자면 한이 없으니 사람의 짧은 목숨으로는 도저히 견딜 수 없을 것이로다. 이러니저러니 말만 가지고 실속 없는 계획을 세우다 만다면 날짐승이 거미줄에 걸린양 꼼짝도 못하게 되리라'는 이야기지요. 우리가 여기 모여서 이렇게 저마다 다른 이론만을 늘어놓고 있으면 백성 중에 등지는 자 많아져 점점 다스리기 어렵게 될 뿐 아니라, 나라는 위급한 상태로 내몰리고 말 것입니다. 그러니 이번만은 초나라에 항복해서 우선 백성들의 위험과 고난을 제거해 줍시다. 만일 그에 앞서 진나라 군사가 공격해 온다면 진나라에 복종을 해야 되겠지요. 한(恨)을 눅치고 정중히 대국을 기다리는 것이 약소국의 도리가 아니겠소.”

마주앉았던 자전이 또한 진나라의 구원을 기다려야 한다는 의견을 대표하여 이렇게 반박해 나왔다.

“소국이 대국을 따르는 데 있어서도 신용을 얻지 못하면 언젠가는 필연코 멸망하고 마는 법이오. 우리 정나라와 진나라는 이미 대여섯 차례에 걸친 교섭에 의해 동맹을 맺어온 터인데, 이제 그 신의를 저버린다면 초나라가 설사 우리를 구해 준다 한들 무슨 소용이 있겠습니까. 그렇게 되면 십중 팔구 진나라는 우리를 적대시하게 되고 초나라는 우리를 속국으로 삼으려 할 것입니다. 그러므로 항복론에는 절대 찬성할 수가 없소이다. 진나라의 원병이 올 때까지 기다립시다. 진나라는 임금이 총명하고 군대는 충실하며 조정 안팎이 잘 짜여져 있으므로 정나라가 위기에 처한 줄 알면 반드시 모른 체하지 않으리다. 반면에 초나라 군사는 먼길을 행군해 왔으니만큼 군략이 오래 가지 않을 것이므로 곧 철수할 것입니다. 그러니 과히 걱정할 것 없이 성문이나 굳게 닫고 수비를 다하면 초나라 군사는 돌아갈 것입니다. 그러니 신의에 걸고 진나라의 구원을 기다립시다.”

이렇게 토론은 그칠 줄 모르고 계속되었다.

그러나 결국은 항복을 주장하는 자사의 열변과, ‘책임을 지겠노라’는 단호한 기백에 눌려 초나라와 화평을 맺기로 결정되었다.

이 이야기는 「좌전」의 양공 8년(襄公八年) 속에 실감있게 기록되어 있는데 약소국의 쓰라린 실정과 그 옛날 힘만이 제일이던 춘추시대에 강대국들 틈에 끼어 바둥거리던 약한 나라의 심정을 여실히 보여 주는 것이라 할 수 있겠다.

‘하청(河淸)을 기다린다.’

이 말은 앞에서 인용된 대로 풀이하면 무작정 진나라의 구원을 기다리고만 있을 수 없다는 의미로써 비유되었으나 보통은 백년하청(百年河淸)이라 하여 죽도록 기다려 본댔자 아무 소용이 없다는 뜻으로 인용되고 있다.

요즈음 같은 과학시대, 스피드시대에 와서는 이것이 십년하청(十年河淸)으로도 단축되어 좀처럼 해결이 나지 않는 소송관계 등에 사용하게 되었다.

백문불여일견(百聞不如一見)

한(漢)나라 선제(宣帝)의 신작(神爵) 원년, 서북에 사는 티베트계 유목민(遊牧民)인 강(羌)이 반란을 일으켰다. 이보다 앞서 강의 선령(先零)이라는 한 종족이 황수(湟水) 북쪽에서 유목할 것을 허용받고 있었다.

그들은 풀을 따라 남쪽 기슭까지 나타났다. 이때 이들을 진압하기 위해 파견된 한나라 장군이 돌연 선령의 우두머리 천여 명을 죽였으므로 선령은 노하여 다른 유목민인 강을 꼬드겨서 한나라 군사를 공격한 것이다. 그 기세가 거세었으므로 한군은 크게 패하여 후퇴했다.

이때 선제는 어사대부(御史大夫) 병길(丙吉)을 후장군(後將軍) 조충국(趙充國)에게로 보내어 누구를 토벌군의 장군으로 삼았으면 좋겠느냐고 물었다.

조충국은 이때 나이 일흔을 넘고 있었다. 그는 상규(上邽) 사람으로 젊었을 때부터 대 흉노전(對匈奴戰)에 종군하고 있었다.

무제(武帝) 때 이사장군(貳師將軍) 이광리(李廣利)의 부하로서 원정을 했는데 흉노의 기세가 어찌나 충천한지 장군이 포위되고 말았다. 식량도 부족하였고 사상자도 많이 났다.

이때 충국은 군사 백여 명을 이끌고 돌진하여 몸에 20여 군데의 상처를 입으면서도 끝내 포위망을 뚫고 장군을 구출해 냈다. 무제는 그 상처를 보고 놀라고 감탄하며 거기장군(車騎將軍)에 임명했다.

이로부터 그의 대 흉노, 대 강의 생애가 시작된다. 그의 인품은 잔잔한 가운데 용맹이 있고 웅대한 계획에 의해 움직였으므로 확실히 왕의 물음을 받기에 적당한 인물이었다.

그는 물음을 받자 대답했다.

"노신(老臣)보다 나은 자는 없을 것입니다."

이어서 그는 선제의 부름을 받고 이러한 질문을 받았다.

"장군이 강을 친다면 어떤 계략을 쓰려는가? 그리고 얼마만큼의 군사가 있으면 되겠는가?"

노장군은 대답하여 말했다.

"백 번 듣기보다 한 번 보는 편이 훨씬 더 잘 알 수 있습니다(百聞不如一見). 대저 군사일이란 보지 않고 멀리서는 꾀하기 어려운 법, 그러므로 원컨대 금성군(金城郡)으로 가서 도면을 그려 가며 방책을 세우고자 합니다."

그렇게 말한 다음 다시 자기에게 토벌을 맡겨 달라는 뜻을 알렸으므로 선제는 웃으며 허락했다고 한다.

'백문은 불여일견'이란 여기 나오는 것이 최초이다. 아마 전해 내려오던 속담이기도 했던 것이겠지만 널리 쓰이는 말이요, 서양의 속담에도 '열 가지 소문보다 눈으로 본 한 가지 증거'라고 한다.

조충국은 금성에 도착하자 세밀하게 그 정세를 조사한 뒤 이윽고 둔전(屯田)이 상책임을 아뢰었다. 기병(騎兵)을 그만두고 보병(步兵) 만여 명만을 남겨 이를 각지에 나누어 파견하여 평시에는 경작(耕作)을 시키는 것이었다.

이윽고 이 계책이 채택되어 충국은 거의 1년간 그 땅에 머물러 마침내 강의 반란을 진압했다. 그는 일견(一見)을 잘 활용한 사람이었다.

「한서」 조충국전(趙充國傳)에 나오는 이야기이다.

백　미(白眉)

위(魏), 오(吳), 촉(蜀) 삼국이 정립하여 패권을 다투고 있던 이른바 삼국시대의 일. 촉나라에 이름을 마량(馬良), 자(字)를 계상(季常)이라고 하는 뛰어난 참모가 있었다. 마량은 호북(湖北) 사람으로서 유비(劉備)가 촉한(蜀漢)을 세워 즉위하자 시중(侍中)에 임명되었다.

유비는 마량에게 명하여 남방의 야만인들을 설득케 하였는데 마량은 변설로써 이들을 잘 타일러 마침내 신하로 거두어들이는 데 성공하였다.

마량에게는 다섯 형제가 있었는데 모두 자에 상(常)자가 들어 있으므로 오상(五常)이라고 불려졌다.

다섯 사람이 모두 슬기로와 학문이 높았고 고향에서의 평판도 좋았다. 허나 그 가운데서도 마량이 가장 뛰어났던 모양으로 사람들은, '마씨 오상은 모두 뛰어났으나 하얀 눈썹(白眉)이 가장 훌륭하다'라고 각별히 칭찬해 마지 않았다.

마량은 태어날 때부터 눈썹에 흰 털이 나서 눈길을 모았는데 이로 인해 그는 백미(白眉)라는 별명으로 불렸다. 그것을 연유로 해서 백미라 하면 수많은 것 가운데서 가장 뛰어난 것을 가리키게 되었다. 「삼국지」 마량전(馬良傳)에 나온다.

마량의 주군 유비는 위와 오를 격파하여 한왕실을 부흥함을 유일한 목표로 두 나라와 싸웠다. 소상한 내용은 삼국지에 자세히 있지만 마량도 유비를 따라 출진하여 거듭 큰 공을 세웠다. 뒤에 제갈공명이 가담하자 촉나라의 위세도 크게 떨쳐 그 세력은 능히 위와 오를 제압했다.

그러나 이 유비에게도 실수는 있었다. 무협(巫峽)에서 오군과 대치하고 있던 유비는 반 년이나 넘는 지루한 전투에 초조한 나머지 군사(軍師)인 공명과 상의도 없이 함부로 군사를 진격시켜 대패했다. 이 전투에서 백미 마량도 전사하고 말았다.

백발삼천장(白髮三千丈)

이백(李白)의 시 가운데에서 가장 널리 알려진 시구이다. 늙은 몸의 서글픔을 노래한 과장이 심한 허풍떠는 중국식의 표현으로서 자고로 사람들의 입에 오르내렸다.

백발 삼천 장이 이렇게 길었구나.
알지 못할세라, 명경 속 어느 곳에서 가을 서리를 얻었는가.
白髮三千丈, 綠愁似箇長
不知明鏡裏, 何處得秋霜

결구(結句)는 거울에 비치는 백발을 보고 이 서리와 같이 흰 것은 어디서 왔느냐, 자기 머리털이 이렇게 하얄 리가 없는데, 라고 괴이쩍게 여기고 놀라며 한탄하고 있는 것이다.

〈추포음(秋浦吟)〉 17수 중의 한 수로, 추포는 안휘성(安徽省)의 무호(蕪湖)일 것이라고 한다. 17수는 모두 기교를 부리지 않은 담담한 필치이며 그의 만년의 고독을 잘 나타낸 가작(佳作)으로 오늘날까지 명시로 꼽히고 있다.

이 시구도 그 예에 빠지지 않고 담담하다. 백발 삼천 장은 확실히 풍(風)이 크다. 그러나 거울을 본 순간 홀연히 이백의 입을 굴러 나온 말……동심(童心)과 노심(老心)이 하나로 녹아 엉긴 마음에서 우러나온 허풍 또는 해학이다. 우스꽝스러운 것은 또한 서글픈 것과 상통한다.

이 시는 전반을 통하여 평이하고, 구어체에 가까운 표현으로 되어 있다.

풍이 많은 표현은 이 경우 잔잔한 수면을 스쳐 일으킨 파도라고 해도 좋다. 그 파도는 놀람과 슬픔과 미소와의 일순이다.

이백은 확실히 적적하고 고독하였다. 그러나 이백에게 있어서 이 놀람과 슬픔의 파도는 어디까지나 일순이다. 그의 마음은 원래 집착을 모른다.

"이것은 도대체 어디서 온 것일까."

이렇게 중얼거린 다음 순간 이미 파도는 평정으로 돌아가고, 마음의 수면에는 가을하늘과 흰구름이 비치고 있을 것이다. 집착을 모르는 천재였기 때문에 〈추포음〉의 담담한 슬픔을 창조하였고 그의 마음은 어디까지나 자연과 같이 허심탄회하다. 그의 허풍도 또한 그러한 것이다.

추포, 즉 무호의 북방에 당도현(當塗縣)이라는 고을이 있다. 친척인 이양빙(李陽氷)이라는 사람이 이 고을의 현령을 지내고 있어, 만년에 이백은 이 사람에게 기거하고 있었던 것 같다. 그리고 이 땅에서 62세의 생애를 끝마쳤다고 추측된다. 이양빙은 이백의 시문집의 편찬자로 유명하다.

화려하고 천마가 하늘을 날으는 것 같은 대천재도 강남 땅에서의 만년의 생활은 쓸쓸하고 고독하였다.

〈추포음〉은 아마도 극히 만년의 작품이 아닌가 한다.

백아절현(伯牙絶絃)

전국시대 거문고의 명인 백아(伯牙)에 얽힌 고사이다. 백아가 거문고를 타면 친구인 종자기(鍾子期)는 그 소리를 매우 좋아했다.

백아가 높은 산의 모습을 그려내고자 거문고를 타면 종자기는 말하곤 했다.

"정말 훌륭해. 높은 산이 마치 태산(泰山)과 같아."

강물이 흐르는 소리를 내고자 하면 종자기는 '큰 강물이 도도히 흐르는 모양이 마치 황하와 같구나'라고 칭찬을 아끼지 않았다.

이렇듯 백아의 재주를 아끼고 아꼈던 종자기가 어느 날 세상을 떠났다.

그러자 백아는 그날로 거문고의 줄을 끊고 다시는 잡지 않았다.

그가 소리를 속일 수 없던 친구, 마음 깊은 밑바닥까지 거문고만
으로도 서로를 온전히 알 수 있던 친구, 이 세상에서 유일하게 자
신의 음악을 완벽히 이해했던 친구를 다시 얻을 수 없자 그 비탄
에 못이겨 다시는 거문고를 타지 않았던 것이다.
　지금도 '백아절현'은 이렇듯 완벽한 우정에 대한 비유로 많이
인용되고 있다.
　이 백아의 고사는 「여씨춘추(呂氏春秋)」 본미편(本味篇)에 나
온다.

백안시(白眼視)

　죽림칠현의 한 사람인 완적(阮籍)에 얽힌 고사이다.
　완적은 명망있는 집안에서 태어난 데다 수려한 외모와 노자, 장
자 등에 심취하는 등 학문적인 면모까지 뛰어나 장래가 촉망되는
인물이었다. 그러나 그는 자신의 높은 기개로는 도저히 용납할 수
없는 당시의 어지러운 사회에 대한 반발로 속세를 등지고 학문과
자연에만 몰두해 그 기행에 얽힌 많은 이야기를 남겼다.
　그는 평소 희로애락을 표정에 잘 나타내지 않았다. 그 대신 까
만눈동자와 흰자위로 외면하곤 했다. 통속적인 겉치레만의 예의를
지키는 선비를 만나면 흰자위로 흘겨보았다.
　어느 날 그의 어머니가 세상을 떠났다. 그는 내심 굉장한 비탄
에 잠겼으나 그것을 내색하지는 않았다고 한다. 죽림칠현의 한 사
람인 혜강(嵇康)의 동생 혜희(嵇喜)가 조문을 왔으나 그는 흰자위
만 보일 뿐 냉랭한 태도를 보였다.
　민망해진 혜희가 돌아가 혜강에게 그 이야기를 전했다. 혜강은
술과 거문고를 들고 완적을 찾아갔다. 완적은 매우 기뻐하며 검은
눈동자로 그를 맞이했다.
　여기에서 '백안시'란 말이 나오게 되었다. 요즘에도 남을 미워
하여 흘겨본다거나 상대를 냉정하게 배척하거나 아니면 그런 일을

당할 때 이 ‘백안시’란 표현을 많이 쓴다.

백주지조(柏舟之操)

「시경」 용풍(鄘風) 〈백주(柏舟)〉라는 시에서 유래된 말이다. 여기에서 ‘백주’란 잣나무배로서 배의 재료로서는 잣나무 이상 튼튼한 것이 없다고 한다.

‘백주지조’란 이처럼 굳건한 지조를 말하는 것으로 〈백주〉의 첫째 절을 보면 그 뜻을 더욱 명확히 알 수 있다. 위나라 제후의 공자 공백(共伯)이 일찍 죽자 금슬이 남달랐던 그의 아내 공강(共姜)은 굳건히 절개를 지켰다. 그러나 친정 집안에서는 어린 나이에 홀로 된 딸을 가엾게 여겨 재가를 시키려고 했다. 그러자 공강은 이 시를 지어 자신의 굳은 지조를 나타냈다고 한다.

두둥실 잣나무배 황하 한가운데 떠 있네
진실로 저 다발머리 사나이는 나의 배필이었으니
죽어도 다른 마음은 갖지 않으리
어머님은 곧 하늘이신데 어이 내 마음 몰라 주십니까.
汎彼柏舟, 在彼中河
髧彼兩髦, 實維我儀
之死, 矢靡他
母也天只, 不諒人只

이 시가 있고난 후부터 남편이 일찍 죽어 홀로 된 여인이 굳은 정조를 지키는 것을 ‘백주지조’라 일컫게 되었다.

백중지간(伯仲之間)

아울러 낫고 못함이 거의 없는 상태를 두고 말한다. 그리고 이

‘백중지간’보다도, 이에서 유래한 ‘백중지세(伯仲之勢)’라는 동의
어가 전술적인 피아간의 관계, 또는 운동용어로써 널리 익혀진 말
이 되고 있다.

이 말과 비슷한 용어로 ‘난형난제(難兄難弟)’라는 말도 있다.
형제가 아울러 덕이 있어 그 우열을 가릴 수 없다는 뜻이다.

한문에는 ‘백중숙계(伯仲叔季)’라는 말이 있는데 이는 형제의 순
서를 나타내는 것으로서 백(伯)은 장형, 중(仲)은 다음 형, 숙(叔)
은 그 다음, 계(季)는 끝동생을 뜻한다. 예를 들면 똑같은 삼촌도
아버지의 형은 백부(伯父), 그 아래 삼촌은 숙부(叔父)라든가 하
는 말을 쓴다.

위(魏)나라 문제(文帝)가 쓴 「전론(典論)」이라는 문장이 있다.
이 문장은 당시의 작가를 평론한 것인데 그 가운데 ‘부의지어반고
(傅毅之於班固), 백중지간이(伯仲之間耳)’ 즉 부의(傅毅)와 반고
(班固)는 백중지간(伯仲之間) 밖에 안 된다는 말이 있다.

부의와 반고는 아울러 한(漢)나라 시대의 대문장가이다. 문제가
이 두 사람의 문장 재능을 형제의 순서로 비겨 전적으로 우열의
차이가 없다고 했다는 고사에서 오늘에 이른 것이다.

정치적으로는 총선거 때 비슷비슷한 입후보자의 세력을 백중지
간이라 하며 시소게임을 연이어 전개하는 국내외 스포츠의 전황이
바로 그것이다.

병문졸속(兵聞拙速)

병문졸속(兵聞拙速)이란, 「손자」에서 인용된 말인데, ‘싸움에
있어서 단기 결전으로 성공한 일은 있어도 싸움을 오래 끌어서 이
긴 예는 없다’라는 뜻이다.

‘졸속’과 ‘교구(巧久)’의 비교에 있어서 ‘졸’은 아무 재간도 부
리지 않는 것, ‘교’는 작위, 즉 ‘싸움은 쓸데없이 기교를 부려 오
래 끄는 것보다 무작위로 소나기처럼 빨리 해치워 버리는 것이 좋

다'라는 해석이 성립된다.

그리고 단기간의 힘의 집중으로 해서 폭발적인 효과를 얻자는 뜻도 된다.

어쨌건 이 속전주의는 「손자」의 첫머리의 말, '병사는 나라의 중요지물이요, 생사와 존망을 좌우하는 것이니, 이것을 알지 못하면 안 된다'는 신중한 태도에서 나온 것이다.

병사를 오래 움직이는 것의 불리한 점을 손자는 다음과 같이 설명하고 있다.

'현대의 전쟁은, 병거 천 대, 수송차 천 대, 병사 십만 명을 동원해서 천 리나 떨어진 먼 곳에 양식을 수송하는 그런 규모로 행해지고 있다. 이 대규모의 전쟁을 치르는 데에는 내외의 경비, 외교 사절의 접대, 군수물자, 차량, 무기의 보충 등에 하루 천금이나 되는 막대한 비용이 소용된다. 설혹 이긴다 해도 싸움을 오래 끌면 군대는 피폐하고 사기도 떨어진다. 그렇게 되고 나서는 당황하여 적을 공격하여 보았자 오로지 실패할 뿐이다. 그리고 언제까지나 군대를 싸움터에 놓아두는 결과 국가 재정은 위기에 말려들게 된다. 그리하여 군대가 피폐하고 사기가 떨어지고 공격에 실패하여 국력을 소모해 버리면, 그 틈을 타서 타국이 침략해 온다. 이렇게 된 후에는 아무리 머리가 좋은 사람이 나타나도 사태수습을 할 수가 없게 된다.'

전쟁은 이기는 것이 그 목적이지, 싸우는 것이 목적은 아닌 것이다.

병(兵)은 사지(死地)니라

'병(兵)은 사지(死地)니라.'

이는 다시 말해서 전쟁이란 목숨을 던질 각오로 나서야 한다는 뜻으로 조(趙)나라에서 명장으로 이름을 떨쳤던 조사(趙奢)가 처음으로 사용한 말이다.

조사는 본래 시골에서 전답의 조세를 거둬들이는 말단 공무원에 지나지 않않으나, 만사에 공평 무사하고 워낙 청렴 결백하였으므로 평원군(平原君)에게까지 그에 대한 소문이 올라갔다.

그리하여 평원군에게 발탁된 그는 나중에 군사상의 큰 공을 세우고 마복군(馬服君)의 칭호를 받음으로써 그의 지위는 문경지교(刎頸之交)를 맺은 사이인 염파(廉頗), 인상여(藺相如)들과 거의 비슷한 지위에까지 오르게 되었던 인물이다.

조사는 군략가로서 매우 이름이 높았는데 그에게 조괄(趙括)이라는 아들이 있었다. 조괄은 어렸을 때부터 병법을 공부했는데 매우 영리하므로 하나를 가르치면 열을 깨우칠 정도였다.

"병법에 한해서는 천하가 아무리 넓다 하더라도 나를 당할 자 없으리라."

조괄은 이렇게 자신만만하게 큰 소리를 치곤 했다. 확실히 그럴 만한 실력을 그는 지니고 있었던 것이다.

어느 날, 아버지인 조사와 마주앉아서 군략에 대한 토론을 벌였는데 보통이 넘는 병법가인 조사로서도 한 마디 반박을 가할 수 없을 정도로 그의 이론은 완벽하였다. 그러나 조사는 서로 이론만을 내세우는 데 있어서는 비록 반박할 만한 홈을 잡지 못했지만, 그렇다고 해서 결코 아들의 이론을 놓고 칭찬하지도 않았다.

이들 부자의 열렬한 토론을 옆에서 듣고 있던 그의 어머니는 청산 유수같이 흘러나오는, 아들의 상대방을 압도하는 듯한 능변에 대견함과 만족을 동시에 느꼈다. 그리하여 아들이 밖에 나간 후, 너무도 냉담하고 덤덤하였던 아버지의 태도에 대하여,

"왜 칭찬을 안해 주셨나요?"

하고 힐책했다.

그러자 남편 조사는,

"병은 사지니라……. 즉 전쟁이란 목숨을 걸어야 하는 것이오. 그런데 괄이란 놈은 오직 말뿐으로 이론만을 추구하는 주제에 자기가 마치 직접 싸움터에 나가 산전수전을 다 겪은 듯이 떠들어대고 있구려. 만일 저 녀석이 대장이 되어 많은 부하들을 거느리고

정작 싸움에 나서기라도 했다가는 그 이론만을 믿고 섣불리 날뛰다가 크게 일을 그르치게 될 터이니 오직 걱정이 될 따름이오.”
도리어 불안과 근심에 싸인 얼굴로 이렇게 대답하는 것이었다.
아들을 보는 아버지의 눈에는 추호도 잘못이 없는 것일까.
효성왕(孝成王) 7년에 조(趙)나라는 상당(上黨)을 합병했던 일이 화근이 되어 진(秦)나라와 전쟁을 벌이게 되었다. 이때 사실상 체험으로써 ‘병은 사지니라’를 터득하고 극복했던 명장 조사의 근심대로 그의 아들 조괄은 한낱 탁상공론이나 입만을 가지고 자신만만했다가 단 한 번의 전투에서 45만의 엄청난 대군을 사지로 몰아넣고 말았다.
기회는 왔다고 자신만만하게 자기의 실력을 과시하려던 조괄은 40만 대군을 호령하여 진나라의 주력부대를 단숨에 결단내리라고 앞장서 나갔다. 그러나 체험을 떠난 이론만의 병법을 가지고 날뛰다가 그만 순식간에 패하여 조나라를 위태로운 지경에까지 이르게 하였던 것이다.
이 이야기는 「사기」의 염파·인상여전(廉頗·藺相如傳)에 수록되어 있다.

병 입 고 황(病入膏肓)

진(晋)나라 경공(景公)은 어느 날 꿈 속에서, 땅에 늘어질 정도로 긴 머리를 산발한 채 발을 구르고 가슴을 두드리는 귀신을 보았다.
귀신은 큰 소리로 경공을 향해 외쳤다.
“내 자손을 잘도 죽여 없앴구나. 난 하늘의 허락을 받았다. 널 죽여 버리고 말겠다.”
귀신은 궁전의 문들을 차례로 부수어가며 경공에게로 달려들었다. 혼비백산한 경공은 미친 듯이 방 안으로 도망쳐 문을 걸어 닫았으나 귀신은 그 문마저 한 주먹에 날려 버리고 쫓아 들어왔다.

귀신에게 덜미를 잡히려는 순간 경공은 잠이 깼다.

꿈이 너무도 기괴한지라 경공은 무당을 불러 해몽을 해달라고 말했다.

"금년의 햇보리를 왕께서는 드시지 못할 듯합니다."

이것이 무당의 대답이었다.

경공은 10여년 전 도안고(屠岸賈)를 사구(司寇)에 임명한 일이 있었다. 그러나 그는 그다지 현명한 위인이 못되는 대신 정적(政敵)에게는 무서웠다. 그리하여 대부 조가(趙家)에 무고한 죄를 씌워 그 집안을 완전히 몰살시킨 일이 있었다. 그 조상의 혼이 귀신이 되어 경공에게 나타났다는 것이다.

무당은 자기로서는 손을 쓸 수 없노라고 말했다. 경공은 이윽고 병이 들어 자리에 눕고 말았다. 그러던 중 진(秦)나라의 명의 고완(高緩)에게 치료를 부탁하게 되었다.

고완이 도착하기 전 경공은 다시 꿈을 꾸었다. 꿈 속에서 병(病)은 두 아이가 되어 서로 이야기를 나누었다.

"고완은 명의야. 이번엔 우리가 다치게 될 거야. 어디로 도망을 가야 하지?"

"횡경막 위, 심장 바로 아래에 꼼짝 않고 있으면 괜찮을 거야."

그 뒤 고완이 와서 왕을 진맥했다. 고완이 말했다.

"유감스럽지만 병환이 '횡경막 위 심장 아래(居肓之上 膏之下)에 있으므로 치료가 불가능합니다. 도저히 안 되겠습니다."

경공은 고완의 진맥이 너무도 꿈과 적중하므로 명의라고 칭찬한 뒤 많은 예물을 주어 그를 돌려보냈다. 이윽고 햇보리가 익을 무렵이 되어 경공은 햇보리로 밥을 짓도록 명령했다. 그리고는 무당을 불러다가 '나는 이처럼 보리밥을 먹게 되었다'고 하고는 그의 목을 베게 했다.

그런 다음 경공이 식사를 하려고 수저를 드는 순간 갑자기 배가 아프기 시작했다. 경공은 그 길로 변소로 가서는 다시 살아 돌아오지 못했다. 변소에서 그냥 떨어져 죽고 말았던 것이다.

이때로부터 도저히 고치기 어려운 불치의 병을 가리켜 '병입고

황(病入膏肓)’이라고 하기에 이르렀다.

분서갱유(焚書坑儒)

전국시대의 천하를 통일하여 봉건제도를 폐지한 다음 처음으로 중앙집권제를 이룩한 것은 진(秦)나라의 시황제(始皇帝)이다. 그는 스스로 황제가 되어 그 제위를 자손만대에 전하리라는 꿈을 품게 되었다.

통치 34년의 어느 날, 진시황은 문무백관을 한자리에 불러 함양궁(咸陽宮)에서 큰 잔치를 베풀었다. 그때 박사 순우월(淳于越)이 황제 앞으로 나아가 말했다.

“은(殷)나라와 주(周)나라가 과거 1천여 년 동안이나 왕위를 유지할 수 있었던 것은 왕족이나 공신을 제후로 봉하였으므로, 이들이 왕실을 병풍같이 둘러싸고 앉아 힘을 다해 보필하였기 때문입니다. 그런데 지금은 황제폐하께서 나라 안의 여러 지방을 분할하는 군현의 제도를 택하셨기 때문에 설혹 왕족이라 할지라도 일개 백성에 지나지 않습니다. 앞으로 만일 제(齊)나라의 전상(田常)이나 진(晉)나라의 육경(六卿)과 같이 황실을 뒤엎으려는 불충한 자가 나타나게 되면 황실을 감싸 주는 세력이 없으니 어찌 황실을 보전할 수 있겠습니까. 옛일을 돌이켜보건대 모름지기 모든 일에 있어 지나간 역사에 비추어 보지 않고는 국가의 장구한 안전을 얻었던 예가 없습니다.”

진시황이 택한 새로운 제도에 대해 불안을 표명한 것이다.

이 말을 들은 황제가 여러 고관들을 돌아보며 의견을 물으니 바로 그 군현제도의 초안자이며 개혁론자인 승상 이사(李斯)가 순우월의 의견에 반박하여 말했다.

“옛 날에는 천하가 어지러웠음에도 불구하고 이를 통일할 만한 인물이 없었으므로 도처에서 군웅이 할거하여 제후들이 서로 엎치락 뒤치락 세력을 다투었으며 그 결과 부질없는 싸움만을 되풀이

하였을 따름입니다.

그러나 이제는 그 혼란했던 천하가 통일되어 모든 것이 안정되었으며 법률과 명령에는 권위와 계통이 서서 세상이 평안해졌습니다. 그럼에도 불구하고 그 배운 학식만을 떠받들어 정부의 법률이나 문교정책을 비방하고 조정에 나와서는 침묵을 지키면서도 시정에 나가서는 이를 논란할 뿐 아니라 심지어는 자기 문하에 수많은 도당들을 거느려 은근히 세력을 확보하는 자가 있습니다.

이러한 자들을 그대로 방치해 두는 일이야말로 임금의 절대적인 위력과 빛을 손상케 할 뿐더러 뒷날에까지도 화근을 남기게 되는 일이라 아니할 수 없습니다.

여기서 신이 감히 아뢰오니 즉시 사민필수(四民必須)의 의약과 복술, 농경에 대한 글과 우리 진나라의 기록을 제외한 모든 글, 다시 말해서 시(詩), 서(書)에서 제자백가(諸子百家)에 이르기까지 모든 서적을 불태워 없애 버리시기 바랍니다.

그리하여 앞으로도 시서를 논하는 자가 있을 때에는 사형을 시킨 뒤 그 시체를 다시 저자거리에 내걸어 오가는 사람들이 볼 수 있게 하고 옛일에 빗대어 현재를 비방하는 자는 그 일족을 모조리 잡아죽일 것이며, 이러한 금지령을 범한 줄 알면서도 적발 검거하지 않는 관리 역시 같은 형벌을 내리게 하셔야 할 것입니다. 또한 명령이 내린 지 30일이 지났는데도 글과 서적을 불살라 버리지 않는 자는 살가죽 속에 먹물을 넣어서 표시를 하는 동시에 부역을 시키도록 엄명을 내려 주시기 바랍니다.”

실로 무서운 이야기였다.

그러나 시황제는 이렇듯 소름끼치는 이사의 말에 귀가 솔깃하여 그 말을 받아들여 각지의 귀중한 문서들과 다시 만들 수 없는 서적들을 닥치는 대로 불태워 버리도록 명령하였다.

당시의 서적은 오늘날과는 달리, 얼마든지 인쇄를 하여 만들어 낼 수 있었던 것이 아니다. 대나무를 한 장 한 장 조심스럽게 쪼개어 붓글씨로 쓰거나 참나무 판대기에 칼로 정성스럽게 새기거나 한 것으로, 매우 어렵게 만들어질 뿐 아니라 수량이 적으므로 한

번 잃어버리면 그만인 것도 많않다.

　이 이야기는 「사기」의 진시황기(秦始皇記)에 나오는 것으로 여기서 우리는 해방 전, 소위 제 2 차 세계대전 중에 독일의 히틀러가 자기의 야욕을 채우기 위해 비위에 맞지 않는 서적을 모두 불구덩이에 쓸어넣게 했던 일을 상기하지 않을 수 없다. 분서(焚書)라니, 도대체 이만저만한 야만행위가 아니며 인간의 문화에 대한 반역으로써 단연코 용서할 수 없는 노릇이었다.

　초기에는 제법 영웅적인 활동으로 진나라를 일으켰던 진시황이었지만 늙어 감에 따라 불로장생을 꿈꾸며 노쇠해 가는 심신에 조바심을 하던 나머지 신선술(神仙術)에 빠져 수다한 점술사들을 주위에 마구 불러들였다.

　그 가운데에서도 노생(盧生)과 후생(侯生)이라는 자들을 특별히 신뢰하여 후대했는데 이들은 시황제에게 아첨하여 갖은 호사를 다하고 재물을 잔뜩 얻어가지고는 함양성내를 빠져나가 먼 곳으로 도망쳐 버렸다. 뿐만 아니라 시황제의 힘이 미치지 못하는 곳으로 몸을 피한 두 사람은 시황제에 대한 갖은 악담과 욕설을 퍼붓고 속속들이 그에 대한 내막을 폭로하였다.

　시황제는 분노가 머리끝까지 치밀어,

　"그렇게도 극진히 대해 주었는데 그들이 차마 이럴 수가 있느냐!"

고 발을 구르며 날뛰었다. 그리고 그만큼 위해 준 놈들이 저럴 때에는 함양성중의 학자들은 더 말할 나위가 있으랴 하는 생각이 들었다.

　이러한 생각을 품게 되자 한시도 견딜 수 없게 된 시황제는 즉시 정탐군을 풀어 내사(內査)시켜 보았다. 그리하여 과연 함양거리에는 조정을 비난하는 학자들이 헤일 수 없이 많다는 사실을 알았다.

　그로부터 엄한 조사를 실시하니 소위 학자라는 자들이 저마다 모두 다른 사람에게 그 책임을 전가시키며 자신은 어떻게든 회피하려 하였다. 결국 체포된 자가 460명이었다.

　시황제는 이들 460명을 잔인하게도 산채로 한구덩이에 모두 매장해 버렸다.
　이렇게 잔혹하게 생매장당한 자들 거의가 유교를 신봉하던 학자였기 때문에 이것을 가리켜 갱유(坑儒)라 한다.
　책을 모두 불태워 버렸다 해서 분서(焚書), 유교 학자를 산채로 흙구덩이에 파묻었다고 해서 갱유라 하여 이 두 말이 합쳐 '분서갱유(焚書坑儒)'가 된 것이다.
　어떻든 자기 나름으로는 왕정의 기초를 굳건히 한다는 노릇이 이다지도 무서운 혹정(酷政)을 낳았으니, 인류 역사상 그 유례가 드문 일이라 하겠다.

불구대천지원수(不俱戴天地怨讐)

　'……아버지의 원수는 같은 하늘을 이고 살 수가 없다. 따라서 같은 세상에 살려 둘 수가 없으니 반드시 죽여야 한다. 원수를 갚을 때는 집에 돌아가 무기를 가지고 나올 여가 따위가 없다. 언제든지 무기를 가지고 있다가 즉시 죽여야 한다. 친구의 원수는 같은 나라에서 살 수가 없다. 역시 죽여야 한다.'
　이상은 「예기」의 곡례(曲禮)에 있는 말인데 읽어서 알다시피 원수를 갚는 '예(禮)'를 설명하고 있다. 한 마디로 '예의범절'이라 잘라 말하지만 일일이 들면 한이 없는 법인데, 원수 갚는 예의까지 설명을 했으니 꽤나 꼼꼼하다. 하긴 곡례란 자세하게 설명한 예의를 말하는 것이니 그 속에 원수 갚는 예의가 있는 것은 당연한 일인지도 모르겠다.
　이 원수 갚는 예의에 대한 일인데, '원수는 모두 죽여야만 한다. 아버지, 형제, 친구의 적은 용납할 수 없다'고 씌어 있다.
　그러나 곡례에는 또 이런 기록도 보인다.
　'사람의 자식된 자, 겨울에는 부모의 몸을 따뜻하게 해주고 여름에는 시원하게 해준다. 그리고 밤에는 부모가 편히 잠들 수 있

도록 하고 아침에는 문안을 드려야 한다. 친구와 다투면 그 누가
부모에게 미칠지도 모르므로 다투지 말아야 한다.'

　이처럼 대범한 것과는 달리 '불구대천지 원수'는 꽤나 무시무시
한 이야기이다. 그러나 잘 생각해 보면 이 두 가지 예의에 공통된
생각이 있는데 그것은 유교에서 가르치고 있는, 사람과 사람과의
영구불변한 관계 즉 군신, 부자, 부부, 형제, 벗의 다섯 관계를
절대시하고 있는 사고방식이다.

　'남녀는 중매가 없는 한 이성(異性)의 이름을 알아서는 안 된다.
또한 사주 단자를 정하기 전에는 사귀어서도 안 되고 정을 들여서
도 안 된다.'

　이와 같이 남녀 관계도 엄하게 기록되어 있다. 오늘날의 젊은
남녀들로서 볼 때는 옛날 이야기 정도로 밖에 생각되지 않을 것
이다.

　그러나 고대 씨족사회의 지배계급 사이에서는 이와 같은 일이
실지로 벌어졌던 것이다. 거기서도 예의 다섯 가지 인간 관계, 벗
을 빼고는 모두 세로의 종속관계를 반드시 유지하지 않으면 안 되
었었다. 거기에 예의가 생겨나서 원수 갚는 예의까지 생겨난 것
이다.

　예의란 질서를 유지하기 위한 규제인 것으로, 오늘날의 법률에
해당하는 것과 도덕에 해당하는 것의 두 가지로 크게 나눌 수 있
을 것이다.

　고대사회에 있어서는 그 두 가지가 아직 미분화 상태에 있었다.
다같이 예의로서 의식되고 있었다고 생각된다.

　「예기」의 예의는 후자인 도덕에 해당되며, 당시의 풍속 습관을
말한 것이라고도 할 수 있다.

　원수를 갚는 예의도 그 한 가지였던 셈이다.

　'불구대천지 원수'라는 말은 앞에 인용한 「예기」의 글에서 나왔
으며, 언제부터인가 도저히 용서할 수 없는 놈이라는 뜻으로 사용
되고 있다.

불　혹(不惑)

　　나이 마흔 살을 두고 말한다. 「논어」의 ‘나이 마흔이 되면 함부로 미혹되지 않는다’는 말에서 유래되었다.

　　그 출처가 된 글은 「논어」 위정편(爲政篇)이다.

　　‘나는 나이 열 다섯에 학문에 뜻을 두었고, 서른에 뜻이 확고하게 섰고, 마흔에는 모든 일에 미혹되지 않게 되었으며, 쉰에는 천명(天命)을 깨달아 알게 되었고, 예순에는 사물의 이치를 들어 저절로 알게 되었고, 일흔에는 무엇이든지 하고 싶은 대로 행해도 법도에 어긋남이 없게 되었느니라.’

　　이 말은 공자가 스스로 말한 일생 동안의 정신사라고 할 만한 것이다. 매우 관념적이어서 알기 어려운 것 같으나 대략 그 뜻은 다음과 같다.

　　나는 열 다섯 살에 학문에 뜻을 두었다(그 당시의 학문은 시·서·예·악). 그리고 30세에 비로소 학문의 기초가 이루어지고 인간으로서 독립할 수 있는 자신이 생겼다. 40세가 되니 학문을 터득하여 몸에 배이게 되었고, 인생체험도 풍부해져서 자기가 살아갈 방법에 대하여 신념을 가지게 되었다. 즉 무엇에도 흔들리지 않게 되었다. 60세가 되어 남이 하는 말에도 저마다 일리가 있다는 것, 즉 남의 주장을 순순히 인정할 수 있게 되었다. 70이 되어서는 원하는 바를 행동하여도 인간으로서의 규범, 도를 넘지 않았다는 것이다.

　　이 40세의 불혹은 인생의 분수령으로 중요한 나이이다. 확고한 자기 신념이 어떠한 악조건 아래에서도 움직이지 않고 서야 할 나이인 것이다.

　　이 나이 무렵 공자는 노(魯)나라에 있었는데, 양호(陽虎)가 횡포를 다하여 국정에 함부로 관여하고 있었으므로 이 때문에 대부(大夫) 이하 모두가 정도(正道)를 떠나 있었다. 그러자 공자는 단연코 물러났다.

이 나이에는 확고한 인생관이 서 있어야 한다는 것이 '불혹'의 의미로서 공자는 이를 실천했던 것이다.

붕정만리(鵬程萬里)

봉(鵬)이란 고대 중국인의 소박한 공상에서 그려진 짐승이다. '거대한 날짐승', '상상 이상으로 큰 새'의 이름으로 쓰이고 있지만 실지로 본 사람은 없다. 그저 어마어마하게 큰 새라고만 생각하면 된다.

이 날짐승에 대하여 씌어진 글 가운데 가장 대표적인 것으로 「장자」의 소요유편(逍遙遊篇) 첫머리에 나오는 대목을 들 수 있다.

'북해(北海)의 끝에 곤(鯤)이라고 하는 물고기가 있다. 어찌나 큰지 그 길이가 몇천 리나 되는지 모른다. 이것이 화해서 붕이라는 이름의 새가 된다. 붕의 잔등 또한 그 길이가 몇천 리에 달하는지 모른다. 이 새가 한 번 힘을 가누어 하늘로 올라가면 그 날개는 마치 하늘을 뒤덮은 구름인양 드넓은 허공을 가로덮고 바다가 온통 술렁거릴 만큼 거센 바람을 일게 한다. 붕은 이렇게 불러 일으킨 바람을 타고 북해 끝에서 남해 끝까지 단숨에 내달아 날아가려 한다. 옛 세상의 불가사의를 안다는 제해(齊諧)라는 자의 말에 의하면 붕이 남해로 건너갈 때는 나래를 쳐 바다를 건너기 2천 리, 회오리 바람을 타고 하늘로 솟구쳐오르기 9만 리, 그리하여 여섯 달 동안을 계속 날으고 나서야 비로소 나래를 접고 쉬었다 한다.'

장자는 이 붕의 존재를 빌어 인간사회의 상식을 벗어난, 무한히 커서 아무에게도 구속되거나 구애됨이 없는 정신적 자유세계를 소요하는 위대한 자를 시사하려 하였다.

그리하여 이 장자의 비유를 근본으로 해서 여러 가지 어휘가 생겨났다.

붕곤(鵬鯤) 또는 곤붕(鯤鵬)이란 상상을 초월한 것, 그리고 붕배(鵬背), 붕익(鵬翼)이라 하여 역시 거대한 것, 특히 항공기 같은 것을 형용하는 데 사용케 되었다.

또한 붕박(鵬搏), 붕비(鵬飛), 붕거(鵬擧) 등은 일대분발하여 큰일을 이룩하려는 것을 비유하는 말이 되었으며 붕도(鵬圖), 붕정(鵬程)은 범인(凡人)으로서는 도저히 생각할 수 없는 원대한 사업과 계획을 비유하게 되었다. 붕이 날으는 하늘이라는 뜻의 붕제(鵬際), 붕소(鵬霄)라는 말도 역시 많이 사용되고 있다.

특히 붕정만리(鵬程萬里)라는 것은, 무려 9만 리를 솟구쳐 올라 여섯 달 동안을 계속 날으는 이 새에다 관련시켜 오늘날 비행기를 타고 동서양을 이웃집 드나들듯 하게 된 비행기 여행을 가리켜 말하게 되었다.

장자는 또한 이 대붕의 무한한 자유, 위대한 존재와 비교하여 상식의 세계, 세속적인 만족을 위해서 하찮은 잔꾀를 자랑삼으며 기뻐하는 범속한 무리들을 가리켜 이렇게 말하기도 했다.

'일거(一擧)에 9만 리를 날으는 대붕을 보고 작은 새 척안(斥鷃)은 도리어 이를 비웃으며, "야, 저놈 저 붕이란 놈을 봐라. 저 놈은 대관절 어디까지 날으려는 것일까. 우리는 있는 힘을 다해 뛰어올라 보았자 기껏 대여섯 자 숲 위를 날으는 것이 고작인데! 그래도 날아다니며 기분을 내기는 마찬가지가 아닌가. 한데 저놈은 대체 어디까지 날으려는 것이냐"라고 조잘거린다. 원체 왜소한 자가 위대한 것을 알 리가 만무하니 큰 것과 작은 것과의 수작이 또한 같을 수 있으랴.'

이 말에 의해 붕안(鵬鷃)이라는 문구도 사용하게 되었다. 크고 작은 것의 차이가 워낙 현격하다는 뜻이다.

'연작(燕雀)이 어찌 홍혹(鴻鵠)의 뜻을 알랴.'

옛날 진(秦)나라 때의 인물 진승(陳勝)의 고사에 나오는 이 말도 역시 붕안과 비슷한 뉘앙스를 지닌 말이다.

비단옷 입고 밤길 걷기

유명한 홍문연(鴻門宴) 잔치가 있은 지 며칠 뒤의 일이다.

유방과 진(秦)나라 도성 함양을 누가 먼저 치느냐를 겨루어 마침내 승리를 거둔 항우가 싱글벙글하며 함양으로 입성하고 있었다.

그리고 이때 그는 유방과 대조적인 성격을 잘 나타내었다.

먼저 유방이 살려 준 진왕의 아들 영(嬰)을 죽여 버렸다.

그리고 나서 진의 궁전을 불살라 버렸다. 꺼지지 않고 사흘 동안이나 계속해서 탔다는 그 불길을 안주삼아 그는 술을 마시며 승전을 축하했다.

또 그는 시황제의 무덤을 파헤쳤다.

유방이 봉인을 해 둔 재보를 약탈하고 진나라 미녀를 손에 넣었다.

그리고는 곧잘 하늘을 바라보는 것이었다.

모처럼 제왕에의 첫걸음을 내딛고 있으면서 스스로 그 발치를 무너뜨려 가는 듯한 그의 거동을 보고 노신 범증이 간언을 해도 그는 듣지 않았다.

오랜 싸움 끝이라 그는 고향 생각에 사로잡혀 있었다. 진나라에서 약탈한 재보와 미녀를 데리고 고향으로 돌아가려 했던 것이다.

한생(韓生)이라는 자가 이를 말렸다.

"관중(關中)은 산하(山河)로 든든하게 막혀서 지세가 견고한 데다 토지도 비옥하니 이곳에 도읍을 두어 천하의 패권을 잡으시고 제후들에게 호령을 하셔야 합니다."

그러나 항우의 눈에 비친 함양은 불타서 재가 된 궁전, 마구 파괴되어 황량하게 초토로 변한 쓰레기의 산더미였다. 그보다도 빨리 고향으로 돌아가 자기의 성공을 과시하고 싶었다. 동녘 하늘을 바라보며 그는 말했다.

"부귀를 얻고도 고향에 돌아가지 않는다는 것은 비단옷을 입고 밤길을 걷는 것이나 같다(錦衣夜行). 누가 이를 알아 주랴?"

아무리 입신 출세를 한다 해도 고향에 돌아가지 않는다면 이것을 옛친구들에게 알릴 수가 없다. 이렇게 생각하고 항우는 간언을 받아들이려 하지 않았다.

한생은 항우 앞에서 물러나자 다른 사람에게 말했다.

"초나라 사람은 원숭이에게 의관을 입힌 거나 다름 없다더니 과연 그 말이 옳았어."(원숭이는 관을 씌우고 띠를 매어 줘도 오래 견디어 있지 않으므로 초나라 사람의 성질이 거세고 난폭한데 대한 비유.)

이것이 항우의 귀에 들어가 한생은 즉석에서 삶겨 죽고 말았다.

이렇듯 항우는 일시적인 성공에 도취되어 부귀를 고향 사람들에게 과시하려다가 드디어는 천하를 유방에게 빼앗긴 것이었다.

허나 '비단옷을 입고 밤길을 걷는 것과 같다.' 즉 비단옷을 입어도 아는 자가 없다, 나의 출세를 알리고 싶다는 항우의 이 말은 어딘가 인간 공통의 약점을 나타내고 있는 듯하다.

그리고 이 말에서 비롯되어 '비단옷 입고 고향으로 돌아간다(錦衣還鄕)' 또는 '입신 출세를 하여 고향으로 돌아간다'는 말까지 생겨났다.

비방지목(誹謗之木)

요(堯), 순(舜) 두 임금은 고대 중국인의 소박한 사념 속에서 생겨난 이상적인 성천자(聖天子)이다.

물론 그것은 유사 이전 몇천 년이나 거슬러 올라가는 전설시대의 인물이므로 그 역사적인 실재성을 의심하려 들자면 얼마든지 의심할 수가 있는 것이다.

요순 말살론(堯舜抹殺論)은 이미 역사학의 상식이라 해도 좋을 만큼 되어 있다. 그런데도 불구하고 고전 고서(古傳古書)를 통하여 요순의 존재는 각 개인의 가슴 속에 말살할 길 없이 아주 선명하게 살아 있다.

다음의 이야기 역시 그러한 요순 이상정치의 한 끝을 이야기하는 전설의 하나이다.

요임금은 성이 도당씨(陶唐氏), 혹은 이기(伊祁)였으며, 이름은 방훈(放勳)이었다. 그리고 그 어질기가 하늘과 같고, 슬기롭기가 신(神)과 같아, 인자하고 총명한 천자로서 하늘을 공경하고 백성을 사랑할 뿐 아니라 이상적인 정치를 행하여서 천하 만백성으로부터 경모를 받고 있었다.

그의 거처는 아무렇게나 이은 초가지붕에 층계라고는 흙으로 된 세 층계 밖에 만들지 않은 검소한 구조로서 돈이 있어도 교만하지 않고, 귀한 지체이면서도 사람을 업신여기지 않고, 한결같이 좋은 정치를 베풀기 위해 마음을 썼다.

그는 자기가 베푸는 정치에 독선적인 잘못이 있어서는 안 되겠다고 생각하여 궁문 입구에 큰 북을 두었고, 또 문전 다리목에는 네 개의 나무로 엮은 기둥을 세웠다.

북은 '감간지고(敢諫之鼓)'라 이름지어져 누구든 요임금의 정치에 불미한 점을 발견한 자는 그 북을 쳐서 사양없이 의견을 말하도록 했다. 그리고 기둥은 '비방의 나무(誹謗之木)'라 이름지어져 누구든 정치에 불만이 있는 자는 그 기둥에다 불평을 적어서 희망을 청하라는 것이었다.

감간(敢諫)은 감히 간언하는 반대 의견의 상신이며, 비방은 헐뜯고 흉보아 나무라는 불평과 힐책의 토로이다.

요임금은 이러한 것에 의해 더한층 정확하게 민의(民意)의 소재와 동향을 알고 자기반성의 자료로 삼아 민의를 반영한 정치에 힘을 쓴 것이리라.

일설에는 '감간지고'를 요임금 때의 일, '비방의 나무'를 순임금 때의 일로서 말하는 소전(所傳)도 있다.

또 일설에는 요임금이 '진선(進善)의 깃발' '비방의 나무'를 세웠다고도 한다.

진선의 깃발은 깃발을 하나 한길가에 세워 놓고 선언(善言) 즉

정치에 대해 좋은 의견이 있는 자에게 그 깃발 아래서 자유로이
의견을 발표시켰다는 것이다.

　여하간에 이것은 아직 인민에 의한 민주정치의 단계에서는 거리
가 먼 고대제왕(古代帝王)의 전제정치(專制政治)이긴 하나, 백성
의 뜻에 정치의 근본을 둔다는 이념을 나타내는 것, 혹은 정치에
는 우리들의 의견도 채택하라는 백성들의 뜻과 소망을 나타내는
전설로서 흥미가 깊다.

비육지탄(脾肉之嘆)

　난세는 영웅을 만들어내는 법이다. 「삼국지」는 그 영웅호걸들의
이야기이다. 다음은 그 「삼국지」의 주인공 유비의 일화이다.

　한왕조(漢王朝)의 부흥을 외치며 장비, 관우와 함께 일어선 유
비는 처음에는 명망이 올라가는 듯했으나 힘이 모자라는 까닭에
어찌어찌하다가 조조에게 몰리게 되었다.

　그는 각지를 전전한 끝에 형주(荊洲)의 유표(劉表)에게 몸을 의
탁하는 신세가 되었다. 어느 날 유표는 유비를 초대해 주연을 베
풀었다.

　유비는 유표로부터 신야(新野)라는 작은 성을 받아 4년째 하릴
없이 성주자리를 지키고 있었다. 그 사이 하북 쪽에서는 조조와
원소(袁紹)가 끈질기게 밀고 밀리는 싸움을 계속하고 있었다.

　술자리에서조차 흥이 날 리 없는 유비는 멍하니 있다가 변소에
가게 되었다. 그곳에서 유비는 자신의 넓적다리에 살이 많이 찐
것을 보고는 그동안 얼마나 뜻을 펴지 못한 채 안일하게 살았는가
를 깨달았다. 스스로에 대한 자괴감으로 비탄에 젖은 유비는 눈물
을 흘렸다.

　이윽고 주연자리로 돌아온 유비를 보고 유표가 놀라서 물었다.

　"무슨 일입니까? 눈물 흔적이……"

　그러자 유비는 다음과 같이 대답했다.

"지난 시절에는 언제나 말을 타고 돌아다녀서 넓적다리에 살이 찔 겨를이 없었습니다. 그런데 지금은 너무 오래 말 안장을 멀리 해 살이 붙었습니다. 이렇듯 세월은 덧없이 가는데 아무 공업도 세우지 못하고 있으니 그저 비감할 따름입니다."

'비육'이란 넓적다리에 살이 찐다는 뜻으로, 이 유비의 한탄에서 '비육지탄'이란 말이 유래되었다.

그뒤 이 말은 세상에 나와 공업을 이루지 못하고 세월만 보내는 것을 한탄하는 비유로 쓰이게 되었다.

빈자일등(貧者一燈)

석가가 사위국(舍衛國)의 어느 정사(精舍)에 머무르고 있을 때의 일이다.

그 나라에 난타(難陀)라는 한 여자가 있었는데 너무나 가난해서 구걸을 하며 살았다. 그녀 역시 나라 안의 모든 부자들처럼 부처님께 공양을 바치고 싶었으나 가진 게 아무것도 없었다.

그녀는 어느 날 하루종일을 돌아다니며 사람들에게 자비를 구한 끝에 간신히 1전을 얻게 되었다. 그 돈으로 기름을 사서 부처님께 등불을 바치고자 했으나 기름집 주인은 그렇게 작은 양을 팔 수 없다고 말했다.

난타는 자기의 간절한 심정을 주인에게 털어놓고 다시한번 사정을 했다. 주인은 난타의 정성에 감동한 나머지 1전에 기름을 넘치게 주었다. 난타는 너무나 기쁜 마음으로 등을 만들어 부처님께 공양했다.

난타의 등은 다른 많은 사람들의 등 사이에서 밝게 빛났다. 그런데 얼마 후 이상한 일이 벌어졌다. 밤이 지나면서 모든 등불이 사위어갔는데 난타의 등만은 아무리 센 바람을 보내도 절대로 꺼지지 않는 채 밝게 타올랐다.

석가는 그후 난타를 비구니로 받아들였다고 한다. 이 이야기는

「현우경(賢愚經)」의 빈녀난타품(貧女難陀品)에 나온다.

이 고사에서 '가난한 자의 한 등불(貧者一燈)'이란 말이 유래되었고 그후 가난하지만 성심껏 보시(布施)하는 자세를 비유하는데 자주 쓰여왔다.

빙탄불상용(氷炭不相容)

한무제(漢武帝) 때의 명신 동방삭(東方朔)이 전국시대 초(楚)나라 때의 불우했으나 천재적인 시인 굴원(屈原)을 추모하여 지은 시에 〈칠간(七諫)〉이라는 작품이 있다.

'빙탄불상용'이란 이 시에 나오는 한 구절이다.

인간사의 불행을 슬퍼하면서 천명에 속한 바를 하늘에 맡긴다.
몸은 병을 얻어 쾌유되지 않고 마음은 들끓어 오름이 뜨거운 물 같네.
얼음과 숯은 서로 함께 할 수 없으니
나 본래부터 목숨 길지 못함을 알았노라.
외로이 고생하다 죽어 낙없음을 슬퍼하며
내 나이를 다하지 못함을 슬퍼하노라.

이 시 중에서 '얼음과 숯은 서로 함께 할 수 없으니(氷炭不可以相並兮)'에서 '빙탄불상용(氷炭不相容)'——즉 얼음과 숯은 서로를 용납하지 못한다는 말이 유래되었다.

성질이 전혀 반대여서 도저히 함께 할 수 없는 관계를 비유할 때 자주 쓰인다.

사

사면초가—식　언

사면초가(四面楚歌)

　사면초가(四面楚歌)——사면이 모두 적뿐인 경우, 또는 자기를 돕는 이는 없고 비난의 소리만 높은 경우에 이 말이 쓰인다.

　초나라의 항우는 한나라의 유방과 5년 동안이나 천하를 놓고 싸웠다.

　그러나 항우는 스스로의 힘과 기운만을 믿고 지략을 업신여긴 나머지 범증과 같은 모장까지 그를 마다하고 떠나 버렸다.

　항우는 차츰 유방에게 제압되었다.

　그러더니 드디어는 천하를 둘로 나누고 이어 강화하고 말았다.

　그러나 그의 악운은 이것으로 끝난 것이 아니었다. 군사를 정비하여 동쪽으로 돌아가는 도중 장량, 진평의 계략으로 한신이 지휘하는 군대에 의해 해하란 곳에서 이중 삼중으로 포위를 당하고 말았다.

　그때 항우가 거느린 군대는 오랜 싸움으로 지쳤고, 병사는 부족하고 군량은 바닥이 나 있었다.

　무수한 적군에 포위된 채 이윽고 밤이 되었다. 그러자 어디선지 모르게 노래 소리가 들려왔다. 노래 소리는 어느 때는 멀리서, 어느 때는 아주 가까운 곳에서 동쪽에서도 서쪽에서도 남쪽에서도 들려오는 게 아닌가.

　장량의 계략이었다.

　가만히 들어 보니 그 노래는 초나라의 노래였다. 정든 고향 초나라를 떠나 오랜 세월을 싸움판으로 돌아다녔던 초나라 군사들에게 견디기 어려운 망향의 정을 불러일으키게 하는 노래였다. 더구나 그들의 대부분은 전쟁에 나오기 전까지는 밭을 갈고 김을 매던 농민들이었다.

초나라 군사——농민들은 그리운 고향의 노래를 듣자 전의가 꺾였다. 하나 둘씩 야음을 타서 도망치고 말았다.

노래를 부른 것은 한군에 항복했던 초나라 구강(九江)의 병사들이었다. 항우는 사면에서 들려오는 초가(楚歌)를 듣고 놀라 소리쳤다.

"아아, 사면 팔방이 모두 초나라 사람뿐이구나. 한군이 벌써 초나라를 빼앗았단 말인가 ! "

사면초가, 고립무원의 포위망 속에 빠진 것이다. 이제는 운이 다했다고 체념한 항우는 장막 속에 들어가서 결별의 잔치를 베풀었다.

항우에게는 우미인(虞美人)이란 애인이 있었다. 그녀는 물체에 그림자가 따르듯 언제나 항우 곁을 떠나지 않았다. 이 군중(軍中)에도 역시 그녀는 따라와 있었다.

그리고 추(騅)라는 준마 한 마리가 있었다. 항우는 이 말을 사랑하여 언제나 타고 다녔다.

항우는 우미인의 앞으로의 신세를 생각하니 서글프기만 했다.

그는 비분과 비애를 이기지 못해 스스로 시 한 수를 지어 노래했다.

힘은 산을 뽑고 기운이 세상을 덮어도
시운(時運)이 불리하니 추(騅)도 달리지 않는구나.
추가 달리지 않으니 어찌하리
우(虞)야 우야 너를 어찌하리.
力拔山兮 氣蓋世, 時不利兮 騅不逝
騅不逝兮 若奈何, 虞兮虞兮 奈若何

이 노래를 몇 차례나 반복해 불렀다.

우미인도 이별의 슬픔을 담은 노래를 흐느끼며 불렀다.

> 한나라 병사는 이미 땅을 빼앗고
> 들리느니 사방에 초나라 노래로다.
> 대왕의 의기가 다했거니
> 천한 첩이 어찌 삶을 원하리오.
> 漢兵已略地, 四方楚歌聲
> 大王意氣盡, 賤妾何聊生

굳세기 비할 데 없는 항우의 얼굴에 몇 줄기의 눈물이 흘러내렸다. 좌우에 있던 신하들도 모두 울었다. 어느 누구도 얼굴을 들지 못했다.

비창(悲愴)한 기운이 온 장막 안에 가득 찼다. 우미인은 눈물에 젖은 얼굴을 항우의 가슴에 묻고 굳게 얼싸안았다. 그러나 이제 와서 어찌할 도리도 없는 것이다.

어찌 삶을 원하리오, 하고 노래한 우미인은 과연 항우에게 보검을 달래어 자기의 백옥 같은 목을 찔러 자결했다.

그날 밤, 고작 8백여 명을 거느리고 탈출한 항우는 다음날 무수한 한군 속에 돌입하여 스스로의 목을 쳐서 죽었다. 그때 그의 나이 31세였다.

계절이 바뀌고 이윽고 봄이 돌아왔다. 우미인의 붉은 피가 떨어진 땅에서는 한 떨기의 아름다운 꽃이 피었다.

그 꽃은 살아 있었을 때의 우미인처럼 다정스러웠고, 우미인의 정결한 피처럼 붉었으며, 영웅 항우의 운명을 슬퍼하던 우미인의 마음처럼 처량하게 바람에 흔들리고 있었다. 사람들은 이 꽃을 우미인의 화신이라 생각하고 우미인초라고 불렀다.

끝으로 북송(北宋)의 시인 증공(曾鞏)의 시 한 편을 소개한다.

> 삼군은 모조리 패하고 군기(軍旗)는 쓰러졌다.

옥장(玉帳)의 가인(佳人)은 앉은 채 늙었구나.
향기로운 혼백, 보검의 번뜩임에 날아가고
청혈(靑血)은 들판의 풀이 되었다.
지금 가인의 혼백 앙상한 가지에 쓸쓸히 깃들고
붉은 꽃은 항우의 노래를 슬피 듣는 것 같고나.
아아, 슬픔과 한을 안고 들판을 헤매는 가인의 혼백은 말이
없다.
사면의 초가를 들었던 그 패전의 밤과 같이.

三軍散盡旌旗倒，玉帳佳人座中老
香魂夜逐劍光飛，靑血化爲原上草
芳心寂寞寄寒枝，舊曲聞來似斂眉
哀怨徘徊愁不語，恰如初聽楚歌時

사슴을 쫓다

한(漢)나라 고조 11년, 조(趙)나라 재상이었던 진희(陳豨)가 대
(代)에서 반기를 들었다. 고조가 직접 그 토벌에 나선 틈을 노려,
미리부터 짜고 있던 회음후 한신이 도성에서 군사를 일으키려고
했는데 행인지 불행인지 그만 사전에 탄로가 나서 한신은 반대로
여후(呂后)와 소하(蕭何)의 계략에 넘어가 장락궁(長樂宮)에서 비
명의 횡사를 당했다.

이윽고 고조는 진희를 평정하고 개선을 했는데, 한신의 죽음을
전해 듣자 감개무량한 표정을 지었다. 한나라 황실의 화가 제거된
것을 기뻐함과 동시에 지난날의, 한신의 위대한 공적을 생각했기
때문이다.

고조는 느닷없이 여후에게 물었다.

"한신이 죽을 때 무슨 말을 않던가?"

"예, 괴통(蒯通)의 말을 듣지 않은 것이 유감스럽다고 줄곧 후
회하고 있었습니다."

괴통은 제(齊)나라의 변론가로서 고조가 아직 항우와 천하를 다투고 있었을 무렵, 제나라 왕이었던 한신에게 독립을 권한 사나이였다.

"알았다 괴통을 잡아라."

얼마 안 있어 괴통은 제나라에서 잡혀 고조 앞에 끌려나왔다.

"너는 회음후에게 반란을 일으키라고 말한 적이 있느냐?"

"예, 분명히 말했습니다. 하지만 그 자는 저의 책(策)을 쓰지 않았습니다. 그래서 그와 같은 최후를 마친 것이지요. 만약 그가 제 말을 들었던들 폐하께서는 도저히 그리 쉽사리 평정하실 수 없었을 것입니다."

괴통은 거리낌없이 말했다. 고조는 크게 노했다.

"이놈을 잡아다 삶아라!"

"천만에, 당치도 않은 말씀을……그것은 정말 억울합니다. 저는 삶길 만한 죄를 지은 적이 없습니다."

"너는 한신에게 반란을 권하지 않았느냐. 그것은 대단한 죄다. 무엇이 억울하단 말이냐?"

"아닙니다. 폐하, 제발 들어 보십시오. 진(秦)나라의 기강이 무너져 천하는 난마(亂麻)같이 되어 영웅호걸들이 각지에 일어났습니다. 말하자면 진나라가 그 사슴을 잃었으므로 천하가 모두 이를 쫓았던 것입니다. 그 중에서도 폐하께서 가장 위대하셨으므로 보기 좋게 그 사슴을 잡으신 것입니다. 바로 이 점입니다. 저 대악 당인 도척(盜跖)의 개가 요(堯)에 대들었다 해도 그건 요가 나빠서가 아닙니다. 개라는 것은 자기 주인이 아니면 무조건 짖어대는 것입니다. 그 당시 저는 한신만을 알고 폐하를 몰랐던 것입니다. 그러므로 한신 쪽에 서서 폐하에게 달겨들었던 것이지요. 천하가 어지러워지면 이를 통일하여 왕이 되고 싶은 영걸은 수없이 많습니다. 즉 폐하께서 하신 일을 이룩하고 싶은 사람은 얼마든지 있지만 힘이 모자라 실현을 할 수가 없을 따름입니다. 하온데 천하를 노렸다는 죄과만으로 일일이 삶아 죽이시렵니까? 도저히 못하실 것입니다. 그러므로 저에게도 죄는 없습니다."

고조는 괴통을 석방했다.

이 이야기는 「사기」의 회음후열전에 있다. '사슴을 쫓다'의 본
문은 이렇다.

'진나라, 그 사슴을 잃고 천하가 다같이 이를 쫓다.'

제위(帝位)를 사슴에다 비유한 것이다. 똑같이 사용한 것이 「당
시선(唐詩選)」에 있는 위징(魏徵)의 〈술회(述懷)〉라는 고시(古詩)
의 첫구절 '중원(中原)은 또 사슴을 쫓다'가 바로 그것이다.

'사슴을 쫓다'라는 말은 큰 이득을 지향한다는 뜻에도 쓴다.

「회남자(淮南子)」에는 '사슴을 쫓는 자는 토끼를 돌아보지 않고
천금을 탐내는 자는 잔돈 큰돈을 가리지 않는다'라고 쓰고 있기도
하다. 또 욕심에 눈이 어둡다는 뜻에도 쓰인다.

「허당록(虛黨錄)」에는 '사슴을 쫓는 자는 산이 보이지 않고 돈
을 잡는 자는 사람이 보이지 않는다'라고 되어 있다.

같은 말이 「회남자」에는 '짐승을 쫓는 자는 눈에 태산이 보이지
않는다'라고 되어 있다.

사이비인간(似而非人間)

"공자께서 진(陳)나라에 오셨을 때 무슨 뜻으로 '내 고향의 선
비는 광간(狂簡)이다'라는 말씀을 하셨을까요?"

맹자의 제자 만장(萬章)이 스승에게 이렇게 물었다.

"공자는 우리 중도(中道)의 사람을 구했던 것인데 그러한 인물
을 만나지 못했기 때문에 그 다음 가는 광(狂), 견(獧)에 해당하
는 사람을 찾았던 셈이지."

만장은 다시 광과 견에 대하여 설명을 구했다.

"광이란 원래 웅지를 품은 사람으로서 '고인(古人), 고인'하고
입버릇처럼 떠들며 덕을 추모하지만 실지 행동에 있어서는 도저히
이를 따르지 못하는 자를 이름이다. 중도——즉 중정(中正)한 행
동을 하는 사람만큼 훌륭할 수는 없으나 그 다음가는 인격으로 매

우 얻기 어려운 인물이다. 그리고 견은 적극성은 없지만 결코 야비한 행동을 않는 자를 이르는 것으로, 이 역시 범인으로서는 미칠 수 없는 인격으로 광자(狂者) 다음으로 친다. ”

　제자 만장은 이어, 「논어」의 양화편에 있는, 공자의, ‘향원(鄕原)은 덕(德)의 적이니라’ 라는 말을 들어 향원이란 또 어떤 인물인가를 물었다.

　“향원이란 광자를 경멸해서, ‘언행(言行)이 일치되지 못한 주제에 고인만 입에 담으면서 잘난 체한다’고 비난하는가 하면 견자(獧者)를 멸시하여 ‘자기의 행동에만 조심할 줄 알고 남의 일에 대해서는 오불관언(五不關焉)이란 말인가. 이 세상에 태어난 바에는 마땅히 이 세상의 일을 해야 될 것이 아닌가’라고 공격하기도 하는, 말하자면 향원은 속세에 너무 치우쳐 사는 사람이다.

　다시 말해 그들은 꼬집어 비난할 구석이 없으며 얼핏 보기에는 청렴결백한 군자와 같으나, 사실은 오직 세속에 빌붙어서 사람을 감복케 하고 칭찬을 받으며 자신도 만족한 삶을 누리는 것뿐, 결코 성인의 도를 행할 수 있는 인물이 아니라는 것이다. 그래서 공자는 이들이야말로 ‘덕의 적’이라고 갈파하였다.

　‘세상의 사이비(似而非)한 인간을 미워한다. 돌피는 잡초에 불과하나 벼포기와 비슷한 까닭으로 더욱 성가시다. 수작이 능한 자를 미워함은 정의를 혼란케 만드는 때문이요, 정(鄭)나라의 음악을 미워함은 그것이 아악과 비슷한 관계로, 바른 음악을 흐리게 하기 때문이니라. 이와 마찬가지로 향원을 증오함은 그들이 덕을 어지럽게 하는 까닭이다’ 라고 하셨지. ”

　맹자는 또 이어서 말했다.

　“군자(君子)란 오직 묵묵한 가운데 도덕의 본바탕에 서서 반복 실천할 따름이다. 세상이 어떻게 변하고 어떻게 돌아가건 옳고 바른 도덕만을 행하면 민중도 그 그늘에 뭉쳐지게 되는 법, 모든 불의가 저절로 없어지게 되는 것이다. ”

　이 문답은 「맹자」의 진심편(盡心篇)에 기록되어 있는 것이다.

　그리하여 사이비(似而非)…… 하면 오늘날 우리 주변에서는 보

216

통 ‘가짜’라는 의미로 해석되고 있다.

사자후(獅子吼)

사자는 뭇짐승의 제왕이다. 그 사자가 한 번 부르짖으면 어떤 짐승도 그 앞에서 허튼짓을 할 수 없다. ‘사자후’의 본래의 뜻은 이 사자의 ‘부르짖음’을 말한다.

「본초강목(本草綱目)」에는 ‘사자가 서역(西域)의 여러 나라에서 나오니 그 눈빛은 번개와 같고 부르짖음은 우뢰와 같다. 한 번 부르짖을 때마다 뭇짐승들이 피해 달아난다’는 굴이 보이기도 한다.

그러한 ‘사자후’를 부처님의 설법에 비유한 것이 불경에 보인다.

‘부처님께서 도솔천(兜率天)에 태어나 손을 나누어 하늘과 땅을 가리키며 사자후 소리를 질렀다’고 쓰고 있는 것이다.

또한 「유마경(維摩經)」에는 ‘부처님의 설법은 그 넘치는 위엄이 사자후와 같다’고 했다.

뭇짐승이 사자의 부르짖음 앞에서 꼼짝 못하듯이 부처님의 설법 앞에서는 누구라도 온전히 복종할 수밖에 없다는 의미이다.

오늘날에는 ‘사자후’라면 열변이나 웅변을 토하는 것에 자주 비유되곤 한다.

사 족(蛇足)

초(楚)나라 회왕(懷王) 6년 때의 일이다. 초나라는 영윤(令尹) 인 소양(昭陽)에게 군사를 주어 위(魏)나라를 치게 하였다. 소양은 위를 무찌르고 다시 군사를 이동시켜 제(齊)를 치려고 했다.

제나라의 민왕(閔王)은 이를 걱정하여 때마침 진(秦)나라의 사자 로서 와 있던 진진(陳軫)에게 어떻게 하면 좋겠느냐고 상의했다.

“걱정하실 것 없습니다. 소인이 초나라에 가서 싸움을 멈추게 하지요."

진진은 즉각 초군에게로 가 전중에서 소양과 회견을 하고 말했다.

"초나라 법에 묻겠습니다. 적군을 무찌르고 적장을 죽인 자에게는 어떤 은상이 주어집니까?"

"상주국(上柱國)으로 임명되고 상급작위의 규(珪)를 하사하십니다."

"상주국 이상의 고위 고관이 있습니까?"

"영윤이지요."

"지금 귀하께서는 이미 영윤이십니다. 즉 초나라의 최고 관위에 계시는 것이지요. 그러한 귀하께서 제나라를 치신들 어떻게 하시겠다는 것입니까. 예를 들어 말씀드리지요.

어떤 사람이 하인들에게 큰 잔에 술 한 잔을 따르어 주었더니 하인들이 저마다 말했습니다.

'여럿이서 이걸 마시면 실컷 먹을 수가 없다. 땅에 뱀을 그려서 제일 먼저 그리는 자가 혼자 먹기로 하면 어떨까?' '그것도 좋지.' 이렇게 되어 모두들 그리기 시작했는데 이윽고 한 사람이 '내가 뱀을 제일 먼저 그렸다.' 하며 술잔을 들고 일어서서 '발도 그릴 수 있지.' 하고 덧붙여 그렸습니다. 막 발을 다 그렸을 때 뒤늦게 뱀을 다 그린 자가 그 술잔을 뺏아 마시면서 '뱀에게 무슨 발이 있담. 자네는 지금 발을 그렸는데, 이건 뱀이 아니야.' 라고 했다는 것입니다.

이미 귀하는 초의 대신입니다. 그리고 위를 공격하여 무찌르고 그 장군을 죽였습니다. 이 이상의 공격은 소용이 없습니다. 최고 관위 위에는 더 덧붙일 관위가 없는 것입니다. 그렇건만 귀하는 또 군사를 움직여 제나라를 공격하려 하십니다. 다시 승리를 거두시더라도 귀하의 관작은, 현재 이상으로는 더 올라갈 수가 없습니다. 만약 패하신다면 몸은 죽게 되고 관작은 박탈될 것이며 초나라에서는 이러쿵저러쿵 비방을 받게 되겠지요. 그래서는 뱀을 그리다 발까지 그리는 거나 진배 없습니다. 싸움을 중지하시어 제나라에 은혜를 베푸심이 좋을 것입니다. 그렇게 하시는 **것이 얻을** 수 있는 것을 충분히 얻으며 아무것도 잃지 않는 책이라는 **것입** 니다.”

소양은 과연 그렇구나 하고 군사를 거두었다.

이 이야기는 「사기」의 초세가(楚世家)와 「전국책」의 제책(齊策) 에 있다. 다소 서술에 다른 점이 있으나 대강은 마찬가지이다. 이 것은 「사기」에 의해서 썼다.

사족(蛇足)——쓸데없는 짓을 한다는 말은 이 이야기에서 유래 하는 것이다.

살신성인(殺身成人)

공자의 고제(高弟)의 한 사람인 증자(曾子)는, ‘부자(夫子)의 도(道)는 충(忠)과 서(恕)일 뿐이니라’라고 말하고 있다.

충(忠)이라 함은 인간 사회를 지배하는 초월적 존재인 하늘에 의하여 규정된 질서와 법칙에 대하여 자신을 허탈하게 하여 따르 는 정신을 말하고 서(恕)라 함은 충(忠) 즉 자신을 허탈하게 하여 하늘에 따르는 정신을 그대로 타인에게도 미치게 하는 마음을 말 한다. 따라서 충과 서를 한 마디로 말한다면 자기에게 집착하지 않는 진실에 대한 성의와 타인에 대한 사려라고 말하여도 좋다.

이 충과 서를 공자는 인(仁)이라고 부른다. 증자가 지적한 바와 같이 충과 서, 즉 인이 공자에 있어서 얼마나 근본적인 관념이었 는가는 완성된 인간인 군자(君子)에 관하여, ‘군자가 인(仁)을 떠 나서 어떻게 군자가 될 수 있느냐’라고 말하고 있는 것으로 보아 도 능히 상상할 수 있으리라.

그러나 공자로서는 인(仁)이라는 덕목이 어떠한 것이라는 것만 을 알 뿐으로서는 무의미하였다. 중요한 것은 자신이 군자가 되는 것, 즉 자신의 정신이 인 그 자체로 화(化)하는 것이었다.

공자가 말씀했다.

"참다운 인간이 되고저 뜻하는 인사나 인이 있는 사람은 생명을
아껴 인에 배치되는 일을 하지 않으며 생명을 버려 인을 이룬다
(志士仁人 無求生以害仁, 有殺身以成仁)."

이 유명한 말은 공자가 진리라고 확신한 것 앞에서 스스로 죽
음을 맹세한다는 중요한 결의를 표시한 것이라고 보아도 좋을 것
이다.

증자는 이 공자의 도(道)의 엄연함을 다음과 같이 말하고 있다.

"군자는 유양(悠揚)하고도 확고한 마음을 갖고 있지 않으면 안
된다. 그 까닭은 지고 있는 짐은 무겁고 갈 길은 멀기 때문이다.
지고 있는 짐이란 인(仁)을 말하는 것이다. 어찌 무겁지 않을소냐.
죽을 때까지 계속 노력하지 않으면 안 되니 어찌 멀지 않을소냐."

보통 타인을 위하여 자기 생명을 희생하는 것을 살신성인(殺身
成仁)이라고 하지만 공자의 경우는 성인(成仁) 즉 인을 이루기 위
하여 살신(殺身)의 결의를 품고 있다.

삼고지례(三顧之禮)

삼국지의 유비와 제갈공명 사이에 있었던 너무도 유명한 일화에
서 나온 말이다.

유비는 조조에게 쫓겨 형주의 유표에게 몸을 의탁하고 있었다.
어느 날 서서(徐庶)라는 사람이 유비를 방문했다. 그는 다름아닌
제갈공명의 친구였다. 그가 유비에게 제갈공명에 관한 이야기를
처음으로 했다.

"그는 굉장한 인물입니다. 지금은 숨어서 한가하게 밭이나 갈고
있지만 가히 누워 있는 용(臥龍)이라 할 만합니다. 장군께서 한
번 만나보시면 어떻겠습니까?"

그러자 유비는 한 번 그를 데리고 와 달라고 말했다. 그러나 서
서의 대답은 달랐다.

"장군께서 방문한다면 그를 만나볼 수는 있겠으나 불러들인다면

그는 결코 오지 않을 것입니다. ”

이렇게 해서 유비는 마침내 제갈공명과 조우하게 된다. 그러나 세 번을 찾아가고 난 결과였다.

제갈공명은 유비와 쉽게 의기투합해 한왕조의 부흥에 힘쓰기로 했다.

세 번이나 찾아가 예의를 갖추었다는 데서 '삼고지례'라고 하며 제갈공명의 저 유명한 출사표에서는 이를 '삼고초려'로 표현하고 있다.

'신(臣)은 본래 미천한 신분이라 몸소 밭을 갈고 있었습니다. 그 까닭은 이 난세에 목숨을 온전히 하기 위함이었습니다. 그런데 선제께서는 신의 신분을 가리지 않고 세 번이나 몸을 굽히시어 신의 초가집을 찾아 주셨습니다. 그리고 이 난세의 일을 하문하셨습니다. 이에 신은 감격하여 마침내 선제께 열심을 다해 봉사할 것을 맹세했습니다.'

세 번이나 초가집을 방문했다고 해서 '삼고초려'라 한 것이다.

삼십육계 줄행랑

삼십육계 줄행랑. 흔히 쓰이는 말이다.

어쩌다 술잔이라도 들고 기분이 거나해서 밤거리를 걷다가 불량배들과 시비가 벌어질 때가 있다. 이럴 때 만용을 부려서 주먹을 휘두르다 보면 꼼짝없이 봉변을 당한다. 이런 경우엔 삼십육계 줄행랑이 제일이다.

길거리에서 우연히 빚장이를 만났다. 에라 모르겠다. 삼십육계 줄행랑이다.

이렇듯 우리들 주변에서 자주 쓰이는 말이지만 그 뜻은 그리 간단한 것이 아닌 것 같다.

어떤 책을 보면 이 말을 이렇게 풀이하고 있다.

'계책은 많지만 도망을 쳐야 할 경우에는 도망을 쳐서 몸을 안

전하게 하는 것이 가장 좋은 방법이다. 좀더 풀어서 말한다면 난처한 때는 도망치는 게 제일 좋은 방법이다.'

그러나 다른 해석에 의하면, '가장 좋은 방법이긴 하겠지만 이것은 비겁한 사람을 비웃는 말이다'라고 하기도 한다.

대체 이런 뉘앙스는 어디에서 나온 것일까?

멀리 옛날로 거슬러 올라가서 위(魏), 오(吳), 촉(蜀)의 삼국시대도 끝이 나고 천하가 진나라에 의해 통일된 지 고작 40년이 지나자 진은 내란과 흉노의 습격 등 내우외환으로 망하고 간신히 양자강 남쪽으로 도망하여 근근이 그 명맥을 유지하기에 이르렀다. 또한 황하 유역은 북방과 서쪽에서 몰려 들어온 허다한 이민족에 의해 지배를 당하게 되었다.

이렇듯 난마 같았던 세력분포가 차츰 남과 북의 두 세력으로 크게 나뉘어지고 그 남북의 세력들도 각기 내분과 남북조(南北朝)간의 쉴새없는 승강이로 다시 어지러워지기 시작했다.

이야기는 이 남북조시대가 배경이 된다.

북방에는 선비족(鮮卑族)이 세운 위(魏)의 세력이 커지고 남조는 제(齊)나라의 시대였다.

송(宋)의 마지막 황제였던 순제(順帝)는 제왕 소도성(蕭道成)과 왕경칙(王敬則)의 압력으로 나라를 제나라에 물려 주어야 했고, 순제 자신도 이윽고 피살되고 말았다.

그리고 지금, 그 왕경칙은 반군(叛軍)을 이끌고 제나라의 서울을 향해 쳐들어 가고 있었다.

왕경칙은 그 당시 회계태수(會稽太守)가 되어 있었으나 지금의 황제와는 오랫동안을 싸워 왔고 아들들도 그 싸움으로 모두 죽었다.

그는 이번 싸움으로 최후의 결판을 낼 작정이었다. 그가 군사를 거느리고 진군하는 도중에 황실측에서 퍼뜨린 소문이 나돌고 있었다.

"왕경칙은 도망을 칠 모양이다."

이러한 소문이었다. 왕경칙은 이 소문을 들은 즉시 내뱉듯이 말했다.

"단장군(檀將軍)은 서른 여섯 가지 계략이 있었으나 그 중에서도 도망치는 것을 첫째 계략으로 삼았다더라. 네놈들이야말로 꼬리를 말고 도망치라지."

불행히도 이 싸움에서 왕경칙은 제나라 군사에게 포위되어 목을 잘리워 죽었다. 그러나 '삼십육계 줄행랑'이란 말은 그가 죽은 뒤에도 전해 내려오게 되었다.

그런데 그가 말한 단장군이란 사람은 어떤 인물이었을까.

단장군——단도제(檀道濟)는 전대(前代)의 송(宋)나라를 섬긴 명장이었다.

송나라의 기초를 쌓은 무황제(武皇帝) 때부터 군권(軍權)을 맡은 그는 북방의 대적인 위나라 군사와 자주 싸우고 공을 세워 왔다. 그 무렵 위의 세력은 갈수록 점점 더 떨쳐 연(燕)나라와 양(凉)나라도 그 강병들의 말발굽 아래 멸망되었다.

단도제는 이런 적의 침노로부터 나라를 지키기 위해 잠시도 마음 편할 날이 없었다.

그는 용병이 노련했다.

그가 살아 있는 동안은 송나라 영토를 그리 잃지 않고 단단히 지켜 왔다.

명장 단도제의 이름은 차츰 높아져 갔다. 그러나 그의 명성을 시기하는 자들은 그를 남몰래 모함할 기회를 엿보고 있었다.

드디어 전왕(前王)의 장례식에 관련된 문제로 그를 모함하는 밀고가 왕의 귀에 들어갔다. 억울한 누명이었다. 그러나 전국시대의 국왕은 자기 밑에 있는 장군이라도 세력이 커지는 것을 항상 두려워하고 있었다.

단도제는 기어코 체포되어 황제 앞에 끌려나왔다. 보나마나 사형이었다.

그때 단도제는 자기의 두건을 움켜쥐더니 그것을 땅바닥에 동댕이치며 불같이 타오르는 눈을 부릅뜨고 황제를 노려보며 외쳤다고 한다.

"황제여, 이 단도제를 죽인다는 것은 스스로의 손으로 만리장성
을 망가뜨리는 것과 같습니다."

단도제가 죽었다는 소문을 들은 위군(魏軍)은 미칠 듯이 좋아했
다. 아니나 다를까, 송의 원가(元嘉) 28년 겨울, 위왕 불리(佛狸)
는 백만 대군을 거느리고 단단히 얼어붙은 강을 건너 송나라로 몰
려 들어왔다.

결과는 너무나 뻔했다. 이 철기(鐵騎) 앞에 송군은 보잘것없이
패주했으며 위군은 그것을 추적하여 송나라 깊숙히까지 쳐들어
갔다.

마을과 거리마다 강탈과 노략질을 당하고 어른 아이 할 것 없이
참살되었다.

아비규환의 대학살이었다. 위나라 병졸은 젖먹이 어린애를 창끝
에 꿰고 그것을 휘두르며 춤을 추었다고 한다. 집이란 집은 모두
잿더미로 화했기 때문에 봄에 남쪽에서 돌아온 제비들도 숲의 나
무에 둥지를 틀었다. 수도에 살던 사람들은 서로 앞을 다투어서
피난을 했다.

이런 무렵 황제는 석두성(石頭城)에 있었다. 그는 성채의 높은
곳에서 멀리 북쪽을 바라보며 이렇게 한탄했다.

"아아, 단도제만 있었다면 저 오랑캐 무리들에게 이렇게 유린되
지는 않을 것을……"

서른 여섯 가지의 계략 중에서 도망치는 것을 상책으로 삼았다
는 비웃음을 받은 단도제란 이런 인물이었다.

그는 송나라의 기둥이었고 자신도 분명히 그렇게 생각하고 있었
던 것이다. 강대한 위군과 싸우노라면 일단 물러나는 것이 상책인
경우도 있었을 것이다. 이를테면 작전상의 후퇴랄까……

상가지구(喪家之狗)

노(魯)나라 정공(定公) 14년, 공자는 노나라의 법무장관으로서,

선정에 힘썼으나 왕족인 삼환씨(三桓氏)와 뜻이 맞지 않아 끝내 노나라를 떠났다.

이후 공자는 십수 년 동안을 위(衛), 조(曹), 송(宋), 정(鄭), 진(陳), 채(蔡) 등 널리 각국을 돌아다니면서 그의 이상이 실현될 수 있는 곳을 찾아 헤매 다녔다.

공자가 정나라에 갔을 때의 일이다. 어쩌다 제자들과 길이 어긋나 버린 공자는 홀로 성곽의 동쪽 문앞에 우두커니 서서 제자들이 찾아오기를 기다리고 있었다.

그 모습을 지나가다 본 어떤 정나라 사람이 스승을 찾는 제자들에게 이렇게 말했다.

"동문 앞에 서 있는 사람은, 그 이마는 요(堯)임금과 비슷하고 그 목덜미는 고요(皋陶―순임금과 우임금을 섬긴 어진 재상) 같았고, 그 어깨는 자산(子產―공자보다 조금 일찍 나온 정나라의 재상)을 잘 닮았습니다. 모든 생김이 옛날에 성현이라 불리운 사람들과 똑같았습니다. 그러나 허리께에서 그 아래로는 우임금에 미치지 못함이 세 치[寸]나 되고 지쳐빠지고 뜻을 얻지 못한 듯한 꼴은 상가집 개 같더군요."

"아, 그분이 바로 우리 스승님이야."

제자들은 곧 동문으로 달려가 공자를 찾아냈다. 그때 자공이 정나라 사람이 한 말을 공자에게 전했다.

공자는 빙그레 웃으며 이렇게 말했다.

"모습에 대한 비평은 전부 옳다고 말할 수 없지만 상가집 개 같다는 표현은 아주 그럴듯 하구나."

상가집 개(喪家之狗)란 말은 여기에서 나왔다.

공자는 이렇게 천하를 떠돌아다니는 동안 자신을 인정하고 중용해 주는 군주를 만나지 못했다. 그리하여 결국 그가 품고 있는 사상도 옳게 살려 보지 못한 채 마치 상가집 개와 같은 처량한 심신으로 지친 다리를 끌며 노나라로 돌아갔던 것이다.

상산(常山)의 사세(蛇勢)

군대가 뭉쳐서 한덩어리, 하나의 유기체가 되어서 임기응변으로 모든 사태에 대처하는 일을 말한다. 또한 시작과 끝이 잘 맺어진 긴밀한 문장을 일컬어 말하기도 한다.

상산(常山)에 솔연(率然—당장에 또는 잠깐 사이라는 뜻)이라는 뱀이 살고 있었다. 이 뱀은 사람이 머리를 치면 꼬리로 덤벼들고, 꼬리를 치면 머리로 덤벼들고, 허리를 치면 머리와 꼬리로 덤벼든다는 전설을 가지고 있었다.

손자(孫子)는 군대 전체가 이 상산의 뱀처럼 긴밀한 연결을 갖는 유기체가 되어야 함을 강조했다. 그리고 그것이 가능하다고 자문자답한 후에 그는 오월동주(吳越同舟)의 예를 들고 있다. 함께 생명의 위험에 휩쓸리게 되면 적군이던 사람들 사이에도 협조가 이루어진다. 군대를 모름지기 한덩어리로 만들려면, 뒤로 물러설 수 없는 위기에 서게 하여 군사 한 사람, 한 사람으로 하여금 필사적인 마음가짐을 갖게 해야 한다는 것이 손자의 결론이다.

상전벽해(桑田碧海)

「신선전(神仙傳)」에 마고(麻姑)라는 선녀 이야기가 나온다. 마고가 어느 날 신선 왕방평(王方平)에게 말했다.

"지금껏 모셔오면서 저는 세 번이나 뽕나무밭이 바다로 변하는 것을 보았습니다. 얼마 전 봉래에 가 보았는데 다시 바다가 얕아져서 전의 반 정도로 줄어 있었습니다. 다시 육지가 되려는 것일까요?"

왕방평이 대답했다.

"그래서 성인들께서 이르기를 '바다의 녀석들이 먼지를 일으킨다'고 하지 않던가?"

이 이야기 중 뽕나무밭이 세 번이나 바다로 변한다는 데서 '상
전벽해(桑田碧海)'라는 말이 유래되었다.
그러나 세상에 알려지기는 유정지(劉廷芝)의 〈대비백발옹(代悲
白髮翁)〉이란 시에서부터였다.

낙양성 동편의 복사꽃 오얏꽃
이리저리 날아 뉘집에 지는가.
낙양의 어린 소녀 고운 제 얼굴이 아까운지
지는 꽃을 바라보며 깊은 한숨 짓는다.
올해에 꽃지고 나면 그 얼굴 나이들리니
내년에 피는 꽃은 누가 볼건가.
뽕나무밭이 바다가 된다더니 정녕 옳은 말이네.

이 시 중 마지막 행에 의해서 '상전벽해'란 말은 많은 사람들
사이에 오르내리게 되었다.
오늘날에도 세상사가 몰라볼 만큼 달라질 때 흔히 인용된다.

선각자(先覺者)

시대에 앞서서 눈뜬 자. 어느 시대에도 선각자(先覺者)로서의
자각을 지니고 사회개혁에 몸을 내던지는 이가 있었다. 맹자 역시
이 가운데 한 사람이다.
"하늘은 이 세상에 사람을 낳을 때 앞서 진리를 터득한 자가 뒤
늦은 자들의 자각을 촉구하도록 하였다. 나는 '선각자'이다. 나는
지금 요순(堯舜)의 도로써 백성들을 깨우칠 작정이다. 이를 할 수
있는 자는 나를 두고 달리 없다(予天之先覺者也, 予將以斯道覺斯
民)."
이것은 맹자가 이윤(伊尹)의 말에서 인용한 것이다.
이윤은 농촌에 은거하여 고요히 은둔생활을 즐기고 있었다. 탕

왕(湯王)이 그를 청했으나 그는 응하려 들지 않았다. 허나 재삼 재사의 초청에 마음이 동하여 마침내 세상에 나가서 일할 생각이 일어났다. 그때에 그가 한 말이다.

그리하여 그는 탕왕을 도와 포학한 하(夏)나라의 걸왕(桀王)을 쳐부수고 은나라 왕도를 크게 열었던 것이다.

'나는 선각자이다'.

이러한 자각은 또한 맹자 자신의 것이기도 했다. 이 자각에 의하여 그는 감연히 논적과 맞섰고 또 남에게 굴하지 않고 제후들에게 자기 이론을 설득해 갔던 것이다.

세월은 흘러 먼 훗날, 근대 중국 혁명의 아버지라 불리는 손문(孫文)은 그의 저서 「삼민주의(三民主義)」에서 모든 인간을 '선지선각(先知先覺)', '후지후각(後知後覺)', '부지불각(不知不覺)'의 세 종류로 분류하였다.

'선지선각'은 발기인, '후지후각'은 선전가, '부지불각'은 실천가로서의 역할을 담당한다. 건축에 비유하면 설계기사, 도목수, 일반목수라고나 할까. 이 삼자가 협력해야만 정치 개혁이 가능하다고 손문은 설득하고 있다.

우리나라 근대화에도 이러한 선각자들이 속출, 현대의 밝은 횃불을 드높이 들었던 사실을 우리는 잊지 말아야 할 것이다.

성선(性善) · 성악(性惡)

인간의 천성(天性)은 선인가, 악인가? 성선(性善)과 성악(性惡)은 인간의 본성에 관한 성찰의 기록이다.

인간의 성은 선이라는 성선설(性善說)의 주장은, 기원전 4세기 말에 난 사상가인 맹자에 의해 제창되었다. 그는 '성(性)'이란 인간 하나 하나에 주어진 천명(天命)이라는 입장에서, 인간은 나면서부터 도덕성을 갖추고 악을 거부할 수 있다고 생각했다. 그리고 악을 거부하는 마음이야말로 선, 즉 인의(仁義)라고 말하고, 현실의 인간이 추한 것은 '성'이 외적인 힘으로 인해서 잘못되었기 때문이라고 주장했다. 그것을 맹자는 다음과 같이 설명한다.

"저 우산(牛山)도 이전에는 나무들이 아름답게 우거져 있었다. 그런데 도시 근처에 있기 때문에 나무들이 도끼로 벌채되어 버렸다. 그러나 모조리 벌채한다 해도 나무들에게는 성장하는 힘이 항상 움직이고 있고, 비와 이슬이 이들을 적셔 주고 있다. 따라서 자연히 새싹이 돋아나게 마련이다. 사람들은 우산의 벌거벗은 모습을 보고 이 산에는 본래부터 나무가 크지 못한다고 생각한다. 그러나 실제로는 그것이 결코 이 산의 '본성'은 아닌 것이다. 사람에게도 결단코 '인의'의 마음이 없는 것이 아니다. 그 '양심(선한 마음)'이 없어지는 것은 우산의 나무가 도끼로 벌채되는 것과 같은 것이다."

아무리 싹이 트기 쉬운 것도, 하루를 따뜻히 해주고 열흘을 식히면 도저히 싹이 트지 못한다. 그와 마찬가지로, 사람의 마음에 가득 차는 해뜨기 전의 맑은 '마음'이, 그대로 지속되어 '양심'으로 꽃피지 못하는 것은 사람이 낮 사이의 행위로 '마음'을 죽여 버리기 때문이다. 효제(孝悌)의 도덕을 몸에 지니는 것이야말로 본성을 죽이지 않고 살릴 수 있는 소중한 수단이라는 것이 성선설의 주장이다.

맹자보다 6, 70년 늦게 태어난 순자(荀子)는 그때까지의 유가(儒家)의 천도설(天道說)을 뒤엎고, 하늘을 자연이라고 보고 초자연의 존재인 천명을 부정했다.

순자는 하늘의 역할과 사람의 역할을 구별하여 이야기한 점에서 이를테면 '이단의 유가'인데, 그 성악설도 천명을 부정하는 데 기본을 두고 있다. 그는 자신의 「성악론(性惡論)」의 첫머리에서 '인간은 천성이 악이며, 선한 성질은 인위적인 산물에 불과하다'고 맹자의 성선설을 정면으로 비판한 뒤에 다시 인간 천성의 실태를 다음과 같이 폭로한다.

"사람에게는 나면서부터 이익에 따라 좌우되는 일면이 있다. 그 일면이 그대로 성장되어 가면, 남에게 양보하는 마음이 없어져서 싸움질이 생긴다. 또 타고난 성격엔 남을 미워하는 일면이 있다. 이 일면이 그대로 성장해 가면 성의가 없어지고 상대를 배반하게 된다. 또한 천성으로 눈이라든가 귀라든가 관능이 동해지는 일면이 있다. 이 일면이 그대로 성장해 가면, 예(禮)라든가 의(義)라든가 사회규범을 깨뜨리고 음탕한 일을 하게 된다.”

맹자가 말하는 천성이 마음을 뜻하며, 선악을 도덕적인 가치로 파악하고 있는 반면에 순자가 말하는 천성이라는 것은 욕망을 뜻하며, 선악을 사회질서의 치란(治亂)의 면에서 파악하고 있는 것이다.

그러면 천성이 악이라면 어떻게 하면 좋은가.

‘굽은 재목을 곧게 하려면, 부목(副木)을 댈 필요가 있다. 예리하지 못한 칼을 잘 들게 하려면 숫돌에 갈 필요가 있다.’

그와 마찬가지로 나쁜 천성을 선으로 인도하려면 지도자와 법률과 예의로 다스릴 필요가 있다. 이것이 성악론의 주장이다. 이러한 사고방식은 나중에 법가(法家)의 이론에까지 계승되었다.

선 즉 제 인(先則制人)

항량(項梁)은 항우의 숙부로 어느 땐가 일이 생겨 잠시 항우에게로 가 피신해 있었다. 그는 대단한 병법가인데다 사람들을 이끄는 데 탁월한 재주가 있었다.

항우도 그에게서 글공부와 병법 등을 배웠다. 어느 날 두 사람은 진시황의 순시를 구경하러 간 일이 있었다. 그 자리에서 진시황을 본 항우가 서슴없이 말했다.

“저자의 자리를 내가 대신 뺏으리라.”

항량은 깜짝 놀라 항우의 입을 틀어막았으나 내심 항우가 큰 인물이 될 것임을 알아보았다.

진시황이 죽고났을 때 사방에서는 이때다 싶어 많은 반란이 일어났다. 그 중 회계(會稽)의 태수 은통(殷通)도 은밀히 반란을 계획하고 있었다. 어느 날 그가 항량을 불러 은근히 말했다.

"이제 진은 그 국운이 다했다. 내가 듣기에 '선수를 치면 곧 상대를 제압하고(先則制人) 뒤지면 제압당한다'고 한다. 나는 거병할 생각인데 그대와 환초(桓楚)를 장군으로 삼고 싶다."

그러나 이때 환초는 이웃나라로 피신해 있었다. 항량이 말했다.

"환초가 있는 곳은 항우만이 알 듯합니다."

항량은 곧 밖으로 나와 항우와 귓속말을 나누고는 다시 안으로 들어갔다.

"항우를 불러 환초를 데려오도록 해주십시오."

항량의 말에 은통은 항우를 들어오도록 했다. 항우와 항량의 눈이 마주쳤고 항량이 어떤 눈짓을 보냈다.

항우는 다음 순간 칼을 뽑아 은통의 목을 내리쳤다. 은통이 사태를 미처 파악할 틈도 주지 않은 채 일어난 일이었다.

이렇게 해서 항량은 은통보다 먼저 '선수를 침으로써' 곧 회계의 군수가 되었고, 8천 명의 정예 병사를 고스란히 손에 넣어 스스로 진나라에 반기를 들었다.

이때부터 '선즉제인'이란 선수를 쳐서 형세를 유리하도록 이끈다는 말로 쓰이게 되었다.

「사기」 항우본기에 나온다.

성하지맹 (城下之盟)

초(楚)나라 환공(桓公) 12년의 일이다. 초나라는 교(絞)땅을 정벌하기 위해 교의 성 남문에 진을 치고 있었다.

이때 굴하(屈瑕)라는, 막오(莫敖) 벼슬에 있던 한 신하가 계책을 생각해 냈다.

"교의 사람들은 편협한데다 경솔하기까지 합니다. 사람이 경솔하면 생각이 부족한 법입니다. 우리 쪽에서 호위병을 딸리지 말고 땔나무를 구하는 사람들을 산 속으로 들여보내면 어떻겠습니까?

유인책을 쓰는 겁니다."

그의 계책에 따라 나무꾼 30명이 산으로 들어갔다. 그러자 교땅 사람들이 쫓아와 그들을 모두 붙잡아 갔다. 다음날은 더 많은 나무꾼을 보냈다. 교땅에서는 성문을 열고 더 많은 군사들이 나무꾼들을 쫓았다. 이틈에 초나라 군사는 북문을 점령했다. 그리고는 매복해 있던 군사들은 교의 군사들을 습격해 큰 승리를 거두었다.

결국 교의 군사들은 성 아래에서 굴욕적인 강화의 맹약을 체결했다.

이때부터 '성하지맹'이란 대단히 굴욕적인 항복이나 강화를 의미하게 되었다.

선궁 15년, 초나라가 송나라의 성을 포위했다. 송나라는 끝까지 버티고 있었으나 초나라의 군사들이 신숙시(申叔時)의 계교로 성 밖에서 밭을 갈며 장기전의 태세를 갖추자 별수없이 손을 들게 되었다.

이때 송나라에서는 '나라가 망한다 해도 성하지맹만은 맺을 수 없습니다. 그러니 30리만 초군을 물러가게 하면 어떤 조건이라도 받아들이겠다'고 하였다 한다.

「춘추좌씨전」 환공12년에 나오는 이야기이다.

세 치 혀가 백만의 스승보다 강하다

때는 전국시대. 서쪽의 웅국(雄國) 진(秦)나라의 침략 앞에 동방의 각 나라는 온갖 지혜와 힘을 다해서 어떻게든지 살아남으려고 필사적인 안간힘을 쓰던 시대의 이야기이다.

이곳은 조(趙)나라…… 벌써부터 진나라 군에 의해 포위된 이 나라는 왕족의 한 사람으로 그 지략이 천하에 알려진 맹상군 같은 사람도 있건만 진의 소양왕(昭陽王)이 거느린 대군 앞에서는 더 이상 지탱할 길이 없었다. 이제 수도 한단성(邯鄲城)의 운명도 경각에 놓이고 말았다.

성은 완전히 고립상태였다. 모든 보급로는 물샐틈 없이 포위되고 성내는 심각한 식량난에 허덕이고 있었다. 쥐 한 마리가 전도(錢刀) 서른 매로 매매되는 형편이었다.

조나라 병력은 구름 같은 대군을 맞아 싸우기엔 너무나 적었다. 유일한 타개책은 타국의 원병을 얻을 수 있느냐에 달려 있었다. 물론 이웃 각나라에 구원을 청하긴 했다. 그러나 비둘기를 이용하여 편지를 보내는 게 고작이었으니 시원한 반응이 있을 리 없었다.

동방 각국은 조나라의 운명이 멸망 직전에 놓였음을 모르지는 않았다. 그러나 멸망 직전에 있는 조나라를 구하기 위해 군사를 일으켰다가 만약 실패한다면 강국 진나라의 창끝이 지체없이 이쪽으로 돌려질 것은 너무도 뻔한 노릇이었다. 이 약육강식 시대에 물에 빠진 남을 구하기 위해 수영에 자신도 없이 소용돌이치는 파도에 몸을 던질 바보가 어디 있단 말인가.

생각다 못한 조나라의 효성왕(孝成王)은 평소부터 그리 사이가 좋지 못한 맹상군을 초(楚)나라에 보내어 구원을 청할 생각을 했다.

"조나라의 운명이 걸려 있는 일이니 잘 부탁하오."

맹상군은 승낙했다. 그는 3천 명이나 되는 식객 중에서 스무 명을 선발하여 출발할 셈이었다. 그러나 막상 이 큰 임무를 완수할 만한 인물을 고르려니까, 열 아홉 까지는 힘들이지 않고 선출했으나 나머지 한 사람은 아무리 골라도 적격자가 없었다. 고민하고 있는 그에게 모수(毛遂)라는 식객이 찾아와서,

"나를 꼭 뽑아 주십시오."

하고 자청하여 나섰다. 별로 뛰어난 재주도 없을 뿐더러 평소에도 두드러진 존재가 아니었기 때문에 맹상군은 놀라지 않을 수 없었다.

"그대는 내게 온 지 몇 년이나 되오?"

"3년입니다."

"현사(賢士)가 세상에 있을 땐 마치 송곳이 주머니 속에 있는 것처럼 뾰족한 끝이 삐져 나오는 법이오. 3년이나 내 집에 있는

대도 아직 선생의 소문을 들어본 적이 없는 것 같소. 이렇다 할 재
능이 없다는 증거가 아니겠소?"
　"아마도 주머니 속에 넣어만 주셨다면 송곳 자루까지라도 삐져
나왔을 것입니다."
　이것이 바로 또 하나의 유명한 고사성어인 '낭중지추(囊中之錐)'
의 어원이다.
　아무튼 이렇게 스무 명 속에 끼어들게 된 모수에게 다른 사람들
은 노골적으로 비웃는 태도를 취했다. 그러나 모수는 자못 자신만
만해 보였다.
　초나라로 가는 도중 이것저것 말을 나누고 토론도 벌여 봤으나
논파(論破)된 것은 오히려 열 아홉 명 쪽이었다.
　초나라에 닿아 고열왕(考烈王)과 맹상군과의 조초동맹(趙楚同
盟) 교섭은 난항을 거듭했다.
　"선생이 좀 교섭해 보십시오."
하고 열 아홉 사람 모두가 모수에게 나서기를 원했다. 두말 없이
승낙한 모수는 다짜고짜로 왕이 앉아 있는 용상(龍床)을 향해 계단
을 뛰어 올라갔다. 손은 칼자루를 움켜쥐고 금방 뽑아들 기세이다.
　그는 외쳤다.
　"아침부터 반나절이나 걸려도 아직 결정을 못하시다니 도대체 이
게 뭐요!"
　"썩 물러가지 못할까!"
　고열왕은 소리쳐 꾸짖었다. 그러나 모수는 막무가내였다.
　"왕이 꾸짖을 수 있는 것은 그 배후에 초국의 대병력이 있기 때
문일 것입니다. 그러나 보십시오. 왕과 나와의 사이는 불과 열 걸
음의 거리가 있을 뿐입니다. 이 판국에는 대병력도 아무런 소용이
없습니다. 왕의 목숨은 이 모수의 손아귀에 쥐어져 있는 것이지
요. 한 가지 묻겠습니다만 초나라쯤 되는 대국이 이유없이 굴복한
다면 그보다 더 우스운 얘기가 어디 있겠습니까? 우리가 합종(合
從)을 권하는 것은 초나라를 위해서입니다."
　"으흠……과연 그대의 말이 옳소. 우리 초나라는 그대의 의견에

따르겠소. ”

“맹약할 결심이 섰습니까 ? ”

“그렇소. ”

“그럼 닭과 개와 말의 피를 이리 갖고 오게 하십시오. ”

이윽고 초나라 신하에 의해 닭, 말, 개의 피가 그곳에 준비되었다.

“왕께서 먼저 이 피를 마셔 주십시오. 다음은 맹상군, 그 다음엔 이 모수가 마시겠습니다. ”

결맹식이 이상없이 끝나자 모수는 왼손으로 구리쟁반을 받쳐든 채 오른손으로 열 아홉 사람을 손짓해 불렀다.

“당 아래에서 다함께 피를 마시도록 하시오. 여러분 같은 사람을 가리켜 별 재간도 없으면서 남의 덕으로 공을 세우는 자들이라 한답니다. ”

이렇게 해서 조나라는 망국의 위기를 모면했으나 사람 보는 눈이 남달리 밝음을 자랑해 오던 맹상군도 이번만은 자신의 부족함을 시인하지 않을 수 없었다.

“모선생에겐 정말 실례했소이다. 선생은 단 한 차례 초나라에 사신으로 가셨는데도 우리 조나라의 국위를 구정대려(九鼎大呂)보다도 무게있게 빛내셨습니다. 모선생이야말로 ‘세 치의 혓바닥으로 백만군사보다 더 큰 위력을 보였다’고 말하지 않을 수 없습니다. 이후론 함부로 사람을 평가하지 않겠습니다. ”

송양지인(宋襄之仁)

춘추시대 약소국이던 송나라 양왕 때 일이다. 양왕은 제환공(齊桓公)이 죽자 그를 이어 태자가 되려는 야망을 세웠다. 그의 이복형이며 현신(賢臣)이던 재상 목이(目夷)가 그 허망한 야심을 한탄했으나 소용없었다.

양왕은 역시 소국인 정나라를 쳤다. 그러자 초나라에서 정나라

에 구원병을 파견했다. 목이는 '이제 송나라도 끝이로구나' 한탄
했으나 이미 때는 늦어 초와의 전쟁은 시작되었다.

양군은 홍수(泓水) 근처에서 마주치게 되었다. 이때 초군은 아
직 전열을 채 정비하지 못한 채 강을 건너고 있었다. 그것을 본
목이가 양왕에게 건의했다.

"아군은 열세이나 적은 우세한 군사입니다. 하지만 지금 채 전
열이 정비되지 않았으니 적군이 미처 강을 다 건너지 못했을 때
공략을 해야 됩니다."

그러나 양왕은 그 말을 듣지 않았다. 그 사이 초군은 강을 다
건너고 전열의 정비도 완전히 끝났다. 그제서야 양왕은 공격을 명
령했다. 물론 결과는 송군의 참패였다. 양왕 자신도 허벅지에 화
살이 꽂히는 부상을 당했다.

기가 막힌 목이가 대체 어째서인가고 부르짖자 양왕이 말했다.

"적이 곤란한 입장일 때 공격하는 것은 군자의 길이 아니다. 상
대의 전열이 갖추어지지 않았는데 어찌 공격 명령을 내리겠는가."

목이는 전쟁에서의 목적은 승리이지 '쓸데없는 어짐'이 아니라
고 부르짖었으나 소용없었다. 결국 양왕은 2년 후 부상당한 상처
가 덧나 죽고 말았다.

이때부터 사람들은 무익한 자비나 동정을 가리켜 '송나라 양왕의
어짐(宋襄之仁)'이라고 했다.

「십팔사략」 춘추긴국에 나온다.

수서양단(首鼠兩瑞)

전한(前漢) 제 4 대 임금 경제(景帝)에서 제 5 대의 무제(武帝)에
이르기까지 서로 평생 동안을 호적수(好敵手)로서 으르렁거리며
사이가 좋지 못했던 두 사람이 있었다.

하나는 위기후(魏其侯) 두영(竇嬰), 하나는 무안후(武安侯) 전
분(田蚡)이란 사람이었다.

위기후 두영은 제3대 문제(文帝)의 조카가 되고 무안후는 경제의 처남이다. 그러니 두 사람 모두 한(漢) 왕실과는 관계가 깊은 사이였다.

전분이 어렸을 때 두영은 벌써 대장군이 되어 있었으나 경제의 만년에는 전분도 상당히 출세를 했다.

경제가 죽은 뒤에는, 전과 반대로 무안후 전분이 재상이 되었으며 위기후 두영은 차츰 내리막길에 접어들고 있었다.

이 두 사람이 결정적으로 개와 원숭이같이 사이가 나빠진 것은 위기후의 친구이며 강직한 용장으로 이름난 관부(灌夫)가 어쩌다 한 사고를 일으킨 것이 원인이 되었다.

이 사고를 둘러싸고 말썽이 생긴 두 사람은 서로 자기가 옳다고 주장하던 끝에 각기 황제를 찾아가 상대의 험담을 늘어놓았다.

두 사람에게서 한꺼번에 호소를 받은 황제는 판단을 내리기 어려웠다. 하는 수 없이 신하들에게 어느 쪽이 옳은가를 물었다.

관리의 죄를 규명하는 직책인 어사대부(御史大夫) 한안국(韓安國)은,

"양쪽 모두 각기 일리가 있으므로 판단을 내릴 수가 없습니다. 이제는 폐하의 판단을 기다릴 뿐입니다."

하고 대답했다.

그 자리에 함께 있었던 내사(內史) 정(鄭)은 처음에는 위기후의 편을 들고 있다가 형세가 좋지 않다고 느껴지자 확실한 의견을 말하지 않고 어물쩍거렸다.

황제는 내사를 꾸짖었다.

"너는 평소에 두 사람에 대해서 이러쿵저러쿵 곧잘 비판을 했으면서 진작 긴요한 때는 아무 말도 않는구나. 그래 가지고 내사로서의 직책을 다할 수 있느냐. 이 괘씸한 놈, 천하를 위해선 너 같은 놈을 참죄해야겠다."

정은 황공해서 어찌할 바를 몰라 다만 머리를 조아릴 뿐이었다.

무안후는 이 따위 다툼으로 황제의 마음을 괴롭힌 것을 부끄러이 여기며 물러나 곧 어사대부를 불러놓고 야단을 쳤다.

"너는 왜 쥐가 구멍에서 대가리만 내밀고 나갈까 어쩔까 망설이는 것처럼 이 사건의 흑백을 가리지 못하고 우물거리고 있느냐(何爲首鼠兩端). 시비곡직(是非曲直)이 분명한데도 그걸 모르느냐, 이 바보 녀석!"

꾸중을 들은 어사대부는 기가 죽어서 잠시 생각에 잠기더니 이윽고 말했다.

"좋은 방안이 있습니다. 우선 재상께선 관직을 사퇴하십시오. 그리고 이렇게 말씀하십시오.

'위기후를 헐뜯고, 스스로의 주장을 관철시키고자 폐하의 마음을 어지럽히고 괴롭힌 것을 충심으로 유감되게 생각합니다. 그러므로 지금 삼가 꾸짖음을 받고자 합니다. 이토록 미흡한 위인이 감히 재상의 지위에 있다니 송구스럽기 짝이 없습니다. 진심으로 자신이 밝지 못함을 부끄러이 여기고 있습니다.'

그러면 폐하께서는 틀림없이 당신의 겸양을 덕(德)이라 인정하시고 결코 사직하지 못하게 하실 것이며, 한편 위기후는 내심으로 자기를 부끄럽게 여긴 나머지 자살하고 말 것입니다. 사실 두 분께서 서로 헐뜯기만 하고 싸움을 그치지 못함은 실로 점잖지 못한 일입니다."

"그렇겠군."

무안후는 어사의 말을 옳게 여기고 시키는 대로 했다.

과연 어사가 말한 대로 무안후는 사퇴는커녕 오히려 황제의 신임이 더욱 두터워졌다.

반면 위기후 쪽은 지금까지의 모든 일을 샅샅이 조사받았다.

우선 문제의 중심이 된 관부 장군의 일족이 모조리 처형되었으며 이어 위기후도 얼마 안 가서 같은 처벌을 받고 이 문제는 일단 무안후의 승리로 끝났다.

그런데 이 싸움에는 다시 뒷이야기가 있다. 그후 오래지 않아 무안후는 병을 앓게 되었다.

병석에 누운 그는,

"용서해 줘, 내가 잘못했어."

하고 계속 헛소리를 외치게 되었다. 무당을 불러 점을 치니까 이 병은 먼젓번 원한을 품은 채 피살된 위기후와 관부의 귀신이 무안후를 죽이려 하기 때문이라는 것이었다.

기겁을 한 무안후 집안은 굿을 하고 절에 불공도 드렸으나 두 사람의 원혼은 끈질기게 따라붙어 떨어지지 않았다.

그리하여 무안후는 일주일야 몸부림치며 괴로워하다가 드디어 죽고 말았다.

결국 이 싸움은 어느 쪽이 이긴 것일까?

수어지교(水魚之交)

후한(後漢) 말엽인 중평(中平) 6년, 장군 동탁(董卓)은 영제(靈帝)의 뒤를 이어 갓 즉위한 황제 변(辯)을 폐위시키고 진류왕(陳留王) 협(協)을 세워 자기가 재상이 되어 자기 멋대로 갖은 포학을 다 자행했다.

그 때문에 천하가 어지러워져 얼마 동안 군웅할거의 시대가 계속되었다.

이윽고 점차 천하의 추세는 조조, 손권(孫權), 유비로 삼분되어 소위 삼국정립의 시대로 옮아 갔다.

이 중에서도 가장 뒤처진 것이 유비였다. 이미 조조가 강평(江平)을 평정하고, 손권이 강동(江東)에 세력을 얻고 있을 때 유비에게는 아직 근거로 삼을 만한 지반조차 없었다.

그의 휘하에 관우(關羽), 장비(張飛), 조운(趙雲) 등의 용장은 여럿 있었으나 같이 일을 도모할 만한 책략가가 없었다. 그것을 통감한 유비가 이 사람이야말로 하고 기대한 인물이 바로 제갈공명이었다.

공명은 전란의 세상을 피하여 양양(襄陽)의 서쪽 융중산(隆中山)의 와룡강(臥龍岡)이라는 언덕에 초암을 짓고 살고 있었다. 유비는 겸손한 태도로 예를 다하여 찾아갔으나 공명이 없다는 바람에 만날 수가 없었다.

며칠 후 유비는 또 찾아갔다. 허나 역시 만날 수가 없었다. 그러나 유비는 무엇 때문에 그토록까지 굽실거리느냐고 탓하는 관우와 장비를 누르고 세 번째로 공명을 다시 찾아가서 가까스로 그 목적을 이루었다.

"이미 한나라는 기울었고, 간신들이 천하를 훔치고 있습니다. 나는 분수도 가리지 않고 천하에 대의(大義)를 설득하려고 뜻하면서도 지력(知力)이 얕아 이렇다 할 활동도 하지 못한 채 오늘에 이르고 말았습니다. 허나 아직 뜻은 버리지 않았습니다. 제발 힘이 되어 주시기 바랍니다."

소위 '삼고(三顧)의 예'를 다하여 유비는 공명의 도움을 간청한 것이었다. 공명은 그의 간절한 태도에 감동하여 초암을 나와 유비를 위해 일을 도모할 결심을 했다.

초암에서 세상을 피하고 있었다고는 하나 공명의 세태에 대한 안목은 유비의 기대를 한 치도 어기지 않을 만큼 날카로웠다.

유비의 물음에 대답하여 공명은 한나라 부흥의 대계(大計)를 이렇게 말했다.

"형주(荊州)와 익주(益州)의 요새지를 눌러 그곳을 근거지로 삼아 서쪽과 남쪽의 오랑캐족을 위무하여 뒷탈을 없애고, 안으론 정치를 다스려 부국강병을 도모하며, 밖은 손권과 결탁하여 조조를 고립시켜 기회 보아 조조를 치는 것이 내가 생각하고 있는 한나라 부흥의 대계입니다."

유비의 신하가 된 공명은 이 기본 정책에 따라 착착 한나라 부흥의 걸음을 전진시켜 갔다. 애석하게도 바야흐로 그것이 이루어지려 할 때에 오장원(五丈原)에서 전사하여 끝내 일을 이루지는 못하고 말았지만……

공명을 얻은 유비는 그의 재간에 경도하여 공명을 스승으로서 존경하고 침식을 같이 했다. 공명도 온 힘을 다하여 유비를 위해 힘썼다. 처음에 관우와 장비는 애숭이인 공명을 대하는 유비의 태도를 시기하여 공명을 지나치게 공경한다고 비난했다.

그때 유비는 말했다.

"내게 공명이 있는 것은 물고기에게 물이 있는 거나 같다. 다시는 더 말하지 말라."

군신의 사이가 친밀한 것을 가리켜 '수어지교(水魚之交)'라는 비유가 생긴 것은 여기에서 비롯된 것이다.

순망치한(脣亡齒寒)

춘추시대 진(晋)나라 헌공(獻公)은 괵(虢)나라를 칠 야심을 품고 있었다. 그러자면 우(虞)나라를 지나지 않으면 안 되었으므로 평소 우나라 왕에게 많은 선물을 보내고 있었다.

계획이 세워지자 헌왕은 진과 우 사이의 형제의 의를 다짐하며 많은 진귀한 선물을 우왕에게 보내고 군사를 통과시켜 줄 것을 청했다. 이때 우나라의 궁지기(宮之奇)라는 현신이 우왕에게 간언했다.

"괵나라는 우나라의 표면이라고 할 수 있습니다. 만일 괵이 망하면 우도 결국 없어질 것입니다. 속담에 수레의 짐받이 판자와 수레바퀴는 서로 의지하고 '입술이 없으면 이가 시리다(脣亡齒寒)'고 했습니다. 이는 곧 괵과 우의 관계입니다. 그러므로 진의 군사를 통과시켜서는 안 됩니다."

그러나 우왕은 감언과 뇌물에 마음이 끌려 이 간언을 받아들이지 않았다. 궁지기는 홀연 일족을 끌고 우나라를 떠나며 말했다.

"이제 우나라는 올해를 넘기지 못하리라."

불행히도 그의 예언은 적중해 그해 12월, 우나라는 괵을 정벌하고 돌아오던 진의 군사의 침공을 받아 결국 멸망하고 말았다.

이후로 서로 끊을 수 없는 관계, 한쪽이 위태로우면 다른 한쪽 역시 위태롭게 되는 관계를 일컬어 '순망치한'이라고 한다.

「춘추좌씨전」 희공(僖公) 5년조(條)에 나온다.

식　언(食言)

　은(殷)나라 탕(湯)임금은 하(夏)의 걸왕(桀王)의 폭정을 보다못해 군사를 일으켰다.

　이때 영지인 박(亳) 땅에서 백성들에게 맹세한 말 끝부분에 이 '식언'이란 말이 나온다.

　'그대들은 나를 도와 하늘의 벌을 이루도록 하라. 공을 세운 자에게는 큰 상을 내릴 것이니 그대들은 내 말을 의심하지 말라. 나는 내가 한 말을 다시 삼키지 않는다(朕不食言).'

　「서경」 탕서편(湯誓篇)에 나오는 글이다. 여기에서 '말을 다시 삼키지 않는다'는 것은 거짓말을 하지 않는다는 뜻이다.

　그 외에 '식언'이란 말은 「춘추좌씨전」에도 여러 번 나온다. 그 중 노애공(魯哀公) 25년에 다음과 같은 이야기가 나온다.

　애공이 월(越)에서 돌아왔을 때 대부인 계강자(季康子)와 맹무백(孟武伯)이 오오(吾梧)에까지 마중을 나가 그곳에서 축하연을 가졌다.

　그전에 애공은 이미 그 두 신하가 곽중(郭重)을 내세워 자신에 대해 많은 비방을 하고 있다는 것을 알고 있었다.

　축하연이 무르익은 자리에서 맹무백이 곽중을 가리켜 '살이 많이 쪘다'고 말했다. 그러자 애공이 빈정거렸다.

　"그야 말을 많이 먹으니(食言) 살이 찔 수밖에 있겠나."

　이는 곽중을 내세워 두 신하가 거짓말을 일삼음을 빈정댄 것이다.

　오늘날에도 '식언'은 쓸데없는 말, 거짓말 등의 의미로 일상어처럼 쓰이고 있다.

아

아침에 도를 듣는다면—임금이 좋아하는 바는……

아침에 도(道)를 듣는다면 저녁에 죽어도 가하도다

제(齊)나라 경공(景公)에게 정치의 요점을 질문받았을 때 공자는, '임금은 임금답고, 신하는 신하답고, 아비는 아비답고, 자식은 자식다와야 한다(君君, 臣臣, 父父, 子子)'고 대답하고 있다.

임금은 인애(仁愛)와 위엄으로써 백성들에게 임하고, 신하는 임금에게 충절을 다할 것이며, 아비는 자애와 위엄으로써 자식에게 임하고 자식은 아비에게 효(孝)를 다한다. 공자는 이것이 도(道), 즉 인간의 의사를 초월한 하늘의 가르침이라고 생각하고 있었다. 서주(西周)의 씨족제 봉건사회를 하늘이 준 이상적 사회라 생각하고 있었기 때문이다.

서주의 사회에서는, 개인은 집에 속하고 집의 주권은 가부장(家父長)에게 있다. 가부장은 가족 전원을 이끌고 피를 나눈 다른 집 가부장들과 더불어 씨족에 속하며, 씨족의 주권은 족장(族長)에게 있다.

족장은 씨족 전원을 이끌고, 다른 씨족 족장과 더불어 제후(諸侯)에게 따르고, 제후는 자신에게 따르는 전 족장을 이끌고 천자(天子)에게 따른다.

이때 족장——가부장——개인이라는 종속관계를 유지하기 위해 요청된 것이 '효'라는 도덕이며, 천자——제후——족장이라는 신종관계(臣從關係)를 유지하기 위해 요청된 것이 '충'이라는 도덕이라고 할 수 있다.

그런데 서주 말기에 이르자 노동의 생산력 증대에 기인되어 천자와 제후간의 힘의 균형이 무너지게 되었다.

동주(東周)로 접어들게 되자 벌써 천자로서의 지배권은 사실상 상실되고 말았다.

제후는 또한 따르는 족장에게 토지를 주고 있었으므로 이윽고 똑같은 현상이 생겨나 춘추시대가 되자 제후와 유력한 족장간의 힘의 균형도 무너져, 종종 유력한 족장들이 제후를 시역하거나 폐립(廢立)하거나 하여 그 통치권을 관리하게 되었다.

이러한 힘의 관계의 불균형은 족장과 가부장의 사이, 가부장과 개인의 사이에도 나타나 공자가 태어난 춘추 말기에는 천자——제후——족장——가부장——개인이라는 권력 피라밋 구성은 극단적인 난맥상태에 빠져 있어 모든 것이 힘에 의해 지배되고, 동시에 인간은 개인의식을 자각하여 극도로 이기적이 되어 있었다.

유일자(唯一者)로서 하늘을 믿고 주나라 천자의 권위는 하늘이 부여한 것이라 생각하고 있던 공자가 사회에 평화와 질서를 바랐을 때 서주의 옛 제도를 사모하고 그 도덕을 동경했던 것은 자연스러운 일이었다.

공자의 조국 노(魯)나라에서는 삼환씨(三桓氏)라 일컬어진 유력한 세 씨족이 주군을 나라 밖으로 추방하여 객사(客死)를 시켰고 이웃 제(齊)나라에서는 유력한 귀족인 최(崔)씨가 자기 측실과 밀통한 주군을 시살(弑殺)하는가 하면, 그 측실의 자식에게 상속을 시키려다가 정실 자식에게 살해를 당했다.

그리고 공자가 오래 머물러 있던 위(衛)나라에서는 임금이 남색에 빠져 정실에게 정부(情夫)를 들여놓아 주었으므로, 이것을 창피하게 여겨 어머니인 정실을 죽이려던 태자가 일이 탄로나는 바람에 타국으로 탈출했다.

더구나 이 태자는 남색을 즐기던 아버지의 뒤를 이어받은 자기 자식으로부터 그 지위를 뺏으려고 자식과 싸우기까지 했다. 이 난으로 공자의 사랑하는 제자인 자로가 죽고 말았다.

　서주의, 그 질서있는 사회로 회복시키고 싶다는 비원(悲願)에 불타 공자는 조국인 노나라에서도 전력을 기울였고, 마침내는 중원땅을 유랑하며 가는 곳마다에서 제후들을 설복했다.

　그러나 씨족이라는 질곡에서 해방된 '개인'이나, 권력을 잡은 벼슬아치나 대부 같은 신하들이 이를 저지하지 않을 리가 없었다.

　'아침에 도를 들으면 저녁에 죽어도 가하도다(朝聞道 夕死可矣)'

　아침에 천하에 도(道)가 행하여졌다는 말을 들을 수 있다면 저녁때 죽어도 좋다.──이것은 늙은 공자의 입에서 문득 새어나온 탄식이었다.

　이것은 위나라 하안(何安) 등이 대표적으로 한「논어」의 '고주(古注)' 해석인데 남송(南宋)의 주희(朱熹)의 주, 소위 '신주(新注)'에서는 '아침에 도(道)를 듣는다면 그것으로 수학(修學)의 목적을 달성한 셈이니 그날 저녁에는 죽어도 좋다'는 구도(求道)에의 열정의 토로로서 해석되고 있다.

　어느 것이 옳은지는 모르나 여기서는 고주를 택한다.

안　서(雁書)

　끝없는 하늘, 그리고 그 아래에는 눈길이 모자랄 만큼 펼쳐진 바다와 같은 호수, 그리고 호수를 둘러싼 대밀림.

　인적도 찾을 수 없다.

　그런데 지금 통나무 움집에서 그 호수가로 어정거리며 걸어나온 사나이가 있었다. 손에는 활과 화살, 전신에는 짐승의 모피를 뒤집어썼으며, 자랄 대로 자라난 수염은 얼굴을 덮었다. 흡사 산사람과도 같았다. 그러나 그의 눈에는 굽힐 줄 모르는 의지로 번쩍이는 맑디맑은 광채가 있었다.

　그는 끼룩거리면서 머리 위를 지나가는 요란한 소리를 듣고 문득 하늘을 올려다보았다.

"벌써 기러기가 떠나가는 모양이구나."

이 사람의 이름은 소무(蘇武)라 했다. 소무는 한(漢)나라의 중랑장(中郞將)이었다. 무제(武帝)의 천한(天漢) 원년, 그는 사절의 일행으로 북방 흉노의 나라로 떠났다. 포로를 교환하기 위해서였다.

그러나 때마침 흉노에 내분이 일어나 모든 사절단들은 사로잡히는 바 되어, 항복할 테냐, 아니면 죽겠느냐고 위협을 받았는데, 소무만은 끝끝내 굽히지 않았던 것이다.

그는 산허리를 파서 만든 땅굴에 감금되었으며 먹을 것도 주어지지 않았다. 그는 담요를 뜯어먹고 눈 녹인 물을 마시면서 굶주림을 견디었다.

소무가 며칠이나 지나도 죽지 않는 것을 본 흉노는 이놈이 신(神)이 아니냐고 놀라, 드디어는 북해(北海) 근처의 인적이 드문 곳으로 보내어 양치기 노릇을 하게 했다. 그러나 그에게 맡겨진 양은 숫놈뿐이었다. 흉노는 이렇게 말했다.

"이 숫놈들이 새끼를 낳으면 고향에 보내 주지."

그곳에 있는 것은 하늘과 숲, 물, 혹독한 겨울, 그리고 굶주림뿐이었다.

게다가 도둑이 양을 훔쳐가 버렸다. 그는 얼어붙은 흙을 파헤치고 들쥐를 잡아먹으며 주린 배를 채웠으나 그래도 흉노에게 항복하려 하지 않았다. 언젠가는 한(漢)나라로 돌아갈 수 있으리라 기대했기 때문이 아니라, 다만 항복하기가 싫었을 뿐이었다.

이 황막한 땅의 끝까지 쫓겨와서 벌써 몇 해의 세월이 흘렀는지 이제는 아리송하기만 했다. 뼈를 에이는 듯한 심한 추위와 단조로운 나날이었다. 그러나 넓고 푸른 하늘을 날아가는 기러기 떼는 소무에게 고향을 그리게 하는 것이었다.

무제가 죽고, 소제(昭帝)가 그 뒤를 이은 시원(始元) 6년, 한나라의 사신이 흉노에 왔다. 사신은 먼젓번 흉노에 사절로 온 뒤 소식이 끊어져 버린 소무를 돌려 주기 바란다고 요구했다.

흉노는, 소무는 이미 죽었으므로 이 세상 사람이 아니라고 대답했다.

한나라 사신은 그것을 확인할 재간이 없었다. 그러나 그날 밤의 일이었다.

먼젓번 소무와 함께 와서 이곳에 머물러 있던 상혜(常惠)라는 사람이 사신을 찾아와서 무언가 귀띔을 했다.

다음 회견 때, 한나라 사신은 말했다.

"한의 천자께서 상림원(上林苑)에서 사냥을 하실 때 기러기 한 마리를 쏘아 떨어뜨리셨소. 그런데 그 기러기 발목에 비단폭이 묶여 있었는데 거기에는 이렇게 쓰여져 있었소. 소무는 대택(大澤) 속에 있다고. 소무는 분명히 살아 있소!"

흉노의 우두머리는 놀라는 빛을 보이며 신하와 귓속말을 하더니 말했다.

"지난번에 한 말은 잘못이었소. 소무는 살아 있는 모양이오."

꾸며댄 말은 효과를 발휘했다. 사신은 지체 없이 북해로 달려가서 소무를 데려왔다. 머리칼, 수염 할 것 없이 모두 백설같이 하얗고, 찢어진 모피를 몸에 걸친 모습은 어디로 보나 양치기의 그것이었으나 그의 손에는 한나라 사신임을 증명하는 부절(符節)이 단단히 쥐어져 있었다.

소무는 고향으로 돌아가게 되었다. 포로가 되어 북해 근처에서 굶주림과 추위와 싸우다 보니 어느덧 19년이란 세월이 흐르고 있었다.

「십팔사략」에 나오는 이야기이다.

이 고사를 바탕으로 하여 편지나 소식을 안시(雁書)라고 표현하게 되었다. 또 안찰(雁札), 안신(雁信), 안백(雁帛)이라고도 한다.

소슬한 가을바람이 불기 시작할 무렵, 푸른 하늘을 끼룩거리며 날아가는 기러기 떼는 분명 무엇인가를 우리들에게 안겨 주는 것이다. 그리고 설령 편지가 아니라 할지라도 우리들의 마음을 함께 실어다 주는 듯하다.

우리들의 마음과 그리움은 그 기러기 떼를 쫓아서 멀리멀리 달려간다.

안석(安石)이 나오지 않고
어찌 창생을 구하리오

동진(東晋) 중엽의 정치가 사안(謝安)은 자(字)를 안석(安石)이라 하였다.

당시 동진에서는 환온(桓溫)이 제멋대로 권세를 휘두르고 있었다. 환온은 양자강 중류(中流)를 근거지로 한 병마권(兵馬權)을 쥐고 있을 때, 우연히도 북방으로부터의 침입군을 격퇴하여 큰 공을 세웠기 때문에 기세등등하여 도성인 건강의 귀족들을 무시하고 점차 제멋대로 독재를 하기 시작했다.

안석은 이와 같은 정치상태를 싫어하여 산중에 숨어 살며 글을 잘 쓰는 왕희지 등과 속사(俗事)를 떠나, 소위 청담(淸談)으로 세월을 보냈으며 거듭하는 조정의 부름에도 응하지 않았다.

옛날부터 중국에서는 세상이 어지러우면 유위고덕(有爲高德)한 현자, 군자는 속사에 관련되기를 꺼려하여 산야에 숨어 살며 유유자적하는 습관이 있었다.

그런데 환온의 야심은 드디어 노골적으로 진(晋)을 쓰러뜨리고 자기가 제위에 오르려는 기척을 보이기 시작했다. 그리고 북방에 있는 전주(前奏)가 점차 강대함을 더해 가서 방금이라도 진나라에 쳐들어올 듯한 기세를 나타내어 진나라로서는 실로 위급 존망의 때가 되었다.

이 모양을 보고는 사안도 그대로 앉아 가만히 보고만 있을 수가 없어 마침내 출사하기로 결심을 했다.

안석이 일어난다는 말을 들은 민중들은 환호성을 보냈다. 전부터 그 인물됨과 식견은 사람들의 경모의 대상이었으며,

'안석이 나가 정치를 하지 않는 한, 백성들의 고통은 구원되지 못하리라(안석이 나오지 않고 어찌 창생을 구하리오).'

하고 그의 출사가 갈망되고 있었으니만큼 모두들 기뻐했던 것이다.

출사한 안석은 일단 환온의 막료가 되었으나 수완을 발휘하여 곧 이부상서(吏部尙書)의 요직으로 진급하여 환온의 야망을 좌절시켜 분사(憤死)시킴과 동시에 전주군(前奏軍)의 침공을 맞받아쳐서 이를 무찌르는 등 공훈을 세워 보기 좋게 백성들의 소망에 보답했다.

「진서(晋書)」에 나오는 이야기이다.

암중모색(暗中摸索)

당(唐)의 허경종(許敬宗)은 그 시대 최고의 문장가였을 뿐 아니라 재상까지 지낸 인물이다. 그런 그에게도 한 가지 결점이 있었는데 사람을 여러 번 만나도 상대를 잘 기억하지 못했다.

자연히 그의 기억력을 불평하는 사람들이 많았다. 그러자 허경종은 말했다.

"그대들의 얼굴이야 기억하기 어렵지만 만일 하손(何遜), 유효작(劉孝綽), 심약(沈約), 사조(謝朓)와 같은 인물을 만난다면 어둠 속에서 손으로 더듬어서라도(暗中摸索) 기억할 수 있다네."

하손과 유효작과 심약과 사조는 남북조(南北朝)시대 문장의 대가들이었다.

허경종의 오만하고도 당당한 발언이라 할 것이다.

'암중모색'이란 그 뒤 어둠 속에서 손으로 더듬어 방향을 찾아낸다는 의미로 많이 쓰이고 있다.

「수당가화(隋唐佳話)」에 나오는 고사이다.

양두구육(羊頭狗肉)

이 말의 근원은, '양두(羊頭)를 걸고 마박(馬膊)을 판다'에서 유래했다.

다시 말해 상점의 진열장에는 좋은 물건을 걸어 놓고 나쁜 물건을 판다는 뜻이며, '간판에 거짓이 있다'라는 비유로 쓰여진다.

이 말의 출처로서 후한(後漢)의 광무제(光武帝)가 내린 조서(詔書) 가운데, '양두를 걸어놓고 마박을 팔고 있으며, 도척이 공자의 어(語)를 행한다'라는 구절이 지적되고 있다.

여기서 마박이라 함은 물고기를 말한 것이요, 도척이 공자의 어를 행한다 함은 춘추시대 유명한 도둑 떼의 두목으로 세상을 휩쓸고 다닌 도척이 넌지시 공자의 말을 자기 말처럼 지껄이며 돌아다닌다는 뜻이다.

도척은 실로 대담무쌍하고 수단방법을 가리지 않는 춘추시대의 대도둑이었다. 그의 형인 유하혜(柳下惠)는 공자와 맹자가 아울러 격찬한 훌륭한 인물이었으나 동생 도척은 수천의 도둑 떼를 이끌고 천하를 마구 날뛰며 무고한 백성을 살해하고 재물을 탈취한 무리인데도 제 수명을 다 누리고 죽었기 때문에 사마천 같은 대학자를 개탄케 한 사나이이다.

이러한 그가 대규모 강도를 계획하고 실천에 옮길 때 먼저 들어가는 것은 용(勇)이요, 마지막 나오는 것은 의(義)라고 호언장담을 했으므로, '도척이 공자의 말씀을 뇌까린다'라고 지적하였던 것이다.

공자와 맹자가 가르친 진짜 용과 의의 입장에서 본다면 통곡을 할 노릇이라 아니할 수 없다.

같은 춘추시대의 제(齊)나라 사람으로 영공(靈公), 장공(莊公), 경공(景公)의 3대에 걸쳐 조정에 헌신했던 명재상 안자(顔子)의 유사(遺事)를 모은 「안자춘추(顔子春秋)」에도 이와 비슷한 말이 나온다.

그러나 글귀가 조금 달라져서, '우수(牛首)를 문에 걸고 마육(馬肉)을 판다'로 되어 있는데 그 이야기는 다음과 같다.

제나라의 영공은 '남장(男裝)의 여인'을 좋아하는 괴벽이 있어 궁중의 여인들에게 남장을 시켜 놓고 좋아하였다. 이것이 그 당시의 제나라에 대유행이 되어 일반 여인들까지도 남장을 예사로이

하게끔 되었다.

이에 놀란 임금은 부랴부랴 엄격한 금지령을 내렸다. 그러나 자신은 궁중 안에서 여전히 남장의 여인들을 두고 보며 즐겼으니 금지령이 무슨 소용이 있으랴.

금령의 효과가 없는 것을 안 영공은 안자를 보고 매우 성난 어조로 물었다.

"그토록 엄하게 영을 내리도록 했는데도 아무런 효과가 없으니 대체 어찌된 노릇인가?"

그러자 안자가 대답하였다.

"폐하께서 안으로는 이를 묵인하고 밖으로는 금하고 계시니, 이것은 즉 소머리를 문에 내걸어 놓고 속으로 말고기를 파는 것과 다름이 없습니다."

금지령이라는 조칙에 속임수가 있다는 뜻이었다.

어떤 기록에는 우수를 우골(牛骨)로 쓴 곳도 있다. 저자가 확실한 것으로는 전한말(前漢末)의 임금 성제(成帝)를 섬겼던 학자 유향(劉向)이라는 이가 편집한 「질문쇄사집(軼聞瑣事集)」의 이정편(理政篇)을 보면, '우골(牛骨)을 문에 걸고 안으로 마육(馬肉)을 파는 것과 같다'라는 구절이 나온다.

'양의 머리'가 '쇠머리' '쇠뼉다귀'로 변한 것처럼 '마박'은 '마육(馬肉)'에서 '구육(狗肉)' 즉 '개고기'로 변해서, '양두를 걸어 놓고 구육을 판다'라는 말이 이루어졌으나 간판에 거짓이 있다 라는 의미에는 변함이 없다.

양상군자(梁上君子)

글자의 뜻은 대들보 위의 착한 사람이란 뜻이다.

그러나 이 '양상군자(梁上君子)'는 도둑놈이란 뜻을 점잖게 일컫는 말이다.

도둑놈을 대들보 위에 있는 군자라고 하게끔 된 유래는 다음 이야기에서 비롯했다.

후한(後漢) 말, 진식(陳寔)이란 사람이 태구현(太丘縣)의 현감으로 있을 때 이야기이다.

그는 근면 정직한 성격에 부하들을 아끼고 항상 백성들을 염려했기 때문에 고을 안이 무사했다.

그런데 뜻밖에 흉년이 들이닥쳤다. 열 섬 추수하던 사람이 닷섬도 채 못 거두어들이고, 개중에는 빈손 들고 나선 사람도 있었다.

백성들은 흉년을 이겨나가기가 몹시 힘에 겨웠다. 말이 초근목피지 초근목피인들 흔할 턱이 없었다.

어느 날 진식이 밤늦게 책을 읽고 있는데 웬 놈이 방안으로 살짝 기어 들어왔다.

설마 주인이 책을 보고 있을 줄은 몰랐던 것이리라. 뜻밖에 사람이 잠들어 있지 않은 걸 보자 날쎄게 대들보 위로 올라가 딱 붙어 버렸다.

진식이 책 읽기를 마치고 잠이 들면 그때 내려와 방안 세간이라도 훔쳐 달아날 계획이었다.

진식은 도둑의 그런 행동을 알면서도 모른 척하고 글만 읽었다.

이윽고 책을 덮어 놓고 진식은 아들과 손자들을 자기 방으로 불러들였다.

아들 손자들이 그의 앞에 와 공손히 무릎을 꿇고 앉자 진식은 일장 훈시를 하는 것이었다.

"대저 사람이란 항상 스스로 반성하고 노력하지 않으면 안 된다. 악한 사람이 따로 없고 착한 사람이 따로 없다. 부지런히 일하고 공부를 하며 애써 발전하려는 사람만이 끝내 잘되는 것이다. 집이 없고 먹을 것이 없어 길거리에 방황하는 사람들이 가끔 배고프고 추운 고달픔을 못이겨 한때 본의아닌 잘못을 생각하기도 하고 세상 사람들의 손가락질을 받는 범죄를 저지르게 되지만 그것은 그들의 성격이 원래 나빠서 그런 것이 아니라 일시적인 불행과 고통을 참고 견뎌나가는 노력과 반성이 부족하기 때문이다. 그러나 그것이 한 번, 두 번 되풀이되는 동안 버릇이 되어 버리는 통에 사람들은 그를 나쁜 사람으로 손가락질을 하게 된다. 예를 들면 지금 저 대들보 위에 앉아 있는 군자가 바로 그렇다."

진식의 말이 끝나기가 무섭게 방바닥으로 뚝 떨어져 내려오는 사람이 있었다. 바로 대들보 위에 있던 도둑놈이었다.

"소인, 죽을 죄를 지었사옵니다."

도둑놈은 이마를 바닥에 짓문지르며 흐느끼는 소리로 사죄를 하는 것이었다. 진식은 그에게 머리를 들게 한 다음 잠시 지켜보더니 서서히 입을 열었다.

"그대의 얼굴이나 태도로 볼 때 악한 일을 할 사람이 아니다. 모두가 다 가난한 탓이니라."

이렇게 좋게 타이르고는 그에게 비단 두 필을 들려보냈다. 비단 두 필이면 적잖은 돈이다.

도둑은 그것을 밑천으로 삼아 살림을 잘 꾸려나갔는지 어쨌는지 그 뒷이야기는 잘 모르겠으나 이 소문이 고을에 퍼지자 고을 안에 있던 좀도둑들이 일제히 자취를 감춰 버렸다 한다.

도둑을 양상군자라고 부르게 된 것은 이러한 고사에서 시작되었는데 말 좋아하는 사람들이 이걸 또 딴 데로 전용을 해서 천장에 오고가는 쥐를 보고도 양상군자라고 한다.

진식은 진정으로 한 말인데 뒤의 사람들은 익살로 쓰게 되었다.

진식은 세상의 쓴맛 단맛을 골고루 체험한 사람이었다.

젊었을 때는 고을에서 조그만 관리노릇을 하며 혼자 열심히 책을 읽고 공부했다.

뒷날 대학에 추천이 되어 그곳에서 공부를 하여 마침내는 관리시험에 합격하여 현감이란 지방장관을 하게 된 이였다.

그는 한때 살인범의 혐의를 받아 체포 구금된 일까지 있었다.

사실이 아닌 만큼 곧 풀려나오기는 했으나 억울하게 당한 고초는 이만저만한 것이 아니었다.

그뒤 그는 순찰관이 되었다. 순찰관이 된 그는 원수를 원수로 갚지 않고, 자기를 잡아 가두고 고생시킨 놈들을 일부러 찾아다가 부하를 삼았다 한다.

물론 고마워서가 아니었다. 그를 안심시키는 한편 그런 경솔한
짓을 다시는 못하도록 하기 위해서였다.

그뒤 궁중에서, 천자의 총애를 배경삼아 당을 꾸민 환관(宦官)
의 무리들을 모조리 역적음모로 몰아 마구 죽이고 가두고 귀양보
낸 적이 있었다.

진식 역시 선비라는 이름 때문에 같은 당파로 몰리게 되었다. 미
리 소식을 들은 다른 사람들은 도망을 가고 숨고 했으나 진식만은
태연히 기다리고 있다가 옥에 갇혔다.

뒤에 상황은 다시 뒤집혀져서 그는 옥중에서 무사히 풀려나오기
는 했으나, 벼슬에 생각이 없어 집에 돌아와 조용히 살고 있었다.

대사마(大司馬) 하진(何進) 같은 거물들이 찾아와 높은 벼슬에
오르도록 권고를 했으나 끝내 응하지 않았다.

그가 여든 네 살에 죽자 그의 덕을 흠모하여 제사를 지내는 사
람이 나라 안에 3만 명이 넘었다고 한다.

양약(良藥)은 입에 쓰다

천하를 통일하고 초인적인 노력에 의해 모처럼 이룩해 놓았던 진
(秦)나라도 시황제가 죽음에 따라 삽시간에 혼들려 무너지기 시작
했다.

한(漢)나라의 유방, 초(楚)나라의 항우는 진나라 토벌의 기치 아
래 어깨를 나란히 맹렬한 경주를 벌였다. 그러나 유방이 운수좋게
도 항우의 군대보다 먼저 함양에 입성하게 되었다.

필사적인 경쟁에 이긴 유방은 실로 의기양양하게 함양 성내에 들
어서자마자 서슴치 않고 진나라의 왕궁으로 향했다.

호사의 극치로 장식된, 즐비하게 늘어선 궁궐과 그 안의 방 하
나하나마다 화려하게 둘러쳐진 비단 휘장, 산적되어 눈이 부시도
록 빛을 발하고 있는 세계 각국의 금은보화……거기 겹겹으로 둘
러 세워진 후궁의 미녀들을 돌아보는 순간 유방의 눈은 그만 황홀

254

한 듯 휘둥그래졌다. 마음의 등잔에 불이 당겨진 듯 황홀경에 도취된 유방은 그냥 이 왕궁에 눌러앉아 지난날의 주인이요, 그 위력이 하늘을 찌를 듯했던 시황제의 생전의 호사를 누려보고 싶은 욕망에 사로잡혔다.

이러한 유방의 눈치를 알아차리게 된 강직하기로 천하에 이름을 떨친 명장 번쾌는 몹시 근심하며 유방에게 간하였다.

"아직 천하가 통일되기 전입니다. 오히려 해야 할 큰 일과 극복해야 할 고난은 이제부터 시작되는 것이 아니겠습니까. 한시바삐 성 밖으로 나가 진을 치고 군세를 가다듬도록 하십시오."

그러나 넋을 온통 빼앗기고 만 유방은 귀도 기울이려 하지 않았다.

난처하고 분한 듯 입술을 깨물고 한 걸음 물러서는 번쾌를 대신하여 이번에는 또한 영리하고 날쌘 장수로 이름을 떨친 장량이 한 걸음 나서며 말했다.

"진나라가 천도를 거역하고 무도한 학정을 펴서 백성들을 괴롭혔기 때문에 일개의 서민인 당신 같은 이가 오늘날 이렇게 궁중에 들어오게 된 것이 아닙니까. 무엇보다도 지금 장군의 사명과 임무는 원성으로 들끓고 있는 천하의 인심을 가라앉히는 데 있습니다. 그러기 위해서는 상복을 입은 심정으로 지금까지 진나라의 시달림을 받으며 신음 속에 살아온 백성을 어루만져 위로하고 격려해 주겠다는 마음가짐과 정성이 필요합니다. 그럼에도 불구하고 이제 진나라에 겨우 첫발을 들여놓은 터에 금은보화와 미녀에 눈이 팔려서 그 포학 불륜한 진나라 임금과 같이 음란과 향락에 빠져 버린다면 그야말로 공든 탑은 무너지고, 지난날 하(夏)나라 왕과 같이 악명만이 역사상에 남을 것입니다. 원래 충언이란 귀에 거슬리나 실행하면 이로운 것이며 양약은 입에는 써도 병에는 잘 듣는 것입니다. 부디 번쾌의 충언에 따라 주십시오."

이렇게 직간을 하였을 때에야 비로소 유방답게 그 뜻을 깊이 깨닫고 지체없이 왕궁을 떠나 언덕 위에 진을 치고 전세를 가다듬었다.

이윽고 항우의 대부대가 뒤늦게 진격해 와서 홍문(鴻門)을 중심
으로 진을 폈다.

이리하여 그 유명한 '홍문의 회전(會戰)'이 전개되었던 것이다.
이 이야기는 「사기」의 유후세가(留侯世家)에 기록되어 있다.

또한 「공자가어」에도, 공자가 한 말씀이 나온다.

'양약은 입에 쓰나 병에 이로우며, 충언은 귀에 거슬려도 행하
는 데 이로움이 있느니라.'

'양약은 입에 쓰다'라는 말은 여기서 생긴 것이라 할 수 있으며
요즈음에 와서는, '약은 써야 잘 듣는다'라고 해서 정작 병을 고
치는 약물에다 직결시키는 예도 볼 수 있다.

어부지리(漁夫之利)

전국시대의 연(燕)나라는 중국의 동북 지방에 있었다. 그 서쪽
은 조(趙)나라와, 남쪽은 제(齊)나라와 이웃하고 있어서 이 두 나
라의 끊임없는 위협을 받았다.

연나라의 소왕(昭王) 하면, 악의(樂毅)를 장군으로 삼고 제나라
를 쳐들어간 이야기로 유명하지만 조나라에 대해서도 경계를 게을
리하지 않았다.

어느 때 조나라는 연나라가 기근으로 큰 곤경에 빠진 약점을 노
려 침략하려고 했다. 연나라는 군사의 대부분을 제나라에 출정시
키고 있는 참이라 되도록이면 조나라와 다투고 싶지 않았다. 그래
서 소대(蘇代)에게 조왕을 설득하도록 부탁을 했다.

소대는 합종책(合從策)으로 유명한 소진(蘇秦)의 아우이다. 형
이 죽은 뒤 종횡가(從橫家)로서 형의 사업을 계승하기 위해 연왕
쾌(噲)의 신임을 교묘하게 얻고 소왕의 세상이 되자 몸은 제나라
에 둔 채 연나라를 위해 여러 모로 애쓴 사람이었다.

그는 형 소진만큼 거물급 세객(說客)은 아니었으나 그의 아우로
서 부끄럽지 않게 세 치의 혀를 놀려 갖가지 책략을 써왔다.

이때도 조나라의 혜문왕(惠文王)을 찾아가 유창한 구변으로 설득했다.

"나는 오늘 귀국(貴國)을 방문하기 위해 역수(易水—연나라와 조나라의 국경이 되는 강)를 건너게 되었는데, 문득 강변을 보니까 조개〔蚌〕란 놈이 입을 떡 벌리고 졸고 있었습니다. 그런데 마침 뱁새〔鷸〕란 놈이 그곳에 오더니 조개의 속살을 콕 쪼았습니다. 조개란 놈은 화가 나서 갑작스레 껍질을 오므려 그의 부리를 물고 놓지를 않습니다. 어떻게 되려나 궁금해서 구경하고 있으려니까 뱁새가 말했습니다.

'이놈 누가 이기나 보자. 이대로 오늘도 비가 오지 않고 내일도 비가 안 오면 넌 말라 죽는다.'

조개도 가만히 있지 않았습니다.

'내가 오늘도 놓아 주지 않고 내일도 놓아 주지 않으면 너야말로 굶어 죽을 걸, 이놈!'

양쪽은 고집을 부리며 옥신각신할 뿐 서로 화해하려고 하지 않습니다. 이러구러 시간은 쉬지 않고 흘러 불행히도 어부(漁夫)가 그곳에 왔으니 어떻게 됐겠습니까. 양쪽이 모두 찍소리 못하고 잡혀 버리고 말았지요."

"흠......"

"나는 퍼뜩 느끼는 바가 있었습니다. 지금 폐하께서는 연나라를 공격하려 하십니다. 연나라가 조개라면 조나라는 뱁새입니다. 연과 조가 헛되이 싸움을 벌이고 백성을 고달프게 만드는 동안 저 강대한 진나라가 어부가 되어 힘들이지 않고 이익을 취할 것입니다."

조의 혜문왕도 인상여(蘭相如)와 염파(廉頗) 등을 등용한 현명한 임금이다. 소대의 말뜻을 모를 리가 없었다. 조나라와 인접한 진나라의 위력을 생각한다면 연나라를 공격하는 것은 잘하는 것이 아님을 깨닫고 즉시 침공계획을 중지해 버렸다.

이 이야기는 「전국책」에 나온다. 여기에서 방휼(蚌鷸)의 싸움은 어부에게 이익을 준다는 말이 나왔다.

그렇기 때문에 '방휼의 싸움' 또는 '어부지리(漁夫之利)'라는

말은 양쪽이 싸우고 있을 때 제삼자에게 이익을 빼앗긴다는 의미
가 된다. 현재는 간단히 어부지리라고만 한다.

엎지른 물은 다시 담을 수 없다

주(周)나라의 문왕(文王)이 어느 날 사냥을 나가기 위해 점을 치
게 하였더니, '얻는 것은 용도 아니고 교룡(蛟龍)도 아니고, 곰도
아니고 큰 곰도 아니며, 범도 아니고 표범도 아니고, 얻는 바 패
왕의 보좌일 것이다' 라는 괘가 나왔다.

이리하여 사냥을 나갔는데, 말을 몰아 산야를 돌아다녔으나 아
무것도 잡지 못한 채 어느덧 위수(渭水)의 강가로 나갔다. 강가에
서 낚시를 드리우고 우두커니 앉아 있는 초라한 차림의 한 노인을
만났다. 말을 걸어 보았더니 그 응답이 훌륭하였으므로 큰 인물임
을 알았다.

문왕은 이 인물이 바로 오늘 점괘에 나온 인물임을 알고 그에게
말했다.

"우리 아버님(태공)은, 언젠가는 성인이 나타나 주나라를 일으
켜 줄 것이라고 기대하여 바라고 계셨는데 당신이 바로 그 인물인
가 하오. 제발 나를 위해 사부가 되어 지도해 주시오. "

그리고 그 노인을 수레에다 태워 왕궁으로 안내했다.

이렇게 하여 그 노인, 여상(呂尙)은 문왕의 사부가 되어 주나라
의 번영을 가져오게 하였는데, 태공이 바라던 인물이라 하여 태공
망(太公望)이라 일컬어졌다.

이 태공망 여상이 젊어서 공부를 하고 있을 즈음 마(馬)씨의 딸
을 아내로 맞았다. 허나 여상은 날마다 집안에 들어박혀서 책만
읽을 뿐 도무지 일을 하려는 기색이 없었다. 원래가 부잣집이 아
니므로 부부가 다같이 놀고 지낼 수가 없는 형편이므로 여상이 벌
이를 하지 않고는 생활이 곤란해지는 것은 당연한 일이었다. 그렇
건만 그는 살림살이 따위는 전혀 아랑곳 없다는 듯이 하루종일 책

상 앞에만 앉아 있는 것이었다. 한푼어치의 덕도 되지 않는 책만 읽고 도무지 벌이를 하지 않는 남편에게 끝내 정이 떨어지고 만 아내 마씨는,

"저는 도저히 이 집에서 살 수가 없으니 오늘로서 친정에 돌아 가겠어요."

하고 자기 쪽에서 이혼장을 써서 들이밀고는 냉큼 친정으로 돌아 가 버렸다.

여상은 여전히 그 빈곤을 이겨내고 학식을 쌓아서 드디어는 앞 서 말한 바와 같이 문왕의 융숭한 대접을 받게 되어 마침내 제후 로서 제(齊)나라의 봉작을 받게 되었다.

이렇듯 이제는 훌륭하게 성공하여 이름이 알려지게 된 여상 앞 에 어느 날 마씨가 불쑥 찾아와 말하는 것이었다.

"전에는 당신이 끼니를 굶을 만큼 가난했기 때문에 잠시 곁을 떠나 있었습니다만, 이제는 이렇게 출세를 하셨으니 저는 역시 아 내로서 당신을 모시겠어요."

그 말에 여상은 잠자코 그릇에다 물을 한 그릇 떠 오더니 그것 을 뜰앞에 쏟았다. 그러더니 마씨에게 그 물을 도로 담으라는 것 이었다. 마씨는 의아하게 여기며 그 물을 담으려 했으나 흙이 이 미 물을 빨아 먹어 버려 마씨가 담은 것은 불과 얼마 안 되는 흙 물에 지나지 않았다. 그러자 여상은 천천히 말했다.

"한 번 엎지른 물은 도로 담을 수 없고, 한 번 헤어진 이와는 두 번 다시 같이 살 수 없는 법이오."

「습유기(拾遺記)」에 나오는 이야기이다.

즉 일단 헤어진 아내와 이제 다시 살 수가 없다는 뜻인데, 한 번 끝난 일은 돌이킬 수가 없다는 뜻으로 사용된다.

여도지죄(餘桃之罪)

위(衛)나라의 총신(寵臣) 미자하(彌子瑕)에 관한 이야기이다.

어느 날 미자하의 어머니가 병이 났다. 이 소식을 들은 미자하는 허락을 받았다고 거짓말을 하고는 임금의 수레를 타고 어머니를 만나러 갔다. 그 당시 임금의 수레를 몰래 타는 사람은 다리를 자르도록 되어 있었다.

그러나 위왕은 총애하는 미자하의 일인지라 그런 보고를 받고도 오히려 그를 효자라고 칭찬했다.

임금과 미자하는 어느 때인가 과수원에서 노닐고 있었는데 미자하는 자기가 먹던 복숭아의 맛이 너무나 달았으므로 그것을 임금에게 맛보도록 했다. 임금은 이때도 '얼마나 나를 사랑하는가. 자기의 입맛을 잊고 내게 주다니' 운운하며 감격해 했다.

세월은 흘러 미자하에 대한 임금의 총애도 그 농도가 점점 엷어져 갔다. 임금은 마침내 '그는 내게 허락도 없이 내 수레를 탔으며, 언젠가는 내게 제가 먹다 남긴 복숭아를 먹인 일도 있었다'라고 말하기에 이르렀다.

이는 「한비자」의 세난편(說難篇)에 나오는 고사이다. 한비자는 이 고사 끝에 덧붙여 '미자하의 행동이 처음과 달라진 것이 아니요, 단지 사랑이 미움으로 변한 것 뿐이다. 임금의 총애를 받고 있으면 재주가 표적을 쏘아 사랑이 깊어지고, 미움을 받으면 재주는 표적을 벗어나 죄됨이 깊어진다'라고 했다.

이때부터 '여도지죄'란 '사랑받음은 죄를 만드는 원인이 된다'는 무상한 인생사의 간절한 비유로 쓰여오고 있다.

역 린(逆鱗)

용(龍)은 불가사의한 힘을 가졌다고 하는 상상의 동물이다. 봉(鳳), 기린(麒麟), 거북[龜]과 합해서 네 영물(靈物)이라 하며, 비늘있는 짐승의 우두머리로서 곧잘 구름을 일으켜 비를 부른다고 전해진다.

그래서 중국에서는 흔히 군주를 숭상하여 용에다 비유했다. 용

안(龍顔)이니 하는 것도 그러한 종류이다. 따라서 용에 결부되는 속담과 말들이 많이 있는데, 이것도 그 중의 하나이다.

한비(韓非)는 전국시대의 사람이다. 그리고 현실주의적인 '법률가'의 대표자이기도 했다. 어느 나라와 어느 나라가 동맹을 맺고, 어느 나라와 싸울지도 모르는 혼란한 전국(戰國)의 상태, 임금과 신하가 서로 의심을 하고 틈만 있으면 서로 쓰러뜨리려는 사회… 그는 그것을 날카로운 눈으로 보고 있었다. 그리고 이와 같은 정세 속에서 국가의 계획을 세울 궁리를 하고 있었다.

그는 진(秦)나라에 억류되어 있는 동안 동문의 제자인 이사(李斯)의 모함에 빠져 독을 마시고 자결했다고 하는데, 「한비자」라는 책을 남겼다. 그 책에서는 이와 같은 전국의 숨결이 물씬 풍기고 있다. 그 「한비자」의 세난편에서 한비는 이렇게 말하고 있다.

'용이란 순한 짐승이다. 길이 들면 올라 탈 수도 있을 정도이다. 허나 그 목 언저리에 길이 한 자 가량 되는 거꾸로 난 비늘, 역린(逆鱗)이 하나 있다. 만약 이것을 건드리는 자가 있다면 용은 반드시 그 사람을 받아서 죽여 버린다. 군주에게도 이 역린이 있는 것이다…….'

그러므로 조심을 해야 한다는 것이다. 여기서 군주의 노여움을 비유해서 '역린'이라고 하게 되었다. 흔히 듣는 말이다. 허나 망망한 역사적 이야기이므로 이 비유에 해당하지 않는 자도 많이 있는 듯하다.

노해야 할 때 노하지 못하는 군주도 있다. 또 어느 곳의 비늘로 노하고 있는지, 온통 몸 전체가 역린처럼 까닭없이 노하고 있는 자도 많다. 군주란 수없이 있지만 참다운 용은 뜻밖에 적을지도 모를 일이다.

연목구어(緣木求魚)

　주(周)의 신정왕(愼靚王) 3년, 맹자는 양(梁)나라를 하직하고 제(齊)나라로 갔다. 이때 맹자의 나이는 50세가 넘었으리라 여겨진다.

　동방의 제나라는 서방의 진(秦), 남방의 초(楚)와 함께 전국의 제후 중에서도 제법 큰 나라로 손꼽혔으며 제의 선왕(宣王)도 보통이 넘는 식견과 인격을 지닌 사람이었다. 맹자는 그런 선왕에게 매력을 느끼고 있었다.

　그러나 시대가 요구하는 것은 맹자가 주장하는 왕도정치(王道政治)가 아니라 부국강병이었으며 외교상의 계획과 모략 또한 원교근공책(遠交近攻策)이나 합종책(合從策), 연형책(連衡策) 등이었다.

　선왕은 맹자에게 춘추시대의 패자(覇者)였던 제나라의 환공(桓公), 진나라의 문공(文公) 등이 정복자로서 또는 군략가로서 어떻게 일해 왔는지 알고 싶다고 했다. 천하통일이 선왕의 관심사였던 것이다.

　맹자가 물었다.

　"묻겠습니다. 왕은 전쟁을 일으켜서 신하의 목숨을 위태롭게 하고 이웃나라 제후들과 원한을 맺기 좋아하십니까?"

　"어찌 좋아할 리 있겠소. 내가 좋아하지 않는 일을 무릅쓰는 것은 나에게 큰 뜻이 있기 때문이오."

　"왕의 큰 뜻이 무엇인지 들려주실 수 없겠습니까?"

　인(仁)과 의(義)를 바탕으로 하는 왕도정치를 주장하는 맹자 앞인지라 선왕은 얼마간 겸연쩍은 심정이었다. 싱글벙글 웃기만 하고 좀처럼 말하려들지 않았다.

　그래서 맹자는 말을 바꾸어서 슬쩍 물어 보았다.

　"전쟁의 목적은 의식(衣食)입니까, 아니면 인생의 오락입니까?"

　"아니오, 나의 욕망은 그런 것이 아니오."

선왕은 맹자의 교묘한 변론술에 걸려들었다. 맹자는 세차게 재우쳐 물었다.

"그렇다면 말씀하시지 않아도 뻔하게 알겠습니다. 영토를 확장하고, 진이나 초나라 같은 대국이 문안을 드리게 하고, 나아가서는 중국 전역을 지배하여 사방의 오랑캐들을 복종시키려는 생각이겠지요. 그러나 지금까지 취해 온 일방적인 무력으로 그것을 얻으려 한다면 그것은 단지 나무에 올라가서 물고기를 구하려는 짓과 똑같습니다."

천하통일을 무력만으로 성취하려는 계획은 연목구어(緣木求魚)와 같은 것이라 목적과 수단이 맞지 않으므로 불가능하다는 말을 들은 선왕은 놀랍기도 하고 뜻밖이기도 했다.

"그토록 힘드는 노릇입니까?"

"나무에 올라 물고기를 구하기보다 더 무리한 일입니다. 나무에 올라 물고기를 구하려는 짓은 물고기를 얻지 못하는 정도로 끝이 날 뿐이며 뒷탈이 없습니다. 그러나 폐하처럼 일방적인 무력으로 대망을 성취하려 하신다면 몸과 마음을 다하여 노력하여도 결국은 백성을 잃고 나라가 망하는 큰 재난이나 닥쳐올 뿐이지 결코 좋은 결과는 오지 않을 것입니다."

"어째서 그런 뒷탈이 있단 말이오?"

하고 선왕은 진지하게 물었다.

맹자는 이렇게 해서 대화의 주도권을 교묘하게 스스로의 손 안에 넣고 인의(仁義)를 바탕으로 하는 왕도정치론을 도도히 설명해 나가는 것이었다.

「맹자」 양혜왕편(梁惠王篇)에 나온다.

오리무중(五里霧中)

안개가 오 리나 끼어 있는 속이란 말로, 뭐가 뭔지 갈피를 잡을 수 없는 것을 가리킨다.

　살인강도 사건이 일어났을 때 ‘범인은 오리무중’이라 쓰기도 하고 ‘사건은 오리무중’이라고도 쓴다.

　무슨 책에서 나오지 않았더라도 쓰지 못할 말은 아니다. 오리무중 대신 십리무중도 쓸 수 있다.

　그러나 오리무중을 많이 쓰게 된 이유는 역시 그런 고사가 있기 때문이다.

　이 이야기는 한(漢)나라의 장해(張楷)에게서 비롯되었다.

　장해의 아버지는 장패(張覇)다.

　그는 그가 태어난 시기가, 환관(宦官)들이 득세해 있던 시절이라 조정에서 사람을 보내 아무리 벼슬을 하도록 권고해도 자신이 가지고 있던 시중(侍中)벼슬을 마지막으로 다시는 관계에 발을 들여놓지 않으려 했다.

　장해는 그의 아버지의 뜻을 받아 세상을 깨끗하고 편하게 살 결심이었다.

　그는 굉장한 학자로 그의 문하에는 백 명 가까운 제자들이 항상 모여 있었고 그가 화음산(華陰山) 밑에 숨어 살 때는 그를 찾아오는 사람이 하도 많아 그가 있는 산밑으로 새로운 장마당이 생기기까지 했다 한다.

　그의 자(字)가 공초(公超)였으므로 그 장마당을 중심으로 한 새 마을을 공초시(公超市)라고 불렀다고도 한다.

　그는 몇 번이나 나라에서 특사가 내려와 조정으로 들어와 벼슬할 것을 권고받았으나 끝내 병을 핑계로 응하지 않았다.

　그는 학자인 동시에 도술(道術)에도 조예가 깊었다. 귀찮은 사람이 찾아올까 봐서 때로는 오 리 사방에 안개를 일으켜 자신이 있는 곳을 못 찾게 만들었다는 것이다.

　그때 도술을 잘하는 사람 중에 배우(裵優)란 자가 있었다.

　배우는 안개를 일으키기는 하나 삼 리 밖에 못 일으켰다.

　장해가 오 리 안개를 일으킨다는 말을 들은 배우는 그를 찾아가 그것을 가르쳐 달라고 청을 할 작정이었으나 그가 오 리 안개를 일으켜 숨어 버리는 바람에 그를 못 찾고 말았다 한다.

그래서 방향도 위치도 알 수 없는 막연한 가운데서 방황하고 있
는 것을 오리무중이라 부르게 되었다.

원래는 '오리무(五里霧)' 석 자 뿐이었는데 뒤로 오면서 '중'자
가 덧붙어서 오리무중이 된 것이다.

배우란 자가 난을 일으켜 잡힌 뒤 안개를 일으키는 재주를 장해
에게 배웠다고 해서 그는 2년간 감옥에 갇혀 있었으나 뒤에 풀려
나왔다.

오십보백보(五十步百步)

맹자는 기원전 371년에 태어났다는 설이 있으나 확실한 연대는
모른다. 5세기에서 3세기까지 이어진 전국시대의 꼭 중간쯤에,
그러니까 4세기 중엽에 살아 있었던 사람이다.

전국시대……그 어지럽기만 하던 세상에 인도주의적인 공자의 가
르침을 전하고, 인(仁)과 의(義)를 설명하면서 돌아다닌 맹자는,
당시의 사람들 눈에는 꽤 이상한 사람으로 보였을 것이다. 더구나
맹자는 철저한 이상주의자로 사람에게 자기의 주장을 설명할 때는
독선적이라 하리만큼 강압적이었다. 또 그런 만큼 기백이 담긴 날
카로운 변설을 전개했던 것이다.

당시의 사상가나 책략가나 지혜 있는 사람들이 제국의 왕을 찾
아다니며 유세를 했듯이, 맹자 역시 많은 왕을 만나 유세를 시도
하곤 했다.

위(魏)나라의 혜왕(惠王)에게 초대되었을 때의 이야기 중에 이
런 것이 있다.

혜왕은 서울을 양(梁)으로 옮겼기 때문에 양혜왕(梁惠王)이라고
도 불린다.

당시의 위나라는 서쪽으로는 호랑(虎狼)이란 별명까지 붙은 진
(秦)나라의 압박을 받고 있었다. 혜왕이 양으로 도읍을 옮긴 것도
이 압박을 견디기 어려워서였다. 그리고 동쪽으로는 제나라와의

싸움을 여러 번 거듭했으나 그때마다 크게 패하여 말할 수 없는 역경 속에서 허덕이고 있었다.

혜왕은 이름난 현사(賢士)나 뛰어난 인물을 불러다가 의견을 묻고, 또는 직접 채용하는 등 국운을 만회하기에 온 힘을 기울이고 있었다. 이런 시기에 맹자가 초빙된 것이었다.

혜왕이 맹자에게 말했다.

"선생이여, 천 리를 멀다 않으시고 이렇게 오신 것은 다름 아니라 우리나라를 더 튼튼히 해주시겠다는 뜻이 아니겠습니까?"

맹자가 대답했다.

"왕의 나라가 강해지고 않고는 차치하고 나는 인(仁)과 의(義)에 대해 이야기하고자 합니다."

두 사람의 대화는 이런 식으로 시작되었다. 이 말은 「맹자」 첫머리에 나온다.

대화는 계속되어 여러 문제가 언급되었다. 맹자는 이곳에서 한동안 머물렀다.

혜왕은 자기가 뜻하는 바와는 잘 맞지 않는 맹자의 생각을 다소 언짢게 여기긴 했으나 참을성있게 물어보았다.

"선생이시여, 백성을 생각하라는 선생의 가르침은 불초한 이 사람도 애를 쓰고 있다고 생각하오. 예를 들면 내 나라의 하내지방(河內地方)에 흉년이 드는 해에는 젊은이들은 하동지방(河東地方)으로 이주시키고 남아 있는 노인과 어린이들에겐 하동지방에서 곡식을 날라다 먹이오. 그 반대로 하동지방에 흉년이 들면 젊은 사람들을 하내지방으로 옮겨다가 농사 짓게 하고 그곳의 양곡을 하동으로 날라오는 등 나로서는 할 도리를 다하며 애를 쓰지만 백성들은 그런 나를 흠모하여 모여들지를 않는 것 같소. 그런 반면 옆 나라의 백성은 여전히 그 수효가 줄어드는 기색이 없으며 그렇다고 내 나라의 백성의 수효가 늘어나지도 않는구려. 백성을 생각하라는 선생은 이 문제를 어떻게 생각하시는지요?"

"왕은 전쟁을 좋아하시지 않았습니까. 예를 들어 한 이야기를 하겠습니다. 전쟁터에서 양군이 맞부딪고자 신호의 북을 울렸다

266

하십시다. 살과 살이 맞닥뜨리는 백병전입니다. 한 병사가 겁을 잔뜩 집어먹고 투구 철갑을 내동댕이치고 칼을 어깨에 메고 꽁지가 빠지게 도망치기 시작했습니다. 그리고 백 보쯤 달려가자 멈추어 섰습니다. 또 한 놈 도망치던 놈이 있었는데 이놈은 오십 보쯤에서 멈추더니 백 보 도망친 놈을 보고 비겁한 놈! 하고 비웃었다고 합시다. 어떻습니까, 왕이시여!"

"허허허, 바보 같은 소리. 오십 보나 백 보나 도망친 것은 다 똑같은 것이 아니겠소?"

"왕이시여, 그것을 이해하실 수 있다면 이웃 나라보다 백성을 많이 갖고 싶어하는 폐하의 소원도 그와 비슷한 것이라고 생각합니다."

이렇게 맹자는 자기가 하고 싶은 말의 중심으로 혜왕을 유도해 갔다. 그 중심이란 맹자의 사상체계의 핵이 되는 왕도(王道), 즉 왕자(王者)의 도(道)이다. 맹자는 이 왕도에 대한 이론을 정면으로 내놓으면 왕이 싫증을 느낄 거라 생각하고 왕이 가장 좋아하는 전쟁 이야기를 꺼내어 흥미를 돋우었던 것이다.

원문에는 '오십 보로서 백 보를 비웃었다면 어찌 생각하겠소?' 하는 질문에 대해 혜왕은 '불가하오. 다만 백 보가 안 되었을 뿐이지, 이도 역시 도망치지 않았소.' 하고 대답하고 있다.

맹자의 왕도정치의 관점에서 본다면, 이웃나라의 정치와 혜왕의 정치는 오십 보 백 보의 차이로 결국은 둘 다 같았다.

백성을 진심으로 사랑하는 왕자의 정치란 도망치는 것과 도망치지 않는 것만큼 본질적인 차이가 있다.

왕도라는 것은 언제나 백성의 생활이 안정되기를 도모하고, 그 안정 위에 쌓아진 것으로 백성을 주인으로 하고, 백성을 위해 존재하는 애정과 예의에 가득찬 도덕국가, 교육이 충분히 보편화된 문화국가를 지향하는 것이고, 그 외에는 아무것도 목적하지 않는 정치방식인 것이다. 그 나라가 강대하냐 아니냐는 왕도에 있어선 관심 밖의 문제인 것이다.

오월동주(吳越同舟)

「손자(孫子)」는 중국의 유명한 병법서(兵法書)로 춘추전국시대에 오(吳)나라에 있었던 손무(孫武)가 쓴 것이다.

손무는 오왕 합려(闔閭)를 섬기며 서쪽으로 초(楚)나라 서울을 함락하고 북방으로는 제(齊), 진(晉) 등을 격파한 명장이다.

그러나 전국시대에 제나라에 있었던 손빈(孫臏)이 그 저자라는 설도 있다. 이 사람은 두 다리를 못쓰게 된 이래 기구한 운명을 겪으면서도 드디어 대장군이 되었다는 이름난 병법가이다.

저자가 손무이든 손빈이든 간에 「손자」가 대병법서임에는 틀림이 없다.

명쾌하고 치밀하고 정확한 이론과 문장은 읽는 이의 몸과 마음을 조이게 한다.

'저를 알고 나를 알면 백 번 싸워도 위태롭지 않다' 등 적지 않은 명구가 이 책에서 나왔는데 이 오월동주(吳越同舟)도 그 중의 하나이다.

제11편의 구지(九地)에 있는 말이다.

'병(兵)을 쓰는 법에도 아홉 개의 지(地)가 있다'. ──손자는 이렇게 시작된다. 그 구지(九地)의 마지막 것을 '사지(死地)'라고 한다. 서슴치 않고 싸우면 살아나는 길이 있고 겁을 내고 있으면 망하고 마는 필사(必死)의 지(地)이다.

그럼 어떻게 하라는 말인가. 사지에 있을 때는 두말 말고 싸워라, 하고 손자는 단언하고 있다. 나갈 수도 없고 물러날 수도 없는 필사의 경우이다. 병졸은 마음을 하나로 뭉쳐 싸워서 활로를 연다는 것이다.

병을 사지에 두고 싸울 때의 중요성을 여러 종류로 설명한 다음 손자는 이렇게 말했다.

"그런 고로 용병을 잘하는 자는 예를 들면 솔연(率然)과 같다.

솔연은 상산의 뱀이다. 그 목을 때리면 꼬리로 덤비고, 그 꼬리를 때리면 머리로 덤빈다. 그 중간을 때리면 머리와 꼬리가 함께 덤빈다. 구태여 묻는다, 병은 솔연과 같이 하면 가한가? 그렇다, 그리고 가능하다.

오(吳)나라와 월(越)나라는 옛부터 서로 원수지간이다. 그 나라는 백성들까지 서로 미워하고 있다. 그러나 가령 오나라 사람과 월나라 사람이 같은 배를 타고 강을 건넌다고 할 때 바람이 불어와 배가 뒤집힐 위기에 놓였다면 오나라 사람과 월나라 사람은 평소의 감정을 잊고 서로 좌우의 손이 된 듯이 돕게 될 것이다. 바로 이것인 것이다. 전차(戰車)의 말을 꽁꽁 묶고 수레바퀴를 땅 속 깊이 묻는다. 이렇게 적에 대한 방비를 튼튼히 한다손 치더라도 결국은 결정적인 시기에 의지가 되는 것은 이것이 아니다. 가장 중요한 것은 필사적으로 하나로 뭉쳐진 병사의 마음이다.”

솔연이란 것은 얼른이란 의미의 형용사지만 여기서는 뱀의 이름이다.

상산이란 것은 중국 오악(五岳)의 하나에 드는 유명한 산으로서 현재 하북성(河北省) 곡양현(曲陽縣)의 서북에 있다. 상산의 뱀은 전설에 나타나는 구렁이로 행동력이 엄청나게 빠른 무서운 괴사(怪蛇)이다. 사람들이 이것을 솔연이라 부르며 무서워했다고 한다.

오월동주란 말은 여기서 나왔다.

지금에 와서는 전투의 경우가 아니라도 사이가 나쁜 사람들끼리 공동의 행동을 취할 때 쓰인다.

또 사이가 나쁜 사람들끼리 우연히 한 자리에 있는 경우에 쓰이기도 한다.

오합지중(烏合之衆)

전한(前漢)의 말기. 외척(外戚)인 왕망(王莽)은 권세를 제멋대로 휘두르다가 평제(平帝)를 시역하고 유자영(孺子嬰)을 옹립했다가 다시 스스로 가황제(假皇帝)라 일컫더니 드디어는 나라를 빼앗아 국호를 신(新)이라 고쳤다.

그러나 서투른 정치를 한 까닭에 각지에 도둑 떼와 반란군이 횡행했다.

그 중에서도 임회(臨淮), 녹림(綠林) 등지에서 일어난 군사와 적미적(赤眉賊)이라 일컫는 도둑 떼의 무리는 대표적인 것으로 천하는 큰 혼란 속에 빠졌다.

바로 이때 일어난 것이 뒤에 후한(後漢)의 광무제(光武帝)가 된 유수(劉秀)인데 그는 각처에서 왕망의 군대를 격파하고 23년에는 경제(景帝)의 자손인 유현(劉玄)을 황제로 세워 왕망을 멸망시키고 다시 한나라의 세상으로 만들었다.

그러나 왕망이 멸망하긴 했으나 천하가 조용해진 것은 아니었다. 각지에는 만만치 않은 세력을 지닌 군웅(群雄)이 호시탐탐 기회를 노렸고 적미(赤眉)의 도둑들도 아직 그 세력을 떨쳤다. 때문에 유현 밑에서 대사마(大司馬)의 벼슬로 있는 유수는 복잡다단한 군무(軍務)로 하여 잠시도 편할 날이 없었다.

그 중에도 한단을 근거지로 삼은 왕랑(王郎)은 전에는 점술가였으나 이 혼란을 틈타, 나야말로 성제(成帝)의 아들 유자여(劉子興)라고 터무니없는 거짓말을 선포하고 군사를 모아 천자라 칭하는 등 그 세력이 자못 대단한 바 있어 이듬해 24년, 유수는 군대를 이끌고 정복길에 올랐다.

그런데 전부터 유수의 인격을 사모해 오던 하북성(河北省)의 상곡태수(上谷太守) 경황(耿況)이 아들 경감(耿弇)을 유수에게 보내 그 휘하에 있게 할 생각을 했다.

경감은 이때 나이 스물 한 살, 인물이 준수하고 영민하며 생각이 깊고, 게다가 병법을 좋아했으므로 기꺼이 유수를 찾아 길을 떠났다.

길을 나선 경감은 가는 도중에 왕랑이 한단에서 군사를 일으키고 스스로 천자라 칭한다는 정보를 들었다. 그러자 부하인 손창(孫倉)과 위포(衛包)는 갑자기 마음이 흔들려서,

"유자여는 성제의 아들로서 한나라의 올바른 혈통을 물려받은 사람입니다. 이 사람을 두고 도대체 어디로 가려는 겁니까."

하고 말하는 형편이었다.

경감은 크게 노해서 이 두 사람을 끌어내어 **칼을 빼들고** 말했다.

"왕랑이란 자는 본래부터 이름도 없던 도둑이다. 그런 놈이 유자여라는 엉터리 이름을 내걸고 황태자를 자처하며 난을 일으키고 있는 것이다. 내가 장안에 다녀와서 상곡, 어양(漁陽)의 군대를 이끌고 질풍처럼 대군(代郡) 방면으로 나아가 고르고 고른 돌격대로 하여금 왕랑과 같은 오합지중(烏合之衆)을 짓밟아 버린다면, 왕랑을 사로잡기는 마른 나뭇가지를 꺾는 것보다 용이하다. 너희들이 앞뒤의 사리를 깨닫지 못하고 도둑과 한편이 된다면 단번에 일족이 몰살당하고 말 것이다."

그러나 두 사람은 기어코 왕랑에게로 도망치고 말았으므로 경감은 굳이 말리려 하지 않고 홀로 유수를 찾아 길을 재촉했다.

그리고 유수를 도와 수많은 공훈을 세운 뒤 건의대장군(建義大將軍)에 임명되었다.

오합지중이란 원래 까마귀 떼가 모인 것처럼 통제와 질서가 없는 군중을 가리키는 것으로 「후한서」에는 왕랑을 가리키는 말로 자주 나오고 있다.

옥상옥(屋上屋)

후한말 난세인 이른바 삼국시대. 촉(蜀)과 오(吳)나라를 멸한 위(魏)나라는 천하를 통일하여 국호를 진(晋)이라 고치고, 도성을 낙양으로 정했다. 한편 망했다고는 하나 오나라의 옛 서울인 건업은 뒤에 산을 등지고 양자강을 바라보는 풍광이 아름다운 도성이라 가히 강남의 중심지였다.

이 무렵 낙양에 유중(庾仲)이라는 시인(낙양의 지가를 올린 좌사를 말함)이 있었는데, 화려한 건업의 번영과 풍경을 찬양하는 시를 읊었다. 그 중에 '삼이경(三二京), 사삼도(四三都)'라는 구절이 있는데 이 시구가 뛰어나다고 해서 이름을 떨쳤다.

도성 사람들은 앞을 다투어 이 시를 옮겨 써 벽에 걸어놓고 감상했다. 이로 인해 종이가 모자라게 되어 낙양의 종이값이 껑충 뛰어오르는 사태까지 빚어내었다. 허나 그 시를 본 사태부(謝太傅)라는 고관은 이를 비웃었다.

"이 시는 마치 지붕 위에 또 지붕을 얹은 것같이 똑같은 소리만 거듭하고 있을 뿐이 아니냐. 그런 것을 보고 떠들어대는 놈들의 속셈을 모르겠다."

지붕 위에 지붕을 더한다는 뜻으로, 같은 일이 겹치는 것의 무익함을 일컫는 말로써 달리 옥상가옥(屋上架屋) 또는 옥상가옥(屋上加屋)이라고도 쓴다.

「세설신어」에 나온다.

옥석혼효(玉石混淆)

옥석혼효(玉石混淆)란 말은 구슬, 즉 경옥(硬玉)과 연옥(軟玉)이 돌과 섞였다는 말로 좋은 것과 나쁜 것, 뛰어난 것과 못생긴 것, 사람으로 말한다면 슬기로운 사람과 어리석은 사람이 뒤섞여서 범벅이 된 상태를 가리킨다.

이 말은 진(晋)나라의 갈홍(葛洪)이 쓴 「포박자(抱朴子)」란 책이 그 출전이 된다.

'시경이나 서경 같은 정통적인 경전이 도의의 대해(大海)라고 한다면 제자백가의 책들은 그 바다를 더 넓고 깊게 하는 강물의 흐름이다. 설령 방법이 다르긴 하지만 다같이 덕(德)을 그 목적으로 삼는 데는 별로 다름이 없다. 옛사람은 재능의 부족함을 한탄한 나머지 곤산(崑山)의 구슬이 아니라고 해서 야광주(夜光珠)를 버리거나, 성인(聖人)의 가르침이 아니라고 해서 수양에 도움이 되는 말을 외면하거나 하지 않았다. 그런데 한위(漢魏) 이래론,

좋은 말이 적지 않게 나오긴 했으나 그것을 추리고 가려낼 만한 성인이 나타나지 않았다. 그 대신 식견이 좁은 무리들은 피상적이고 편협된 아집에만 사로잡혀서 그 깊은 뜻은 살피려 않고 단순한 자의(字義)를 해석하는 데만 급급하고, 기이한 것은 가벼이 여기거나 불필요한 것이라 단정하여 소도(小道)니까 생각할 가치가 없다, 또는 그 뜻이 너무 넓고 깊어 사람의 생각을 어지럽힌다고 한다. 티끌이 모이면 뫼를 이루고, 많은 빛깔이 모이면 현란한 아름다움을 자아내게 한다는 것을 모르기 때문이다. 천박한 시부(詩賦)를 사랑하는가 하면 의의(意義) 깊은 제자(諸子)의 글을 업신여기며, 이롭고 훌륭한 말을 우습게 여기며, 깊이가 없는 공허한 변론에 감탄한다. 참[眞]과 거짓[僞]이 뒤바뀌고, 구슬과 돌이 뒤섞이는(混淆) 것으로, 아악(雅樂)을 속악(俗樂)인양, 아름다운 의복을 남루한 의복인 듯 똑같이 생각하여 깨어날 줄 모르니 실로 한심스러운 일이다.'

갈홍의 자(字)는 치천(稚川)이다. 그는 젊었을 때 고학으로 유학(儒學)을 배웠으나 신선양생(神仙養生)하는 도학(道學)에도 깊은 흥미를 느꼈다.

때문에 조부와 사촌간인 갈현(葛玄)이란 사람이 선인(仙人)이 되어 갈선옹(葛仙翁)이라 불리우게 되고 그도 소갈선옹(小葛仙翁)이라 불리우자 자신은 스스로 포박자라고 일컬었다. 갈현의 제자인 정은(鄭隱)이 갈현으로부터 연단(煉丹)하는 비법을 물려받았고, 그는 정은으로부터 그 비법을 습득했기 때문이었다.

그는 원제(元帝)가 재상으로 있을 때 그 아래에서 큰 공을 세워 관내후(關內侯)에 봉해졌으나 그후 교지(交趾—지금의 월남)에서 단사(丹砂)가 나온다는 소문을 듣고 그곳 나부산(羅浮山)으로 가서 연단(煉丹), 즉 신선되는 공부를 했다.

어느 때 그는 평소에 그를 존경하고 있는 광주자사(廣州刺史) 등악(鄧嶽)에게 '스승을 찾아서 멀리 떠나려고 하오. 날짜를 정해서 출발할 테니 그리 아시오'라는 내용의 편지를 보냈다.

등악이 작별인사를 하려고 부랴부랴 달려가 보니까 밝은 대낮인데도 갈홍은 잠든 사람처럼 꼼짝 않고 앉아 있었다. 얼굴빛도 살아 있는 사람과 똑같고 몸이 조금도 굳지 않고 부드럽기만 하였으며 관 속에 넣으려고 들어올리니까 빈 껍데기처럼 가벼웠다고 한다. 세상에서는 시해(尸解), 즉 몸만 남기고 혼백이 빠져나가 신선이 되었다는 소문이 떠돌았다. 그때 그의 나이 81세였다.

온고지신(溫古知新)

고(古)라는 글은 과거의 사상(事象), 즉 역사라는 뜻이다. 온(溫)이라는 글은 고기를 모닥불에 끓여 국을 만든다는 뜻이라고 한다. 말하자면 역사를 깊이 탐구함으로써 현대에의 인식을 깊이 해 가는 태도가 '온고지신(溫古知新)'인 것이다.

「논어」 위정편의 '오래된 것을 배워 새것을 알면 가히 스승일 수가 있다(溫古而知新, 可以爲師矣)'는 공자의 말씀에서 유래되었다.

「논어」에는 공자가 역사에 대하여 큰 관심을 기울이고 있었다는 사실을 엿보게 하는 장이 많다. 십 대(十代) 후의 왕조의 형편을 지금부터 추측할 수 있을까 하는 제자 자장(子張)의 질문에 공자는 다음과 같이 대답하고 있다.

"은(殷)왕조는 하(夏)왕조의 예제(禮制)를 이어받았다. 그러므로 양자를 비교해 보면 그 같고 다름을 명백히 알 수 있다. 현재의 주(周)왕조도, 은의 예제를 이어받고 있다. 여기에도 양자를 비교하면 그 다르고 같음을 분명히 알 수 있는 것이다. 따라서 이를 미래로 연장한다면 지금의 주나라에 대신할 왕조를 십 대 뿐 아니라 백 대라도 대체적인 예측을 할 수 있는 법이다."

공자는 또한 역사적 기록이 일실된 것을 통탄하면서 말했다.

"하(夏)왕조의 예제에 대하여 나는 설(說)을 세울 수는 있으나 이를 뒷받침할 만한 증거를 기(杞―하왕조의 자손을 봉한 나라)에서 구할 수는 없다. 은왕조의 예제에 있어서도 마찬가지로 설을 세울

274

수는 있으나 역시 송(宋—은왕조의 자손이 봉해진 나라)에 증거를 구할 수는 없다. 두 나라 공히 기록이 없어졌고 현인도 없어졌기 때문이다. 그것만 남아 있었다면 나의 설의 실증을 확실하게 할 수 있는 것인데……"

섭섭한 생각을 피력한 것이다.

'온고지신'이 오늘날에는 오늘을 알기 위해 과거를 알고 내일을 점치기 위해 오늘을 알아야 한다는 말로 응용되기도 하나 역시 지성있는 세계관, 인생관의 확립에는 불가결의 교훈이라고 하겠다.

와신상담(臥薪嘗膽)

주(周)나라 경왕(敬王) 24년, 오(吳)의 합려왕(闔閭王)은 월(越)의 구천왕(句踐王)과 취리(檇李)라는 곳에서 싸워 월의 군략에 걸려 패했다.

그때 오나라 합려왕은 적의 화살에 맞아 손가락을 다쳤는데 패해서 도망치는 중이라 충분한 치료도 못한 채 가까스로 형(陘)이란 곳까지 도망해 왔으나 갑자기 그 상처가 악화되어서 죽었다.

그는 마지막 숨을 거둘 때 태자 부차(夫差)에게 반드시 월나라에 복수하여 이 분함을 풀어야 한다고 유언했다. 부친의 뒤를 이어 오왕이 된 부차의 귀에는 부친의 그 목소리가 떠난 적이 없었다. 눈에는 부친이 임종할 때의 그 분한 표정이 지워지지 않았다.

그는 무슨 일이 있더라도 부친의 원수만은 갚고야 말겠다는 굳은 결심 아래 매일 밤마다 장작 위에서 잠자고(臥薪), 그때마다 부친의 분함을 되새기면서 복수심을 더욱 굳혔다. 그리고 그는 자기의 방을 출입하는 사람에게는 반드시 부친의 임종의 말을 외치게 했다.

"부차여, 너의 아비를 죽인 자는 월왕 구천임을 잊어선 안 된다!"

"네, 결코 잊지 않겠습니다. 3년 안에 반드시 원수를 갚겠습니다.”

부차는 그럴 때마다 이렇게 대답했다.

그것은 그가 임종하는 부친에게 대답한 말과 같았다. 이렇게 해서 그는 낮이고 밤이고 복수를 맹세하고 쉬지 않고 군사를 훈련하며 때가 오기만을 기다렸다.

월나라의 구천왕은 이 소식을 듣자 먼저 앞질러서 오나라를 치고자 그의 다시 없이 좋은 신하인 범려(范蠡)의 충고도 듣지 않고 군사를 일으켰다.

부차는 지체없이 이를 맞아서 싸웠다. 양군은 오나라의 부초산 (夫椒山)에서 격돌했으나 부차의 세찬 복수심으로 단련된 오나라 군사에 의해 월나라군은 대패하여 구천왕은 패잔병을 이끌고 가까스로 회계산(會稽山)으로 도망쳤다.

오나라군은 진격하여 그 산을 둘러쌌다. 오도가도 못하게 된 구천은 나라를 버리고 오나라의 신(臣)이 된다는 조건으로 항복했다.

힘껏 싸워서 죽기는 차라리 쉽다. 그러나 죽고나면 그것으로 끝장이다. 또다시 월나라를 일으키려면 살아서 창피를 견디는 수밖에 없다는 범려의 충언을 받아들였던 것이다.

구천왕의 항복을 받은 부차는 승자의 넓은 도량으로 그를 용서했다.

구천왕은 고향으로 돌아가게는 되었으나 그 나라는 이미 오의 속령이고 자신은 오왕의 신하라는 신분이었다.

지난날에 부차가 장작 위에서 잠자며 복수심을 굳혔듯이, 구천은 항상 몸 가까이 쓸개를 놓아 두고 앉았을 때나 누웠을 때나, 음식을 먹고 마실 때나, 언제나 그 쓴 쓸개를 핥으며(嘗膽) 회계산에서의 치욕을 생각하고 복수심을 불태웠다.

그는 또 손수 밭갈이를 하고 농사를 지었으며, 아내도 직접 베를 짜고 조의조식(粗衣粗食)을 감수했으며, 사람을 잘 부리고 그 충언을 들으며 항상 꿋꿋하고 당찬 마음을 먹고 고난을 견디며 오로지 국력이 다시 발흥하기에 힘썼다.

그러나 그 복수는 쉽게 이루어지지 않았다.

구천왕이 회계산에서 오나라에 항복한 지 12년이 지난 해의 봄, 오왕 부차는 기(杞)의 황지(黃地)에 제후들을 모두 모아 놓고 천하의 패권을 잡았다.

부차는 득의의 절정에 있었다. 그때까지 은인자중하고 있던 구천왕은 범려와 함께 부차가 없는 틈을 타서 일거에 오나라로 쳐들어갔다. 구천은 오의 잔류군을 대파하기는 했으나 결정적인 타격을 줄 수는 없었다.

그리고 4년 뒤, 구천왕은 다시 오를 공격했다. 지금의 소주(蘇州) 동남방에 있는 입택(笠澤)이란 곳에서 오왕을 크게 무찌르자 그대로 그곳에 병사를 주둔시키고 각지에서 오군을 패주케 했다.

그리고 2년 후, 다시 입택에 집결한 월군은 오나라의 수도 고소(姑蘇)까지 육박하더니 이듬해에는 드디어 고소성을 포위하고 오왕 부차의 항복을 받았다.

이렇게 해서 회계의 치욕을 씻은 구천왕은 부차를 남동(南東)으로 귀양보내고 그곳에서 여생을 보내게 하려 했으나 부차는 구천왕의 호의를 거절하고 깨끗하게 스스로 목을 베어 죽었다.

구천왕은 다시 북쪽으로 진군시켜 회하(淮河)를 건너 제(齊), 진(晉) 등의 제후들과 서주(徐州)에서 서로 합친 후 오나라를 대신해서 천하의 패권을 잡았다.

복수심을 품고 항상 그것을 잊지 않으려고 고난을 견디는 과정을 와신상담(臥薪嘗膽)이라 하는데 이것은 오왕 부차와 월왕 구천의 고사에서 비롯된 것이다.

또한 오나라와 월나라가 서로 원수가 되어 싸우듯이 극히 사이가 나쁜 상태를 오월(吳越)이라고도 한나.

와우각상쟁(蝸牛角上爭)

달팽이는 조그마한 연체동물이다. 그 작은 달팽이의 촉각(觸角)은 더욱 작다. 그 작은 촉각으로 싸움을 하다니, 무슨 소릴까.

세상이 좁다는 뜻으로 와우각상(蝸牛角上), 즉 '그런 좁은 세상에서 싸운들 무슨 유익함이 있으리오.'라는 뜻이다.

이 말의 출처는 당(唐)나라 백낙천(白樂天)의 대주시(對酒詩)인 '와우각상쟁하사(蝸牛角上爭何事)'라는 시구절에 보인다.

「장자」즉양편(則陽篇)에도 이 말이 등장하며 그 내용은 다음과 같다.

제(齊)나라 위왕(威王)과 동맹을 맺었으나 제나라가 일방적으로 이를 파기하자 화가 난 위(魏)나라 혜왕(惠王)은 제나라에 자객을 보내어 위왕을 암살하려고 꾀하였다.

이때 그러한 고식적인 수단을 쓰지 말고 정정당당히 전장에서 대결을 하자는 반대 의견이 나왔다. 그리고 이에 대해 무력을 쓰려는 것부터가 좋지 않은 일이라는 반대 의견이 또 나왔다.

화자(華子)라는 신하가 나서서 말했다.

"이러한 생각은 모두 잘못된 것입니다. 그뿐 아니라 이처럼 그들의 생각이 틀렸다는 저 자신, 이해에 사로잡혀 있다는 점에서 그들과 같은 과오를 범하고 있습니다."

"그렇다면 대체 어떻게 하면 좋단 말인가?"

"도(道)를 닦는 것만이 유일한 길입니다."

혜왕이 그 뜻을 이해하지 못하고 난처해 하는 것을 보고 재상인 혜시(惠施)가 대진인(戴晋人)이라는 인물을 추천했다. 대진인은 혜왕 앞으로 나와 먼저 이런 질문을 했다.

"달팽이를 아십니까?"

"알고말고……"

"달팽이라는 놈의 왼쪽 뿔에는 촉(觸)씨라는 자의 나라가 있고 오른편 뿔에는 만(蠻)씨라는 자의 나라가 있었는데 늘 영토싸움이 끊일 사이가 없더니, 어떤 때에는 격전 15일 동안에 쌍방 군사의 피해가 수만에 이르렀다고 합니다."

허풍은 어지간히 떨고 그만두라는 눈치인 혜왕에게 대진인은 다시 질문을 던졌다.

"임금께서는 이 우주에 끝이 있다고 생각하십니까?"

"아니, 그렇게는 생각하지 않아."

이렇게 대답하자 대진인은 본론으로 들어갔다.

마음을 그 무궁한 세계에서 노닐게 하는 자가 이 지상의 나라들을 보면 아무리 큰 나라일지라도 있는지 없는지조차 알 수 없을 정도로 하찮은 존재에 지나지 않는다.

그러니만큼 위나라니, 제나라니, 아무리 떠들어 보았자 그 모두가 무(無)와 같은 존재 중의 하나이다. 그 위나라에는 서울 양이 있고 그 서울에 왕이 살고 있다. 왕과 달팽이 뿔 위의 만씨와 얼마만큼의 차이가 있단 말인가.

이렇게 말하고 대진인은 물러갔다. 혜왕은 망연한 채, 그의 성인다운 인격을 칭찬했다고 한다.

오늘날에도 끊이지 않는 세계의 모든 분쟁을 돌이켜보면, 이 문구가 생각나지 않을 수 없다.

왕후장상(王侯將相)이 씨가 따로 없다

계급사회에 있어 계급타파를 부르짖은 유명한 이야기이다.

중국 5천 년 역사에서 가장 백성을 혹사하고 탄압한 시기가 바로 이런 말을 한 진승(陳勝)이 살고 있던 무렵이었다.

진시황이 무력으로 천하를 통일한 다음 자손들에게까지 천만 년 부귀를 누리게 하기 위해서 착안한 것이 무기의 회수였다.

민간 사람들은 일체 무기를 갖지 못하게 했다. 그래서 수집해 들인 칼과 창을 녹여 서울 함양에다 열 개의 큰 쇠사람을 만들었다.

다음에 착안한 것이 만리장성을 쌓아 북방의 이민족들이 침략해 오지 못하도록 만드는 것이었다. 그리고 법을 까다롭고 엄하게 만들어 조금만 잘못하면 잡아다 죽여 버렸다.

미련한 인간들, 정치의 묘미가 어디에 있는지도 모르는 이른바 영웅이란 인물들은 독재와 폭정으로 모든 것을 다 해결하려 든다.

그 중에도 심한 자가 진시황이었다. 진시황이 죽자 진나라는 몇 해 안 가서 망하고 말았다.

겉으로는 가장 강한 것처럼 보이면서도 가장 약한 것이 억압된 상태 밑에 있는 질서이다.

이 전무후무한 독재정치, 포학정치를 흔들어 놓은 것이 진승(陳勝)이었다.

진승은 자(字)를 섭(涉)이라 했다. 어릴 때 부모를 잃고 농촌에서 날품팔이를 하며 가난한 하루하루를 살아가고 있었다.

그는 재주가 남달라 일하고 난 여가에 글을 읽었고, 힘이 세어 씨름도 곧잘 했다.

그는 가끔 이런 소리를 했다.

"사람 팔자 시간문제다. 내가 내일 대장이 될지, 왕이 될지 누가 아는가?"

매일 흙 속에 묻혀 땀만 흘리고 있는 그가 왕이 어떻고 대장이 어떻고 하며 떠드는 걸 본 친구들은 미친놈 취급을 하거나 아니면 익살스런 이야기로 웃어넘겼다.

그러나 진승은 공연히 떠드는 소리가 아니었다. 그런 말을 함으로써 자기와 뜻이 같은 사람을 구하려는 것이었다.

어느 날이었다. 초저녁에 닭이 울었다. 닭이 때 아닌 때에 울면 난리가 난다는 말이 전해 내려오고 있었다.

진승은 또 이것을 핑계삼아 호응하는 동지들을 얻어보려 했다.

"초저녁에 닭이 울면 난리가 난다고 했다. 세상이 어지럽게 되거든 우리도 한번 나가 싸워 보자."

그러나 모두 그를 비웃을 뿐이었다.

진승은 울화통이 터졌다. 그는 혼자서 이렇게 중얼거렸다.

"제비나 참새가 어찌 기러기의 뜻을 알겠는가(燕雀安知鴻鵠之志哉)?"

마침내 진승에게 때가 찾아왔다.

진시황이 죽고 진시황의 애첩의 자식인 호해(胡亥)가 그 뒤를 이어 이세(二世)황제가 되었다.

진시황에게는 착한 아들이 있었다. 그가 바로 태자 부소(扶蘇)였다. 그런데 태자 부소는 아버지 시황의 하는 일이 옳지 못한 것을 보고 간한 일이 있었다.

자기가 하는 일은 하늘도 말리지 못한다고 자부하고 있던 진시황은 태자를 만리장성으로 내쫓았다. 만리장성에는 수백 만의 백성들이 보수없이 몇해 썩이나 성 쌓는 일에 종사하고 있었고 20만 대군은 성을 쌓는 한편 외적의 침입을 막고 있었다.

몽념(蒙恬)이란 대장이 총지휘관으로 있었는데 태자 부소는 몽념에게로 가서 그의 지도를 받으며 한편 군사를 감독하는 감군(監軍)의 역을 맡고 있었다.

진시황이 객지에서 갑자기 죽게 되자 간신 조고(趙高)는 이사(李斯)와 짜고 시황이 죽은 것을 숨기는 한편 진시황의 옥쇄를 훔쳐 부소에게 사약을 내렸다.

부소가 돌아와 황제가 되는 날에는 조고를 비롯해서 이사 등 현 집권층들이 다 실각, 혹은 처형될 운명에 놓여 있었기 때문이다.

몽념은 변이 생긴 줄로 알고 부소에게 20만 대군을 끌고 쳐들어가기를 권했으나, 부소는 효자라 약을 먹고 죽었다.

군사를 일으킬 대의명분을 잃은 몽념 또한 자살해 버렸다.

그래서 조고의 원대로 못난 호해가 이세황제의 자리에 오르게 되었다.

이세황제가 등극한 그해(기원전 209년) 7월, 진승은 징병에 끌려 만리장성의 수비를 위해 떠나게 되었다.

일행은 약 9백 명 가량 되었다. 모두가 하남성 각 고을에서 징발되어 온 사람들이었다.

그들의 목적지는 어양(漁陽)이란 곳으로 지금 하북성 밀운현(密雲縣)에 해당하는 곳이었다.

도중 안휘성 기현(蘄縣)에서 비를 만나 대택향(大澤鄕)이란 곳에서 오도가도 못하고 갇혀 버렸다.

회하(淮河)의 지류들이 거미줄처럼 얽힌 습지대라 길을 걸을 수가 없었다.

기일은 점점 박두해 오고 길은 열리지 않고 잠자리조차 마땅찮아, 징병되어 온 사람들은 그 고생이 이루 말할 수 없이 컸다.

진나라의 법률, 그 중에서도 특히 군법은 너무도 가혹했다. 명령에 위반된 일만 있으면 무조건 사형이었다.

대택향에서 어양까지는 3천 리 길이다. 하루 백 리씩 걸어도 한 달은 걸려야 한다. 하루 백 리씩 걸을 수도 없지만 걷는다 해도 기일은 한 달이 못 남았다.

그런데도 징병관들은 태연히 매일 술만 마시고 있었다.

진승은 우연히 9백 명의 징병 속에서 오광(吳廣)이란 사람을 알게 되었다.

그는 지식도 있고 용력도 있고 성격도 원만해서 주위 사람들에게 신망이 두터웠다.

진승은 오광을 포섭하는 데 성공했다. 그리고 진승은 병사들을 선동해서 불평불만을 터뜨리는 한편 병사들을 자기에게로 모으기 위하여 미신을 이용했다.

오광을 시켜 잉어 뱃속에다 흰 비단폭에 진승위왕(陳勝爲王)이라고 쓴 것을 넣어 두고 우연히 발견한 것처럼 연극을 꾸민 것이다.

귀신이나 도술이 높은 사람이 장래를 알려준 것이라 해서 병사들 중에는 진승을 두려워하며 가까이하려는 패들이 늘어갔다.

그들이 주둔해 있는 막사 옆 숲 속에 사당 하나가 있었다.

진승은 오광을 시켜 여우 목소리를 흉내내어 이렇게 외치게 했다.

"대초장흥(大楚將興), 진승위왕(陳勝爲王)"

뜻인즉 초(楚)나라가 장차 일어나서 진승이 임금이 된다는 것이었다.

그들 속에는 갑자기 이상한 공기가 돌기 시작했다. 금방 난리가 일어날 것만 같았다.

초나라는 진나라와 거리도 멀었고 나라도 컸으며 끝까지 잘 싸우다가 억울하게 망한 나라이다. 진나라가 망한다면 초가 일어날 것은 뻔한 일이었다.

9백 명 병사들은 진승에게로 똘똘 뭉치게끔 되었다. 거기에는 오광의 숨은 공로가 컸다.

마침내 기회가 왔다. 날이 개자 오광은 트집을 잡아 징병관들의 독선적인 처우방법을 공박했다.

징병관은 분을 못참으며 칼을 쑥 빼들었다. 오광을 죽일 작정이었다.

그때 옆에 있던 진승이 번개같이 징병관이 들고 있는 칼을 빼앗아 징병관의 목을 날렸다.

혹은 무서워 떨고 혹은 잘 죽였다고 환성을 올리며, 벌통을 쑤신 듯 와글거리는 병사들을 진승은 위엄있고 힘찬 목소리로 진정시킨 다음 일장 연설을 토했다.

"우리들이 살아날 길은 오직 하나 밖에 없다. 그것은 우리들을 괴롭혀 온 진나라와 싸우는 길이다. 우리들의 나라를 우리들의 손으로 다시 일으키자! 우리 백성들만이 벌레 같은 대우를 받아야만 할 이유는 없는 것이다."

박수갈채가 쏟아져 나왔다. 진승은 다시 이야기를 계속하여 끝에 가서 이렇게 소리 높이 외쳤다.

"왕후장상이 어찌 씨가 따로 있겠느냐? 양반 상놈이 정해져 있는 건 아니다. 일어나라! 앞으로 나아가자! 우리 다같이 뭉쳐 원수의 진나라를 쳐서 무찌르고 우리들의 낙원을 건설하자!"

그의 웅변에 도취된 군중들은 같이 소리 높이 외쳤다.

"뭉치자! 나아가자! 싸워서 이기자!"

그들의 기세는 대단했다. 구백 명 농민병들은 곧 기현 고을을 함락시켰다.

울분에 싸여 있던 농민들은 저마다 무기를 들고 진승에게로 모여들었다.

그들의 일군은 동으로 진격해서 동성을 공격하고 진승, 오광의 주력부대는 서쪽으로 진(陳)을 향해 갔다.

진승이 진으로 입성했을 때 군사는 2만 명을 넘었다.

진승은 진에서 스스로 왕이 되고 나라 이름을 장초(張楚)라 불렀다.

장초의 뜻은 초나라를 크게 만든다는 과도정부적인 임시 명칭이었다.

즉 호랑이같이 무섭게 보이던 진(秦)에 항거해서 처음으로 농민을 바탕으로 한 혁명정부가 수립된 것이다.

중국 역사를 통해 농민 봉기의 새정권이 수립된 것은 이것이 처음이고 또 대규모적인 것이었다.

이상은 사마천이 쓴 「사기」의 진섭세가(陳涉世家)에 나오는 이야기이다.

진시황의 진나라가 망하고 초한(楚漢)의 8년 풍진 끝에 중국 판도가 다시 한(漢)으로 바뀐 것도 실은 이 진승이 첫봉화를 올림으로써 이루어진 것이다.

그는 비록 성공을 못하고 말았으나 그 용기와 의지를 높이 평가하여 뒷사람들은 큰 일의 앞장을 설 경우 진승 오광이 되겠다는 말을 하게 되었다.

그리고 '제비, 참새가 어찌 기러기의 뜻을 알랴?' 하는 말과 '왕후장상이 씨가 따로 없다'는 말은 영원히 사람들의 입에 오르내리게 되었다.

요동시(遼東豕)

후한 세조(世祖) 광무황제(光武皇帝) 때 이야기이다.

왕망(王莽)이 한나라를 없애고 스스로 신(新)이라는 나라를 세워 10여 년간 좀 색다른 개혁정치를 했다.

사방에서 반란군이 일어나 왕망을 대적해 싸웠다. 이른바 녹림(綠林) 인사들이 민병 혹은 의병 형식으로 부잣집 창고를 털고 관리들을 죽이고 하던 혼란한 시기를 이룬 것이다.

동서남북으로 10여 명이 넘는 영웅들이 저마다 천자가 되어 보

284

겠다고 군사를 일으켜 중국 천지는 온통 주인 없는 아수라판이 되고 말았다.

맨 나중에 등장해서 정식 천자가 된 것이 바로 광무황제다.

반란 세력을 통합 혹은 평정하여 낙양에 도읍을 정했다.

그러나 초기에는 아직 반란 세력들이 사방에 할거해 있어서 기회만 있으면 중원으로 쳐들어 갈 생각들을 하고 있는 어수선한 시기였다.

그때 대장군 주부(朱浮)는 유주(幽州)의 목(牧)으로 있었다. 유주라면 지금 남만주 일대를 말한다. 대장으로서 군사를 통솔하며 지방장관을 겸하고 있은 셈이다.

그는 퍽 지혜있고 착한 사람이어서 이제 전쟁도 끝나고 했으니 각 고을에 있는 창고를 풀어 굶주린 백성들을 돕고 착한 선비를 골라 모든 행정의 질서를 바로잡으려 했다. 그런데 같은 시기에 어양(漁陽) 태수(太守)로 있던 팽총(彭寵)이란 자가 이를 극력 반대했다.

"지금 천하는 아직 안정이 안 되고 장차 어떤 일이 있을지 모르니 군량을 위해 곡식을 보관할 필요가 있소."

어양이라면 천진·이북 북경 동쪽지방을 말하는데 팽총은 광무제를 도운 공이 있다 해서 스스로는 자못 천하 제일공신인양 알고 있었다.

그런 반면 그는 은근히 역심을 먹고 있었다. 대세를 따라 광무제를 받들기는 했지만 기회만 있으면 어양 일대를 기반으로 새로운 왕국을 건설할 계획이었다.

결국 창고 곡식을 푸는 것을 금하는 영이 내렸다.

그러나 주부는 이에 불응하는 한편 팽총의 불온한 내막을 낙양에다 보고했다.

소식을 알게 된 팽총은 군사를 일으켜 주부를 치려 했다.

주부는 또 주부대로 편지를 써서 팽총에게 보냈다.

"당신은 태수의 지위에 앉아 군사의 양식을 아끼고 있으나 나는 나라의 도둑을 무찌르기 위해 착한 선비를 필요로 하고 있소. 이

것은 나라의 중대사요. 내가 당신을 거짓 참소한 줄로 의심이 가
거든 자신이 직접 천자께 가서 호소하는 것이 좋으리다. 당신은 경
황(耿況)과 함께 천자를 도왔고, 또한 도운 이상으로 은총을 받았
는데 당신 혼자만이 가장 공로가 큰 줄로 알고 있단 말이오. 당신
은 이런 이야기를 들은 적이 있소?

　옛날 요동(遼東)의 어떤 사람이 머리가 흰 돼지새끼를 얻게 되
었소. 이거야말로 천하에 없는 귀중한 물건이라 해서 천자께 바치
려고 그것을 가지고 서울로 갔소. 그가 강동(江東)에 이르렀을 때
강동의 돼지는 모두 자기가 가지고 가는 것과 똑같은 돼지들 뿐이
었소. 그래서 몹시 부끄러워하며 돌아갔다고 하오. 만일 당신의
공로를 가지고 조정에 있는 공신과 비교를 한다면 당신도 한낱 요
동돼지에 불과할 것이오.”

　이렇게 그를 혹평한 다음 다시 그의 반란 계획의 어리석음을 꾸
짖었다.

　“지금 천하의 크기가 얼마나 되는지 아오? 각군의 성이 몇 개
나 되는지 아오? 그리고 그 실지 내용이 어떤 것인지 아오? 조
그마한 어양을 가지고 천자와 원수가 되려 하고 있소?”

　정면으로 그의 어리석음을 지적한 것이다.

　그러나 팽총은 스스로 잘났다는 생각에 끝내 반란을 일으켜 스
스로 연왕(燕王)이라 일컬었다.

　그러나 2년 후 참패함으로써 완전히 요동돼지가 되고 말았다.

요령부득(要領不得)

　한(漢)나라 무렵까지도 만리장성 서쪽은 수수께끼 지역이었다.
모래바람이 부는 사막 북쪽에는 흉노가 있어서 때때로 중국을 침
범해 왔다. 감숙(甘肅)에는 월씨(月氏) 나라가 있었다. 그 남쪽에
는 티베트 계통의 강(羌)이 유목생활을 하고 있었다. 그러나 사막
건너 서쪽에는 무엇이 있는지 거의 모르는 판국이었다. 그럴 무렵,

멀리 서방으로 여행하여 그 상황을 전해 준 자가 있었으니 그 이름을 장건(張騫)이라고 한다.

한나라 무제(武帝) 때 흉노는 그 전성기에 있었고, 동은 열하(熱河)로부터 서쪽은 터키 땅까지 복속시켜 한나라는 이로 인해 크게 괴로워했다. 때마침 무제는 흉노의 포로로부터 들은 어떤 말에 마음이 동했다. 월지가 흉노에게 쫓겨 흉노를 깊이 원망하고 있다는 것이었다. 그러면 월지와 손을 잡고 흉노를 치면 어떨까? 무제는 월지에 사신으로 갈 사람을 구했다. 이 무제의 구함에 응한 자가 장건이었던 것이다.

그러나 장건은 도중 흉노에게 잡혀 10여 년간 포로생활을 하다가 기회를 엿보아 탈출하여 서방으로 몸을 피했다. 천산산맥(天山山脈)의 험준한 골짜기를 누벼 가까스로 대원국(大宛國)에 이르렀다. 거기서 월지가 더 먼 서방에 있다는 사실을 알게 되어 강거(康居)땅을 지나 간신히 아무 강(江) 북쪽에 있는 월지의 궁궐에 도착했다.

장건은 월지왕을 만나 무제의 뜻을 전했다. 그러나 그때는 이미 사정이 달랐다. 월지는 이미 그 서방지역에 옮긴 후 남쪽의 대하(大夏)를 속국으로 삼고 토지의 풍요와 평화를 누리고 있었다.

그리하여 옛 원한 때문에, 멀리 떨어져 있는 흉노와 싸울 뜻은 없었다. 그는 대하까지 가서 이를 다시 획책하였으나 월지를 움직일 수는 없었다.

이에 대하여 「사기」 대원전(大宛傳)과 「한서」 장건전(張騫傳)에는, '끝내 사명인 월지의 요령(要領)을 얻지 못하고 머물기 1년만에 돌아오고 말았다'고 했다.

이 요령에 대해서는 몇 가지 해석이 있다.

요는 허리[腰], 령은 목덜미라는 뜻이라는 것이 그 첫째로「여람(呂覽)」의 계추기편(季秋紀篇)에 이런 말이 나온다.

'요령이 이어 있지 않아 목과 다리가 따로 있다.'

목과 허리가 떨어져 있다는 뜻이다.

또 한 가지 요령은 옷허리와 깃이라는 뜻으로 옷에는 이 두 가

지가 있어야 한다는 것인데 중요한 점, 줄거리라는 뜻에는 변함이
없는 것 같다.
　‘요령부득’이라든가 ‘요령이 좋다’는 말은 지금은 일반적인 말
로 혼히 쓰이고 있다.

우공이산(愚公移山)

　태행산(太行山)과 왕옥산(王屋山)은 그 둘레가 사방 7백 리, 높
이는 만 길이나 되는, 예전에는 기주(冀州)의 남쪽, 하양(河陽)의
북쪽에 있었다.
　그 시대에 나이 이미 아혼 살에 가까운 북산(北山)의 우공(愚
公)이란 사람이 이 두 산을 마주보는 위치에 살고 있었는데 산
이 북쪽을 가로막고 있어 어디를 가자면 반드시 이 산들을 넘어야
했다.
　“허참, 저놈의 산이 가로막혀서 불편해 죽겠구먼！”
　그는 집안 식구들을 불러 앉히고 의논을 했다.
　“나는 너희들과 있는 힘을 다 합쳐서 험한 산을 편편하게 깔아
뭉개고 예주(豫州)까지 훤한 한길을 닦고, 또 한수(漢水) 남쪽까
지 막히는 것 없이 갈 수 있도록 만들고 싶은데 너희들 의견은 어
떠하냐？”
　“좋은 생각이십니다.”
　모두들 이구동성으로 찬성을 했다. 그러나 그 부인만은 고개를
갸우뚱거리며 이의를 제기했다.
　“참 딱도 하우. 당신 재간으론 작은 언덕 하나도 허물기 어려울
텐데 태행산이나 왕옥산 같은 큰 산을 어떻게 하겠다는 거요. 게
다가 파낸 돌과 흙은 어떻게 처리합니까？”
　그러나 다른 사람들은,
　“그 흙이나 돌은 발해(渤海)의 바닷가나 은토(隱土) 끝에 버리
면 되잖소.”

하고 기세가 대단하더니 기어코 의논이 결정되었다.

우공은 세 아들과 손자들에게 흙과 돌을 운반하게 하고 자신은 돌을 쪼개고 흙을 파헤쳐서 삼태기나 들채에 그것을 담아서는 발해의 바닷가로 운반시켰다.

우공의 이웃에 사는 경성씨(京城氏)의 과부에게 이제 고작해야 예닐곱 살밖에 안 되는 아들이 있었는데 그 어린 아들이 나도 돕겠다고 덤벼들었다. 그러나 아득히 먼 발해까지 한 번 갔다오자면 1년이 걸리는 형편이었다.

어느 날 황하 강변에 살고 있는 지수(智叟)라는 사람이 이 모양을 보고 웃으면서 우공에게 말했다.

"여보시오, 당신도 어지간히 멍충이구려. 늙어 꼬부라진 당신의 보잘것없는 힘으론 산의 한모퉁이를 허물기도 어려울 텐데, 이렇게 큰 산의 돌과 흙을 어떻게 하겠다는 거요?"

그러자 우공은 상대를 가엾게 여기는 듯 한숨까지 내쉬며 이렇게 대답했다.

"당신 같은 생각이 얕은 사람에겐 도저히 모를 일이겠지. 당신의 지혜는 저 과부댁의 아들만도 못해. 자, 생각해 보우. 비록 늙어 꼬부라진 내가 얼마 안 가서 죽는다 하더라도 아들은 남을 것이고, 아들은 또 손자를 낳고, 손자는 다시 아들을 낳소. 그 아들이 또 아들을 낳고, 손자를 볼 테니, 자자손손 끊어지지 않을 게 아니오. 그러니 언젠가는 반드시 편편한 평지가 될 날이 올 게 아니겠소."

그 말을 들은 지수는 대꾸할 말이 없었는데 그보다 더 놀란 이는 이 두 산의 주인인 사신(蛇神)이었다.

이렇게 언제까지나 산을 파헤친다면 큰 야단이라 싶어 부랴부랴 옥황상제에게 호소했다.

그러나 이 말을 들은 옥황상제는 오히려 우공의 진심과 끈질긴 성의를 기특하게 여겼다. 곧 힘이 센 신(神)인 과아씨(夸娥氏)의 두 아들에게 명하여 태행과 왕옥의 두 산을 옮겨 놓게 했다.

과아씨의 두 아들은 산을 등에 짊어지고 하나는 삭동(朔東) 땅에 하나는 옹남(雍南) 땅에다 옮겨놓았다. 그 이후 기주의 남쪽과 하양의 북쪽에는 얕으막한 언덕조차 찾아볼 수 없었다.

이상은 「열자」탕문편(湯問篇)에 쓰여져 있는 '우공이산(愚公移山)의 우화(寓話)'의 줄거리이다.

여기에선 평야 개척을 주제로 하는 토지 전설로서의 민속학적 의의도 십분 인정되지만 그보다도 꾸준하게 노력하며 그치지 않으면 아무리 큰일이라도 반드시 성공할 수 있다는 비유로 읽는 편이 더 재미있을 것이다.

우물 안 개구리

전한(前漢)이 망하고 왕망이 신이란 나라를 세웠으며 그 뒤를 이어 후한(後漢)이 일어서려 할 무렵에 마원(馬援)이란 인재가 있었다.

마원은 자(字)를 문연(文淵)이라 했는데 그 선조는 전한의 무제(武帝) 때 벼슬살이를 하였고 마원의 형 세 사람은 모두 재능이 있어서 관리가 되었지만 큰 뜻을 품고 있던 마원만은 한동안 벼슬할 생각을 하지 않고 조상의 묘지기로 있었다.

그후 군장(群長)이란 직책을 맡게 된 그는 죄인을 호송하여 서울의 재판소로 가는 도중 죄인을 불쌍히 여겨 도망치게 한 다음 자신도 벌을 겁내어 북방으로 망명했다.

그뒤 그는 그 죄를 용서받고 농업과 목축에 종사하여 오래지 않아서 큰 부자가 되었다. 마원 밑에서 일을 하여 생계를 유지하는 집만도 수백 호가 되었으니 그의 재산을 짐작할 수 있을 것이다.

그러나 마원은,

"부자의 덕(德)이란 남에게 재물을 베풀어 주는 데 있다. 그렇지 않으면 단순한 수전노에 지나지 않는다."

하면서 전재산을 사람들에게 나누어 주고 자신은 떨어진 옷을 입고 일에만 열중했다.

그리고 얼마 후 마원은 농서(隴西)의 외효(隗囂)를 섬기게 되고 그의 막료로서 신뢰를 받게 되었다. 이 무렵 촉(蜀) 땅에서 공손술(公孫述)이란 자가 스스로 제(帝)라 일컫고 있었다. 외효는 이 사람이 도대체 어떤 인물인지 마원에게 정탐을 하게 했다.

마원과 공손술은 같은 고향 출신이며 본래 친한 사이였다.

"내가 찾아가면 맨발로 쫓아나와 손을 흔들면서 옛날처럼 너, 나 하는 식으로 말하게 될 테지."

마원은 이렇게 옛 친구를 만나는 기쁨을 안고 떠났다.

그런데 공손술은 계단 밑에 무장병을 도열시키고 윗자리에 앉아서 잔뜩 거만한 태도로,

"옛정을 생각해서 너를 장군으로 특채할 테니 이곳에 머물도록 하라."

하고 거드름을 피웠다.

마원은 생각했다.

(천하는 아직 자웅이 결정되지도 않았는데 공손술은 두터운 예로써 천하의 국사현자(國士賢者)를 맞이하려 않고 우스꽝스러운 거만을 떨며 위엄을 차리기에 급급하구나. 이런 놈이 천하를 도모할 까닭이 없다.)

마원은 그 길로 발걸음을 돌려 돌아와서 외효에게 보고했다.

"그 녀석은 정말 우물 안 개구리(井中之蛙)입니다. 손바닥만한 촉 땅에서 잘난 척하는 재간밖에 없는 위인입니다. 상대하지 않는 게 좋겠습니다."

그래서 외효는 공손술과의 우호를 단념하고 후한의 광무제와 수호하기로 했다.

마원은 외효의 명을 받들고 한도(漢都)에 가서 세조 광무제와 만났다.

세조는 말했다.

"경(卿)은 먼저는 촉제(蜀帝)를 만나고, 지금은 짐을 찾아왔는데, 무슨 까닭인가?"

마원은 삼가 아뢰었다.

"지금은 임군이 신하를 고를 뿐 아니라 신하도 임군을 골라서 섬깁니다. 공손술은 무장병을 도열시킨 자리에서 저와 만났습니다. 그러나 폐하께서는 지금 자객인지도 모를 저를 호위도 없이 만나시는 데 감격했습니다."

광무제는 웃으며 말했다.

"보면 알지. 경은 자객이 아니라 세객(說客)이고 천하의 국사야. 그런 짓을 하면 예의가 아니지 않겠는가."

「장자」의 추수편(秋水篇)에 또 하나 이런 이야기가 실려 있다.

──북해의 해신(海神)이 말했다.

"우물 안 개구리가 바다를 말하지 못하는 것은 자기가 살고 있는 곳밖에 모르기 때문이다. 여름벌레가 얼음에 대한 지식이 전혀 없는 것은 여름밖에 생각하지 않기 때문이다. 한쪽 문제밖에 모르는 사람과 더불어 도(道)를 논할 수 없는 것은 자기가 배운 바에 속박되기 때문이다……"

여기에서 '부지대해(不知大海)'란 말이 유래되었다.

우직지계(迂直之計)

「손자」 군쟁편(軍爭篇)에 나오는 말이다.

적군보다 늦게 출발하면서도 일부러 길을 돌아감으로써 적을 안심시킨 뒤 방해군이 없을 때 먼저 도착한다는 뜻으로 이를 가리켜 우직지계(迂直之計)라고 한다.

손자의 말에 의하면 전쟁이라는 것은 우선 장수가 군주의 명령을 받들어 군사를 모아 군대를 편성하고 진지를 구축하여 적과 대치하는 순서로 전개하는 것인데 제일 어려운 것은 그 다음 단계, 즉 전투방법이다.

그리고 전투에 있어서의 승리와 패배는 종이 한 장 차이인, 우직지계를 알고 있는가 없는가의 여부에 달려 있다는 것이다.

예를 들면 원정을 할 적에 우직지계를 알지 못하고 주야를 막론하고 강행군한다면 강한 자만이 앞서고 약한 자는 뒤에 처져서 결국은 반감된 군세로 적과 싸우는 꼴이 된다. 그러므로 승리는 도저히 기대할 수 없게 되는 것이다.

그리하여 손자는, '전술의 근본은 적을 기만하는 데 있다'고 갈파한다.

이를테면 행동의 결정은 적을 기만함으로써 유리한 상황 속에서 이루어지고 또한 그 행동은 병력의 분산과 집중이 교묘히 실시되는 변화무쌍한 것이어야 한다.

'그 빠르기는 바람과 같고, 그 고요함은 숲과 같으며, 침공할 때에는 불처럼, 움직이지 않기는 태산처럼, 알기 어렵기 그림자처럼, 일단 움직일 때에는 벼락처럼 해야 한다.'

이렇게 변화무쌍, 신출귀몰한 행동만이 전투의 원칙이라고 손자는 말한다.

흔히 옛 장군들이 자주 말한 풍림화산(風林火山)이란 말도 여기에서 비롯된 것이다.

운용(運用)의 묘(妙)는 마음에 달려 있다

한민족(漢民族)은 오래 전부터 북방의 여러 나라와 싸워 왔다. 그리고 송대(宋代)에 이르러 이 북방에서의 큰 파도는 중국 전역을 삼킬 듯한 세력으로 밀려 왔다.

글안[契丹]의 나라인 요(遼)에 뒤이어 송화강(松花江) 유역에서 일어난 여진족(女眞族)의 나라 금(金)이 차츰 강대해지기 시작했다.

1127년, 드디어 남하한 금나라 대군은 송나라 서울 변경(汴京)을 함락시켰다. 송제(宋帝) 휘종(徽宗)과 흠종(欽宗), 그리고 황후와 대관(大官)들도 모두 사로잡혀 북방으로 끌려갔다. 송나라의 남은 세력은 휘종의 아우 고종(高宗)을 황제로 옹립하고 남쪽으로 천도(遷都)하기에 이르렀다.

이때 변경유수(汴京留守)로 남아서 금군(金軍)과의 제일선을 지탱한 사람은 종택(宗澤)이었다.

이 종택 휘하에 악비(岳飛)라고 하는 젊은 장수가 있었다. 농민 출신인 그는 어렵지 않게 3백 근의 활을 당기는 힘장사였다. 그는 과감한 행동으로 여러 차례 공을 세웠다. 그러나 종택은 이 청년의 능력을 더욱 키워보고 싶었다. 어느 날 종택은 악비를 불러 놓고 말했다.

"너의 용기와 재능은 옛 명장도 따르지 못할 정도이다. 그러나 한 가지 주의를 주고 싶은 게 있다. 너는 야전(野戰)하기를 좋아하지만 그것은 만전의 계책을 세운 싸움이라고는 말하기 어렵다. 이것을 보아라."

그러면서 악비 앞에 내놓은 것은 군진(軍陣)을 치는 방식을 설명한 진도(陣圖)였다.

이때였다. 젊은 악비는 고개를 발딱 쳐들고 조금도 거리낌없이 말했다.

"진을 쳐놓고 그 뒤에 싸우는 것은 전술의 상도(常道)입니다. 그러나 운용(運用)의 묘는 마음에 달려 있다고 믿습니다."

전술은 방식이다. 그 모양만으로는 쓸모가 없다. 이것을 활용하느냐 못하느냐는 그 사람의 마음 여하에 달려 있다는 것이었다. 활용하지 않는다면 모양만으로는 아무런 가치도 없다. …… 이렇게 설명하는 악비에게서 종택은 보통 이상의 재능이 번뜩이고 있는 것을 알아냈다. 그는 빙긋 웃었다.

"좋다!"

종택은 이후 황제 측근의 동향을 통탄하면서 죽었다. 그의 눈은 틀림이 없었다. 악비는 차츰 두각을 나타내어 남송(南宋)의 명장이 되어 금의 세력을 막기 위해 잘 싸웠다.

그러나 애석하게도, 금과의 화친을 주장하는 진회(秦檜)의 모략으로 피살되었으며 그의 죽음을 애석해 하는 사람들은 그를 신(神)으로 모시고 제단을 만들어 그 용맹을 추모했다.

원교근공(遠交近攻)

이 원교근공(遠交近攻)의 외교 군사정책은 아직까지도 그 생명을 유지해 오고 있다.

원교는 먼 이웃과는 친하게 지내라는 뜻이고 근공은 국경을 맞대고 있는 이웃은 기회 있는 대로 먹어치우라는 이야기이다.

동서고금을 막론하고 침략에 성공한 여러 나라들은 그 성공의 비결이 이 '원교근공' 네 글자에 집중되어 있다.

나폴레옹의 실각이 아프리카와 러시아의 원정에서 왔고, 히틀러의 첫성공이 소련과 손잡은 데서 왔고, 마지막 망한 것은 먼 미국을 적으로 대하지 않을 수 없었기 때문이다.

또한 2차대전 후 동부유럽을 물밀듯이 휩쓸어 소련이 일거에 공산국가를 만들어 버린 것도 영국, 미국과 손을 잡고 있었기 때문이다.

일본이 우리나라를 침략할 때에도 소위 일영동맹(日英同盟)이란 것으로 영국과 손을 잡았기 때문에 러시아와 싸워 이길 수 있었고, 우리나라와 만주를 집어삼키는 데 성공했던 것이다.

그러나 그들이 필경 망하고 만 것은 욕심이 지나친 점도 있지만 소련, 영국, 미국을 상대로 원교에 성공을 못하고 근공에만 전력을 기울였기 때문이다.

그런 군사외교의 부국강병책을 원교근공의 네 글자로 요약해 낸 이는 지금부터 2천 3백 년 전의 범수(范睢)라는 사람이다.

범수는 원래 위(魏)나라 사람이었다.

그는 위나라 임금의 총애를 받는 가수(賈須)라는 사람 밑에서 문객(門客) 노릇을 하고 있었다. 그 당시는 이를 사인(舍人)이라 불렀다.

어느 때 가수는 왕명을 받들어 제(齊)나라에 친선 사절로 간 적이 있었다. 가수는 수행원으로서 여러 사인들 중에서 10여 명의 인재들을 골라냈는데 그 중에 범수도 끼게 되었다.

제나라 왕과 만난 자리에서 가수는 왕의 질문에 대답을 제대로 못했다. 국내 사정에 어두웠기 때문에 대답할 건덕지도 없었지만 어떻게 대답을 해야 좋을지 종잡을 수 없었다.

범수가 보다못해 가수의 체면에 걸리지 않을 정도로 재치있는 대답을 했다.

왕이 묻는 것이 꼭 가수를 보고 묻는 것도 아니었고 환영만찬회 비슷한 자리에서 여담으로 물어온 것이기 때문에 대신 대답할 수도 있었다.

제나라 임금은 범수의 재치있는 대답과, 분위기를 교묘히 이끌어나가는 데 은근히 호감이 갔다.

잔치가 파하고 각자 헤어져 객사에 들었을 때 제왕은 사신을 보내 범수에게 제나라에 남아 벼슬할 것을 청해 왔다.

범수는 정중히 거절했다.

"대왕의 뜻은 감사하오나 때가 때인만큼 지금은 안 되옵니다. 사신을 따라온 사람이 본국에 돌아가지 않고 남의 나라에 눌러앉는다면 남들이 무슨 중대한 기밀이라도 제공한 줄로 여길 터이니 청을 받아들일 수 없습니다."

사신은 한숨을 내쉬고 돌아갔다.

얼마 후 사신은 다시 왔다. 이번에는 귀중하고 값비싼 보물들을 선물로 가져왔다. 후일을 위해 그의 환심을 사려는 뜻에서였다.

그러나 범수는 여전히 거절했다.

"받을 수 없습니다. 상관이 있는데 아랫사람이 사사로이 물건을 받는다는 것은 남의 의심을 받기에 꼭 알맞습니다."

사신은 다시 한숨을 짓고 돌아갔다.

그런데 이것을 본 사람이 있었다. 그는 바로 가수가 비밀리에 보낸 사람이었다.

가수는 자기가 못난 것을 절실히 느낀 나머지 범수가 고마운 반면 은근히 시기가 났다. 자격이 없는 사람은 유능한 부하에게 제대로 실력발휘를 못 시키는 법이다.

본국으로 돌아오자 가수는 범수가 제나라 사람과 비밀리에 만났다는 이야기를 그 당시 위나라의 실권을 잡고 있던 위제(魏齊)라는 정승에게 일러바쳤다.

그날은 공교롭게도 위제의 생일날로 위제의 집에서는 큰 잔치가 벌어졌고 고관대작과 명사들이 대청에 그들먹하게 모여 있었다.

성질이 급하고 잔인하기로 이름난 위제는 곧 범수를 잡아다가 매를 치며 사실을 불게 했다.

춘향전의 변학도가 생일날 춘향을 매질할 계획을 세웠듯이 역시 교만한 인간들은 여러 사람이 보는 앞에서 하대를 해야만 직성이 풀리는 것인지도 모를 일이다.

범수는 엉덩이살이 해어져 뼈가 나올 정도로 맞고 나중에는 기절을 해버렸다.

해는 이미 저물었고 손님들도 차츰 돌아가기 시작했다.

위제란 인간은 돌아가는 사람들에게 뜰 밑에 죽어 뻗어 있는 범수에게 소변을 보도록 시켰다.

"여러분들, 그 역적 놈의 더러운 살에 소변이나 보고들 가십시오."

그것은 하나의 여흥으로 이루어진 모욕행위였다. 그러나 그것이 범수를 구해 내는 수단이 될 줄은 꿈에도 몰랐다.

위제는 취중에, 죽은 범수를 들판에 버리도록 시켰다.

삼경이 지나서야 깨어난 범수는 옆눈질을 해가며 주위를 살폈다.

한 사람이 옆으로 다가오고 있었다. 그것은 그의 친구 정안평(鄭安平)이었다.

정안평이 범수를 집으로 데려다 주려 하자 범수는 이를 거절하고 정안평의 집으로 가기를 원했다.

"위제란 놈은 의심이 많은 놈이라 술이 깨면 나를 버린 걸 후회할 거야. 이곳에 왔다가 내가 없으면 집으로 갈 것이 틀림없다. 그러니 자네 집에다 나를 숨겨 두고 우리 집에는 정말 내가 죽은 걸로 소식만 전해 주게. 내 몸이 회복될 때까지는 비밀을 지켜야만 되네."

정안평은 범수를 집으로 옮긴 다음 그의 집으로 죽었다는 소식을 전했다. 집에서는 울고 불고 온통 야단이 났다.

위제는 새벽녘에 잠이 깼다. 어젯밤 일이 어렴풋이 되살아났다.

범수가 죽었다고 버리라고 한 것은 잘못이었다고 생각됐다. 매를 맞고는 좀체로 안 죽는 것이 사람이다.

그는 이불 속에서 사람을 불러 범수의 행방을 알아보고 도로 잡아다가 감옥에 넣으라고 명령을 내렸다.

버린 들판에도 그의 집에도 범수가 없자 호랑이나 들짐승이 물어갔으려니 간단히 생각하고 말았다.

한 달 후 범수는 몸이 회복되었다. 석 달 후 진(秦)에서 왕계(王稽)라는 사신이 왔다. 범수는 정안평을 통해 그를 비밀리에 만났다.

왕계가 떠나는 날 범수는 변장을 하고 왕계의 수레 밑바닥에 숨어서 무사히 진나라로 갈 수 있었다.

범수는 진나라에서 정승이 되었다. 그가 정승이 되어 내세운 당면정책이 바로 원교근공이었다.

멀리 초나라와 제나라를 잘 사귀어 둠으로써 그들이 한(韓), 위(魏), 조(趙) 세 나라를 돕지 못하도록 해두고 기회 있는 대로 한, 위, 조, 세 나라를 먹어들어 간다는 방침이었다.

그 정책이 성공한 것은 사실이나 그 이야기는 길게 할 것이 못된다.

정승이 된 범수는 멋있는 연극을 하기로 결정을 내렸다.

우선 자기 이름을 당분간 장록(張祿)이라는 가명을 쓰기로 했다.

진나라에 새 정승이 들어앉았다는 소식을 들은 각국에서는 축하 사절들이 줄을 이었다.

원수는 외나무다리에서 만난다고 위나라에서는 하필이면 가수가 축하사절단장 격으로 진나라에 오게 되었다.

거리가 가까왔으므로 제일 먼저 들어온 가수였으나 정승이 부르지 않으므로 멀리서 늦게 온 초나라 사신들이 돌아가도록까지 축하임무를 마치지 못하고 있었다.

　그 당시는 정승의 권리가 임금의 권리를 압도할 만큼 높았다. 가수는 몹시 몸이 달았다. 장록이 범수인 줄은 꿈에도 생각 못하고──.

　초조히 객관에 머물러 등불을 돋우고 수심에 잠겨 있는데 문을 똑똑 두드리는 사람이 있었다.

　"누구냐?"

　"저올시다."

　"저가 누구냐?"

　"범수올시다."

　"뭐, 범수라고?"

　가수는 아닌 밤중에 원수의 혼을 만난 것만 같아 정신이 아찔했다.

　"들어가도 괜찮습니까?"

　"으응……들어오시지."

　가수는 그제야 정신이 다소 들었다.

　방에 들어온 범수는 옷이 다 떨어지고 형색이 말이 아니었다.

　"나는 죽은 줄 알았는데……그때는 참 미안했소. 정승이 그렇게 혹독하게 다룰 줄은 몰랐소."

　그러면서 자기가 입을 비단옷 한 벌을 꺼내 주며 말했다.

　"춥겠소, 이걸 입으시오."

　"대감께서 오셨다는 말을 듣고 찾아뵙고 싶어 왔습니다만, 아직도 일을 끝마치지 못했습니까?"

　"그래서 걱정이오. 장록인가 하는 사람이 나와 무슨 원한이 있을 턱도 없는데 도무지 바쁘다면서 만나 주지를 않으니……."

　"제가 한번 말씀을 드려 볼까요?"

　"아니, 당신이 어떻게?"

　"저는 지금 장상부에서 녹사(錄事) 노릇을 하고 있습니다. 오늘 저녁에는 혹시 누가 볼까 싶어 일부러 이렇게 하고 왔지요."

　"아 그래, 그것 잘됐구려. 제발, 힘을 좀 써주시오. 너무 늦어서 조정에서는 걱정들을 하고 있을 테니.”
“그럼 되는 대로 제가 모시러 오겠습니다.”
범수는 비단옷 한 벌을 받아들고 객관에서 나왔다.
이튿날 범수는 장록 승상의 수레를 몰고 가수를 객관으로 모시러 왔다.
생각이 얕은 가수는 갑자기 기고만장해져서 승상의 마차에 올라 상부로 향했다.
연도의 백성들은 정승이 말고삐를 손수 잡고 지나가는 것을 보고 황송해서 머리를 숙인 채 길을 피했다.
가수는 진나라 백성들이 자기를 보고 경의를 표하는 줄 알고 어깨가 으쓱해졌다.
범수는 가수를 정문 앞에 세워 두고 혼자 수레를 몰고 안으로 들어갔다.
혼자 남은 가수는 안에서 접관이 영접을 나올 줄로 알았는데 웬일인지 감감소식이었다.
아침 열 시쯤 도착한 사람이 오후 세 시까지 꼬박 대문 밖에 서 있었다.
지나가는 사람이라도 있으면 물어보기라도 하겠는데 사람이라고는 그림자도 보이지 않았다.
다리는 아프고 배에서는 쪼르륵 소리가 들려왔다.
그럴 무렵 웬 영감 하나가 안으로부터 나왔다.
사막에서 오아시스를 발견한 만큼이나 기뻤다.
“여보 영감! 나 위나라 사신인데, 아침에 승상부 심부름으로 승상의 어용마차로 나를 태우고 왔던 범수가 들어가서는 다시 안 나오니 대체 어찌된 일이오?”
영감이 알 리가 없을 줄 알면서도 답답한 김에 마구 털어놓았다.
“범수요? 범수가 누굴까?”
“왜, 나와 같이 온 사람 있지 않습니까?”
“그럼, 아침에 마차를 혼자 몰고 들어오신 분 말인가요?”
“네 네, 바로 그 사람 말입니다.”

“그분은 범수가 아니고 장록 승상이신데······”
영감은 실상 범수가 내보낸 사람이었다.
가수는 그제야 꿈을 깬 기분이었다.
이상하다 했던 생각이 모두 들어맞는 것만 같았다.
(아이쿠, 이제 나는 죽었구나!)
도망갈 구멍이라도 있으면 들어가겠는데 도망칠 장소마저 없었다.
식은땀을 바작바작 흘리며 사시나무 떨듯 떨고만 있던 가수는 결심을 다시 하고 최후의 수단을 써보기로 했다.
윗도리를 벗어 죄인이 하는 식으로 등뒤로 젖히고는 무릎으로 슬슬 기어서 대청 밑으로 가 엎드렸다.
“죄인 가수 죽을 죄를 짓고 승상 앞에 대령했소이다.”
이마를 조아리며 슬픈 소리로 외쳤다.
반 시간 가량 지나서야 영창문 여는 소리가 들렸다.
“머리를 들어 나를 보아라!”
범수의 우렁찬 목소리가 들려왔다.
“감히 우러르지 못하겠소이다.”
“내 너를 죽일 생각이었으나 네가 아직 옛정을 잊지 않고 있다는 것을 알았기 때문에 목숨은 살려 준다. 그대신 네게 전할 말이 있고 부탁할 일이 있다.”
“분부대로 거행하겠습니다.”
“돌아가는 길로 내 가족과 정안평의 가족들을 내게로 보내라.”
“지당하신 분부인 줄 아옵니다.”
“다음은······”
범수는 배에 힘을 주었다.
“위제의 목을 베어 내게로 보내라! 만일 위제를 살려두거나 도망을 보내면 내 백만 대군으로 그 까닭을 물으리라.”
“분부대로 거행하겠습니다.”
가수는 무사히 본국으로 살아 돌아갔다. 범수와 정안평의 가족들도 무사히 진나라로 왔다.

그러나 명색이 한 나라의 정승인 위제의 목을 베어 보낸다는 것
은 위신 문제는 둘째로 치고 정의상 그럴 수가 없었다.

위나라 임금은 비밀회의만을 거듭하고 있었다.

불안해진 위제는 조나라로 망명을 했다.

범수는 각국 정부에 사신을 보내어 위제가 있는 나라는 내 원수
의 나라라, 백만 대군으로 위제의 머리를 구하러 갈 터이니 그런
줄 각오하라고 단단히 포고했다.

도망을 다니다가 갈 곳이 없게 되자 위제는 마침내 길거리에서
칼을 물고 엎어져 죽고 말았다.

이렇게 해서 통쾌한 복수를 한 범수는 후계자를 물색해서 채택
(蔡澤)이란 사람에게 자리를 물려 주고 응후(應侯)로서 여생을 편
히 마쳤다.

원수불구근화(遠水不救近火)

노(魯)나라의 목공(穆公)은 그 공자들을 진(晋)과 형(荊)에 보
내어 벼슬을 살게 했다.

그 무렵 노나라는 옆나라 제(齊)의 위협을 받고 있었으므로 진,
형 등의 강국과 평소에 친교를 맺어 두었다가 위급할 때 그 나라
들의 도움을 받겠다는 속셈에서였다.

목공의 이같은 생각을 이저(利鉏)가 간했다.

"월(越)나라 사람을 불러다가 물에 빠진 사람을 건지려 든다면
월나라 사람이 비록 헤엄을 잘 친다 하더라도 물에 빠진 사람은
건지지 못할 것입니다. 바닷물을 길어다가 불을 끄려고 한다면 바
닷물이 비록 많기는 하지만 불을 끄진 못합니다. 먼 곳의 물로는
가까운 곳의 불을 끄지 못하는 법입니다. 지금 진과 형이 강하다
고는 하지만 제나라는 가깝습니다. 아마도 그들은 노나라를 구하
지 못할 것입니다."

월나라 사람이 헤엄을 잘 친다고 해서 물에 빠진 사람을 건지기

위해 월나라까지 사람을 데리러 간다면 너무 늦다. 월나라는 멀기 때문이다. 이를 테면 먼 데 있는 것으로는 화급할 때 쓰임새가 없다는 비유이다.

원앙지계(鴛鴦之契)

송(宋)나라 강왕(康王)에게는 한빙(韓憑)이라는 시종이 있었다. 한빙의 아내 하씨(河氏)는 보기드문 미모여서 강왕의 마음을 흔들었다.

강왕은 마침내 한빙을 변방의 경비병 겸 성을 쌓는 인부로 쫓아 버리고 하씨를 취했다. 하씨는 어느 날 남편에게 은밀히 편지를 보냈다. 혹시 중간에서 강왕이 가로챌지도 모른다는 생각에 남편만이 알 수 있도록 쓴 것이다.

예상했던 대로 강왕은 이 편지를 가로챘으나 그 뜻을 알 길이 없었다. 그때 소하(蘇賀)라는 인물이 그 편지의 뜻을 풀었다.

"비가 축축이 내린다는 것은 잊지 못해 근심하고 있다는 것을, 강은 깊고 넓다는 것은 아무리 해도 당신에게 갈 수는 없다는 것을, 해가 마음을 비춘다 함은 해에 대고 죽음을 맹세한다는 뜻인 줄 압니다."

결국 한빙은 아내의 편지조차 받지 못한 채 한이 깊어져 변방에서 자살하고 말았다. 그 소식을 전해 들은 하씨는 그때부터 옷이 삭도록 만들었다. 그리고는 강왕과 성벽을 산책할 때 아래로 몸을 던지고 말았다. 시종하던 신하들이 놀라 옷소매를 잡았으나 삭을 대로 삭은 옷은 옷소매만 떨어져 나갈 뿐이었다. 하씨는 부디 시체만은 남편 곁에 묻어달라는 애절한 유언을 남겼다. 그러나 화가 난 강왕은 하씨의 무덤을 그 남편의 무덤 맞은편에 멀찍이 만들도록 했다.

죽어서까지 서로 사랑할 작정이라면 어디 이 무덤을 합쳐보라는 잔인한 말과 함께.

얼마의 세월이 지났을 때 사람들은 양쪽의 무덤에서 똑같이 가래나무가 뻗어나와 마침내 서로 하나로 뒤엉긴 채 자라는 모습을 보게 되었다.

나무 위에는 한 쌍의 원앙이 보금자리를 만들더니 결코 그곳을 떠나지 않고 서로 목을 감은 채 슬피 울었다.

사람들은 한빙과 하씨의 사랑을 애달프게 여겨 이 나무를 '상사수(想思樹)'라고 불렀다. 그리고 원앙은 이 부부가 새로이 태어난 것이라고 믿었다.

「수신기(搜神記)」에 실려 있는 이 애절한 고사에서 '원앙지계'란 금슬이 좋은 부부 사이를 이르게 되었다.

원한 골수에 사무치다

주(周)나라 천하가 어지러워져 세상은 춘추시대가 되었다.

진(秦)나라 목공(穆公)은 명신(名臣) 백리해(百里奚), 건숙(蹇叔) 등이 내놓은 책략에 의해 착착 국력을 굳혀 춘추 오패 중의 한 사람이 되었다.

목공은 진(晋)나라를 도와 이웃의 정(鄭)나라를 토벌하려 하였으나 두 명신이 입을 모아 그 무모함을 말렸기 때문에 일단은 그 충언을 받아들였다.

그러나 아무래도 단념할 수 없어 목공은 몇 년이 지나자 끝내 군사를 일으켰다. 진나라 군은 동으로 나아가 진(晋)나라 한 부분을 지나 주(周)나라 북문에 접어들었다.

그 무렵 정나라 상인으로 현고(弦高)라는 사나이가 소를 팔기 위해 주나라에 와 있었는데, 진군해 온 진군(秦軍)에게 사로잡혀도 안 되겠고, 고국으로 쳐들어가는 것을 뻔히 보고 가만 있는 것도 원통했으므로, 선수를 쓰는 길밖에 없다는 생각으로 팔려던 소를 고스란히 진군에게 바치며 말했다.

"정나라 임금께선 대국(大國)인 진나라가 정나라를 공략하신다는 말을 듣고 진군의 장병들을 위로하기 위해 소 열두 필을 진군에게 보내라고 명하셨습니다. 그러니 받아 주십시오.”

이 말을 들은 세 명의 진군 대장은 이마를 맞대고 이 문제를 의논했다.

“정왕이 꽤 재미있는 짓을 하는 걸. 우리의 작전이 눈치 채인 이상 차라리 정나라 정벌을 그만두고 진(晉)의 일부인 활(滑)을 치는 게 어떨까.”

진군은 물밀듯이 활로 쳐들어갔다.

당시 진(晉)나라에서는 오패의 한 사람이었던 문공(文公)이 사망하여 아직 장례도 치르지 않고 있던 때였으므로 황태자인 양공(襄公)은 분노했다.

“진왕이, 내가 아버님을 여의고 약해진 줄 깔보고 나의 영지를 침범했구나. 어디 두고 보자.”

당장 용장을 파견하여 진나라 군사를 여지없이 무찔렀다. 진군은 크게 패하여 한 명도 남김 없이 전사하거나 포로가 되었다.

세 명의 대장도 물론 사로잡혀 양공 앞에 끌려나갔다. 그런데 문공의 부인 즉, 양공의 어머니는 진나라 목공의 딸이었으므로 곧 양공에게로 가서 세 명의 구명을 탄원했다.

“저 세 사람을 죽여서는 아니되오. 목공께선 싸움을 패전으로 이끈 이 세 사람에 대한 원한이 골수에 배어 있을 것이오. 그러니 저 세 사람을 진나라로 돌려보내어 목공께서 마음대로 하시게끔 해드리도록 하오.”

양공도 과연 그러리라 생각하고 세 장수를 돌려보냈다.

한데 목공은 성 밖까지 나와 이 세 사람을 맞아들였다. 그리고는 이들을 보자 큰 소리로 울음을 터뜨리며 말했다.

“내가 정나라를 쳐서는 안 된다는 두 명신의 말을 듣지 않았기 때문에 이 지경이 된 것이다. 그대들 세 사람에게 무슨 죄가 있겠는가?”

목공은 이 세 사람을 탓하지 않고 더욱 더 중용하였다.

「사기」 진본기(秦本記)에 나온다.

여기에 나오는 '골수에 배이다'에서 '골수에 사무치다'라는 말이 생겼다.

또 한 가지 이야기——.

같은 춘추 전국 무렵의 일이다.

오(吳)나라와 월(越)나라는 숙명적인 원수로 서로 싸우고 있었다. 그 몇 번쨴가의 싸움에서 아버지를 잃은 오왕 부차는 이를 갈며 분해 했다.

"월왕 구천놈, 어디 두고 보자. 아버님을 잃은 원한은 비록 10년 동안 세수를 하지 않고 목욕을 않는 한이 있더라도 골수에 사무치도록 잊지 않겠다. 이놈, 두고 봐라! 반드시 이 원수를 갚고야 말 테니……"

이것은 「한서」의 오왕전(吳王傳)에 있는데 여기에서 '골수에 사무치다'란 말이 생겨났다고도 한다.

월단평(月旦評)

후한(後漢)도 전한(前漢)과 마찬가지로 황후의 일족과 환관(宦官)들의 세력 때문에 고민을 했다.

제10대 환제(桓帝) 때, 그 환관들이 결속하여 절조있는 인사 2백여 명을 살해한 '전당고(前黨錮)의 화(禍)'가 일어났고, 다음의 영제(靈帝) 때도 마찬가지로 7백여 명이 살해되었으며, 나아가서는 그 문하생으로부터 지기, 친족에 이르기까지 유형(流刑) 혹은 투옥을 당하는 '후당고(後黨錮)의 화(禍)'가 일어났다.

이러한 사건 때문에 정치가 어지러워져 한나라 황실의 위광은 쇠퇴하고, 천하가 소란해지기 시작했는데 여기다 박차를 가하는 듯한 사태가 발생하였다.

그것은 '태평도(太平道)'라는 사교(邪敎)의 유행이었다.

'태평도'란 하북(河北)의 장각(張角)이라는 사나이가 주창한 당시의 신흥종교였는데 황제(黃帝)나 노자의 학설에 쓸데없는 이유

306

를 달았을 뿐이었다.

그러나 정치가 올바르게 행해지지 않으면 백성들은 이런 것에서나마 구원을 찾으려 하게 마련이다. 좌우간 천하가 소란해진 틈을 타 눈깜짝할 사이에 수십만 신도를 모으고 말았다.

이렇게 하여 세력을 얻은 장각이 이번에는 천하를 자기 것으로 만들자는 야망이 생겨나 영제 17년에 신도들을 이끌고 군사를 일으켰다.

그 기세는 왕성하여 순식간에 전국으로 퍼져갔다. 반란군은 표지로서 누런 두건을 쓰고 있었으므로 황건적(黃巾賊)이라 불렸고 이 사건을 황건(黃巾)의 난(亂)이라 한다.

일이 이쯤 되고 보니 궁정 안에서 권모술수로서 사람을 모함할 줄 밖에 모르는 환관들로서는 손을 뻗칠 길도 없었다. 당고의 화 때 감금했던 자들을 부랴부랴 사하여 토벌에 내세움과 동시에 전국의 유력자에게 누구를 막론하고 토벌을 명했다.

때를 기다리고 있던 야심만만한 패들은 앞을 다투어 군사를 일으켰는데 개중에서도 지모(知謀)에 뛰어난 조조는 반란군을 크게 무찔러 천하에 이름을 떨쳤다.

그 밖의 자들도 용감히 분투한 결과 각지에서 반란군은 완전히 궤멸되었고 우두머리인 장각이 병사(病死)하자 이 대란(大亂)은 가까스로 진정되었다.

허나 해결되지 않는 것이 있었으니 일단 군사를 일으킨 무리들이 쳐든 주먹을 보낼 길이 없어지자 거병(擧兵)의 명목을 횡포한 환관을 혼내 준다는 것으로 변경하고, 군사도 그대로 해산하지 않은 채 기회를 노리고 있었다.

영제가 왕위에 오른 지 20년만에 세상을 떠나자 원소(袁紹)라는 장군이 먼저 궐기하여 군사를 이끌고 궁중에 난입하여 환관이라 이름붙은 자 2천여 명을 몰살시켰다. 여기에 다시 동탁(董卓)이라는 장군이 다음에 책립된 어린 황제를 불법과 폭력으로 추방하여 후한왕조(後漢王朝)는 끝장이 나고 말았다. 그리하여 마침내 「삼국지」 이야기의 발단으로 들어가게 되는데 그것은 뒤의 이야기이다.

황건적을 쳐서 큰 공을 세운 조조는 젊었을 적부터 집안일 따위는 조금도 돌아보지 않고 호걸들과 교제를 하는 것을 좋아하였다. 그러던 중 마침 그즈음 하남성의 여남(汝南)이라는 곳에 허소(許劭)라는 자와 그의 사촌형인 정(靖)이라는 두 명사가 살고 있었다.

이 두 사람은 매달 초하룻날, 고향의 인물들을 골라 놓고는 비평을 하고 있었다. 이 비평이 극히 적절하였으므로 '여남의 월단(月旦―그 달의 초하룻날)평'이라고 항간에 소문이 나 있어 들으러 가는 사람이 많았다. 이 인물평이 너무나도 유명했기 때문에 그 이래로 인물 비평을 '월단평', 약하여 '월단'이라고도 하게 되었다.

그 비평에 관해 들은 조조는 곧 허소를 찾아가 물었다.

"내가 대관절 어떤 사나이인지 비평해 주지 않겠소?"

난폭한 자로 통하고 있는 조조인지라 허소는 조심스레 좀체로 말을 하지 않았으나 조조에게 재촉받고 마지못해 입을 열었다.

"당신은 태평세상에서는 유능한 정치가이지만, 세상이 어지러워지면 또 난세에 적당한 간웅(姦雄)이 되고도 남을 인물입니다."

이것이 유명한 조조의 인물평, '치세의 능신이요, 난세의 간웅'의 유래로 이 말은 오늘까지 인구에 회자되고 있다.

어쨌든 이 말을 듣고 조조는 기뻐했다. 그리하여 황건적을 치기 위해 군사를 일으키기로 결심했다고 한다. 「십팔사략」에 나온다.

이때 조조가 허소를 찾아가지 않았던들, 아니 허소가 이런 비평을 내리지 않았던들, 「삼국지」는 생겨나지 않았을는지도 모른다.

역사란 실로 재미있는 것이다.

월하빙인(月下氷人)

당(唐)나라 시대에 위고(韋固)라는 사람이 있었다.

아직 장가도 들지 않은 홀가분한 몸이라 기분 내키는 대로 이곳저곳을 떠돌며 여행하고 있었다. 그가 송성(宋城)이란 고장에 왔을 때였다.

흘러내리는 물결과 같은 파란 달빛이 빗살처럼 이어진 집들의 지붕을 비치고 있었다. 이미 밤도 이슥하고 한길에는 사람의 모습이 드물었다.

그는 어느 골목 어귀에서 걸음을 멈추었다. 이상한 노인이 있었던 것이다. 한 노인이 땅바닥에 놓인 보따리에 몸을 기댄 채 열심히 책장을 넘기고 있는 것이었다. 그 하얀 수염에도, 팔락팔락 넘기는 책장에도 파랗게 물들어 버릴 듯한 달빛이 흐르고 있었다.

위고는 그 옆으로 다가가 섰다.

"무엇을 하고 계십니까?"

노인은 조용히 고개를 쳐들었다.

"나 말인가? 지금 이 세상의 결혼에 대한 것을 조사하고 있지."

"그 보따리 속엔 무엇이 들었습니까?"

"아, 이거 보게나, 이렇게 빨간 끈이 잔뜩 들어 있네. 이건 부부를 잇는 끈이라네. 이 끈으로 한 번 서로 연결하기만 하면 두 사람이 아무리 멀리 떨어져 있더라도, 그리고 다시 없는 원수지간이라도 반드시 맺어지고 만다네."

위고는 혼잣몸이었다.

"나의 아내될 사람은 지금 어디 있습니까? 가르쳐 주실 수 없습니까?"

"자네 부인 말인가? 이 송성에 있지. 바로 이 거리 북쪽에서 채소를 팔고 있는 진(陳)이란 할머니가 있잖던가. 그 노파가 안고 있는 젖먹이라네."

썩 기분 좋은 얘기가 아니었다. 그리고 별로 믿기지도 않았기 때문에 위고는 잠자코 그 자리를 떠났다.

그리고 14년 뒤, 상주(相州)에서 관리가 된 위고는 그곳 태수(太守)의 딸과 결혼하게 되었다.

신부는 방년 17세로 젊고 아름다왔다.

위고는 행복했다.

그렇다면 그 늙은이의 예언은 역시 엉터리였단 말인가?

어느 날 밤 위고는 아내에게 그 신세를 물어 보았다. 그러자 아내는 이런 이야기를 했다.

"사실은 저는 태수의 양녀(養女)였어요. 친아버님은 송성에서 벼슬살이를 하다가 돌아가셨습니다. 그때 전 아직 젖먹이였죠. 그러나 인정 많은 유모가 있어서 채소장수를 하면서 저를 키웠어요. 지금도 성이 진씨인 그 유모 생각을 가끔 하죠. 여보, 송성을 아세요? 우린 그 거리의 북쪽에 살고 있었어요……"

「속유괴록(續幽怪錄)」에 나오는 이야기이다.

또 이런 이야기도 있다.

진(晋)나라 무렵, 삭탐(索耽)이라고 하는 점(占)을 잘 치는 사람이 있었다. 어느 때 호책(狐策)이란 사람이 해몽을 하러 왔다.

"저는 얼음 위에 서 있었습죠. 얼음 밑에는 누군가가 있었는데 그 사람과 이야기를 했습니다."

삭탐은 이렇게 대답했다.

"얼음의 위는 이를테면 양(陽)이고 그 밑은 음(陰)이니, 양과 음이 서로 말을 주고받았다면 자네가 결혼중매를 하고 그것이 잘 맺어진다는 전조일세. 언제 성립되느냐고? 얼음이 녹을 때지."

과연 얼마 후에 호책에겐 태수로부터 부탁이 왔다. 그 아들과 장씨(張氏)의 딸을 혼인시키고 싶으니 중매를 해달라는 것이었다.

그 한 쌍은 행복하게 맺어졌다. 혼인식을 올렸을 때는 봄이 한창 무르익은 시절 얼음은 벌써 녹아 없어지고 봄 냇물은 소리내어 흐르고 있었다. 「진서(晋書)」 예술전(藝術傳)에 나오는 고사이다.

이 달빛 아래의 노인(月下老人)과 얼음 위의 사람(氷上人)이란 말을 인용하여 혼인을 중매하는 것을 월하빙인(月下氷人)이라고 한다.

파랗게 흐르는 달빛과 맑고 팽팽하게 얼은 얼음이 이야기에 얽혀 있는 점이 재미있다. 푸른 달빛이 흐르는 밤, 그런 무렵에는 어느 나라를 막론하고 젊은이들은 자기도 모르게 미래의 아름다운 아내를 꿈꾸는 모양이다.

유능제강(柔能制剛)

아주 상식적으로 생각한다면 굳센 것은 부드러운 것을 이기고, 강한 것은 약한 것을 이긴다. 그러나 과연 그럴까.

가령 물을 보라. 물처럼 부드럽고 약한 것은 없다. 그러나 굳세고 강한 것에 대해서 물처럼 위력을 발휘하는 것도 또한 없다. 그것은 물이 약함에 철저하기 때문이다. 철저한 것으로 하여 약함이 강함으로 바꾸어지는 것이다. 이렇게 노자(老子)는 주장했다.

이러한 풀이를 병법에 도입한 것이 「삼략(三略)」이다. '삼략'은 「군참(軍讖)」이라는 가공의 서적에 있는 달이라고 하는데, '유능제강(柔能制剛)'이라는 말과, '유함은 덕이오, 굳셈은 적(賊)'이라고 말이 계속 이어져 있다.

그러나 이것은 어디까지나 상징적인 이야기이고 전체로서의 결론은 그대로가 아니다. 즉 유(柔), 강(剛), 강(强), 약(弱)에는 저마다의 역할이 있어서 그 하나에 치우치면 나라는 망한다. 이 전부를 두루 갖추고 때에 맞춰 적절한 구사를 해야 한다고 되어 있다.

노자의 사상을 병법으로 활용한 것이라 할 수 있겠다.

의식이 족해야 예절을 안다

생활에 여유만 생기면 도덕의식이 절로 높아진다는 뜻으로 제(齊)나라 재상 관중(管仲)의 말이라고 한다.

현행 「관자(管子)」 목민편(牧民篇)에 보면 '곳간이 차면 예절을 알고, 의식이 풍족하면 영욕(榮辱)을 안다'고 나와 있다.

이 한 절의 상반절과 하반절을 메고 표제와 같은 말을 하게 되었다. 오보편(五輔篇)에 나오는 '공법(公法)이 행하여지면 사곡(私曲)이 그치고, 곳간이 차면 영어(囹圄)가 빈다'고 하는 말도 이와 같은 착상에서 비롯된 것이다.

관중은 공자가 태어나기 약 90년 전에 죽었으므로 이를테면 제자백가의 대선배가 되는 셈인데 스스로 재상이 되어 현실적으로 정권을 담당한 점이 여타 제자백가와는 다르다. 따라서 그 주장도 극히 현실적이다. 경제 정책의 전문가이며 농업의 보호장려, 염(鹽)·철(鐵)·금(金) 기타 중요 물자의 생산관리, 균형 재정의 유지, 유통물가의 조정, 세제 및 병부(兵賦)의 정비 등이 그 주된 정책이었다. 그는 또 사농공상(士農工商)의 사민분업(四民分業)과 정거론(定居論)에 근거한 합리적인 방법제를 확립하여 내정의 충실을 도모함과 동시에 대외적으로도 적절한 정책을 실시하여 마침내 제나라 환공(桓公)을 춘추패자의 필두로 받들어 올렸다.

'곳간이 차면 예절을 알고, 의식이 족하면 영욕을 안다'는 말에도 관중의 실제 정치가로서의 인간관을 엿볼 수가 있다. 나날의 생활에 허덕이는 사람에게 예의를 설득해도 아무 소용이 없다는 것이다.

그보다도 군주가 재정상의 무리를 하지 않을 것, 그리하여 민생을 안정시키는 것이 선결문제다. 생활이 안정되면 백성은 예(禮)·의(義)·염(廉)·치(恥)의 덕을 지키게 되고 마침내 군주의 위력은 나라 구석구석까지 퍼져 간다.

경제의 중요성에 비하면 형벌 같은 것은 이의적(二義的)인 문제에 지나지 않는다. 우선 백성의 생활을 안정시키고 나서 도덕의식을 높일 것, 이것이 국가존립의 기초라고 관중은 설파하고 있다.

위편삼절(韋編三絕)

옛 중국에서는 대쪽에 글자를 쓴 죽간(竹簡)을 끈으로 철해 책을 만들었다. 이 끈이 수십 번이고 끊어지도록 책을 탐독하는 것을 '위편삼절'이라고 한다. 여기에서 '삼절(三絕)'이란 세 번만 끊어지는 것이 아니라 여러 번 계속해서 끊어지는 것을 의미한다. 이 말은 「사기」 공자세가(孔子世家)에 나온다.

'공자가 만년에 역경을 좋아해 단(彖)·계(繫)·상(象)·설괘
(說卦)·문언(文言)을 서하고 위편삼절하도록 역경을 읽었다. 그
리고 말씀하기를 내게 몇 년의 수명이 더해진다면 역경을 읽어 그
이치를 분명히 깨달을 수 있을 것이다라고 했다.'

공자는 「논어」에서도 '내가 몇 년 더 나이를 먹어 오십에 역경
을 깨우친다면 큰 잘못은 없으리라'고 말씀했다. '위편삼절'은 오
늘날에도 책이 닳도록 애독하는 것을 비유할 때 쓰인다.

의심 암귀 (疑心暗鬼)

'의심은 암귀(暗鬼)를 낳는다.' —— '선입관은 때로 올바른 판단
을 그르치게 한다'고 바꾸어 말해도 좋을 것이다. 그 좋은 예로
「열자」의 설부편(說符篇)에 다음과 같은 이야기가 있다.

어떤 사람이 갖고 있던 도끼를 잃어버렸다. 틀림없이 누가 훔쳐
간 것이다. 생각해 보니 아무래도 이웃집의 아들놈이 수상쩍었다.
자기와 만났을 때도 흘끔거리면서 도망치듯 가버렸고 표정이나 말
투도 여느 때와는 달리 어딘지 겁에 질린 사람 같았다.

(도끼는 틀림없이 저놈이 훔쳐갔을 게다!)

그는 이렇게 꼭 믿었다. 그런데 도둑맞은 줄 알았던 도끼는 자
기가 밭두덩에 놓고 온 것이었다. 처음엔 몰랐으나 나중에 밭을
갈다가 우연히 발견했다.

이상하군, 하고 생각하면서 집에 돌아온 그가 이웃집 아들놈의
거동을 보니까 이번엔 상대의 거동이 조금도 수상쩍어 보이지 않
았다. 즉 자기의 선입관으로 수상하지 않은 사람까지도 수상쩍게
보였다는 것이다.

그래서 의심은 암귀를 낳게 한다는 속담이 생겼지만 경찰관이나
재판관이 이런 식으로 사건을 다룬다면 정말 큰일이다.

설부편에는 또 이런 이야기도 있다.

어떤 사람의 마당에 있던 오동나무가 말라 죽었다. 그러자 옆집

의 늙은이가,

"오동나무가 말라 죽으면 운이 나쁘답니다."

하고 충고하는 바람에 주인은 부랴부랴 나무를 잘라 버렸다. 그랬
더니 옆집 늙은이가 찾아와서 땔나무로 쓰게 달라고 했다.

주인은 화를 벌컥 내며,

"옳지 알았다, 땔나무가 아쉬우니까 날 속여서 나무를 자르게 했
구나. 바로 울타리 하나를 사이에 둔 이웃에 살면서 이건 너무 음
흉하잖아!"

하고 고래고래 소리쳤다고 한다.

자, 이것을 어떻게 해석해야 할까. 이웃 늙은이에게 엉큼한 속
셈이 있었다면 별 문제지만 그렇지 않았다면 친절하게 일러준 말
이 상대의 의심에 의해 터무니없는 누명을 쓴 셈이 된다.

이 이야기를 좀더 재미있게 만든 것이 「한비자」의 세난편에 기
록된 이야기로 내용은 이러하다.

송(宋)나라에 한 부자가 있었다. 장마가 져서 토담이 허물어졌
을 때 아들이 그것을 보고,

"빨리 수리하지 않으면 도둑이 들겠습니다."

하고 충고하고 이웃집 주인도 같은 충고를 했다.

그런데 그날 밤이었다. 과연 도둑이 들어 아무도 모르게 재물을
훔쳐가 버렸다.

부잣집에서는 앞일을 내다보는 선견지명이 있다고 아들을 칭찬
하고, 이웃집 영감이 아무래도 수상하다고 의심했다는 것이다.

즉 같은 충고를 해도 듣는 측의 선입관에 따라서 선견지명이라
고 여겨지기도 하고 도둑의 혐의를 품기도 한다. 사람의 마음이란
변덕스럽기가 이와 같아서 믿기 어려운 모양이다.

이 단(異端)

「논어」위정편에 나오는, '이단(異端)을 치는 것은 손해가 있을

뿐'이라는 공자의 말에서 비롯되었다.

주자(朱子)의 주(注)에 의하면 이단이라 함은 '성인의 도가 아닌 따로이 이단(異瑞)을 이루는 것, 즉 양자(楊子)와 묵자(墨子)와 같은 것을 말한다'고 설명하고 있다. 또한 이단을 친다는 말 가운데 친다는 것은 연구하는 것을 말하며 일반적으로 이단의 설을 연구하는 것은 해로울 뿐이라는 뜻으로 해석되고 있다.

그러나 이 장은 읽기에 따라서는 뜻이 정반대가 된다. 즉 원문 '攻乎異瑞, 斯害也已'를 이단을 치면 해가 멈춘다고 읽으면, 이단과 투쟁해야만 그 해독을 근절할 수 있다는 뜻이 되고 또 이단을 배우면 이에 그 해가 그친다고 읽으면 이단의 설을 연구해야만 그 해가 그친다는 뜻으로 해석할 수도 있다.

'이단(異瑞)'이라는 말 자체는 「논어」 속에 다른 용례가 없어서 본래의 뜻을 확정하기 어렵다.

정통을 전제로 하지 않으면 오늘날 말하는 이단의 뜻은 성립하지 않는 것인데 공자에게 얼마만큼 정통파적인 의식이 있었는지는 의문이다.

그건 그렇고 오늘날 우리들이 쓰는 이단의 뜻은 주자주(朱子注)에서 유래한 것이다. '이단사설'이라는 말이 있듯이 자기와 대립되는 악설, 옳지 않은 도(道)라는 뜻으로 사용되고, 다시 전용하여 시류에 맞지 않는 사상 학설 또는 전통과 권위에 반항하는 것을 뜻하는 경우에 사용되고 있다.

우리나라에서 빈도있게 사용된 경우는 해방 이후의 신교 각교파에서 심한 분열이 야기되었을 때 이 이단이라는 용어가 성행되었다.

인간만사 새옹지마(人間萬事 塞翁之馬)

옛날 중국의 북방에 사는 이민족을 통털어 호(胡)라 일컬었으며 한(漢)민족은 그들을 매우 두려워하고 있었다. 이것은 그 호나라 땅과의 국경에 위치하는 성채 근처에서의 이야기이다.

이 땅에 점술 등에 능통한 늙은이가 살고 있었는데, 어느 때 까닭없이 늙은이의 말이 호나라 땅으로 달아나 버렸다. 남선북마(南船北馬)라 일컬어지는 북녘에서 말을 잃어버렸으니 이웃사람들이 딱하게 여기고 위로를 하러 와 주었다.

그런데 늙은이는 도무지 마음에 두는 기색도 없이 말했다.

"이것이 행복으로 변할지 누가 압니까."

과연 몇 달이 지나자 그 말은 웬 까닭인지 호나라의 좋은 말 한 필과 함께 돌아왔다. 사람들은 곧 축하를 하러 와 주었다. 그러나 늙은이는,

"이것이 화(禍)로 변하지 않는다고 누가 말할 수 있겠습니까."

하고 조금도 기뻐하는 것 같지가 않았다.

늙은이의 집은 좋은 말로 인해서 부자가 되었으나 얼마 안 가 말타기를 좋아하는 아들이 말에서 떨어져 다리가 부러지고 말았다. 절름발이가 된 아들을 불쌍히 여긴 마을 사람들은 또 늙은이를 위로하러 찾아왔다.

"아니, 이것이 행복으로 뒤바뀌지 않는다고 누가 말할 수 있겠습니까."

늙은이는 여전히 태연자약했다.

그뒤 1년이 지났을 무렵 호인(胡人)이 성채로 쳐들어 왔다. 마을 젊은이란 젊은이는 모두 활을 들고 나가 싸워 열 명 중 아홉 명까지는 전사를 했다. 허나 늙은이의 아들은 불구자였기 때문에 싸움터에 끌려 나가지 않고 부자가 함께 무사했다고 한다.

이 이야기는 「회남자」의 인간훈(人間訓)에 있는데, 이 앞에도 같은 취지의 이야기가 실려 있다.

옛날 송(宋)나라에서 착한 일을 한 사람의 집에서 검정 소가 흰 망아지를 낳는 길상(吉祥)이 두 번이나 있었다. 허나 그때마다 아버지와 아들이 차례로 장님이 되는 불행한 결과가 되었다.

그러나 그 뒤 초나라의 공격을 당하고 여느 사람들은 혼이 났건만, 이 부자만은 장님인 탓으로 목숨을 건졌는데 싸움이 끝난 뒤

눈이 보이게 되었다는 것이다.

둘 다 '화복(禍福)은 꼬인 새끼와 같다'는 말의 좋은 표본이며, '인간만사 새옹지마(人間萬事塞翁之馬)'는 앞서 이야기에서 나와 인간의 길흉화복이란 정해지기 어려운 것을 의미하고 있다. 그리고 그저 '새옹지마(塞翁之馬)'라고도 한다.

이 두 가지 이야기는 화복이 전환한다는 것과 인생의 우연성을 가리키고 있는 듯하나 「회남자」의 본뜻은, '우연이라 보이는 것도 모두 인간 스스로가 부르는 것이다'라는 데에 있는 듯하다.

그것은 〈인간훈〉의 첫머리 일부에는 '화가 닥치는 것도 사람 스스로가 이를 만드는 것이고, 복이 오는 것도 사람 스스로가 이를 만드는 것이다'라고 되어 있기 때문이다.

인생감의기(人生感意氣)

당(唐)나라 초엽, 아직 천하가 완전히 평정되지 못하였을 때의 일이다. 그 당시 위징(魏徵)은 사람들에게 알려질 만한 큰 인물이 못되었기 때문에 한번 큰 공업을 세워 보려고 생각하였다.

후에 위징은 당나라 태종(太宗)을 보좌하는 명신이 되었고 정관(貞觀) 17년에 64세로 세상을 떠났다.

"사람을 거울삼으면 자기의 행동이 옳았는지 어떤지 알 수 있는데, 나는 진심으로 거울삼을 사람을 잃고 말았다."

위징이 죽자 태종이 이렇게 개탄하였다는 이야기는 너무도 유명하다. 그러나 고조(高祖) 8년 경에는 아직 당나라에 벼슬한 지 얼마 안 되었기 때문에 그리 이름이 알려지지 못하였다.

위징은 이미 마흔 고개를 넘고 있었다. 그는 큰 뜻을 품고 산동(山東)의 적(敵)인, 서세적(徐世勣)을 설복하여 두각을 나타내려 하였다. 그래서 그 구실을 자원하였더니 고조가 소망을 들어주어, 그는 기운차게 동관(潼關)을 출발하였다.

이때의 심정을 읊은 것이 바로 「당시선(唐詩選)」의 앞머리를 장식하는 위정의 〈술회(述懷)〉라는 시이다. 자기 심정을 알아준 군은(君恩)에 보답하고 절의(節義) 있는 옛 인사들과 같은 위업을 세우려는 정열에 찬 시이지만 다소 공명욕(功名欲)의 냄새를 풍기지 않는 것도 아니다.

그 요지(要旨)를 살펴보기로 한다. 그 시는 '중원환축록(中原還逐鹿)'으로 시작된다.

'수말(隋末)의 천하는 난마와 같이 어지럽고, 천하에 군웅이 병기하여 중원의 제위를 쟁탈하는 각축전이 벌어지고 있다. 그러므로 나 자신 옛날의 반초(班超)처럼 붓을 집어던지고 군진(軍陣)간에 몸을 내세웠다. 그동안 나도 옛날 소진, 장의의 합종연형과 같은 계략을 부려서, 그것이 비록 제대로 이루어지지 못하였으나 오직 강개한 마음은 그대로 남아 있다.

후한(後漢)의 등우(鄧禹)가 광무제를 만나, 공명(功名)을 죽백(竹帛—書籍)에 남긴다라고 결심한 바와 같이 말채찍을 들고, 당의 천자(고조)를 뵈었으며 이제는 산동지방을 평정하기 위해 나서게 되었다. 이제 말을 몰고 동관을 출발함에 임하여 잠시 나의 평소의 소회를 말하고저 한다. 옛날 전한의 종군(終軍)이 긴 끈[纓]을 받아 남월(南越)왕을 묶어 오겠다던 것과 같이 나도 산동지방을 모두 항복받고 싶으며 또 역이기가 전쟁을 하지 않고 구설(口舌)로 차상(車上)에 의지하여 한(漢)의 동번(東藩)인 제(齊)나라의 70여 성을 평정하던 것처럼, 나도 산동지방을 평정하고 싶다. 출진한 동안에 여러 가지 간난신고도 많을 것이다. 험준한 고산을 오르내리며 평원을 바라보고 이리저리 군대를 이끌고 출몰하여야 할 것이다.

고목 위에선 새소리 처량하게 우짖고 공산(空山)에선 구슬피 우는 원숭이 소리도 들릴레라. 천 리 먼 길엔 상심될 때도 많을 것이며 구곡산로에 간담을 서늘케 할 곳도 있으리라. 난들 어찌 이러한 간난을 꺼리는 생각이 없으랴마는 그보다도 임금이 나를 국사(國士)로 대접하시는 은혜에 깊이 감격하였으매, 일신의 수고로운 것쯤이야 조금도 문제되지 않는다.

계포는 두 번 승낙하지 아니하고
후영의 일언(一言)은 중하도다
인생은 의기에 감하고
공명 또 누가 논하랴
季布無二諾,　侯嬴重一言
人生感意氣,　功名誰復論

　한나라 초엽 초(楚)나라 사람으로, 임협(任俠)한 계포나, 전국 시대 말엽 위(魏)나라의 신릉군(信陵君)이 조(趙)나라를 구할 때 노령으로 종군 못함을 한탄하며 혼백이 되어 따르겠다고 신릉군과 약속하고 그 한 마디의 약속을 지켜 자문(自刎)한 절의의 선비 후영과 같이 폐하게 맹세한 바에야 산동을 평정하지 않고 어찌 하리오. 필경 인생이란 의기에 감동하여 죽고 살고 하는 것 뿐이지, 앞날의 공명을 세우고 못 세우는 것쯤으로 신의를 잃고 맹약을 깨뜨리는 따위의 일은 다시 입에 오르내려서도 안 될 것이다……'
　여기에서 그가 강조하고 있는 것이 '인생감의기'로서 오늘날까지 명문으로 회자되고 있는 것이다.

인생은 아침이슬과 같다

　전한(前漢) 무제 때의 중랑장(中郎將) 소무(蘇武)는 북쪽 흉노에게 사신으로 갔다가 그 길로 포로가 되어 북해 기슭에 유배되었다.
　항복하라는 위협을 뿌리치고 들쥐를 잡아먹기도 하고, 나무 열매를 따먹기도 하면서 간신히 목숨을 이어 갔다.
　이 곤경 속에서도 한인의 자존심을 버리지 않고 굳게 자신을 지켜 사신으로서의 절개를 지키며 부절(符節)을 늘 지니고 있었다.
　이 무렵 옛날의 동료 이릉(李陵)이 찾아왔다. 이릉은 사로잡히자 흉노에게 항복하여 지금은 편히 사는 처지였다.

"인생이란 것은 아침이슬과 같은 것이오. 편하게 지내는 게 제일 좋소. 귀공은 무엇 때문에 이렇게 오랫동안 스스로를 괴롭히고 있소?"

그러나 소무는 끝까지 항복하지 않았다.

그후 한나라에서 온 사신이 소무의 소식을 묻자 흉노는 그가 죽었다고 거짓말을 했다. 그러나 한나라의 사신은 이를 믿지 않고 말했다.

"아니 소무는 아직 살아 있을 거요."

한나라 천자가 상림원(上林苑)에서 사냥을 하시다가 한 마리의 기러기를 쏘아 떨어뜨렸는데, 그 발에 베조각이 매여 있어 풀어보니 '소무는 대택(大澤)에 있다'고 쓰여 있더라고 몰아대었다.

억류는 탄로되고 말았다. 놀란 흉노는 곧 소무를 석방했다. 수염과 머리가 백발이 된 그의 손에는 사신의 부절이 쥐어 있었다.

일거양득(一擧兩得)

진(秦)나라와 육국(六國)과의 싸움이 한창이던 전국시절, 연형책(連衡策)으로 유명한 진나라의 재상 장의는 진왕 면전에서 촉(蜀)을 쳐야 하느냐의 가부로 사마조(司馬錯)와 논쟁을 벌이고 있었다.

장의는 말했다.

"우선 위(魏)와 초(楚)는 우호관계를 맺고 주(周)를 공격합니다. 그러면 주는 당황해서 조상 대대로 전해 오는 보석을 내놓고 화친하자고 빌 것입니다. 그때 천자를 옹립하고 천하에 호령합니다. 촉은 멀리 떨어진 변방이니 비록 쳐서 빼앗는다 하더라도 별로 쓸모가 없습니다. 그런 곳을 빼앗느니 차라리 중원을 공략하는 편이 천하통일의 지름길이 될 것입니다."

사마조도 지지 않았다.

"그렇지 않습니다. 나라를 부하게 하려면 우선 그 토지를 넓히고, 군력을 강하게 하려면 그 백성을 살찌우고, 왕자가 되려는 사람은 우선 덕을 길러야 한다고 합니다. 지금 우리 진나라의 토지는 협소하고 백성은 가난합니다. 때문에 촉을 취한다는 것은 토지를 넓히고 재물을 얻는, 그야말로 일거양득(一擧兩得)의 묘책입니다. 반대로 지금 주를 공격하면 천자를 위협했다는 악명만 얻을 뿐, 이익은 조금도 없습니다. 그만두십시오."

왕은 사마조의 말을 옳게 여기고 촉을 공략했다.

일리(一利)를 일으킴은 일해(一害)를 제거하는 것만 못하다

몽고의 영웅 징기스칸, 원(元)나라의 태종 오고타이칸에게 종사하여 그 보좌의 직책을 무사히 완수한 이는 야율초재(耶律楚材)였다.

초재는 요(遼)나라 태조 야율아보기(耶律阿保機)의 자손인 금(金)에게 종사하다가 뒷날 징기스칸에게 항복한 자이다.

천성적으로 뛰어나게 현명하여 나라와 임금을 위해 곧은 말을 잘하였고, 권리와 이익에 굴하지 않았다.

초재가 항상 하는 말은,

"일리(一利)를 일으킴은 일해(一害)를 제거하는 것만 못하다. 일사(一事)를 생기게 함은 일사를 감하는 것만 못하다."

는 것이었다.

초재가 나라와 임금을 위해 곧은 말을 하고 권력과 이익에 굴하지 않았던 일에 대해서 다음과 같은 일화가 있다.

태종이 붕어한 뒤 얼마 동안 정무를 보살피던 황후가 어느 때 초재에게,

"누구를 황태자로 삼을까?"

하고 묻자 초재는 즉석에서 대답했다.

"그것은 소신들이 알 바 아닌 일로 이미 붕어하신 폐하의 유서

에 명기되어 있는 바이올시다.”

또 황후가 천자의 도장을 찍은 백지를 총신인 아부들 라바한에게 주어, 그의 의견을 마음대로 그 백지에다 쓰라고 한 적이 있었다.

그것을 본 초재가 말했다.

“원(元)나라 천하는 선제폐하(先帝陛下)의 천하이옵니다. 조정에는 조정으로서의 법칙이 있습니다. 이를 어지럽히는 자는 황후폐하의 명령이라 할지라도 소인은 듣지 않겠습니다.”

초재의 간언으로 그 일은 중지되었다.

황후는 어지간히 라바한이 마음에 들었던지 라바한이 상주하여 재가를 청하는 문서를 서기관이 시키는 대로 적지 않으면 서기관의 손목을 자르겠다고 한 적이 있었다. 그때도 초재는 간언했다.

“국사(國事)와 군사(軍事)에 관해서는 선제폐하께서 모두 소인에게 위임하셨습니다. 그러므로 서기관과는 아무런 상관도 없습니다. 그 문서가 정당하다면 소인도 물론 봉승(奉承)하여 시행하겠습니다만, 잘못되어 있다면 비록 목숨을 잃는 한이 있더라도 시행하지 않겠습니다. 손목이 잘리는 정도는 아무것도 아닙니다.”

황후도 끝내 굴복하여 따랐다고 한다.

「십팔사략」에 나오는 이야기이다.

일 망 타 진 (一網打盡)

송(宋)나라 인종(仁宗) 임금 때의 일이다.

원래 송나라는 태조(太祖) 이래로 외국정벌은 언제나 실패를 거듭해, 사대째인 인종의 대외정책도 북쪽의 글안이나 남쪽의 안남 등에 대해서 단지 회유하는 무사주의를 채택하고 있었다.

국내정치는 훌륭해서 백성을 사랑하고 실력있는 인재를 옳게 등용하고 학술과 예술을 장려해서 한(漢)나라 문제(文帝)와 마찬가지로 인종도 어진 임금 가운데 손꼽히는 사람이 되었다.

그의 신하는 모두 출중한 인물들이어서 저마다 정론을 들고 주장을 굽히지 않았기 때문에 날마다 조정에서는 입씨름이 끊일 사이가 없었다.

당대의 명신으로 지금도 그 이름들을 남기고 있는 한기(韓琦), 구양수(歐陽修), 사마광(司馬光), 주돈이(周敦頤) 같은 정치가들이 명론 탁설을 벌인 결과 정신들은 두 개의 당파를 이루어 맞서게 되었다.

그러다 보니 양당이 서로 정권을 다투게 되었고 차례로 두 당이 정권을 교체하여 마치 오늘날의 정당정치와 흡사하게 되었다. 때문에 처음에는 어진 임금을 보좌해서 출중한 인물들이 나라를 잘 다스린다 해서 '경력(慶曆)의 치세(治世)'라는 칭찬을 받았으나 나중에는 '경력의 당의(黨議)'라는 약간 핀잔섞인 말을 들었다.

이럴 즈음에 두연(杜衍)이라는 사람이 재상으로 들어앉았다. 당시에는 물론 임금이 일일이 대신들과 의논하지 않고라도 나랏일에 대해서나 인사문제에 대한 의견을 내리면 대개 그대로 시행을 하게 마련이었다. 그런데 새로 재상이 된 두연은 이러한 습관은 바른 정치를 흐리게 한다는 이유를 들어 임금의 명령 문서를 그냥 움켜쥐고 있다가 10여 통이나 쌓이면 아무말 없이 임금에게 되돌려 보내는 일만 되풀이했다. 어느 날 임금은 구양수를 만난 자리에서 불평을 했다.

"내가 대신들과 의논을 하지 않고 쪽지를 내려 보내면 수상인 두연이 그냥 깔아 뭉개는 일을 다들 알고 있는가?"

임금은 자신의 뜻이 재상에게 내려가서 묵살을 당해 버리기 때문에 이제는 숫제 자신이 단념해 버리는 경우가 더 많다고 했다.

당장 문제가 일어나지 않을 수 없었다. 제아무리 재상이요, 총리대신이라 할지라도 두연의 그러한 행위는 적어도 임금의 성지(聖旨)를 꺾는 일이라 하여 궁정 안팎에서 비난하는 여론이 들끓게 되었다.

때마침 두연의 사위 소순흠(蘇舜欽)이라는 자가 관리로서 공금을 유용했다는 사실을 어사(御史)의 우두머리인 왕공진(王拱辰)이 조사해 내었다.

　감히 재상을 상대로는 직접 어찌할 도리가 없어서 벼르기만 하던 차에 이러한 사실을 알아낸 왕공진은 비로소 두연의 사위를 체포하여 족치기 시작했다.

　이어 여러 사람의 연루자가 체포되어 취조를 받는 바람에, 두연은 겨우 70일만에 총리대신 자리를 물러나고야 말았다. 그의 사위를 비롯해서 일가친척 여러 명을 체포했을 때였다.

　"일망타진(一網打盡)을 했다."

　왕공진이 한 말이다.

　「송사(宋史)」 인종기(仁宗記)에 나오는 고사이다. 직접적으로는 한꺼번에 그물을 펴서 많은 물고기를 모조리 잡아 버린다는 의미이나 그 연유로 미루어, 범인들을 모조리 검거했다는 뜻으로 너무나 많이 쓰이고 있다.

일모도원(日暮途遠)

　초(楚)나라 평왕(平王) 2년, 소부(少傅) 벼슬을 하는 비무기(費無忌)라는 자가 있었다.

　소부란 삼공(三公) 가운데 하나인 대부(大傅)보다 한 급 낮은 관직이었는데 태자 건(建)에게 학문과 예절을 가르치는 것이 그 임무였다. 그런데도 비무기는 진(秦)나라에서 데리고 온 여자를 평왕에게 바치고, 태자의 곁을 떠나 임금의 그늘로 들어가서 온갖 아첨으로 평왕의 신임을 샀다. 그리고 태자의 보복이 있을까 두려워서 임금에게 태자를 모함하고 중상하는 고자질을 일삼았다.

　진나라 여인의 미색에 빠진 평왕은 비무기의 수작을 곧이듣고 드디어는 초나라 동북쪽 변경에 있는 성을 지키라는 임무를 떠맡겨 태자 건을 내쫓다시피하고 말았다.

　그리고도 비무기는 마음이 놓이지 않았던지 왕에게 태자가 세력 있는 제후들과 모의를 하여 임금을 몰아낼 계획을 세우고 있다는 어마어마한 말을 속닥거렸다.

평왕은 그 말을 곧이듣고 먼저 대부 오사(伍奢)를 불러들여 엄하게 문초했다. 그러나 오사는 도리어 임금이 간신배들의 우롱에 빠져 골육지간인 태자를 푸대접하고 있음을 열심히 간하였다. 이에 노한 평왕이 오사를 유폐시키니 변경에서 이 소식을 들은 태자는 송(宋)나라로 달아나고 말았다.

일이 이렇게 되자 비무기는 오사의 아들 형제 오상(伍尙)과 오자서(伍子胥)를 살려 두었다가는 후일에 보복이 있으리라는 생각에서 태자의 음모는 그들 형제가 배후에서 충동질하고 조종했던 것이라고 거듭 평왕에게 거짓 아뢰었다.

왕은 이들을 체포하려고 즉시 '자진하여 출두하면 아비를 용서해 줄 것이나, 출두하지 않으면 아비를 죽이겠노라'라는 방문을 써붙이게 하였다.

이것을 본 맏아들 오상은 아버지와 함께 죽을 결심을 하고 평왕 앞에 나타났으나 둘째 아들 오자서는 아버지의 원수를 갚겠다는 결의 아래 나라 밖으로 망명했다.

평왕 7년, 오상은 각오했던 바대로 아버지 오사와 함께 처형당하고 말았으며, 둘째 아들 오자서는 송나라로 도주했던 태자 건을 만나 함께 정나라를 거쳐 오(吳)나라를 찾아갔다.

초나라 평왕 7년은 오나라 요왕 5년이다. 이렇게 하여 오자서와 태자는 요왕의 보호를 받게 되었다.

오자서는 오나라에 와서 한동안 요왕의 주위를 살펴본 결과, 오나라의 공자(公子) 광(光)이 은근히 왕위를 노리고 있다는 사실을 알아차렸다. 뿐만 아니라 광공자는 왕을 암살하기 위해 남몰래 자객을 구하고 있다는 사실도 알았다.

오자서는 전제(專諸)라는 자객을 물색해서 광공자에게 대어 주었다. 그리고 자신은 초야에 묻혀서 농사를 지으며 공자의 계획이 성공하기만을 기다렸다.

그럭저럭 5, 6년이 지나 요왕 12년……초나라에서는 평왕이 죽고 비무기가 바친 진나라 여인에게서 태어난 진(軫)이 즉위하여 소왕

(昭王)이라 하였다.

비무기는 더욱 권세를 잡게 되어 조정을 손아귀에 장악하곤 온통 뒤흔들었으나 1년이 채 못되어 내분이 일어나 죽음을 당하고 말았다.

멀리 오나라로 망명한 지 벌써 7년, 오자서와 태자에겐 그들의 원수가 저절로 갚아진 셈이 되었다. 그러나 한시바삐 초나라로 쳐들어가서 아버지와 형의 원한을 풀어야겠다는 오자서의 결심은 조금도 변함이 없었다.

오나라의 요왕은 초나라의 내분을 틈타 일시에 초나라를 무찔러 버릴 심산으로 대군을 몰아 초나라 정벌을 명령했다. 그러나 기회만 엿보던 공자 광이 이때를 놓칠새라 전제를 보내어 요왕을 암살해 버렸다. 그리고 그가 합려왕(闔閭王)으로서 즉위하였던 것이다.

합려왕 9년이 되었다.

오자서는 합려왕의 명을 받들고 손무(孫武)와 함께 초나라를 공격하여 수도 영(郢)을 함락시켰다. 오자서는 초나라 땅으로 들어서는 순간부터 우선 살아 있는 원수라 하여 소왕을 찾기에 분분하였지만 소왕은 이미 운(鄖)방면으로 달아나 버린 뒤였다. 그리하여 원한에 불타오르던 오자서는 평왕의 무덤을 파헤쳐 그 뼈를 들추어 낸 다음 곤장 3백 대를 가함으로써 그 원한을 풀었다.

이 소문을 들은 옛친구 신포서(申包胥)라는 자가 편지를 보내어 보복수단이 너무 잔인하지 않느냐고 오자서에게 충고를 하였는데 이에 대한 그의 대답이 바로 '일모도원(日暮途遠)'이었다고 한다.

해가 저물었는데 아직 갈 길은 많다——즉 자기는 이제 늙었는데도 아직 할 일이 태산같이 많으니 어느 겨를에 이치니, 도리니 하는 것을 따지겠느냐는 말이다.

「사기」 오자서전(伍子胥傳)에 나오는 이 말은 우리 주변에서도 흔히 쓰이고 있다.

일모(一毛)를 뽑으면 천하의 이(利)가
된다 해도 하지 않는다

이 말은 맹자가 양주(楊朱)와 묵자(墨子)를 비교하여,

"양주는 자기만을 위해서 행동하는, 한 올의 털이 천하의 이익이
된다고 해도 뽑지 않는다는 주의이며 묵자는 겸애를 주장하여 머
리가 닳고 발뒷꿈치가 떨어져 나가도록 천하를 위해서 희생한다."
고 평한 말에서 연유된 것이다.

양주는 묵자와 한시대에 살았던 도가(道家)에 속한 사상가이며
극단적인 이기주의자로 알려져 있다.

그 사상의 특징은,

'자기를 높인다.'

'물질을 가볍게 여기고, 생 그 자체를 중히 여긴다.'
는 것이며 천하를 위해 누구 하나 머리털 한 올 뽑는 자 없고, 천
하의 이익을 도모하는 자 또한 없다면 천하는 절로 다스려진다는
주장이었다.

어느 때 묵자도인인 금자(禽子)라는 사나이가 양주를 찾아왔다.

"머리털 한 올을 뽑아서 세상이 구원된다면 선생님은 어떻게 하
시렵니까?"

"세상이란 머리털 한 올로서는 구출할 수가 없는 것이오."

"만일 구할 수 있다면 말입니다."

양주는 대답을 하지 못했다. 제자인 맹손양(孟孫陽)이 대신 설
명을 했다.

"머리털 한 올보다는 살갗이 소중합니다. 그러나 살갗보다는 팔
하나가 더 소중합니다. 그렇지만 털이 모여 살갗이 되고 살갗이 모
여 털이 되는 것이지요. 한 올의 머리털도 역시 몸의 일부분입니
다. 그것을 소홀히 할 수야 있습니까?"

"나로서는 대답을 할 수가 없소. 노담(老聃)이나 관윤(關尹)이

라면 당신 말이 옳다고 할는지 모르오. 그러나 우(禹)나 묵자라면
나의 의견을 옳다고 할 것이오.”
　맹손양도 응답할 길이 없는 모양인지 제자들을 향해 다른 이야
기를 시작했다.
　「열자」 양주편(楊朱篇)에 나온다.

일이관지(一以貫之)

　지금은 별로 흔하게 쓰이지 않는 말이다. 그러나 노장측에서는
가끔 쓴다.
　‘하나로 꿰었다’보다는 원문대로 ‘일이관지(一以貫之)’란 말을
많이 쓴다.
　건곤일척(乾坤一擲)이니 권토중래(捲土重來)니 하는 식으로 시
종이 여일한 것을 농담 비슷이 이 말로 표현한다.
　그러나 실상인즉 원뜻과는 좀 거리가 멀다. 이 말은 공자와 제
자와의 대화를 주로 수록한 「논어」에 나온다.
　공자의 정통을 이었다고 보는 제자는 증자이다. 공자가 여러 제
자들을 평할 때 그를 둔한 사람이라고 지적한 일이 있다.
　증자는 이름을 삼(參)이라고 불렀다. 그의 아버지 석(晳)과 같
이 공자에게 배웠다.
　석은 도교적인 색채가 강한 사람으로 공자는 그를 광(狂)이라고
평했다. 그러나 그의 호탕한 성격을 못내 칭찬한 적도 있다.
　증석이 공자보다 여섯 살 아래였으니 그의 아들인 삼은 아주 젊
었을 것이다.
　그 나이도 어리고 둔한 증자에게 공자는 한 마디로써 자기의 도
통(道統)을 전해 주었으니 그게 바로 ‘일이관지’란 네 글자였다.
　어느 날 공자는 증자가 있는 곳으로 찾아갔다. 증자는 많은 제
자들과 더불어 있었다.
　“삼(參)아, 내 도는 하나로써 꿰었다(吾道一以貫之).”

“네에……”

마치 불교의 선문답(禪問答) 같은 것을 주고받았다.

공자의 한 마디에 도가 툭 트여져 버린 것이다.

그러나 이를 보고 있던 제자들에게는 무슨 수수께끼만 같이 느껴졌다.

공자가 돌아가자 제자들이 증자에게 물었다.

“선생님, 그게 무슨 말씀이십니까?”

“선생의 도는 충(忠)과 서(恕) 뿐이시다.”

충(忠)과 서(恕), 그것도 많은 뜻을 포함하고 있다.

공자는 하나라고 했는데 증자는 그 하나를 둘로 풀이했다. 결국 충과 서가 하나라는 이야기가 된다.

충은 하늘에서 타고난 본성 그대로로서 그 본성을 본성대로 실천에 옮기는 것을 말한다.

그런 딱딱한 이야기는 그만두기로 하고, 둔한 증자의 특색 있는 일면을 이야기해 보기로 하자.

공자는 증석의 광기를 바로잡아 자기의 도를 전할까 해보았으나 실패했다.

그는 친구의 문상을 가서 울거나 위로를 하는 것이 아니라, 거문고를 치면서 괴로운 이 세상을 먼저 떠난 친구를 부러워하는 노래를 불렀다.

공자는 그의 아버지와는 정반대로 실천과 진실만을 위주로 하는 증삼이 속된 생각에서 탈피하도록 많은 애를 썼다. 증삼이 한 번은 참외밭을 매다가 꽃을 전부 망가뜨렸다. 역시 둔한 탓이었으리라.

아버지 증석이 와서 아들의 그런 둔한 것을 보자 화가 더럭 치밀어올랐다.

“에이 미련한 자식, 밭을 매는 것이 아니라 꽃만 떨어뜨리고 있으니……”

증석은 급한 성격에 몽둥이를 집어 아들을 두들겼다.

증삼은 아버지의 분을 풀어드린다는 역시 둔한 생각에서 피하지 않고 그대로 맞고 있었다.

증석이 홧김에 때린다는 것이 너무 지나쳤든지 얼마를 때리다 보니 그만 죽고 말았다.

속으로 '야, 큰일났다' 싶었겠지만,

"에이, 잘 죽었다."

하며 집으로 혼자 들어와 버렸다.

몇 시간이 지나서 죽었던 증삼은 겨우 깨어났다.

그는 깨어나자 마자 집으로 달려왔다. 아버지에 대한 원망보다 아버지가 걱정하실까 그것만이 염려되었다.

(아버지는 홧김에 나를 때리기는 했지만 무척 걱정을 하고 계시리라.)

그는 벽장에서 거문고를 꺼내 즐거운 곡을 탔다. 아버지로 하여금 자기가 살아왔다는 것을, 그리고 아무런 상처도 없이 이렇게 거문고를 타고 있다는 것을 알려 주기 위해서였다.

이튿날 증삼은 공자를 찾아갔다. 증삼이 대문간에 들어서는 것을 본 공자는 제자들에게 그를 들어오지 못하게 하도록 일렀다.

증삼은 깜짝 놀랐다.

"제가 무슨 죄가 있는지 알고나 돌아가겠습니다."

제자를 통해 까닭을 물었다.

공자는 제자를 통해 이렇게 말을 전했다.

"너는 효(孝)를 모르는 사람이다. 아버지의 뜻만을 순종하는 것이 효도라고 생각하는 너 같은 미련한 사람은 내 방에 들어올 자격이 없다. 만일 네가 죽었다면 너의 아버지는 이 나라의 백성이니 이 나라 법에 의해 살인범으로 다스려야 할 것이 아니냐? 일시의 분을 풀어 주기 위해 부모에게 살인죄를 범하게 하는 것보다 큰 불효가 어디에 또 있겠느냐? 그러기에 부모가 작은 매로 때리면 맞고, 큰 매로 때리면 피하라고 하지 않았느냐?"

증삼은 그때까지도 자기가 효도를 한 줄로 알고 있었는데 듣고 보니 정말 아찔한 이야기였다. 효도도 착한 마음씨만으로는 안 된다는 것을 깊이 깨달았다.

"제가 비로소 죄를 알았습니다."

그는 사과를 하고 물러갔다.

그런데 그 증자가 자식까지 낳은 부인을 내쫓았다.

사람들은 물론 친구들까지도 다 너무하다고 생각했다. 그것도 무슨 큰 죄를 지었으면 또 모르겠는데 겨우 구실이라는 것이 너무도 터무니없는 것이었다.

그 부인이 시아버지 상에 놓을 콩잎을 제대로 익히지 못하고 설익은 것을 놓았다 해서 내쫓은 것이었다.

부모를 위하는 것도 좋지만 너무한 일이었다.

어느 날 친구가 조용히 그를 책망했다.

"그것은 너무한 일이 아니오? 그런 이유로 조강지처를 쫓아낸다는 것은……"

증자는 한참을 있다가 대답했다.

"난들 왜 생각이 없겠소? 그도 돌아갈 데가 있어야 할 것이 아니오. 만일 그녀의 허물을 들어 내쫓는다면 친척인들 받아주겠소? 차라리 내가 심한 사람이 되는 것이 낫지, 같이 살던 사람을 거리에 나앉거나 죽게 만들 수야 있겠소?"

그는 그녀가 어떤 과오를 범했는지는 밝히지 않고 다만 그런 작은 허물을 구실삼음으로써 남의 동정이라도 받아 떳떳이 살게 해주려는 깊은 생각에서였다는 것이었다.

그거야말로 그가 말한 충과 서의 좋은 실례였다. 공자의 '일이관지'란 것도 그런 것이었으리라.

일자천금(一字千金)

전국시대 말기, 천하를 다투는 열국의 제후들은 앞을 다투어 일예일능(一藝一能)의 뛰어난 자들을 모아들이기에 혈안이었다. 이것이 이른바 식객이다.

제나라의 맹상군은 수천, 초(楚)나라의 춘신군(春申君)은 3천여, 조(趙)나라 평원군(平原君)은 수천, 위(魏)나라 신릉군(信陵

君)은 3천, 이렇듯 서로 식객 수를 과시하였다. 더구나 이때의 식객들은 오늘날의 식객과는 달리 한결같이 한 가지 재주는 가진 자들이었으며, 따라서 제후들은 그들을 붙들어 놓기 위해 여러 가지 고심을 했다. 예를 들면 가산을 송두리째 털어서 식객을 슬하에 불러모았다는 맹상군은 귀천을 가리지 않고 모두 자기와 동등한 대우를 했고 또한 그들과 대화를 할 때에도 우필(祐筆—비서)을 병풍 그늘에 숨겨두고 그들과의 대화에서 주소나 친척을 알아내어 나중에 그들에게 선물을 보내도록 하곤 했다.

이런 형편이니, 식객 3천을 거느린 여불위(呂不韋)의 욕심은 더욱 부풀게 되었다.

이 무렵 제국에서는 현자(賢者)들이 책을 지었는데 특히 제(齊)·초(楚)를 섬긴 유가(儒家) 순경(荀卿) 등이 탁한 세상을 통탄하여 수만언(數萬言)의 책을 지었다는 말을 듣자, 좋다 나도 한 번 해 보자는 심정이 되었다.

그리하여 식객들을 시켜 만든 것이 20여만 어로 된 큰 책이다.

"어때, 천지만물과 고금이 모두 이 속에 들어 있다. 이렇게 방대한 일은 나 외에는 아무도 하지 못할 것이다."

하고 뽐내며, 그 대작을 자기가 편찬한 것으로 하여 「여씨춘추(呂氏春秋)」라고 이름지었다. 그리고 또 한 짓이 재미있다. 이 「여씨춘추」를 서울 함양 성문 앞에 진열시키고, 그 위에 천금(千金)을 매달아 놓고, 큰 간판을 써붙였다.

'능히 한 자를 줄이거나 늘일 수 있는 자에게는 천금을 주겠다.'

즉 이 책의 문장을 첨삭할 수 있는 자에게는 글자 하나에 대해 천금의 상금을 주겠다는 것이었다. 실로 사람을 얕본 처사였다. 그러나 그의 놀라운 식객 유치책이기도 했다.

일패도지 (一敗塗地)

진(秦)나라는 그 융성의 극을 달하던 진시황 시대가 끝나자 멸망의 길을 가기 시작했다. 특히 진승(陳勝)의 반란이 성공을 거두자 여기저기에서 반기를 드는 인물들이 늘어갔다.

이때 패(沛) 땅의 현령은 사태의 어지러움에 신변의 위협을 느꼈다. 그는 참살되기 전에 먼저 진승에게 무릎을 꿇는 게 좋지 않을까 하고 부하인 소하(蕭何)와 조참(曹參)에게 의견을 물었다. 그들이 말했다.

"진나라의 관장이 반기를 든다면 백성은 잘 따르지 않을 것입니다. 그보다는 지금 유방을 중심으로 탄압을 피해 현 밖으로 도망가 있던 무리들을 불러모아 그들로 하여금 백성들을 위협하게 한다면 모두들 따르게 될 것입니다."

현령은 번쾌(樊噲)를 시켜 유방을 불렀다. 유방은 그때 진시황이 '동남쪽에 천자의 기운이 있다'고 해서 친히 순시를 나섰을 때 그를 따르는 수백 명의 젊은이들과 함께 산 속으로 도피해 있었다.

유방은 현령의 부름을 받고 추종자들과 함께 현으로 돌아왔다. 그러나 매사에 전전긍긍해 있던 현령은 곧 유방의 세력에도 위협을 느껴 성문을 닫고 들어오지 못하게 했다. 그리고 소하와 조삼을 죽이려 했다.

놀란 두 사람은 재빨리 성을 빠져나와 유방에게로 갔다.

유방은 곧 비단에 편지를 써서 성 안으로 던져 넣었다.

'지금껏 백성들은 포악한 진의 탄압으로 고생해 왔다. 이제 패의 부로(父老)들이 성을 지키고 있긴 하나 머지 않아 각처에서 일어나는 제후들에게 망하고 말 것이다. 그러므로 힘을 합쳐 현령을 죽이고 대세를 따르라. 아니면 성은 피비린내를 풍기며 함락될 것이다.'

이 선동적인 격문을 읽은 성 안의 백성들은, 현령을 죽이고 유방을 새 현령으로 추대하고자 했다.

유방은 이를 거절하며 말했다.

"이제 천하는 심한 혼란 중에 제후들이 일제히 일어나고 있다. 능력 있는 인물을 골라 장수로 삼지 못하면 일패도지하고 말 것이다."

그러나 누구도 유방만한 인물이 없었기에 유방은 결국 패공(沛公)이 되고 한고조가 되는 기반을 다지게 되었다.

「사기」고조본기(高祖本記)에 나오는 고사로 여기에서 '일패도지'란 '한 번 패하여 간과 뇌가 땅에 딩군다'는 뜻으로 단 한 번의 패배로 다시 일어설 수 없게 된 경우에 흔히 비유로 쓰인다.

임금이 좋아하는 바는 신하는
반드시 이에 따른다

등(滕)나라 문공(文公)이 태자였을 때, 초(楚)나라에 사신으로 가는 길에 송(宋)나라를 지나치다가 우연히 송나라에 머물러 있던 맹자를 만났다. 그의 성선설을 들은 것이 젊은 태자의 심금을 울렸던지 뒷날 아버지인 정공(定公)이 세상을 떠났을 때 보좌역인 연우(然友)에게 명했다.

"나는 전에 맹자에게서 들은 말을 잊을 수가 없구나. 추(鄒)나라로 가서 선생께 아버님의 장례절차에 대한 의식을 알아 오도록 하여라. 그런 연후에 장례식을 치르기로 하자."

맹자는 그 두터운 효심을 전해 듣고,

"어버이의 상(喪)에는 자식으로서 오로지 애도의 뜻을 다할 뿐 살아 계실 때 섬기고, 죽음을 당했을 땐 장례를 지내고 제사를 지내는 모든 의식을 예절을 갖추어 하라고 증자(曾子)의 가르침에도 있습니다. 제후(諸侯)의 예는 나도 잘은 모르나 대략을 알고 있지요. 3년간의 상, 험한 옷에 험한 식사, 이것이 하(夏), 은(殷), 주(周), 3대에 걸쳐 전해져 내려오는 예식이라고 여쭈어 주시오."

태자는 그 말에 따라 3년간 상을 입기로 정했으나 친족 장로들과 중신들은,

"선군(先君)이신 정공께서도 3년상은 입지 않으셨습니다. 선군께서 하시지 않은 것을 굳이 하시는 것은 좋지 않습니다."

하고 '효도란 부조(父祖)의 길을 바꾸지 않는 데에 있느니라'라는

가르침을 역용(逆用)하여 이의를 신청했다.

난처해진 태자는 다시금 연우를 불러 말했다.

"나는 원래 말을 타거나 전차를 몰거나 칼싸움을 하는 등 살벌한 일만 좋아하고 별로 학문을 하지 않았기 때문에 새삼스레 3년의 상을 입으라 한들 모두들 듣지 않으리라 생각한다. 허나 이것은 중대한 일이니 한 번 더 선생께 가서 물어봐 주기 바란다."

재차의 질문에 맹자는 대답했다.

"모두가 듣지 않는 것도 무리가 아니겠지요. 이 일은 남에게 강요할 것이 아니라 다만 스스로를 책하고 오직 스스로가 이를 다할 뿐입니다. 공자께서도 '천자나 제후가 세상을 떠나면 사자(嗣子)는 정치에 관여치 않으며, 백관은 모두 육경(六卿) 우두머리의 지시에 따른다'고 말씀하셨습니다. 사자 되는 자가 오로지 죽을 먹고 어두운 안색으로 아침 저녁 상복 차림으로 슬퍼하고 있으면 백관 유사는 모두 감동하여 슬피 울지 않는 자가 없을 것이오. 그것은 군주가 몸소 수범을 하기 때문입니다. 위에서 좋아하는 바는 아래서 반드시 이를 따른다고 합니다. 군자의 덕은 바람 같은 것이고, 소인의 덕은 풀잎 같은 것이라 바람이 불면 풀은 모두 나부끼고 맙니다. 그러므로 태자께서도 여기 대해서는 남에게 강요하지 말고 몸소 행하여 아랫사람들에게 수범을 하심이 좋을 것이오. 반드시 효과가 있을 것입니다."

태자는 그 간곡한 가르침을 듣고 그 말에 따랐다. 과연 맹자의 말대로 신하는 모두 군주를 본따서 다같이 3년의 상을 입게 되었다.

자포자기(自暴自棄)

"에라, 모르겠다. 될 대로 되라지……"

이런 말을 내뱉는 사람을 가리켜 '자포자기(自暴自棄)'한다고
한다. 실망이나 타락이 원인으로, 자기의 형편이나 앞날을 돌보지
않는 사람의 상태를 가리키는 말이다.

그러나 원래는 「맹자」의 이루상편(離婁上篇)에 나오는 말로 현
대의 그것과는 약간 뜻이 다르다.

'자포(自暴—스스로 해침)하는 자와는 더불어 말할 수 없다. 자기
(自棄—스스로 버리다)하는 자와는 행동을 같이 할 수가 없다.'

자포란, 입을 열기만 하면 예의 도덕을 헐뜯는 것이다. 한편 도
덕의 가치를 인정하기는 하면서도 인(仁)이니 의(義)니 하는 것엔
나 같은 것은 도저히 손이 닿지 않는 양 생각했다면 그것은 자기
이다.

사람의 본성은 원래는 착하다. 때문에 사람에게 도덕의 근본이
념이 되는 인(仁)은 편안한 집과 같은 것이며 올바른 도리인 의
(義)는 정도(正道)인 것이다. 편안한 집을 외면하고 살려 하지 않
고 올바른 길을 버리고 걷고자 하지 않는 것은 참으로 슬픈 노릇
이다.

이루편에는 맹자의 말만 나열되었을 뿐이라 언제 누구에게 한
말인지는 모른다.

전전긍긍(戰戰兢兢)

'전전(戰戰)'은 겁이 나서 벌벌 떠는 모습, '긍긍(兢兢)'은 몸을 삼가는 모양을 두고 하는 말이다. 이 말은 「시경」소아편의 〈소민(小旻)〉이라는 시에 나온다.

이 시는 서주(西周)의 멸망이 가까울 무렵, 모신(謀臣)들이 군주 측근에서 옛법을 무시한 정치를 행하는 것을 두고 개탄한 것인데 '전전긍긍'이란 말은 마지막 일절에 나온다.

전전긍긍하여
깊은 물에 임한 듯하고
얇은 얼음을 밟은 듯하구나

옛법을 알고 있는 식자들이 위험하다고 느껴지는 정치를 볼 때에, 정치가 조만간 어차피 파탄을 가져오리라는 사실을 알 때에, 깊은 물가에 선 것 같고 얇은 얼음을 밟고 있는 것같이 떨리는 심정이 된다는 이야기이다.

서주 말기에는 주(周)왕실이 의거하고 있던 씨족제 봉건사회가 그 내부적인 모순 때문에 붕괴기에 들어가 왕권이 쇠하여 고법(古法) 즉 주공(周公)에 의하여 제정된 모든 제도로서는 다스리기 힘들게 되었다.

그리하여 구제를 개혁하여 새로운 통치 양식을 만들어 새법을 지닌 모신들이 속출했던 것이다. 그러나 이 신법 역시 왕권을 신장하고 제후를 억누르기에는 벅찬 것이었고 오로지 압제하는 것만을 목표로 했기 때문에 오히려 시국의 위기는 더 극심해 갔다.

평화스러운 시대는 도의로 나라가 다스려지지만 위기가 올 때 도의 뒷그늘에는 눈에 보이지 않는 힘과 힘의 관계가 노골화한다.

(정치란 이런 것일까?)

파괴를 눈앞에 둔 위기감이 준 절실한 감정을 표현한 말이다.

전전반측(輾轉反側)

밤새도록 엎치락 뒤치락하며 잠이 안 와 괴로와하는 불면의 상태는 누구나 흔히 경험하는 일이다. 그리고 그러한 상태를 가리키는 말인 '전전반측(輾轉反側)'도 우리들의 일상생활에 흔히 사용되는 형용사이다.

쓰여진 글자의 모양으로 보나 또 우리들이 소리내어 발음해 보나 밤을 형용하는 말로서 아마도 이만큼 적절한 말은 없을 것이다.

이 말은 매우 오래 전에 유래된 것이다.

기원전 6세기경 공자가 아직 살아 있을 때 이미 시의 모범으로서 고전화되었던 「시경」의 국풍편(國風篇) 모두(冒頭)를 장식하는 〈관관저구(關關雎鳩)〉에 나오는 말인 것이다.

이 노래는 성인으로 이름 높은 주(周)나라 문왕(文王)과 왕비 태사(太姒)를 칭송한 것이라 한다.

문왕은 기원전 6백 년이나 전의 사람이다. 이러한 전설은 물론 후세의 사람들이 마음대로 만들어낸 것으로 믿을 만한 것이 못되나 「시경」 3백여 편의 시 중에서도 비교적 오랜 시대의 작품으로 추정되고 있으므로 전전반측도 3천 년, 적어도 그에 가까운 역사를 갖고 있다고 볼 수 있다.

시는 첫째 강기슭에서 울고 있는 저구(雎鳩)라는 물새를 읊는다. 그 새는 서로 화답하는 아름다운 목소리로 운다. 그 아름답고 조용한 모습은 아름다운 여인을 상기시킨다. 좋은 배우자로서 남자가 구하고저 하는 처녀는 저 물새와 같이 신비하고 아름다운 것이다.

아리따운 임을 자나깨나 생각하며
부질없는 이 마음 자나깨나 그리면서

이 생각 저 생각으로 밤마다 뒤척이네

參差荇菜 左右流之, 窈窕淑女 寤寐求之
求之不得 寤寐思服, 悠哉悠哉 輾轉反側

아름다운 처녀를 사모하여 구하지 못하면 못할수록 마음은 점점
전전반측하게 됨을 읊고 있는 것이다.
　전전반측하는 옛 남자의 연정은 3천 년 후의 우리들에게도 충분
히 이해가 가는 점이 있다.

전화위복(轉禍爲福)

　논객 소진(蘇秦)이 한(韓)나라의 선혜왕(宣惠王)에게 대해서,
'닭대가리가 되어도 소꼬리는 되지 말라'고 설득하여서 '합종(合
從)'에 동의를 얻은 데 반하여 '전화위복(轉禍爲福)'이라는 말은
'연형(連衡)'을 권하는 장의(張儀)가 같은 한나라를 찾아가서 합
종을 파탄시켰을 때에 쓴 설득 문구이다.
　불행의 원인을 만들어 놓고서, 행복되기를 원한다는 것은 앞뒤
가 뒤바뀐 일이 아니냐는 것이 그 뜻이다.
　한나라에서 선혜왕이 소진의 설득으로 말미암아, '죽는 한이 있
어도 진나라는 섬기지 않겠다'고 맹세한 것도 잠시의 일, 선혜왕
이 죽고 양왕(襄王)의 치세가 되자, 진나라의 압력에 견디기 어렵
게 되었다.
　그때에 진나라에서 보내온 것이 장의이다.
　그는 소진이 얼렁뚱땅 한왕의 현명함을 추켜올려 '합종'에 동의
를 얻은 것에 반해 처음부터 양왕에게 강경한 태도로 나왔다.
　그는 우선 한나라가 산이 많아서 산물이 적고 식량의 저장도 많
지 못하며 인구도 적은 약소국에 불과하다는 것을 강조하고 그런
국력으로 강국 진나라와 싸운다는 것은 계란으로 바위를 치는 것
이나 마찬가지라고 큰 소리를 쳤다.

　그러므로 진나라를 섬기면 무사할 것이나 섬기지 않을 경우엔 망하고 말 것이라고 협박하다시피 하며 그렇게 하는 것이 차라리 '전화위복'이 아니겠느냐고 따졌던 것이다.
　양왕은 그만 기가 꺾여 장의의 말대로 선양(宣陽)의 땅을 바치고 나라를 보전했다고 전해진다.
　소진과 장의가 저마다의 열변을 토해서 국제정세를 뒤흔든 일화의 한 토막인데, 이것만 보더라도 난세에 있어서 좌로 우로 뒤흔들리는 약소국의 운명처럼 슬픈 것은 다시 없다고 할 수 있으리라.

정　훈(庭訓)

　공자는 그의 아들인 백어(伯魚)에게 어떤 교육을 행하고 있었던가. 즉 평소에 성인군자로서 도(道)를 설득해 온 공자라 할지라도 자기 자식의 교육이 되고 보면 일반 제자들과 구별한 특별교육을 하고 있는 것이나 아닐까.──이렇게 생각한 공자의 제자, 진항(陳亢)이라는 자가 어느 때 공자의 아들 백어에게 물은 적이 있었다.
　"당신은 선생님의 아드님이시니 우리들과는 다른 무슨 특별한 가르침을 받으신 적이 없습니까?"
　이에 대한 백어의 대답은 이러하였다.
　"그런 일은 없고, 언젠가 아버님이 혼자 뜰에 서 계시는 앞을 내가 종종 걸음으로 지나가려 하자 아버님께서 부르시더니 '너는 시경(詩經)을 배웠느냐?' 하고 물으셨소. '아니 아직 배우지 않았습니다' 이렇게 대답했더니 '시경을 배우지 않고는 올바른 말을 할 수가 없다'고 하시더군요. 그래서 나는 그뒤부터 시경을 공부했지요.
　그뒤 또 어느 날 역시 마찬가지로 뜰에 서 계시는 아버님 앞을 지나가려 하자 이번에는 '너는 예(禮)를 배웠느냐?'라고 하시더군요. '아니 아직 배우지 않았습니다' 했더니 '예를 배우지 않고는 행동의 근거가 나오지 않는 법이다'라고 하셨소. 그래서 나는 그뒤부터 예를 배웠지요.”

시(詩)와 예(禮)는 공자가 가장 중시한 수학(修學)의 근본이었
던 것인데 그 시와 예에 대해서조차 자기 아들에게는 뜰에서 만났
을 때밖에 특별한 가르침을 주지 않았다는 일화로, 어쨌든 ‘정훈
(庭訓)’이란 말은 이 이야기에서 나와 가정의 가르침, 가정교육이
라는 뜻으로 사용하게 되었다.

조강지처(糟糠之妻)

‘빈천할 때 사귄 친구를 잊어선 안 되고, 조강지처는 내쫓지 못
한다.’

이것은 「후한서」 송홍전(宋弘傳)에 나오는 말이다.

후한의 세조가 된 광무제 휘하에는 그 천하통일 뒤 쟁쟁한 인물
들이 수없이 모여들었다. 이 이야기도 광무제를 섬긴 한 인물의
의젓하고 꿋꿋한 태도를 나타낸 일화이다.

광무제에겐 한 누님이 있었다. 호양공주(湖陽公主)라는 부인으
로 일찍이 남편을 여의고 홀몸으로 있었다.

광무제는 그 호양공주가 당시 대사공(大司空) 직책에 있는 송홍
(宋弘)을 전부터 사모하는 것을 알고 있었다. 그리고 황제 자신도
미망인이 된 누님을 송홍 같은 인물에게 시집보내고 싶은 뜻이 있
었다.

그러나 아무리 황제라도 맞대놓고 누님에게 장가들어 달라고 명
령할 수는 없었다. 송홍에게는 어엿한 아내가 있었던 것이다.

그래서 미리 누님인 공주를 옆방에 불러놓고 송홍을 궁중에 부
른 광무제는 잡담 끝에 이렇게 말문을 열었다.

“속담에 부해지면 사귀던 친구를 바꾸고, 귀해지면 아내를 바꾼
다는 말이 있는데 경은 이것을 어떻게 생각하는가?”

넌지시 그 누님의 문제를 비쳤던 것이다. 그러자 송홍은 분명하
게 대답했다.

"아닙니다. 신은 가난할 때 사귄 친구를 잊지 말고, 조강지처는 내보내지 못한다는 말이 옳다고 생각합니다."

송홍이 물러나간 뒤 한 대 얻어맞은 격이 된 광무제는 누님 공주를 돌아보고 말했다.

"말하는 걸 보니 가망이 없겠구려, 허허허."

남의 남편을 새치기하려던 공주도 이렇게 확실한 태도를 본 바에야 어쩌는 도리가 없었을 것이다.

조강(糟糠)이란 지게미와 겨를 가리키는 말로 몹시 보잘것없는 식사란 뜻이다.

가난한 생활에 지게미와 겨를 먹으면서 고생을 함께 해온 아내는 훗날 비록 부귀영화를 누리게 되었다 하더라도 버리거나 괄시해서는 절대로 안 된다는 뜻이다.

조삼모사(朝三暮四)

송(宋)나라에 저공(狙公)이라는 사람이 있었다. 저(狙)란 원숭이라는 말로서 그 이름처럼 저공은 많은 원숭이를 길렀는데 집안 식구들의 식량을 줄여 가며 원숭이를 먹일 만큼 원숭이를 좋아했다. 저공은 원숭이의 마음을 훤히 알 수 있었고 원숭이 또한 저공의 마음을 잘 알았다고 한다. 아뭏든 원숭이의 수가 많으므로 그 식량만도 무시할 수가 없었다.

저공은 차츰 곤란을 느끼고 원숭이의 먹이를 제한하는 수밖에 도리가 없어졌는데 그 때문에 모처럼 자기에게 길들어 있는 원숭이들을 불쾌하게 만들어서는 안 되겠다 싶어 먼저 원숭이들에게 이렇게 말했다.

"너희들에게 주는 도토리를 앞으로는 아침에 셋, 저녁에 넷을 줄까 하는데 어떠냐?"

그러자 원숭이들은 성을 냈다. 아침에 세 개로서는 배가 고파 못견디겠다는 원숭이의 마음을 저공은 알 수 있었다. 저공은 속으로 됐다 싶어 다시 이렇게 고쳐 말했다.

"그렇다면 아침에 넷, 저녁에 셋으로 하지. 그러면 되겠지?"

원숭이들은 모두 기뻐하며 고개를 끄덕였다.

이 우화는 「열자」의 황제편(黃帝篇)과 「장자」의 제물편(齊物篇)에 나와 있다. 허나 비유하는 뜻은 약간 다르다. 「열자」의 경우는, '조삼모사(朝三暮四)나, 조사모삼(朝四暮三)이나 실질적으로는 같은데도 원숭이들은 조삼을 싫어하고 조사를 좋아했다. 지자(知者)가 우자(愚者)를 농락하고 성인(聖人)이 중인(衆人)을 농락하는 것도 저공이 지(知)로서 원숭이들을 농락한 것과 마찬가지이다'라고 말하고 있다.

「장자」의 경우는 농락당하는 자 속에 끼어들어서, '애써서 일을 이루었으나 그것이 다 같은 것임을 알지 못하고 있다. 이를 조삼(朝三)이라 한다'라고 말하고, 그 뒤에 이 '조삼모사'의 고사를 들어 시비선악(是非善惡)에 집착하는 자가 달관을 못하면 다 같은 것임을 알지 못하고 공연히 마음을 써서 편견이 생긴다는 비유로 삼고 있다.

허나 현재 쓰이고 있는 '조삼모사'란 말은 저공이 원숭이를 농락했다는 데에서 '남을 농락하여 술수에 빠뜨리는 것'이라든가 '사기로서 남을 속이는 것' 등의 의미로 쓰이고 있다.

조　장(助長)

새로이 제(齊)나라를 찾아온 공손추(公孫丑)는 맹자의 제자로 들어가자 먼저 왕년에 제나라의 명재상이었던 관중(管仲), 안자(晏子)의 패업에 대해 맹자께 물었다.

왕도정치를 설득하는 맹자는 패업을 천하게 보고 백성들이 학정에 고생을 하고 있는 이때, 제나라가 인정을 베풀 절호의 기회라고 설득했다. 그러자 공손추가 또 물었다.

"선생께서 만약 제나라 재상이 되어 정치적 성공을 거두셨더라도 선생은 마음이 움직이지 않겠습니까?"

"나는 마흔이 넘고부터는 마음이 움직이지 않았다. 유혹에도 지지 않고."

여기서 맹자는 부동심(不動心)을 설명했다.

"선생님의 부동심은 어떤 때에 장점이 있나요?"

"말귀를 잘 알아듣는 것과 호연지기(浩然之氣)를 잘 기르는 것이다."

여기서 맹자는 호연지기에 대해 설명을 하고 기(氣)를 기르는 방법에 대해 명백하게 답했다. 청산유수 같은 일문 일답이었다. 맹자는 말을 이었다.

"호연지기를 기르는 데는 그 행하는 바가 모두 도의(道義)에 맞아야 하는 것이며, 기(氣)를 올바르다고 하는, 즉 기만을 목적으로 삼고 길러서는 안 된다. 그렇다고 기를 기르는 것을 전혀 잊어버린다는 것도 물론 좋지 않다. 송인(宋人)처럼 안절부절 억지로 조장하려 하는 것도 좋지 않다. 마음 속의 도의의 성장에 따라 서서히 길러갈 필요가 있다."

맹자는 여기서 또 다음과 같은 그의 자랑인 비유를 끌어 냈다. 어리석은 짓을 하는 예로서 곧잘 인용되는 춘추시대 송(宋)나라 농부의 이야기였다.

송나라의 어떤 농부가 모를 심었는데 그 모가 좀체로 자라지 않았다. 어떻게 하면 빨리 자랄까 하고 걱정한 끝에, 옳지 손으로 잡아당겨 주자고 생각했다. 그래서 모를 하나씩 뽑아 잡아당겨 주었다. 하나씩 뽑아당기는 것이니 여간한 일이 아니었다. 농부는 녹초가 되도록 지쳐서 집으로 돌아가자 집안 사람들에게 말했다.

"아, 오늘은 굉장히 피곤하군. 모가 하도 작기에 모가 자라도록 도와주고 왔지(苗助長)."

이 말을 들은 아들이 깜짝 놀라 급히 논에 가보니 모는 벌써 모두 말라죽고 말았다.

"당치도 않은 이야기지만, 이 세상에는 모를 조장(助長)하는… 모를 도와 잡아당기는 쓸데없는 짓을 하는 자도 적지 않은 것이

다. 하기야 처음부터 기를 기르는 것은 소용없는 짓이라고 버려
두는 자도 있지만 이건 모를 심어놓고 논을 매지 않는 것이다. 마
찬가지로 모는 잘 자라지 않는다. 그렇다고 해서 기를 길러야 한
다고 이 성장을 조장하는 것은 모가 빨리 자라지 않는다고 해서 모
를 조장하는…… 모를 도와 잡아당기는 거나 매한가지인 것이다.
조금도 이익이 되지 않을 뿐 아니라 그것을 근본에서부터 망쳐 버
리게 되는 것이다.”

잊어버려도 안 되고 조장해도 안 된다고 맹자는 설명했다. 보편
적인 훈계를 말한 것이었다. 조장은 ‘도와서 성장시킨다’라는 뜻
이지만 ‘갑자기 자라게 하려고 억지로 힘을 가하여 오히려 망친다’
는 훈계의 어감도 있다.

좌   단(左袒)

자기편 쪽으로 붙는 것을 좌단(左袒)한다고 한다.

좌단을 글자 뜻대로 풀이하면 왼쪽 어깨를 벗는다는 말이다. 왼
쪽 어깨를 벗는 것이 왜 내 편이란 뜻이 될까.

그 유래는 이렇다.

기원 전 180년 3월 여태후(呂太后)가 병들어 곧 죽게 될 형편
이었다.

여태후는 한고조(漢高祖) 유방의 부인이다. 살아 있을 때부터 지
혜와 용기가 남달라 자주 내정에 참여한 일이 있던 그녀였다.

남편 고조가 척부인(戚夫人)과의 사랑에 빠져 척부인의 아들을
태자로 삼으려고 한 적이 있었다.

그때 장량을 위협해서 고조의 그런 잘못된 생각을 버리고 자신
이 낳은 혜제(惠帝)로 하여금 태자에 봉해지게끔 할 수 있는 대책
을 물은 일도 있었다.

또 한신을 비롯하여 팽월 등 많은 공신들을 죽이는데 그녀의 내
부조종이 컸다.

그녀는 남편 고조가 죽자 첫 복수의 손을 댄 것이 사랑의 원수
인 척부인이었다.

남편을 앗기고 살아온 쌓이고 쌓인 원한이 얼마나 컸고 그녀의
마음가짐이 얼마나 잔인하고 독했던지 인류 역사상 전무후무한 짓
을 저질렀다.

척부인을 약을 먹이든지 목을 졸라 죽게만 했어도 모르겠는데
손발을 자르고 눈을 뺀 다음 돼지우리에다 넣어 두고 돼지와 같이
먹고 자게 만들었다.

제 이성(理性)을 가진 여자라면 아무것도 안 먹고 굶어서라도
죽었을 텐데 손발이 잘리고 눈까지 빠져 버린 척부인은 사람의 넋
은 달아나고 육신과 삶의 본능만이 남게 되었다.

그리하여 돼지우리 속에 들어 돼지와 같이 잠을 자고 밥을 먹고
하면서도 여전히 죽지 않고 있었다.

통쾌감을 맛보기 위해 여후는 가끔 돼지우리로 가서 돼지가 되
어 있는 척부인을 바라보았다. 그리고 입에 담지 못할 욕을 퍼부
었다.

귀가 있으니 듣기도 했으련만 척부인의 얼굴에는 표정마저 없
었다.

어느 날 여태후는 그의 아들이요, 천자인 혜제를 데리고 돼지우
리로 가서 천자에게 척부인의 그런 꼴을 보여 주었다.

혜제는 그것이 무엇인지 짐작이 안 갔다. 몸이고 얼굴이고 간에
흙과 때와 똥칠의 범벅이었을 테니 짐작을 못하는 것도 무리가 아
니다.

"어마마마, 저것이 무엇이옵니까?"

"그것이 사람돼지다."

"사람돼지가 뭡니까?"

"저것은 척부인이야."

"네엣? ……"

마음씨 착한 혜제는 하마터면 주저앉을 뻔했다.

"어마마마, 이게 무슨 일이옵니까?"

"왜? 우리 모자를 죽이려고 갖은 음모와 술책을 다 쓴 년을 이 정도로 살려둔 것이 못마땅하단 말이냐?"

"어마마마, 이 어찌된 일입니까? 어찌 사람으로서 이런 짓을 할 수 있단 말이옵니까?"

혜제는 너무도 놀라왔다. 그는 어머니가 원망스러웠고 그런 어머니의 아들로 태어난 자신이 미워지기까지 했다.

혜제는 그 길로 병들어 누웠다. 살고 싶은 의욕을 잃은 그는 죽기를 기원하고 있었다.

혜제가 2년만에 죽고 말자 여태후는 자기가 직접 정권을 잡고 흔들었다.

유(劉)가와 유가의 공신들은 믿을 수 없기 때문에 그들의 권력을 차례로 빼앗아 친정 형제, 조카들을 대신 그 자리에 놓았다.

그 여태후가 마침내 병이 들어 곧 죽게 된 것이다.

그녀는 조왕(趙王)인 여록(呂祿)과 여왕(呂王)인 여산(呂產)을 상장군(上將軍)으로 임명해서 북군(北軍)을 여록에게, 남군을 여산에게 맡겼다.

임종 때 여태후는 여록, 여산 두 사람을 베개맡으로 불렀다.

"고조가 천하를 평정한 뒤에 중신들을 불러 모아 놓고 이런 약속을 했다. 유씨가 아닌 사람이 왕이 되거든 온 천하가 다 이를 쳐라! 그런데 지금 너희들이 그렇듯이 여씨로서 왕에 봉해진 사람이 많지 않으냐? 유씨 일족은 물론 고조의 옛 신하들까지도 이 점에 대해 불만을 품고 있다. 내가 죽는 날이면 곧 변이 일어날 것이다. 너희들은 병권을 남에게 넘기지 말고 궁중을 지키는 데만 전념을 해라. 그렇게 하기 위해서는 내 장례식에도 참여할 필요가 없다."

이렇게 신신당부를 하고는 숨을 거두었다.

그러나 그녀가 죽었다는 소문이 한 번 퍼지자 지금까지 매일 술만 마시며 거의 폐인이 되다시피한 진평(陳平)이 금시 본래의 진평으로 되돌아와 태위(太尉)인 주발(周勃)과 여씨 타도의 계책을 의논했다.

그때 곡주후(曲周侯) 역상(酈商)의 아들 역기(酈寄)가 여록과 친하게 지내고 있는 것을 안 그들은 역기를 보내 여록을 달래게끔 했다.

역기는 여록을 찾아가 가장 그를 위하는 척하며 이런 권고를 했다.

"지금 여태후께서 세상을 버리시고 황제의 나이 아직 어리시니, 이때 여러 왕께서는 각각 자기 봉지(封地)를 빈틈없이 통치함으로써 황실의 울타리가 되어야 할 줄로 아옵니다. 물론 현명하신 왕께서는 조나라에 돌아가시지 않더라도 별다른 일은 없을 줄 압니다만 멀리 떨어진 조나라에 언제 어떤 일이 생길지 알 수 없는 일이 아닙니까? 아마 이곳 북군의 임무를 겸하고 계신 탓으로 임지로 돌아가시지 못하는 것 같은데 지금 황제께서는 태위인 주발에게 북군을 맡기고 왕으로 하여금 조로 돌아가게 했으면 하고 계십니다. 그러니 안심하시고 임지로 돌아가시는 것이 어떻겠습니까?"

여록은 여태후가 죽는 바람에 정신이 어리둥절한 판이었다. 그는 사실상 대장군의 역량이 없는 사람이었다.

역기가 권하는 말이 그럴 듯하게 느껴진 여록은 곧 대장군 직책을 황제에게 반환하고 주발로 하여금 북군을 장악하게 만들었다.

상장군이 된 주발은 곧 북군을 총집결시켰다. 그리고 그들 장병들에게 일장 훈시와 열변을 토했다.

"한(漢)나라는 원래 유씨가 그 종(宗)을 이루게 되어 있었다. 그런데 외람되게도 여씨가 유씨를 누르고 모든 권력을 그들의 손아귀에 넣고 말았다. 이것은 한왕실의 불행이요, 온 천하가 다 통분히 생각하는 바다. 지금 나 상장군은 유씨의 왕조에게 충성을 바침과 동시에 천하를 바로잡을 생각이다."

이렇게 전제한 그는 다음과 같은 결론으로 흥분된 군중들을 행동으로 이끌었다.

"여러분! 여러분의 의사를 막지는 않겠다. 여씨의 오늘과 같은 횡포를 그대로 시인하려거든 오른쪽 어깨를 벗고 저쪽으로 갈라서라! 그리고 나와 함께 유씨를 위하려는 군사들은 왼쪽 어깨를 벗고(左袒) 나를 따르라!”

　주발의 말이 떨어지자 군사들은 일제히 왼쪽 어깨를 벗어붙이고 유씨의 편이 될 것을 맹세했다.

　이 이야기는 「사기」 여후본기(呂后本記)에 나오는 고사 한 토막이다.

　이러한 고사로 인해 내 편이 되어 주거나 내 의견에 찬성하는 사람들을 좌단이라고 하게끔 되었다.

　주발이 한 번, 반기 아닌 복고의 깃발을 들고 일어나자 여씨에게 불만을 품고 있던 사람들이 일제히 여씨들을 향해 반기를 들었다.

　여태후의 그 간교하고 용의주도한 계획도 그녀가 넘어지자 눈사태처럼 우수수 무너지고 말았다.

　세상사는 억지로는 되어 가지 않는 것이다.

주지육림(酒池肉林)

　서양의 대표적인 폭군이 로마의 네로라면 동양을 대표하는 폭군은 하(夏)의 걸왕(桀王)과 은(殷)의 주왕(紂王)을 들지 않을 수 없다.

　이 두 사람은 모두 남달리 뛰어난 재지(才智)와 무용을 지닌 사람들인데도 불구하고 그 최후는 말희(妺喜)니 달기(妲己)니 하는 보기 드문 미인이며 독부(毒婦)들에게 송두리채 넋을 빼앗겨 이성을 잃고 주색의 향락에 빠지더니 드디어 몸을 망치고 나라를 망치고 말았다.

　그들은 총애하는 여인의 환심을 사기 위해 제왕으로서 자기에게 주어진 온갖 권력과 부력(富力)을 기울여서 사치음일(奢侈淫佚)을 일삼았다.

　주지육림(酒池肉林)의 유흥이란 것도 이 제왕의 절대적인 권력과 부력의 배경 없이는 도저히 생각해낼 수 없는 어처구니없이 호사하고 사치스런 놀이의 하나였다.

하나라의 걸왕은 자기가 쳐서 멸망케 한 유시씨(有施氏)의 나라에서 공물로 바쳐진 말희라는 계집에게 마음을 빼앗겼다.

그는 말희를 위해 보석이나 상아로 장식된 호화판 궁전을 짓고 그 깊숙한 곳에 있는 한 방에 만들어진 옥(玉)으로 된 침대에서 밤마다 육욕에 빠졌다.

그뿐이 아니었다. 그녀가 원하는 대로 전국에서 아름다운 소녀들을 3천 명이나 긁어 모아 놓고 그녀들에게 오색찬란한 옷을 입혀서 큰 춤잔치를 열기도 하였다.

그러나 눈을 현란케 하는 그 춤놀이와 음악도 몇 번씩 거듭되고 보면 싫증이 났다. 때문에 더 강한 향락을 위해 자극은 자극을 부르고 사치는 사치를 가져왔다.

걸왕은 이번에는 또 말희의 제안에 따라서 궁전 한모퉁이에 커다란 못을 파게 했다. 바닥에 새하얀 자갈이 깔린 그 못에는 그윽한 향기를 뿜는 미주(美酒)로 가득 채워지고 못 둘레의 둔덕을 본따서 고기로 작은 산을 쌓고 나무 대신 육포(肉脯)의 숲이 만들어졌다.

왕은 말희와 함께 작은 배를 띄우고 술의 못에서 노닐고, 3천의 미소녀들은 못가에서 음악에 맞추어 춤추게 했다. 그리고 북소리로 신호를 울리면 못으로 달려들어 술을 마시고 숲의 육포를 포식하는 것을 즐거운 듯 바라보면서 말희의 풍만한 몸을 애무한다.

이와 같이 사치한 생활로 그 많은 나날을 보냈으니 어떻게 되겠는가. 순식간에 국고는 바닥이 나고 인심은 동요되었다. 하나라가 멸망해 간 것은 당연한 노릇이었다.

다음으로 은나라 주왕의 마음을 사로잡은 것은 유소씨(有蘇氏)의 나라에서 바쳐진 역시 세상에 드문 미모와 음탕함을 겸비한 독부 달기이다.

이 여인의 바닥을 모르는 욕망을 채워 주기 위해 주왕은 우선 가렴주구(苛斂誅求)를 그 수단으로 삼았다.

녹대(鹿台), 거교(鉅橋)의 창고에는 백성들로부터 강제로 빼앗

다시피 한 전백(錢帛)과 미속(米粟)이 산더미처럼 쌓였고, 전국에서 진수기물(珍獸奇物)이 줄을 이어 궁전으로 모여들었다.

또 막대한 물자와 인력을 소모해 가면서 호화롭고 웅장한 궁전 정원이 만들어졌다.

못에는 물 대신 술을 채우고 언덕은 술지게미로 쌓고 고기를 매달아서 숲을 이룬다.

악사들에겐 북리(北里)의 춤, 미미(靡靡)의 춤 등 몸도 혼백도 녹아 없어질 듯한 음탕한 가락을 뜯게 하고 그 음악에 맞추어 몸에 실오라기 하나 걸치지 않은 남녀들 한 떼가 그 일대를 쫓고 쫓으며 미친 듯 춤추고, 그것을 구경하는 사람들은 망아(忘我)의 황홀에 잠겨 못의 술을 퍼마시고 숲의 고기를 포식한다.

그런 미친 듯한 광경을 바라보면서 주왕의 무릎에 몸을 기대고 있는 달기의 두 뺨에는 이윽고 음탕하고 만족스런 미소가 번진다. 더우기 이와 같은 미친 듯한 잔치가 밤낮을 가리지 않고 백 스무 날이나 되풀이되었으니 이것을 장야음(長夜飮)이라 일컬었다는 것이다.

이렇듯 호화롭고 사치스런 놀이를 탕아들은 군침을 흘리며 멋지다고 외칠지도 모른다. 허나 그것도 정도의 문제가 아닌가. 걸왕과 주왕의 향락은 이미 상식의 둘레를 벗어난 미친 사람의 그것이었다.

뜻있는 사람들은 자주 왕에게 간했다. 그러나 왕은 오히려 제왕의 행동을 비방하는 불충이라 하여 잔인한 포락형(炮烙刑)으로 벌을 주었다. 그리고 기름을 바른 구리기둥에서 불 속으로 미끄러져서 타죽는 희생자들의 모습까지도 잔인한 달기의 음욕을 돋우는 자극제가 되었다.

죽마지우(竹馬之友)

진(晋)나라의 은호(殷浩)는 자(字)를 심원(深源)이라 하며 견식도 도량도 있어 젊었을 때부터 평판이 자자하였다.

숙부인 융(融)과 함께 「노자」와 「주역」을 좋아하였으며 서로 말을 할 때에는 융이 은호에게 졌으나 글로 쓸 때에는 융이 호를 이겼기 때문에 풍류를 운운하는 자들은 모두 이 두 사람을 조종(祖宗)으로 삼았던 것이다.

어느 날 한 사람이 은호에게 물었다.

"관리가 되려 할 때는 꿈에 널[棺]을 보고 재물이 생기려 할 때는 더러운 것을 보게 되는데 이것은 어찌된 일입니까?"

이에 대하여 은호가 대답하였다.

"관리란 썩을 대로 썩어서 냄새가 나는 것이라네. 그렇기 때문에 관리가 되고저 하는 자는 꿈에 죽은 모습을 보게 되는 것일세. 또한 재물은 원래 티끌이니 돈을 얻게 되려 할 때는 더러운 것을 꿈에 보게 되는 것일세."

세상 사람들은 이것을 명언이라 하여 소문이 자자하였다.

은호는 누가 뭐라 하여도 관직에 오르려 하지 않고 10년이라는 긴 세월을 조상 대대의 묘소를 지키며 살았다. 그러나 연이어 공신(功臣)을 잃은 간문제(簡文帝)의 간청을 거역할 수 없어 드디어 건무장군(建武將軍) 양주자사(楊州刺使)가 되었다.

당시 환온(桓溫)이라는 자가 촉(蜀)나라를 평정하고 돌아와 그 세력이 굉장하였기 때문에 간문제는 내외에 명성이 높은 은호를 옆에 두고 환온에 대항시키려 하였던 것이다. 이 때문에 두 사람은 서로 반목하게 되었는데 왕희지(王羲之)가 두 사람을 화해시키려 하였으나 은호가 절대 듣지 않았다.

그 무렵에 후조(後趙)의 왕 석계룡(石季龍)이 죽고 호족(胡族) 사이에 반란이 일어났다.

진나라는 이 기회에 중원을 회복하려고 은호로 중군장군(中軍將軍), 도독(都督) 양예서연청(楊豫徐兗靑) 오주군사(五州軍事)에 임명하였다. 호는 중원을 평정하는 것은 나의 임무라고 용맹 무쌍하게 출발하였지만 출발할 때 낙마(落馬)를 하였기 때문에 모두 상서롭지 못한 일이라고 수근댔다.

은호는 마침내 요양(姚襄)에게 참패를 하고 돌아왔다. 이것을 다행으로 생각한 사람은 환온 뿐이었다. 은호의 죄상을 규탄하는 상소를 올려 급기야는 그를 서인(庶人)으로 떨어뜨리고 동양(東陽)의 신안현(信安縣)으로 귀양 보내게 되었다.

은호가 귀양간 후, 환온은 사람들에게 다음과 같이 말하였다.

"나는 어려서 은호와 같이 죽마(竹馬)를 타고 놀았는데, 내가 싫증이 나서 버리면 은호가 언제나 가지고 갔다. 그러므로 그는 내 자리 밑에 앉는 것이 당연하다."

이 말이 죽마지우(竹馬之友)의 출전(出典)이며 「세설신어」의 품조편(品藻篇), 「진서(晋書)」의 은호전(殷浩傳) 등에 나온다.

죽마는 대나무로 만든 말로 아이들이 놀 때 쓰는 것이다.

「후한서」의 곽급전(郭伋傳)에도, '어린 소년 수백 명이 제각기 죽마를 타고 길가에서 영접하였다'라는 말이 있으며 당(唐)나라 시인 두목(杜牧)의 시에도, '겨우 죽마의 놀이를 버리다'라는 구절이 있다.

배소(配所)에서의 은호는 절대 푸념을 말하지 않고 평정하게 온종일 하늘을 바라보며 '돌돌괴사(咄咄怪事—정말 이상하구나)'하고 손가락으로 쓰고 있었다 한다.

그후 환온이 은호를 상서령(尙書令)으로 삼겠다는 편지를 보내왔으므로 은호는 기꺼이 승낙하고 답장을 썼다. 틀림없이 하느라고 수십 번이나 봉투에 넣었다 뺐다 하며 보다가 넣는 것을 잊어버려 급기야는 빈 봉투만을 환온에게 보내었다.

환온은 화가 머리끝까지 치밀어올라 다시는 그를 상대하려 하지 않았다.

은호는 영화(永和) 20년에 배소에서 죽고 말았다.

죽은 공명(孔明)이 산 중달(仲達)을 쫓아낸다

후한말(後漢末) 건흥(建興) 12년의 일이다.

제갈공명은 여섯 번에 걸쳐 기산(祁山)으로 진출하여 용장 사마중달(司馬仲達)이 지휘하는 위(魏)나라 군사와 맞섰다.

영리한 사마중달은 촉(蜀)나라 공명의 군사가 멀리 원정을 온 까닭에 보급관계가 불편하리라는 점을 간파하여 무리한 결전을 피하고 지구전으로 시간을 끌 계획을 세웠다.

당대의 공명도 이러한 사마중달의 꾀에는 적지 않은 골머리를 앓지 않을 수 없었다. 그리하여 어떻게 해서든지 위나라 군사의 헛점을 포착해서 단번에 결단을 낼 수밖에 없다고 단단히 벼르고 있었다. 그러기 위해서 공명은 군사를 이미 위수(渭水) 남쪽 오장원(五丈原)으로 옮겨 놓고 적군을 꾀어내다가 격멸해 버릴 기회만을 노리고 있었다.

여기서 공명은 사마중달의 진영으로 사람을 보내었는데 여자의 옷 한 벌과 머리빗이 그 선물이었다. 사마중달의 인품과 행동에 대해서 여자 같고 사내답지 못하다고 비난함으로써 상대방의 약을 올려 분통을 터뜨리게 하려는 계략이었다.

그리하여 과연 계략대로 사마중달이 흥분해서 이성을 잃고 떨쳐 나오면 때려 눕히려 했던 것이다.

그러나 사마중달은 뜻밖에도 태연히 공명에게 대한 말을 몇 마디 물었을 뿐 아무런 반응이 없었다.

공명은 이른 새벽부터 밤늦게까지 진중에서 동분서주하고 있으며, 상과 벌을 내리는 데 공정을 잃지 않고 세 끼 식사는 아주 조금씩 밖에 취하지 않는다는 것 따위를 사자에게서 들은 그는 자기 진영의 참모들을 모아 놓고 만족한 듯이 말했다.

"그런 격무에 그런 섭생으로는 공명도 오래 살 도리가 없을 것이다."

그해 8월, 중원에는 가을이 짙어 가고 위수의 푸른 물이 더욱 깊어 가는 어느 날이었다. 놀랍게도 큰 별 한 개가 붉게 타는 꼬리를 끌며 하늘을 내달리더니 눈 깜짝할 사이에 촉나라 군대의 장막 위로 떨어지는 것이 보였다.

"이게 무슨 징조일까? 공명이 갑자기 병이라도 들어서 죽은 것이 아닐까."

아뭏든 중달은 이 심상치 않은 징조로 미루어 반드시 공명에게 큰 불행이 떨어졌다는 사실만은 짐작할 수 있었다. 중달은 기회를 놓칠새라 일대 공격을 감행할 준비를 갖추도록 했다.

별이 떨어지는 순간 공명은 정녕 조용한 가운데 임종을 맞이했던 것이다. 그러나 공명은 자기의 죽음이 가까와 오고 있음을 깨달았기 때문에 피골이 상접한 몸을 일으켜 몇몇 참모들에게 일러 두었다.

"내가 죽은 뒤에도 나의 죽음을 적군들이 모르도록 해야 된다."

이러한 경우를 예상해서 미리 만들어 두었던 자기의 좌상──나무를 깎아서 공명의 앉은 모습을 실물과 똑같이 만든 것──을 수레 위에 태워가지고 사마중달의 주력부대와 맞서라고 지시를 했다. 그리하여 자신이 아주 건재해서 진두지휘를 하는양 시위를 한 다음 서서히 군사를 뒤로 뽑아서 철수를 하라는 마지막 퇴각작전의 지시를 내리고 숨을 거두었던 것이다.

때를 같이하여 여하튼 공명의 진중에 불행을 고하는 징조가 나타났으니 지체없이 쳐들어가야 한다는 결정을 내린 사마중달은 대군을 몰아 질풍같이 떨쳐나갔다.

그러나 막상 촉나라 군의 진지로 가까이 갔을 때 적진은 지극히 조용한 가운데 수상한 움직임을 보이고 있었다. 어떤 기상천외의 전략을 써서 반격해 올지도 모른다는 불안이 부쩍 생겼다. 중달은 전군을 일단 정지시킨 다음 척후병을 투입해서 적정을 살피기로 했다. 아니나 다를까 공명을 잃은 적군은 싸움을 단념하고 저마다 돌아가기 위한 보따리를 싸기에 여념이 없음을 알아내고야 말았다.

농사꾼들 가운데는 이러한 정보를 사마중달에게 제공하기 위해서 몰래 넘어오는 축들도 있었다.

"때는 왔다!"

그제서야 확신을 얻은 사마중달은 신바람이 나서 목청을 돋구어 전군에게 오장원을 목표로 총공격을 개시하라는 명령을 내렸다.

그런데 어쩌된 셈일까.

공명의 진지로 뛰어들어 보니 어느 사이에 진지는 텅 비어 사람의 그림자라곤 하나도 눈에 띄지 않았다.

영문을 몰라 두리번거리는 순간 불현듯이 앞산 기슭으로 촉나라의 깃발이 우르르 나타나더니 천지를 진동하는 북소리와 함께 벽력 같은 촉나라 군사 일대가 터져나오는데 번쩍번쩍하는 장군의 수레 위에 엄연히 앉아서 지휘를 하는 사람은 바로 제갈공명이 아닌가. 뜻밖에도 사기충천해서 덤벼드는 적군과 죽은 줄만 알았던 공명이 저렇듯 눈을 부릅뜨고 손짓을 하는데 사마중달은 그만 놀란 토끼의 꼴이 되어 달아나지 않을 수 없었다.

나중에 이 말을 들었을 때 중달은 이렇게 둘러댔다고 전한다.

"살아 있는 공명의 책략은 알아도 죽은 공명의 술책이야 알아낼 도리가 있는가."

또한 사마중달뿐만 아니라 모든 장수들이 공명의 설계로써 구축되었던 오장원의 진지를 보고 크게 경탄하여 마지 않았다고 한다.

「삼국지」는 말할 것도 없거니와 「통감강목(通鑑綱目)」과 「십팔사략」 그리고 「진서(晋書)」 등에 기록된 대로 공명이 죽은 뒤 촉나라는 결국 후주(後主) 염흥(炎興) 첫해 위나라에 의해서 멸망하고 말았다.

지록위마(指鹿爲馬)

그렇게도 영화를 누리던 진시황도 하늘이 내린 목숨만은 어쩌지 못했다. 그는 불로불사(不老不死)의 영약을 얻고자 별의별 노력을 다했으나 끝내는 죽고 말았다.

"태자 부소(夫蘇)로 하여금 내 뒤를 잇게 하라."

그는 이렇게 유언했다. 그러나 승상(丞相) 이사(李斯)며, 측근의 조고(趙高) 등은 그 유언을 거짓 전달하고 어린 호해(胡亥)를 황제로 세웠다. 왜냐하면 태자 부소는 현명한 데 비해 호해는 그저 그렇고 그런 인품이라 멋대로 주무르기가 쉬웠기 때문이었다.

이것이 진의 이세황제(二世皇帝)이다.

이세황제 밑에서 눈 깜짝할 사이에 높은 벼슬을 따고 진나라의 실권을 잡은 이는 조고라는 자였다. 그는 남들에게 천시를 받는 환관(宦官)이었다.

이세황제 호해는 즉위하자마자,

"짐은 천하의 모든 쾌락을 다 누리면서 일생을 보내고 싶다."
는 말을 했다는 형편없는 인물이었다.

조고는 속으로 회심의 미소를 지으며 장단을 맞추었다.

"거 정말 좋은 생각이십니다. 그렇게 하자면 법을 엄하게, 형벌을 가혹하게 하여 법의 무서움을 알리는 게 급선무입니다. 다음은 선제(先帝) 때부터 지금까지 벼슬하고 있는 구신(舊臣)을 모조리 제거하고 폐하께서 좋아하시는 신인을 등용하신다면 이들은 폐하를 위해 몸이 가루가 되도록 충성을 다할 것입니다. 그렇게만 되면 폐하는 마음 턱 놓고 향락을 누릴 수 있습니다."

"그렇구나, 그럴 듯한 말이로다."
하고 호해는 대답했다.

이리하여 조고는 자기의 경쟁자인 이사를 죽인 것을 비롯하여 선제 때부터의 대신, 장군, 심지어는 왕자까지도 살륙하고 자기는 재상이 되어 실권을 잡았다.

말을 타면 걸마 잡히고 싶은 법, 그 세력이 하늘까지 닿은 조고는 종당은 못난 황제 호해를 밀어내고 자기가 그 자리에 앉을 음모까지 꾸미게 되었다.

그러나 이 음모를 실행하려면 먼저 궁중의 문무백관이 호해 편인지 아니면 자기 편인지 확인하지 않으면 안 되었다. 그리고 자기 편이 아닌 자에게는 나에게 복종하지 않으면 좋지 못하다고 위협할 필요도 있었다.

조고는 이 목적을 위해 실로 기상천외한 방법을 생각해 냈다.

그는 어느 날 이세황제에게 사슴 한 마리를 헌상(獻上)하면서,

"말(馬)을 헌상합니다."

하고 말했던 것이다.

황제는 웃으며,

"승상은 이상한 소릴 하는구려. 사슴을 말이라고 하다니…… 이건 사슴이냐 말이냐?"

그러면서 좌우의 신하들을 둘러보았다.

얼굴을 숙이고 잠자코 있는 자도 있고, 조고에게 아첨하느라고 말이라고 대답하는 사람도 있었다.

그러나 "아니 사슴입니다." 하고 직언(直言)하는 신하도 몇 사람 있었다.

호해는 어떻게 된 영문인지를 몰라 어리둥절한 표정이었다.

조고는 눈을 번뜩이며 사슴이라고 직언한 사람들을 단단히 기억해 두었다. 그리고 후에 터무니없는 죄를 뒤집어 씌워서 그 사람들을 죽여 버렸던 것이다.

이후 궁중에선 조고의 말에 반대하는 사람을 찾아볼 수 없게 되었다.

그러나 그렇다고 해서 전 중국이 조고에게 복종한 것은 아니었다. 아니, 오히려 각지에 반란군이 일어나기 시작했다. 항우, 유방 등도 이때 출현했다.

세상은 어지러워졌다. 조고는 이런 혼란 속에서 호해를 죽이고 부소의 아들 자영(子嬰)을 세워 진왕(秦王)을 삼았지만 이번엔 자기가 자영에게 피살되는 운명을 맞이하게 되었다.

「십팔사략」에 나오는 이야기이다.

이 이야기에서 '사슴을 가리켜 말이라 한다'는 말이 나왔다.

때문에 잘못된 것을 위압적으로 어거지를 쓰며, 멀쩡한 사람을 바보로 만들거나, 사람을 속여서 옳은 것을 그르다 하고 그른 것

을 옳다고 억지를 쓰는 것을 뜻하게 되었다.

집안이 가난하면 양처를 생각하고
나라가 어려우면 양상을 생각한다

진(晋)나라의 영토를 한(韓), 조(趙)와 함께 셋으로 분할한 위
(魏)는 문후(文侯)때 비로소 제후와 어깨를 나란히 할 수 있었다.

문후는 어진 사람을 존경하고 착한 정사를 베풀려고 노력한 명
군(名君)으로 그의 좌우에는 전자방(田子方), 복자하(卜子夏), 이
극(李克), 위성(魏成) 등의 명신과 현신(賢臣)이 모여 있었다.

문후가 어떻게 어질고 현명한 사람을 등용하고, 어떻게 그 사람
들의 말을 받아들였느냐에 대해서는 다음과 같은 이야기가 있다.

어느 때 문후는 재상(宰相)의 인선에 대해 고민하던 끝에 이극
(李克)에게 의논을 했다.

"선생은 언젠가 집안이 가난할 때는 그 넉넉지 못한 가계(家計)
를 꾸려나갈 좋은 아내가 아쉽고 나라가 어지러워졌을 때는 정사
를 바로잡을 수완을 지닌 훌륭한 재상이 아쉽다고 말한 적이 있
소. 나는 지금 좋은 재상이 아쉽소. 내가 보는 바로는 위성이나
적황(翟璜)이 마땅하리라고 생각하는데 어느 쪽이 더 적당하다고
여기시오?"

"비천한 자는 존귀한 사람을 놓고 논할 수 없고 소원한 자는 친
척의 문제를 말하지 않는다고 합니다. 저는 대답할 자격이 없습
니다."

"그렇게 겸손하시지 말고 가르쳐 주시구려."

"그럼 참고삼아 사사로운 의견을 말씀드리겠습니다. 그 사람들
을 보려면 그 사람의 환경에 따라 다섯 가지의 관찰법이 있습니다.
평온무사할 때는 어떤 사람과 다정하게 지내는가, 부유할 때는 가
난한 사람을 돕고 있는가, 고위고관일 때는 어떤 사람을 천거하는
가, 곤궁할 때도 단호하게 악의 유혹에 빠지지 않으며 정도(正道)

에 어긋난 일을 물리치는지 어떤지, 가난한 때도 물욕에 사로잡히
지 않고 부정한 재물을 탐내지 않는가 등의 다섯 가지입니다.
　지금 말씀하신 두 사람은 다 훌륭한 분이긴 합니다마는 복자하,
전자방, 단간목(段干木) 등의 현인은 모두 위성이 천거한 인물입
니다. 이러고 보니 아마도 위성이 적임이 아닐까 합니다.”
　이 한 마디로 재상은 위성으로 정해졌다.

창업은 쉽고 수성은 어렵다

당(唐)나라 초기의 번영하던 때를 가리켜 '당초삼대(唐初三代)'의 다스림이라 한다.

즉 정관(貞觀—연대로써 서기 627~674), 영휘(永徽—연대로 서기 650~855), 그리고 개원(開元—현종의 개원년)의 치세(治世)를 말하는 것이다.

불행히도 현종은 며느리로 책립했던 양귀비의 출현과 함께 총명이 흐려지기 시작했다. 양귀비에게 빠진 그는 10년 후인 서기 745년에는 끝내 자신의 귀비로 삼았고, 결국은 안록산의 반란으로 서기 756년에 죽고 말았다. 양귀비도 칼을 맞음으로써 아름답지 못한 최후를 기록하고 있다.

그러나 당나라 제2대 임금인 태종(太宗)의 이른바 정관의 치세는 후세에까지 훌륭한 정치의 귀감이 되어 이런 기록을 남기고 있다.

'길바닥에 떨어진 남의 물건은 줍지 않고 행상으로 여행하는 사람들은 도둑이 없는 세상이기 때문에 아무 데서나 노숙을 하고 다녔다.'

태종이 여러 신하와 더불어 정치를 의논한 내용을 모은 「정관정요(貞觀政要)」는 중국에서 뿐만 아니라 동양의 여러 나라에서도 시정(施政)의 좋은 참고자료가 되기도 했다.

이 정관의 치세가 생기게 된 원인으로는 무엇보다도 태종이 임금으로서 사치를 금하고 많은 신하를 거느리되 출중하고 정직하고 충성된 인물들을 등용했다는 사실을 들어야 한다.

무슨 일에나 결단에 뛰어난 두여회(杜如晦)와, 어떠한 계획을 세우더라도 남이 미처 생각도 못할 만큼 총명하고 치밀했던 방현령(房玄齡)이 좌우의 복야(僕射)벼슬을 맡아 보았을 뿐만 아니라 천하에 강직하고 깨끗하기로 유명했던 위징(魏徵)이 지금말로 해서 임금의 비서실장을 맡았는가 하면, 또한 청렴결백하기로 이를 바 없었던 왕규(王珪)가 시중(侍中)이라는 직위에 앉아서 임금의 측근인 시종직을 다하는 등 모두가 합심 협력해서 태종의 정치를 알뜰히 보좌했다.

어느 날 태종이 왕규에게 물었다.

"그대는 그대 자신이 방현령 이하 여러 대신들과 비교하여 스스로 어떻다고 생각하는가?"

왕규는 서슴치 않고 대답했다.

"씩씩하게 나라에 봉사하고, 알면서도 입 밖으로 내어 말하지 않는 점에 있어서 소신은 방현령을 따르지 못합니다. 재능에 있어 문무를 겸비하고 조정에 들어서는 어엿한 대장이라는 점에 있어서 소신은 이정(李靖)을 당할 도리가 없습니다. 그리고 임금께서 요(堯), 순(舜)과 같지 못함을 자기의 부끄러움으로 여겨 나라와 백성을 위해서라면 주저없이 임금께 직간을 올리고 잘못을 바로잡기에 여념이 없기로는 또한 소신이 위징을 따르지 못합니다……"

지극히 겸손하게 결국 모든 중신들보다 자기는 부족한 인간이라고 차근차근 대답했다.

또한 태종은 지난날, 조정의 가까운 심복 대신에게 이런 말을 물어본 적도 있었다.

"창업(創業)과 수성(守成)은 그 어느 쪽이 더 쉽고 어려운가?"

방현령이 대답했다.

"원시적인 시대에는 뭇 영웅들이 우글우글 두각을 나타내어 서로 다투어 공격하고 항복을 받으려고 목숨을 걸고 싸워야 했으니 생각해 보면 창업이 오히려 수성보다 어렵지 않았을까 생각됩니다."

그러자 위징은 또 의견을 달리 했다.

"옛날부터 제왕은 그 자리를 천신만고와 간난고초를 겪은 후에 차지하며 안일하게 지내다가 이를 잃어버리게 마련이라 해도 과언이 아닐 것입니다. 그러한 점에서 본다면 오히려 수성이 더 어렵지 않을까 싶습니다."

이들 두 사람의 소견과 이론을 가만히 듣고 나서 태종이 결론을 내렸다.

"두 사람의 말이 그 뜻은 다르되 다 같이 옳은 말이로다. 왜냐하면 현령은 짐과 같이 천하를 잡음으로써 백사(百死)에 일생(一生)을 얻은 사람이니 창업이 과연 얼마나 어려운가를 익히 알고 있는 것이요, 반면에 위징으로 말하면 천하를 평정하고 민생도 적이 안정이 되었거니와 항상 교만과 사치, 허영과 향락이 부귀에서 나오며, 환란과 재난은 또한 긴장을 풀고 게을러진 데서 생긴다는 것을 두려워하고 있는 것이니라. 그러므로 위징은 수성의 어려움을 익히 알고 있는 사람이다. 그러나 우리의 경우 창업은 이미 과거지사로 넘어간 것이다. 그러니 남은 문제로써 이제는 수성의 어려움만이 우리 앞에 가로 놓여져 있다는 사실을 제공들과 함께 명심하도록 하자."

이상은 「당서(唐書)」 방현령전(房玄齡傳)의 줄거리이다.

창업이라는 어휘는 맹자에서도 볼 수 있거니와 문자 그대로 '업(業)을 창(創)하다' 즉 '일을 시작해서 일으킨다'는 뜻이다.

그리고 수성이란 이룩된 사업을 잘 보존토록 지킨다는 뜻이다.

「정관정요」의 주서에도 이런 구절이 있다.

'자고로 업을 창하여 이를 잃어버린 예는 매우 드물며 성업(成業)을 보수(保守)하되 이를 잃어버린 예는 매우 허다하다.'

태종은 앞에서도 소개한 바와 같이 자신이 왕위에 오른 그 첫날부터 우선 사치와 허식을 무엇보다도 멀리한 임금이다.

자기의 위신이 신하들로 하여금 공연히 두려움을 일으키게 한다는 사실을 짐작하여 언제나 따뜻하고 부드러운 얼굴과 태도를 갖고 모든 사람을 대했으며 아무리 어려운 문제와 당돌한 말일지라도 거침없이 간하는 신하를 사랑했다.

다만 그의 말년에 특히 동쪽으로 세력을 넓히기 위해서 원정을 감행해야 한다는 중신들의 간을 받아들이지 않고 다소나마 사치에 흘렀던 일이 옥(玉)의 티라고나 할까.

또한 우리 민족과의 관계에 있어서는 한결같이 신라의 편을 들어 고구려와의 무수한 전쟁에 개입하기는 했으나 여하튼 태종이 이룩해 놓은 당나라의 문화나 학문은 신라, 백제, 고구려 등 여러 나라에서도 다투고 배우고 수입함으로써 많은 참고가 되었던 것이다.

다음 임금인 고종(高宗) 영휘의 치세에 있어서도, 이미 태종이 죽은 해의 5월에 이정이 죽은 것을 마지막으로 그 전해에 방현령이 죽고 위징은 그 5년 전에 죽었으며, 여해는 더욱 옛날인 정관 4년에 죽었으니, 그렇듯 출중한 현신 명장들을 하나도 물려받지 못한 채, 일개 부인에서 소의(昭儀)로 승격하여 영휘 6년에 이르러 왕후를 밀어내고 왕후가 되었던 무씨(武氏)와 위씨(韋氏)가 일으킨 난리인 소위 '무위(武韋)의 난(亂)' 때문에 유종의 미를 거두지 못했다.

나아가 현종의 '개원의 치세' 역시 고종의 다음 임금이던 중종(中宗)이 황후 위씨(韋氏)에 의해서 시살되는 동시에 온왕(溫王) 중무(重茂)를 세웠던 것이다.

태자겸 임치왕(臨淄王)인 융기(隆基), 즉 현종이 위후(韋后)를 죽여 버린 다음 예종(睿宗)을 세웠다가 3년 뒤에는 직접 제위를 차지하는 파란 곡절을 겪은 후에 비롯한 것이다.

그런 만큼 현종은 임금의 자리에 오르는 즉시 사치스러운 주옥과 비단금수를 궁전 마당에 산더미같이 쌓아 놓고 깨끗이 불살라 버린 일이라든지, 훌륭한 서적을 널리 구하고, 권농사라는 관청을 두어 농민을 보살피게 하는 등등 치적에 눈부신 바 있었건만 유명한 양귀비와의 사랑 때문에 안록산의 난을 초래하는 불행한 비극의 주인공이 되고 말았다.

이상 당나라 초엽의 위대한 삼대(三代)의 치(治)를 보더라도 과연, '창업은 쉽고 수성은 어렵다'는 말이 절실하다 하겠다.

채미가(采薇歌)

사마천이 저술한 장대한 역사책 「사기」에는 예순아홉 가지의 열전(列傳)이 실려 있는데 그 첫머리에 실린 것이 〈백이열전(伯夷列傳)〉이다. 여기에는 성인인 백이(伯夷)와 숙제(叔齊)의 이야기가 실려 있는데 그 대강의 줄거리는 이러하다.

백이와 숙제는 고죽군(孤竹君)의 아들이었다. 고죽군은 막내아들인 숙제에게 자기의 뒤를 잇게 할 생각이었다. 그러나 부친이 죽은 뒤, 숙제는 자기가 부친의 뒤를 잇는 것은 예절에 어긋나는 것이라 생각하고 형 백이에게 양보하려고 했다.

그러나 백이는 부친의 뜻을 어기는 것은 아들된 도리가 아니라고 이를 수락하지 않았다.

형제는 서로 사양을 했다. 그러던 중 백이는 자기만 이곳에 없으면 된다는 생각으로 몰래 국외로 도망치고 말았다.

그러나 숙제도 곧 형의 뒤를 따라 역시 국외로 나가고 말았다. 이렇게 되자 신하들은 백이의 동생이며 숙제의 형이 되는 사람을 주군(主君)으로 모셨다.

이렇게 해서 백이와 숙제는 일찍부터 어질고 덕망이 높다는 소문이 자자한 서백(西伯—주문왕)을 사모하여 서쪽에 있는 주(周)나라로 향했다. 그러나 두 사람이 주나라에 도착했을 때는 서백은 이미 죽은 뒤였으며 정세도 크게 변하고 있었다.

지금까지 중국 북부지방을 제압하고 있던 은(殷)나라의 기초가 크게 흔들리고 서백의 뒤를 이어받은 태자(太子) 발(發)은 스스로 무왕(武王)이라 칭하고 널리 제후들을 규합하여 대군으로써 동쪽의 은(殷)나라 주왕(紂王)을 치고자 진군을 개시하려는 참이었던 것이다.

무왕은 군중의 자기 수레 속에 부친의 위패를 싣고 있었다.

백이와 숙제는 이대로 보고만 있을 수가 없었다. 주나라 군사가

막 진군하려 할 때 두 사람은 상이 타고 있는 말고삐를 양쪽에서 잡고 왕에게 간했다.

"왕이여, 부왕(父王)이 돌아가신 지 얼마 되지 않는 지금 그 제사도 올리지 않고 싸움터에 나가신다는 것은 효자의 도(道)가 아닙니다. 그리고 주왕(紂王)은 당신들의 주군(主君)이기도 합니다. 신하된 몸으로 임금을 죽이는 것을 인(仁)이라 할 수 있겠습니까?"

그러나 무왕은 두 사람의 말을 듣지 않았다. 기어코 대군을 진격시켜 이윽고 목야(牧野) 싸움에서 은나라 군사를 대파, 주는 은나라를 대신하게 되었다.

역사의 톱니바퀴는 크게 회전했다. 각지의 제후도 하나 빠짐없이 주를 종주(宗主)로서 받드는 세상이 되었다. 그러나 백이와 숙제는 그런 세상과 타협하지 않았다.

그들은 커다란 실망을 느낀 것이었다. 소위 포학함을 대하는 방법으로 포학함을 쓰는 무왕에게서 그들은 조그마한 덕도 찾아낼 수가 없었고, 그런 주왕실에 복종한다는 것은 부끄러운 노릇이었기 때문이다.

신의를 지켜 주나라의 곡식을 먹지 않으련다고 결심한 두 사람은 마을에서 멀리 떨어진 수양산(首陽山)에 숨어 고사리를 캐어먹으며 연명을 했다. 그리고 이런 노래를 지었다.

서산에 올라 고사리를 꺾는다.
포학함으로 포학함을 바꾸고도 그 잘못을 모르나니
신농, 우, 하의 아름다운 풍속이 흔적없이 사라졌으니
나는 장차 어디로 갈 것인가.
아아 슬프다, 나는 가노라. 천명(天命)은 땅에 떨어졌구나.
登彼西山兮 采其薇
以暴易暴兮 不知其非
神農・虞・夏忽焉沒 我安適歸
吁嗟吁兮 命之徂矣

이렇게 '채미의 노래'에 세상을 근심하고 원망하는 뜻을 남기고 옛날의 성왕(聖王)인 신농, 순우(舜禹)의 시대를 그리워하면서 그들은 드디어 굶어 죽었다고 한다.

영웅호걸도 아니고 대학자도 아닌, 이 세상이 싫어서 굶어죽은 두 노인. 사마천은 이 두 사람의 이야기를 서슴없이 그 저서 첫머리에 실었다.

그것은 그들의 현실도피를 비웃어서도 아니고 그 행위를 무조건으로 찬양한 때문도 아닐 것이다.

사마천은 이렇게도 말했다.

"나는 백이, 숙제가 성인이라고 주장하는 것은 아니다. 다만 스스로 반대하고 있는 도에 어긋난 세상이 실현되어 이 세계는 악의 세계가 되었다는 그 절대절명의 경지를 주장하고 싶었던 것이었는지 모른다."

그리고 사마천은 이어서 '하늘은 항상 착한 사람을 돕는다'는 점에 회의를 품고 '천도(天道)는 과연 시(是)냐, 비(非)냐' 하는 근본적인 질문을 던졌던 것이다.

천고마비 (天高馬肥)

옛날의 중국은 종종 흉노(匈奴)라는 북방 만족(蠻族)에게 변두리를 침입당하였고, 혹은 본토까지 어지럽혀지는 바람에 역대 왕조는 그 싸움을 막느라고 줄곧 고생을 하였다.

이 흉노는 몽고 만족, 혹은 터키족의 일파라고 하며 은(殷)나라 초에 일어나 진(晋)나라 초에 망했다고 하는데 좌우간 주(周)에서 진(秦), 한(漢), 육조(六朝)와 약 2천 년에 걸쳐 중국의 고민의 씨가 되었던 날쌘 민족이었다.

진나라 시황제처럼 멀리 이를 토벌하고 그들의 침입을 막기 위해 만리장성을 쌓은 황제가 있는가 하면, 한나라처럼 미인을 그 우두머리에게 보내어 회유하지 않으면 안 되었던, 약한 왕조 등등

가지가지이다.

흉노는 기사(騎射)가 장기인지라 언제나 무리를 지어 바람처럼 습격해 와서 화살을 비오듯 퍼부어 인마(人馬)를 살상하고 재물을 약탈하고는 또다시 바람처럼 가버리곤 했다.

그들의 주거는 중국 본토의 북쪽에 퍼져 있는 광대한 초원으로 방목과 수렵이 주된 일상생활이었다. 이러한 대 초원의 유일한 교통기관은 말이다. 여자든 어린이든 자기 다리의 일부 같은 기분으로 말을 탔고 말을 타지 못한다면 여러 가지 볼일을 볼 수가 없는 생활이기도 했다.

봄에서 여름에 걸쳐 초원에서 배불리 풀을 뜯어 먹은 말은 가을에 접어들 무렵이면 투실투실하게 살이 찐다. 이윽고 풀이 마르고 초원에는 추운 겨울이 닥쳐온다. 시월에 접어들면 한낮에도 영도(零度)를 넘는 일이 드물어 방목은 할 수가 없다. 흉노는 먹이를 찾아 헤매는 이리와 여우 등을 쫓아 쓸쓸한 초원을 달린다. 가축이 잡아먹히는 일도 종종 있다. 영하 몇십도나 되는 혹한과 몰아치는 풍설(風雪)을 이겨내야 할 몇 달이었다. 살이 쪘던 말들이 이 겨울 동안은 자기 몸을 먹어가며 연명을 하지 않으면 안 된다. 봄이 될 무렵이면 말은 바싹 마른다. 봄에서 여름에 걸쳐서 긴 축적이 없으면 말은 굶주림과 추위 때문에 죽는 수밖에 없다.

높게 자란 풀은 가을바람에 알맞게 마르고 말은 다시 살이 찌기 시작한다. 겨울이 오기 전 초원에는 한동안 맑은 날씨가 계속된다. 가을 하늘은 어디까지나 높다. 흉노들은 겨울의 양식을 찾아 북쪽의 바람을 타고 따뜻한 남쪽 본토로 들이닥친다. 살찐 말을 타고, 잘 정비된 활과 화살을 갖추어 들고 흉노는 달려왔다 달려간다. 그러므로 가을이 되면 북방에 사는 중국인은 두려워했다.

"또 그놈의 흉노들이 쳐들어올 거야. 방전(防戰)의 준비는 잘 되었느냐?"

변두리를 경비하는 병사들은 성채에 들어가 활시위를 갈고 화살촉과 칼을 갈며 경비를 한층 더 엄중히 한다. 달각거리는 말굽 소리가 파도처럼 밀어닥칠 날도 이미 멀지 않은 것이다.

「한서」의 흉노전(匈奴傳)에는 '흉노는 가을이 되면 말이 살찌고 활쏘기가 세어진다' 그리고 '성채로 들어온다' 라고 되어 있다.

두보(杜甫)의 조부, 당나라의 두심언(杜審言)은 흉노에 대비하기 위해 변두리의 성채로 출정해 가는 친구 소미도(蘇味道)에게 한편의 오언배율(五言排律)을 선물했는데, '구름이 맑으니 요성(妖星―재난의 징조를 나타낸다는 별)이 떨어지고 가을이 무르익으니 새마(塞馬)가 살찌도다' 라고 노래불렀다.

이 '새마'는 한군 측 말을 가리키고 있다.

일반적으로는 '천고마비(天高馬肥)' 라든가 '비마(肥馬) 추천(秋天)에 울다' 라고들 말하고 있다.

이것은 오히려 가을이 되어 식욕이 좋아져서 살이 찐다는 뜻이 강한 것 같은데 원래는 앞에 말한 사정에서 비롯된 것이다.

천도시비(天道是非)

한(漢)나라 무제(武帝) 천한(天漢) 2년 때의 일이다.

조정과 황실의 문서를 기록하는 기관의 책임자였던 태사령(太史令) 사마천은 이른바 '이릉(李陵)의 화(禍)'를 입어 차마 견딜 수 없는 부형(腐刑―궁형이라고도 함)을 받아서 남자의 기능을 상실당한 뒤 옥에 갇히는 몸이 되었다.

용맹강직하고 청렴결백한 무장 이릉은 5천의 보병만을 이끌고 흉노의 정벌에 나섰으나 문자 그대로 용전분투한 끝에 부대는 전멸하고 자신은 인사불성에 빠져 포로가 되었다.

이릉에게서 승전보고가 올 적에는 환호성을 올리며 좋아 날뛰던 문제와 문무백관들이었지만 악전고투를 거듭하고 있는 이릉에게는 응원군을 보내지도 않고 있다가 급기야는 패전했다는 소식이 전해오자 모두들 입을 모아 이릉을 비난했다.

이때 오직 사마천 한 사람만이 이릉을 변호하였기 때문에 어리석은 무제의 역린(逆鱗)을 건드려 투옥된 것이었다. 이것이 '이릉의 화'이다.

옳은 일을 정당하게 주장하다가 억울한 형을 받은 사마천은 차라리 죽음보다도 더 견디기 어려운 치욕을 씹어가며 오로지 자기 손으로 인간의 정당한 역사를 써 남기려고 결심하였다. 그리하여 실로 초인적인 노력으로 130여 권에 달하는 「사기」를 써내었다.

그의 이와 같은 결의는 당연히 「사기」 전편을 통하여 사람의 마음 속 깊숙히 호소하는 바 있으나 특히 백이열전(伯夷列傳)에서는 단적으로 그것을 말하고 있다. 이것은 읽는 사람으로 하여금 옷깃을 바로잡게 하며 많은 사색과 교훈을 안겨준다.

그는 말한다.

"흔히 천도는 정실이 없으며 착한 사람을 돕는다(天道無實 常與善人)고 말하는 사람이 있는데 이는 인간이 쓸데없이 하늘에 기대를 거는 이야기에 지나지 않는다. 이 말대로 진정 하늘이 착한 자만을 도와 준다면 이 세상에서는 언제나 선인(善人)이 번영해야 할 것이다. 그러나 사실은 그렇지가 않으니 어찌된 일인가?"

백이 숙제가 인(仁)을 쌓고 행실을 깨끗이 했음은 세상이 다 아는 사실이지만 그들은 먹을 것이 없어 끝내는 굶어죽고 말았다.

또한 공자의 70명 제자 중에서 공자가 '진실로 학문을 좋아하는 자'라고 하며 칭찬을 아끼지 않았던 인물은 오직 안연(顔淵) 한 사람뿐인데 뛰어난 수재였던 안연은 집이 가난하고 불우하였으며 쌀겨조차 배불리 먹지 못한 채 영양실조에 걸려 젊은 나이에 죽고 말지 않았는가. 이런데도 하늘은 착한 사람을 돕는다고 할 수 있을까.

한편 저 유명한 대악당인 도척은 무고한 백성을 많이 죽이고, 또 무참하게도 사람의 고기를 날로 먹거나 말려서 먹는 극악무도한 일을 일삼았던 자요, 수천 명에 달하는 도둑 떼를 거느리고 천하를 횡행하던 인간이었건만 제 수명이 다할 때까지 편히 잘 살다가 죽었다. 그가 도대체 무슨 덕을 쌓았기 때문이란 말인가? 위의 이야기들은 너무나 현저한 예이지만 이와 유사한 일들이 일상 생활 주변에서는 얼마든지 일어나고 있다.

유의해서 보면 품행이 단정치 못한 자가 사회의 질서를 문란케 하면서 일평생 안락하게 살고 또 재산을 자자손손에 길이 전하는 자가 적지 않는 반면, 몸가짐이 항상 공손 겸양하고 청렴 결백해서 바른 길, 올바른 일만을 하면서도 재난의 도가니 속을 헤매는 자가 헤아릴 수 없이 많다. 이러한 것들을 통틀어 관조할 때에 실로 중대한 의문이 남는다.

'과연 천도(天道)는 시(是)냐? 비(非)냐?'

이 이야기의 앞부분은 「사기」의 태사공자서(太史公自序)에서, 뒷부분은 백이열전에서 추린 것이다. '천도시비'라는 비통한 말은 백이열전에 있는 말로서 '하늘을 의심한다'기보다 사마천이, '하늘을 우러러 피눈물로 호소한' 말이라 하겠다.

천리안(千里眼)

북위(北魏) 말엽, 양일(楊逸)이라는 청년이 광주(光州)의 장관이 되어 부임해 왔다. 명문인 양씨의 일족으로 이제 스물 아홉 살이었다.

그는 청년다운 순진스러움으로 주(州)의 정사를 다스려 온 모양이었다. 주의 백성들은,

"양장관은 낮에는 먹는 것도 잊고 밤엔 잠도 안 자고 집무를 하신다는 거야."

하고 칭송하였다.

그는 병사가 멀리 출정할 때는 비가 오나 눈이 오나 어김없이 전송했다. 그리고 모든 일을 법령대로 시행했다. 그렇다고 엄하게 다스리지도 않았다.

전란이 일어난데다 기근이 닥쳐왔다. 각처에 굶어죽는 사람이 속출했다. 이때 양일은 식량을 보관하고 있는 창고를 열고 굶주린

사람들에게 나누어 주려고 했다. 담당계원은 중앙 상부관청의 허락없이 식량을 방출했다가는 책임을 추궁당한다고 망설였다.

양일은 이렇게 말했다.

"나라의 근본이 되는 것은 백성이다. 그 백성의 목숨을 유지해주는 것이 식량이다. 백성들을 굶주리게 할 수는 없잖은가. 창고를 열어라. 그것이 죄가 된다면 달게 받겠다."

이렇게 식량을 방출하고 또 노인이나 환자에게는 직접 밥을 지어서 먹였다.

천리안(千里眼)을 가졌다는 것은 바로 이 양일을 가리킨 말이었다.

양일이 처음 부임해 온 무렵, 광주의 백성들이 이상하게 여긴 것이 있었다. 전에는 관리나 군인이 오면 반드시 푸짐한 술좌석을 베풀었고 뇌물까지 요구되었던 것이다. 그것이 씻은 듯 없어졌다. 그뿐이랴, 요즘엔 출장 나온 관리들이 도시락을 싸들고 오는 게 아닌가. 환심을 살 속셈으로 여기라면 아무도 모릅니다 하며 으슥한 방으로 데려가서 요리를 대접해도 좀처럼 수저를 들려 하지 않는다.

모두들 그 까닭을 물어보았다. 그러자 관리들은 미리 약속이나 한 듯 이렇게 대답했다.

"양장관은 천 리를 내다보는 눈을 갖고 계시지. 그러므로 속일래야 속일 수가 없어."

양일은 백성이야말로 가장 귀중한 존재라 여기고 있었다. 그렇기 때문에 관리나 군인들이 권력을 배경으로 하여 거드럭거리는 폐습을 어떤 수단을 써서라도 일소하고 싶었다.

그래서 그는 주내(州內) 각처에 정보원을 두어 관리와 군인의 동태를 살폈던 것이다. 벼슬아치들이 전전긍긍한 것은 그 때문이었다.

이것이 '천리안'이란 말이 나오게 된 유래가 되었다. 천리안이란 먼 곳까지 내다볼 수 있는 관찰력을 지녔을 때 쓰여진다.

그러나 현대정치에 있어선 이런 식의 정보정치는 그리 환영받지 못한다. 이것이 좋은 면으로 활용된다면 괜찮지만 자칫 나쁘게 쓰이면 선량한 시민들만이 낭패를 당하니까 말이다.

천의무봉(天衣無縫)

한창 무더운 여름이었다.

곽한(郭翰)이라는 사나이가 더위를 참다못해 마당으로 내려와서 평상을 베고 누워 있었다. 이때 아득히 하늘 한모퉁이에서 하나의 물체가 마치 구름조각이 떨어지듯이 흐느적 흐느적 그의 곁으로 떨어져 왔다.

(저게 뭘까?)

그는 점점 가까이 오는 것을 지켜보았다. 여자였다. 더할 나위 없이 젊고 아름다운 여자였다. 곽한은 내심 놀랍기도 하고 희한하기도 해서 실눈을 뜨고 망연히 주시할 따름이었다. 여자는 허공을 걸어서 사뿐히 사나이 옆으로 왔다.

"당신은 대체 누구십니까?"

놀란 듯이 몸을 일으켜 묻는 사나이의 말에 그 아름다운 여자는 이렇게 대답하는 것이었다.

"저는 보시다시피 하늘에서 잠시 지상으로 다니러 온 선녀입니다."

곽한은 가까이 다가가서 훑어보았다. 만지기만 하면 금새 녹아 버릴 듯한 가벼운 치맛자락을 위시하여, 마치 푸른 비취를 부어서 만든 것 같은 선녀의 의복은 어디를 보나 실을 가지고 꿰어맨 자국이 없었다.

"정말 이상한 걸!"

그는 몇 번이나 군침을 삼키며 혀를 차지 않을 수 없었다. 바늘 자국이나 실밥이 없다면, 의복을 만드는 데 감을 잘라 마르지 않고 바느질도 않은 채 천을 짤 때 그 천이 그대로 옷모양으로 짜여져 나왔단 말인가! 아무리 둘러보고 아무리 생각해 보아도 알 수

없는 노릇이었다. 혼자 생각다 못해 그 까닭을 물어보았다. 선녀
는 사뭇 당연한 일이라는 듯 미소를 지으며 입을 열었다.

"전 또 무슨 말씀이시라고……저희들이 입는 천의(天衣)라는 것
은 원래가 실이나 바늘 같은 것을 사용하지 않는답니다."

이것은 「영괴록(靈怪錄)」에 나오는 이야기이다.

이 하늘에서 내려온 미녀의 의복에 꿰어맨 자국이 없다는 데서,
문학이나 미술 작품을 놓고 자질구레한 말재주나 손재주를 부림이
없이 천연적으로 이루어진 걸작을 가리켜 '천의무봉(天衣無縫)'이
라는 말을 쓰게 된 것이다.

구름을 타고 천상에서 내려온 선인(仙人)이라고까지 일컬어졌던
당(唐)나라의 이백 같은 사람이야말로 '천의무봉의 시재(詩才)'라
고 말할 수 있으리라.

천지(天知)·지지(地知)·
자지(子知)·아지(我知)

후한(後漢) 시대는 환관들이 조정에서 판을 쳐 정치와 관료가
문란하고 부패했던 시대이나 그러한 세상에도 고결한 관리가 없었
던 것은 아니다. 제6대 임금 안제(安帝) 때 사람인 양진(楊震)이
그 중의 한 사람이다.

양진은 관서(關西) 지방 출신으로 일찍부터 학문에 전념하여 대
단히 박학하고 아울러 인격이 출중한 데다가 또한 청렴결백한 인
물이었기 때문에 당시의 사람들로부터 '관서의 공자'라고까지 칭
송을 받았다.

이 양진이 동래군(東萊郡)의 태수(太守)로 임명되었을 때의 일
이다.

임지로 가는 도중에 해가 저물어 창읍(昌邑)에서 하룻밤 묵어
가게 되었다. 외로운 객사에서 혼자 이런저런 생각에 잠겨 있는
데 창읍현의 현령으로 있는 왕밀(王密)이라는 자가 남몰래 찾아

왔다.

"태수님, 이렇게 만나뵙게 되오니 반가운 마음 이루 금할 수가 없습니다. 오래 전 형주(荊州)에 계실 때 신세가 많았던 왕밀이올시다."

"아아, 알구말구…… 참으로 오랫만일세."

양진은 왕밀을 기억하고 있었다.

일찌기 형주자사(荊州刺史)로 있을 때 그 학식을 높이 보고 무재(茂才)로 천거해 준 일이 있었다. 말하자면 양진은 왕밀의 출세 길을 열어 준 은인인 셈이었다.

두 사람은 마주앉아 여러 가지 옛 이야기로 시간가는 줄 모르고 흥겨워하였다. 한창 즐겁게 담소하던 중 왕밀이 슬며시 옷깃 속에서 황금 열 닢을 꺼내어 공손히 양진의 앞으로 내밀었다. 지금 시세로는 얼마나 되는지 알 수 없으나 황금 열 닢이면 그 당시로서는 꽤 많은 금액이었다.

"갑작스러운 일이라 마침 합당한 것이 없기에 이걸 가져왔습니다. 약소하나마 제 성의로 아시고 거두어 주십시오."

그러나 양진은 온화한 목소리로 단호하게 거절하였다.

"나는 이미 오래 전부터 자네를 알고 있을 뿐만 아니라 자네의 인물과 학식에 대해서도 확실히 기억하고 있네. 그런데 자네는 내가 어떤 사람이라는 것을 잊고 있네그려."

"아니올시다, 태수님. 태수님이 얼마나 고결하신 분인가는 항상 마음 속에 깊이 새겨 명심하고 있습니다. 그리고 이것은 조금 전에 말씀드린 바와 같이 그리 대단한 값어치도 못되며, 더구나 태수님께 무슨 뇌물로 드린다는 생각은 추호도 없습니다. 단지 지난날에 베풀어 주신 은혜에 대한 참으로 보잘것없는 저의 정성입니다."

왕밀은 거듭 받아 주기를 청하는 것이었다.

"자네는 과연 내가 짐작했던 바대로 훌륭하게 성장하여 현령에까지 오르게 되었네. 앞으로도 직책에 충실하여 더욱 더 영진(榮進)을 거듭할 것을 믿어 의심치 않는 바이니 나에 대한 보답은 그것으로 족하지 않은가.”

“아니올시다, 태수님. 그렇게 딱딱하게만 생각하시면 제가 너무 섭섭하고 부끄럽습니다. 게다가 이런 깊은 밤에 이 방안에는 태수님과 저 둘 뿐이 아닙니까. 오직 허물없는 옛정으로 드리는 것이오니 너그럽게 받아 주십시오.”

양진은 정면으로 왕밀을 쏘아보았다. 그때 양진의 두 눈에서는 번쩍 빛이 발하는 것 같았다.

“방안에 자네와 나, 두 사람 뿐이라 아무도 모른다는 것은 당치도 않은 말이네. 먼저 하늘이 알고, 땅이 알고, 또 자네가 알고, 내가 알고 있지 않는가(天知, 地知, 子知, 我知).”

이 말을 듣자 왕밀은 부끄러움에 고개를 푹 숙이고 물러갔는데, 그후 양진은 그 청렴 고결한 언행이 더욱 확고하고 널리 알려져서 나중에는 군사 관계의 최고 책임자인 태위(太尉)의 지위에까지 올라갔다.

이 이야기는 「후한서」의 양진전(楊震傳)에 자세히 나와 있으며 「십팔사략」의 동한(東漢)편, 효안황제(孝安皇帝)편에서도 찾아볼 수 있다.

‘하늘이 알고, 땅이 알고, 네가 알고, 내가 안다’라는 의미의 이 말은 간추려 사지(四知)라고도 하며 양진전에는 지지(地知)를 신지(神知)로 기록하였으나 지지가 더 유명하다.

철면피(鐵面皮)

왕광원(王光遠)이라는 자가 있었다. 학문도 재능도 꽤 있어서 과거에도 급제를 했다.

한데 이 자는 몹시 출세주의자인지라 상사에게는 말할 나위도 없거니와 권세 있는 사람에게는 어떤 연줄을 타고서라도 줄창 출입을 하며 아첨을 했다.

더구나 그것이 한계를 넘어 남의 앞도 꺼리지 않고 예사로 알랑

거리는 것이었다.

"정말 굉장합니다. 이런 훌륭한 시는 저 같은 사람은 도저히 못 짓겠는데요. 인품이 엿보이고 향취가 넓다고나 할까요. 이태백도 여기엔 따르지 못할 겁니다."

이렇듯 빤히 속이 들여다보이는 말을 예사로이 했다. 옆에 있는 사람이 어떤 표정을 짓건 도무지 개의치 않았다. 상대가 술이 취해 곤드레가 되어 아무리 무례한 짓을 해도 성을 내기는커녕 히죽히죽 웃기만 했다.

어느 때는 술에 취한 상대가 어쩌다가 채찍을 손에 들고,

"자네를 때려야 할까?"

라고 말하자,

"각하께서 때리시는 매라면 기꺼이……"

하고 등을 돌렸다.

"좋아, 그렇다면……"

주정뱅이는 일어서서 광원을 채찍으로 정말로 때렸다. 그는 그래도 화를 내지 않고 여전히 아첨을 늘어놓고 비위를 맞추었다.

한자리에 있던 친구가,

"자네는 창피한 줄도 모르나? 뭇사람들 앞에서 그런 짓을 당하고도 잠자코 있다니."

이렇게 말하자 광원은 태연스럽게,

"그래, 하지만 그 사람에게 잘 보여서 해로울 건 없지 않은가."

하고 말했으므로 친구는 기가 막혔다. 그 당시의 사람들은 그를 두고,

"광원은 낯가죽이 두껍기 열 겹 철갑(鐵甲) 같다."

고 말했다.

철면피(鐵面皮)란 말은 여기서 비롯된 것이다.

청　담(淸談)

위진(魏晉)의 시대는, 정치가 불안정하고 인심이 고르지 못하여 말과 행동을 자칫 잘못했다가는 그야말로 날벼락을 맞기 일쑤였다.

이른바 ‘죽림(竹林)의 칠현(七賢)’이라 불리우는 일곱 사람이 정치권력에 염증을 느낀 나머지 대나무 숲 속을 몰려다니며 노장(老莊)의 철학이나 고상한 한담 즉 청담(淸談)으로, 술과 자연을 즐기며 때묻은 세상을 등지고 살았던 것도 이 시대의 일이다. 모두가 쟁쟁한 학자요, 빼어난 존재였던 만큼 이들의 기발하고 묘리 있는 언동은 그 당시 모든 세평의 중심이 되었다.

그 일곱 사람은 다음과 같다.

산도(山濤)—자(字)는 거원(巨源)

완적(阮籍)—자는 사종(嗣宗)

혜강(嵇康)—자는 숙야(叔夜)

완함(阮咸)—자는 중용(仲容)

유령(劉伶)—자는 백륜(伯倫)

향수(向秀)—자는 자기(子期)

왕융(王戎)—자는 준중(濬仲)

이들은 눈부시게 돌아가는 당시의 정치정세와 변천을 냉정한 입장에서 바라보고 또 정치적 권력자와 그들을 추종하는 세속적 관료배들의 비열한 생활태도에 구역질을 느끼기도 했다.

유교적 예절의 구속을 혐오해서 차라리 아침에 집을 나서면 저녁 어둡기까지 그들끼리 세속을 떠나 한적한 숲 속에 모여 기이하고도 도도한 언동과 음주에의 도취와 현실을 초월한 노장사상(老莊思想)에 몸과 마음을 던지고 살았다.

그러나 그들의 기이한 단체행동이 계속된 것은 위나라 말엽의 극히 짧은 기간에 지나지 않았던 것으로 보이며 죽림의 소재지는 당시의 수도 낙양의 변두리였다는 말이 있을 뿐 자세히는 알려져 있지 않다.

우리는 단지 죽림이라는 말에서 속세의 먼지를 초탈한 선경과도 같은 분위기를 마음 속에 그려 보면 되는 것이다.

청담이란 무슨 뜻인가?

여자 셋이 모이면 간(姦)을 이룬다고 한다. 하물며 남자 대장부가 일곱이나 모였으니, 그리고 더우기 술을 마음껏 마시는 자리에서의 청담이라니 우선 그렇고 그런 풍류, 아니면 잡담패설도 나오는 것이 아니겠느냐는 상상을 할 수도 있다.

그러나 이들 칠현(七賢)에게는 욕된 상상이요, 천만의 말씀으로 청담이란 즉 청신하고 기발하고 경이에 찬 내용이었다.

말하자면 부패하고 불의에 젖은 세속의 영리나 희비를 초월한 그들의 정신세계, 즉 고매한 사상의 자유세계를 주제로 한 노장철학이 시종 그들의 화제의 중심을 이루었다.

그야 오늘날 20세기에서는 그까짓 노장의 철학 따위, 꾀죄죄하고 까다롭기만한 것이라고 고개를 돌린다면, 구태여 노장이 아니라 헤겔이나 칸트라고 해도 무방하다.

요는 어느 시대, 어느 사회에서도 적용될 수 있는 청결하고 고상하며 속세의 먼지를 벗어난 담(談), 그것이 '청담'이라고만 이해하면 된다.

칠현으로 하여금 그 이름을 높이게 하는 데 금상첨화의 역할이 되었던 건 역시 무엇보다도 술이었다. 술에 취함으로써 더한층 기분과 용기를 얻어서 혼탁하고 타락한 당시의 정치세계로부터 몸을 지키고 허울뿐인 도덕에 대항할 수 있었던 것이다.

술독에 몸을 담그다시피 사철 곤드레가 되어서는 마주보기조차 불유쾌한 속물의 손님을 백안시했다는 완적이라들지, 큰 돼지와 함께 술독 언저리에 매어 달려서 마구 마셨다는 완함 등. 그런가 하면 유령이라는 인물은 온몸에 술찌꺼기가 덕지덕지한 채 속옷바람으로 집안에 벌렁 누웠다가 찾아오는 사람을 보고 이렇게 호통을 쳤다고 한다.

"내게 있어서는 천지가 집안이요, 이까짓 넝마와 같은 집 속은 나의 속옷에 지나지 않는다. 그런즉 자네는 어쩌자고 나의 속옷 속으로까지 쑤시고 들어온단 말인가?"

그렇다고 해서 이와 같은 그들 칠현의 행동거지를 함부로 외형적으로나 흉내를 내는 것은 아무런 의미가 없다.

모름지기 그 속에 허위와 가식이 널름거리는 인간의 껍데기의 도덕을 증오하고, 있는 그대로의 자연을 본받아 헛된 욕구와 세속적인 명리를 떠나서 정신의 자유 속에 살겠다는 충동이 넘쳤던 사실을 높이 사지 않으면 안 되는 것이다.

어찌 되었건 오늘날 우리들의 주변에서도 곧잘 이런 대화를 듣는 수가 있다.

"요새 밤마다 맹활약을 하시는 모양이더군 그래."

"천만에, 밤마다 모이는 것은 사실상 청담뿐이야. 별로 잇속이라고는 없는……"

요컨대 현대인은 청담보다는 상담(商談)을 더 좋아하게 된 모양이다.

청출어람(靑出於藍)

남옥(藍玉)이라는 것은 염색에 쓰이는 재료다. 이것을 짓찧어 독속에 물을 넣고 풀어 둔다.

며칠이 지난 뒤 막대기로 독 안의 물을 둥그렇게 점점 세차게 휘저으면 뽀얀 거품이 떠올라 순식간에 물 위를 뒤덮는다.

표면을 눈부시게 반짝이면서 무수한 거품이 끓어오르는 것을 남물이라고 한다.

거기에 흰실과 헝겊을 두 번 세 번 적시기를 되풀이하면 초록빛으로 물들기 시작한 실이나 헝겊이 나중에는 아주 선명하고 짙은 청색으로 염색이 되는 것이다.

남옥은 확실히 푸른빛이 아니라 청색 계통의 빛깔이지만 검정에 가까운 남빛이다.

그 남옥에 포함되어 있는 몇 퍼센트의 암청색이 일으키는 화학변화로 흰 바탕에 옮겨지는 빛깔은 한결 깨끗한 청색이다.

전국시대의 유명한 사상가였던 순황(荀況)은 이렇게 말한 적이 있다.

"학문은 언제까지라도 멈추지 말라. 청(靑)은 남(藍)에서 나나 남보다 푸르고 얼음은 물에서 생겼으되 물보다 차다."

여기에서 '청출어람'이라는 말이 생겨났다. 그밖에 제자가 스승보다 더 훌륭한 것을 출람(出藍), 혹은 출람지예(出藍之譽)라고도 일컫게 되었다.

남북조시대, 북조에 관한 역사서인 「북사(北史)」에 기록된 이밀전(李謐傳)에서도 이러한 예가 있다.

이밀은 원래 공번(孔璠) 밑에서 공부를 하고 있었다.

그러나 그의 지식이 놀랄 만큼 진보하였기 때문에 몇해 뒤에 공번은 이밀이 자기보다 더 아는 것이 많다고 여겨 스스로 이밀의 제자가 되었다는 것이다.

이때 동문(同門)에서는 역시 출람이라는 말에 비유해서 화제를 삼았다.

촌철살인(寸鐵殺人)

남송(南宋) 때 나대경(羅大經)은 주자(朱子)의 제자로, 매일 찾아오는 손님들과 나눈 청담(淸談)을 골라 「학림옥로(鶴林玉露)」라는 책을 남겼다.

이 책 중 종고선사(宗杲禪師)가 선(禪)에 관해 말한 대목에 이 '촌철살인'이란 말이 나온다.

'일반적으로 사람을 죽이고자 할 때는 병거에 무기를 가득 싣고 덤비지만 난 단지 촌철만으로 사람을 죽일 수 있다.'

여기에서 촌철이란 한 치도 되지 못하는 칼을 뜻한다.

종고는 북송(北宋) 임제종(臨濟宗)의 선승(禪僧)으로 여기에서 말한 살인이란 사람의 마음 속에 자리잡고 있는 속된 생각을 쫓아 없애는 것을 말한다. 속된 생각들을 없애려고 이런저런 방법을 동원하는 것은 어리석은 짓이다. 그보다는 온몸과 영혼으로 한 가지 사념에 몰입하다가 어느 순간 환하게 깨달아지는 상태여야 한다는 것이다.

그뒤 촌철살인이란 한 치 밖에 안 되는 무기로 사람을 죽인다는 뜻에서 변용되어 문장이나 대화 중에 극히 짧은 한 마디 문장이나 말로 급소를 찔러 감동을 줄 때 흔히 비유로 쓰이게 되었다.

추　고(推敲)

흔히 추고(推稿)라고 쓰며 추고, 퇴고의 두 가지 음으로 읽는다. 이 말의 유래는 당대(唐代)의 대문장 한퇴지(韓退之)에게서 나온 것으로 전해진다.

당나라에 가도(賈島)라는 시인이 있었다. 하루는 노새 잔등에 올라 앉아서 흔들거리며 길을 가고 있었다.

혼자서 한참씩 눈을 감고 고개를 갸웃하고는 무슨 말인지 입 속으로 중얼거렸다. 상대도 없으면서 알 수 없는 손짓을 열심히 하는 까닭에 지나치는 사람들은 마치 미친 사람을 보듯 구경했다. 그렇거나 말거나 가도는 여전히 중얼거리며 때로는 심각한 얼굴로 고개를 갸웃거리며 손가락을 허공에 휘젓기도 했다. 타고 있는 노새가 어디로 가는지 아랑곳없이 그는 무언가에 도취되어 있었다.

실인즉 가도는 노새를 타고 가던 도중에 신통한 시구가 떠올랐던 것이다. 제목은 〈이응(李凝)의 유거(幽居)에 제(題)하노라〉는 것이었다.

한거하여 이웃은 적고
풀밭길은 황원에 들다

새는 머문다 못가의 나무……
閑居隣並少
草徑荒園入
鳥宿池邊樹

　여기까지는 제법 단숨에 뽑아냈으나 마지막 끝 구절, 즉 넷째 줄에 가서 그만 막히고 말았던 것이다.
　막혔다고는 하나 절벽에 부딪친 것은 아니다.

　‘僧敲月下門’

　이 구절로 끝을 맺으려고까지 생각은 다 해놓았건만 ‘중이 달 아래 문을 두드린다(敲)’라고 하느냐 ‘문을 밀친다(推)’로 하느냐 하는 글자 한 개를 놓고 망설이기 시작했던 것이다. 이렇게 한번 망설이기 시작하니 어느 쪽을 택해야 할지 도무지 판단할 수가 없었다.
　“자, 이놈을 쓰자니 버릴 저놈이 아깝단 말이야.”
　가도는 이렇게 깊이 생각에 잠겨서 지금 노새 잔등에 올라앉아서 길을 가고 있다는 현실마저 잊었다. 머리를 짜며 손가락으로는 자꾸만 두 개의 글자를 번갈아 허공에 써보곤 하였다.
　한참 정신이 팔려 있는데 노새가 그만 마주오고 있던 어느 고관의 행차를 몰라보고 거침없이 그 행렬의 한가운데로 파고들어 갔다.
　“이 무례한 놈, 썩 물러나지 못하느냐!”
　“웬놈이냐! 경윤(京尹) 나으리 한퇴지(韓退之) 영감의 행차를 몰라보고 감히 함부로 길을 가로지르고 소란을 피우다니…… 이놈, 무엄하다!”
　깜짝 놀란 가도는 비로소 정신을 차렸다. 성난 모습의 호위병들이 우르르 그의 앞을 막아섰다. 가도는 미처 어쩔 사이도 없이 끌려내려졌다. 멱살을 꽉 졸라잡힌 채 질질 끌려가는 수밖에 없었다.

천만다행히도 상대는 한퇴지였다. 추호도 노하거나 격한 빛이 없이 조용히 연유를 묻는 바람에 가도도 순순히 노새 잔등에서 모처럼 시상(詩想)이 떠올라 깊이 생각에 잠겼다가 그만 모르는 사이에 이런 실례를 저질렀노라고 아뢰었다.

한퇴지는 유심히 듣고 나서 일러 주었다.

"자네 그 시구에는 추(推)보다 고(敲)를 쓰는 것이 더 나을 듯하네."

전화위복이랄까. 이 일을 인연으로 두 사람은 십년지기와도 같이 정다와졌을 뿐만 아니라 한퇴지는 가도를 여러 가지로 도와 주었다고 한다.

이 이야기는 「상소잡기(湘素雜記)」에 나오는 당나라 중엽의 시인 가도의 추고(推敲)라는 일화이다.

그후로 시인들이 글자 하나를 가지고도 애써 다듬는 일을 '추고'라고 하기에 이르렀다.

앞에서도 말했듯이 우리는 추고의 고(敲)자를 고(稿)자로 쓰지만 그야 어찌되었던 문필에 종사하는 사람들은 이 추고에 많은 정력과 정성을 쏟고 있음을 볼 수 있다.

춘추필법(春秋筆法)

「춘추(春秋)」라는 것은 공자의 손으로 이루어졌다는 노(魯)나라의 연대기이다.

체재는 오늘날에 흔히 말하는 역사서와는 달리 단순히 사실을 나열하여 기록했을 뿐이며 기사 가운데 일체 비평이나 설명을 포함시키지 않았다.

역사 서술이라기보다 오히려 연대표라고 할 만한 것이다.

서두의 은공(隱公) 원년부터 예를 들어 보면,

'3월, 공이 주(邾)의 의부(儀父)와 멸(蔑)에서 동맹하다.

여름 5월, 정백(鄭伯)이 단(段)에서 언(鄢)을 이기다.'

이것만 읽으면 아무 맛도 없고 재미도 없으나 이 글자 뒤 행간에 '춘추필법(春秋筆法)'에 의한 역사에 대한 비평이 곁들여 있다고 한다. 즉 공자가 그곳에 기재 사실의 선택, 표현 방법에 의하여 잘 잘못을 나타냈다는 것이다.

이러한 공자의 뜻을 명백하게 하기 위해서 이 춘추를 해석하는 여러 가지 전(傳)이 만들어졌다. 소위 「춘추」의 주석서(註釋書)이다.

그 중 하나인 「좌전」과 「춘추좌씨전」에 의하면, 여기에 든 예문은 다음과 같은 뜻을 지닌다.

'의부(儀父)는 주(邾)나라의 군주인 극(克)의 자(字)다. 자를 기록한 데에는 두 가지의 뜻이 있다. 극은 작위를 받았으나 주(周)나라 왕으로부터 그 전달을 아직 받지 못하고 있었다. 그리하여 작위를 기록하지 않았다. 그리하여 극이라는 이름을 기록하지 않은 것은 자를 부름으로써 경의를 표한 것이다.

그리고 3월과 5월 사이에 사건이 전혀 없었던 것은 아니다. 사월에는 노(魯)나라 대부(大夫) 비백(費伯)이 군사를 이끌고 낭(郞)이란 도시에 성벽을 구축했다. 당연히 기록되어야 할 사건인데도 이것이 빠져 버린 것은 왕명으로 성벽을 쌓은 것이 아니기 때문이다. 다시 말하면 이 기사를 기록하지 않음으로써 비백이 왕명에 의하지 않고 성벽을 구축했다는 사실을 암시한 것이다.'

이 설명에서 말한 바와 같은 「춘추」의 해석 기록법을 총칭하여 '춘추필법'이라고 부른다.

오늘날 가끔, '춘추필법에 의하면……' 하고 역사적 사실이 공자가 기록한 뜻과 달리 엉뚱한 삼단논법으로 전개되어 본뜻을 어겨 정당화되는 사례가 있다.

그러나 춘추필법은 공자의 인(仁)을 기초로 하는 유교사상을 대의로 삼아 역사적 사실을 포폄(褒貶)하여 기록함을 뜻한다.

유교적 사관(史觀)에 입각한 역사서술법이 또한 학문으로서의 춘추필법이며 그 외에 이와 다른 역사필법이 나와 동양의 역사를 매우 격조 높은 것으로 만들었다.

이를 오늘날에 이르러서는 정의에 입각하여 사건, 인물, 역사를
보고 판단한다는 기준의 대명사로 삼고 있다.

치인설몽(痴人說夢)

당(唐)나라 때의 고승 승가(僧伽)가 양자강과 회하(淮河) 사이를
여행하고 있었다. 그는 본래 기행(奇行)으로 유명한 인물이었다.
어느 날 누군가가 그에게 물었다.
"당신은 성이 무엇(何)입니까?"
"나는 성이 하(何)요."
"어느 나라 사람(何國人)입니까?"
"하국인(何國人)입니다."
그후 당의 문인 이옹(李邕)이 승가를 위해 비문을 썼는데 '그는
하씨로 하국 사람이었다'고 했다.
이옹은 승가의 농담을 이해하지 못했던 것이다.
이 이야기는 남송(南宋)의 석혜홍(釋惠洪)이 쓴 「냉재야화(冷齊
夜話)」에 기록돼 있다. 이 이야기 끝에 석혜홍은 다음과 같이 부
언했다.
"이것이 바로 어리석은 사람에게 꿈 이야기를 한다(痴人說夢)는
것이다. 결국 이옹은 꿈을 진실로 믿었으니 정말 어리석은 인물이
되고 말았다."
여기에서 치인설몽은 어리석은 사람을 상대로 꿈 이야기를 한들
상대에게 통하지 않는 것처럼 바보를 상대로는 무슨 말을 해도 소
용없다는 뜻이다.

타

타산지석—태　두

타산지석 (他山之石)

'다른 산의 돌로 옥을 갈아라.'

이 말은 다른 산에서 나는 보통 돌로써라도 이 산에서 나는 옥을 갈 수 있다는 뜻으로 돌은 소인(小人)을, 옥은 군자를 비유하여 군자도 소인으로 인하여 수양을 쌓고 학문과 덕을 이룰 수 있다는 뜻이다.

「시경」의 소아의 〈학명(鶴鳴)〉이라는 시 가운데서, '아무리 나쁜 돌이라도 옥을 갈기 위한 숫돌이 될 수 있는 것이며 옥은 이로 인해 광채를 발하고 그릇이 되는 것이므로 소인이라고 하더라도 군자의 수양을 위한 쓸모가 있으므로 결코 이를 허술히 대해서는 안 된다'는 구절이 있다.

타산지석(他山之石)은 절차탁마(切磋琢磨)라는 말과 더불어 옛날부터 수양을 독려한 명구로서 자주 사용되어 왔다.

타초경사 (打草驚蛇)

양산박(梁山泊)에 웅거한 송강(宋江)이 동평부(東平府)를 공략할 계획을 세웠을 때 부하인 구문룡(九紋龍) 사진(史進)이 한 계책을 내놓았다.

그것은 전부터 단골로 다니던 이서란(李瑞蘭)이란 가기(歌妓)의 집을 거점으로 하여 성내에서 불을 질러 아군의 공격을 이끌자는 것이었다.

송강은 승낙했다. 사진은 나그네 차림으로 변장하고 성내에 잠입해 계집의 집으로 찾아 들어갔다.

계집은 사진이 현재 산채(山寨)에 있다는 것을 알고 있었는데 가까이 지내는 뚜쟁이 할멈과 잡담을 나누다가 무심코 그 말을 해버렸다. 할멈은 화를 냈다.

"속담에 벌이 품속에 들어오면 옷을 벗고 쫓는다는 말이 있잖아. 그 자는 나라에서 잡으려고 찾고 있는 사람이니 관가에 고발하는 것이 뒷탈이 없을 거야!"

옆에서 듣고 있던 할멈의 남편이 말렸다.

"그야 그렇긴 하지만 많은 돈까지 받았는데 밀고할 수는 없잖은가?"

"무슨 돼먹지 않은 소릴 하는 거요. 우린 어차피 사람을 속여서 밥을 먹는 처지인데 그런 녀석 하나쯤 가지고 뭘 그러우. 당신이 가지 않겠으면 내가 가겠소."

하고는 벌떡 일어나 나가려 했다. 남편은 하는 수 없이,

"아 잠깐, 정 그렇다면 서란을 시켜 술이라도 권하게 하여 도망치지 못하게 붙들어 놓도록 해. 풀밭을 두들겨서 뱀을 놀라게 하지 말라는 속담도 있지 않나. 난 먼저 포졸들에게 잡도록 한 뒤에 관가에 고발하겠어."

사진은 찾아온 계집의 거동이 좀 수상쩍게 여겨지긴 했으나 설마 밀고를 했으리라고는 생각지 못했다. 술이 거나해서 기분좋게 있다가 그만 붙잡히고 말았다.

송강은 이 통에 사진을 구출하느라 또 한바탕 고생을 해야 했다. 「수호전」에 나오는 이야기이다.

'풀밭을 두들겨서 뱀을 놀라게 한다(打草驚蛇)' 는 「개원유사(開元遺事)」에 나오는 말로 별 생각 없이 한 짓이 뜻밖의 결과를 가져온다, 즉 '긁어 부스럼', '덤불을 쑤셔서 뱀이 나오게 한다' 는 말들과 같은 뜻으로 쓰인다. 그 외에 갑(甲)을 혼내줌으로써 을

(乙)에게 깨우침을 준다는 뜻으로 쓰이는 경우도 있다.

태공망(太公望)

  태공망(太公望)이란 주(周)나라 문왕(文王)의 선군(先君)인 태공(太公)이 오랫동안 기다리고 기다린 사람이란 뜻으로 여상(呂尙)을 가리키는 것이다.
  여상이 낚시를 하면서 주나라로 왔기 때문에 오늘날 낚시꾼들을 가리켜 태공망, 우리나라에서는 강태공이라고 한다.
  주나라 문왕이 즉위하여 왕위에 올라 서백(西伯)이 되었을 무렵 그 인덕에 의하여 천하의 3분의 일이 그를 따랐다. 사람들은 그를 천자가 될 천명을 받은 군주라고 불렀다.
  그 무렵 동해 바닷가에 여상이라는 사람이 있었는데 가난하고 나이 들었으나 서백을 흠모하여 낚시를 하면서 주나라로 갔다.
  그때 서백은 사냥을 하려고 사냥감을 점쳤더니 점괘는 이러했다.
  '오늘의 사냥감은 용도 아니고 곰도 아니다. 패왕에게 도움이 될 것이다.'
  과연 서백은 여상을 위수(渭水) 북쪽 강가에서 만났다. 점친 대로였으므로 크게 기뻐하며 말했다.
  "나의 선군 태공께서 말씀하시기를, '성인이 있어 주나라로 올 것이다. 주나라는 이로 인해 흥할지니라'고 하셨는데 실로 이를 두고 하신 말씀인 것 같소. 태공께서 실로 바라기를 오래이셨지요."
  그리하여 그에게 태공망(太公望)이라는 이름을 붙였다. 그리고 자기 수레에 태우고 돌아가 자기의 스승으로 섬겼다는 것이다.
  오늘날 강태공의 유래에 여러 가지 이설(異說)이 있으나 태공망은 이러한 뜻의 복합명사이며 사람의 이름이기도 하다.

태　두(泰斗)

　당(唐)나라 헌종(憲宗) 때 나라에서 부처님의 사리(舍利)를 맞아들인 일을 논란했다가 중앙의 벼슬자리를 쫓겨났으나 4년만에 다시 이부시랑(吏部侍郞)까지 지내고 이듬해에 세상을 떠난 대 시인 한유(韓愈)의 이야기이다.

　자(字)를 퇴지(退之)라 하며 중국문학 사상 최대의 문장가로 손꼽히는 한유는 이백, 두보, 백거이(白居易)와 더불어 당대(唐代)의 사대시인 가운데 하나이기도 하다.

　그는 하남성 태생으로 두 살 때 고아가 되었으며 불우한 환경 속에서도 남달리 학업에 열중해서 덕종(德宗) 때 이미 25세의 약관으로 진사에 급제한 이래 관운을 타고 이부시랑에까지 올랐던 사람이다.

　천성이 강직하고 결백했기 때문에 옳다고 생각되는 일에 대해서는 주장을 굽힐 줄 모르고 주저없이 임금에게 간해서 때로는 좌천을 당하는 일도 있었다. 그 중에 가장 유명한 사건이 앞에서 말한 사리 관계의 사건으로, 제10대 임금 헌종의 원화(元和) 14년에 임금이 소위 사리라는 것을 궁중으로 모셔들여서 사흘 동안을 안치했다가 여러 사찰로 보내는 일에 대해서 준열히 간한 것이었다.

　"불교는 사교(邪敎)이므로 부처님의 뼉다귀 같은 것은 강물에다 던져서 흘려 보내야 옳습니다."

　이러한 내용을 가지고 통렬히 비난 공격을 한 이른바 사리를 논(論)하는 표(表)를 올렸던 까닭에 임금의 노여움을 샀던 것이다.

　불교에 관한 신앙심이 두터웠던 헌종의 비위는 여지없이 뒤틀렸다. 그러니 무사할 수가 없었다. 멀리 광동(廣東) 땅 조주자사(潮州剌使)로 좌천되어 사실상 정배를 간 것이나 다름이 없었다.

　이때 지은 한유의 시로, 〈좌천되어 가는 길에 남관(藍關)에 이르러 질손(姪孫) 상(湘)에게 보이노라〉라는 시 한 수는 지금도 세계 여러 나라에까지 널리 알려져서 애송되는 형편이다.

구름은 태령에 누웠는데 집은 어디에 있는가
흰 눈이 남관을 뒤덮어 말은 갈 길을 모르도다.
雲橫泰嶺家何在
雪擁藍關馬不前

한유는 4년만에야 다음 임금 목종(穆宗)에 의하여 다시 중앙으로 올라가 병부(兵部)와 이부의 시랑(侍郞) 벼슬에까지 오르게 되었다. 57세에 세상을 떠나기까지 관리로서의 모범된 생애를 보냈을 뿐만 아니라 시인으로서의 찬란한 일생이 후세에 더욱 빛을 남기고 있다. 더욱이 죽은 뒤에는 예부상서(禮部尙書)를 하사받고 문(文)이라는 시호까지 추증되었다.

그는 문장의 모범을 선진(先秦)에서 찾으려 했으며 그가 나타나기까지 당나라 7, 8대에 걸쳐서 성행했던 내용이 없고 수식을 일삼았던 문장인 이른바 변문(騈文)을 타파하고 육조(六朝) 시대의 악습을 또한 두들겨 부수었다.

그의 문장은 맹자와 겨룰 수 있다고 격찬하는 사람들도 있었다. 여하튼 당나라 3백 년을 통해서 제일인자가 된 것은 물론이고 중국의 고금을 통털어서도 손꼽히는 대문장가로 역사의 한토막을 장식하고 있다. 특히 인간미에 넘쳤으되 논리적 질서를 부여한 한퇴지의 문장이 「당송팔대가문(唐宋八大家文)」의 첫머리에서부터 6권까지를 차지하고 있다는 사실만 보더라도 그의 진가가 어느 정도인가를 짐작하게 한다.

이 한유에 관한 사실을 기록한 서적으로는 「당서(唐書)」의 한유전(韓愈傳)이 있거니와 그 속에 수록된 찬사 가운데 다음과 같은 구절이 나온다.

'당나라가 일어난 후로 한유는 육경(六經)의 문장을 가지고 모든 학자를 가르치고 인도하는 도사가 되었다. 그리하여 한유가 죽은 뒤에는 그의 학문과 문장이 더욱 흥성해서 사람들은 그를 태산

북두(泰山北斗)처럼 우러러 존경하였다.'

태산은 물론 큰 산이라는 의미로도 쓰이나 중국의 오악(五岳) 가운데 하나로 치는 명산으로서 실제로 산동성(山東省)에 우뚝 솟아 있는 마치 우리나라의 백두산(白頭山)같이 고래부터 영산(靈山), 명산(名山)으로 우러러보는 산이다.

그리고 북두(北斗)는 북신(北辰), 즉 북극성을 지적한 것으로 「논어」에도, '북극성은 제자리에 있어 뭇별이 그를 바라보도다'라고 했듯이 무수한 별의 중심으로 온 하늘의 왕좌와 같다고 생각되었다. 따라서 뛰어난 인물에 자주 비유되었다.

'태산북두'라면 각기 하나의 분야에서 만인의 존경과 칭송을 받는 사람을 가리키는 말이 되었다.

요즈음의 우리 사회에서는 태두(泰斗)라고 생략하여 사용하며 특히 학술방면의 권위자를 뜻한다.

파

파　경—필부지용

파　경(破鏡)

　남북조시대, 남조의 마지막인 조진(朝陳)이 멸망했을 때 시종이던 서덕언(徐德言)은 간신히 목숨을 건졌으나, 유랑의 세월을 보내지 않으면 안 되었다.

　수(隋)의 대군이 몸 가까이 왔을 때 그는 결심을 하고 임금의 누이동생인 자기의 아내를 불렀다.

　"이제 사태는 틀렸소. 당신은 그 재주와 미모로 인해 반드시 적의 수중으로 끌려가 귀족의 집안으로 보내질 것이오. 우린 이제 더 이상 함께 할 수 없으나 혹시 하늘이 우리를 다시 만나게 할지도 모르오."

　이렇게 말한 서덕언은 손거울을 반으로 쪼개어 한쪽을 아내에게 건네주고 말을 이었다.

　"이것을 잘 지니고 있다가 정월 보름날 시장에서 파시오. 만일 내가 살아 남는다면 반드시 돌아오리다."

　두 사람은 깨어진 거울을 각기 소중히 간직한 채 헤어졌다. 서덕언은 나라가 멸망한 뒤 이곳저곳을 떠돌다가 장안으로 갔다. 한편 그의 아내는 왕족이었으므로 수군에게 끌려가 수나라의 건국 공신인 양소(楊素)의 집으로 보내졌다.

　정월 보름이 되자 서덕언은 아내와의 약속대로 시장으로 갔다. 얼마 지나자 한 장사꾼이 그 깨진 거울을 팔고 있었다. 그냥 주어도 가져가지 않을 물건을 팔고 있으니 누구도 거들떠 보지 않았다.

서덕언은 아내의 심부름으로 나온 그 사내에게서 거울을 사고 아내가 살아 있음을 확인했다. 서덕언은 사내를 자기의 숙소로 데리고 간 다음 나머지 반쪽의 거울과 맞추었다. 그런 다음 뒷편에다 시를 적었다.

거울은 사람과 함께 갔으나
거울은 돌아오되 사람은 오지 않네.
항아의 그림자는 어디에도 없고
달빛만 헛되이 머무르네.

심부름 보냈던 장사꾼이 가지고 돌아온 거울을 받아든 서덕언의 아내는 그날로 식음을 전폐하고 눈물만 흘릴 뿐이었다.

이 사실을 전해 들은 양소는 두 사람의 애절한 사랑에 감동되어 이윽고 서덕언 부부를 함께 고향으로 돌려보냈다.

「태평광기(太平廣記)」에 나오는 고사이다.

이 고사에서 이별한 부부가 다시 만나는 것을 파경중원(破鏡重圓), 이혼한 상태를 가리켜 '파경'이라고 하게 되었다.

파과지년(破瓜之年)

진(晋)나라 손작(孫綽)의 〈정인벽옥가(情人碧玉歌)〉라는 시에서 비롯된 말이다.

푸른 구슬이 외를 깰 때에
님은 사랑을 못이겨 넘어졌네.
부끄러움도 느끼지 않고
몸을 돌려 님의 품에 안겼네.
碧玉破瓜時, 郎爲情顚倒
感君不羞赧, 廻身就郎抱

여기에서 '외를 깨뜨린다(破瓜時)'란 여자가 처녀를 깨친다, 혹은 첫생리를 의미하기도 한다. 그런가 하면 '과'를 둘로 나누면 '팔(八)'자가 둘이 된다고 해서 여자 나이 16세를 가리키기도 한다. 8을 서로 곱하면 64가 되므로 남자의 나이 64세를 일러 '파과'라고도 한다.

파죽지세 (破竹之勢)

땅에서 깨끗이 뽑아낸 푸른 대는 보기에도 상쾌하고 또 대를 쪼개는 딱딱한 소리는 시원스럽게 귀에 스며든다. 대를 쪼갠 듯한 성질이란 곧잘 쓰이는 말이며 '파죽지세(破竹之勢)'란 이 말도 그래서 즐겨 쓰이는지 모른다.

진(晋)나라 무제(武帝)의 감영(感寧) 5년, 진의 대군은 남하하여 오(吳)로 쳐들어갔다. 진남(鎭南) 대장군 두여(杜予)는 중앙군을 이끌고 호북의 양양(襄陽)에서 강릉(江陵)으로 쳐들어갔고, 서쪽의 사천(泗川)으로부터는 왕준(王濬)의 수군(水軍)이 양자강을 쳐내려 갔고, 또한 왕혼(王渾)의 군사는 동쪽에서 쳐들어가고 있었다. 이 무렵 세 나라 중 촉한(蜀漢)은 이미 망했고, 천하는 위(魏)의 뒤를 이은 진과 남방의 오나라와의 대립이었다. 진나라는 그 마지막 결전으로 오나라에 도전한 것이었다.

해가 바뀌어 태강(太康) 원년 2월에, 두여는 왕준의 군사와 힘을 합쳐 무창(武昌)을 함락시켜 여기서 여러 장수를 모아 놓고 작전을 꾀했다.

어떤 자가 말했다.

"이미 봄도 다 갔습니다. 강물이 넘칠 때가 가까우니 이 무창 땅에 오래 머무는 것은 불가능합니다. 일단 군사를 물렸다가 오는 겨울에 다시 공격하는 것이 좋을 것입니다."

이때 두여는 단호히 대답했다.

"아니, 그렇지 않아. 지금 우리의 군세는 기승을 타고 있소. 예를 들면 대를 쪼갤 때(破竹)와 같소. 두 마디, 세 마디, 마디를 쪼개 가노라면 나중에는 칼만 대면 저절로 쪼개어져서 힘을 들일 필요가 없는 것과 마찬가지로 왕성한 기세요. 이 병기(兵機)를 놓쳐서는 안 되오.”

이렇게 말하고 그는 즉각 공격의 수배를 갖추었다. 이윽고 3월이 되자 두여의 군사는 곧장 오나라의 도성 건업으로 쇄도하여 마침내 이를 공략하였다.

오나라 왕 손호(孫皓)는 팔을 뒤로 묶고 얼굴만 드러내어 수레에다 관(棺)을 싣고 사죄(死罪)의 뜻을 표하여 항복했다. 진의 통일은 이렇게 하여 이루어졌다. 실로 파죽지세라 할 만하였다.

「진서(晋書)」두여전(杜予傳)에 나오는 고사이다.

두여는 이때의 공에 의해 당양후(當陽侯)가 되었으나 조장이 측근으로 굳혀져 있기 때문에 오히려 불우하였다.

그는 그뒤에도 강릉에서 물길을 복구하여 관개(灌漑)의 편의를 도모하는 등 이 지방의 개발에 힘을 썼다. 그는 넓은 지식을 갖고 새로운 기구를 발명하기도 했고 또 창고를 지어 양식을 저축하여 기근에 대비하며 쌀값 안정을 도모하는 등, 치정(治政)의 견식도 날카로왔다. 무엇보다도 그는 놀라울 만큼 박식했다. 원정(遠征)하는 동안에도 책을 손에서 놓은 적이 없었다고 한다.

무제에게 답하여,

“신(臣)은 좌전벽(左傳癖)이 있습니다.”

라고 말한 것도, 그리고 「춘추 좌전집해(春秋左傳集解)」를 저술하여 후세에 남는 주석(註釋)을 덧붙인 것도 이 두여이다.

패군지장(敗軍之將)은 병(兵)을 말하지 않는다

바로 명장(名將) 한신이 배수(背水)의 진(陣)을 펴고 조나라 군사를 크게 격파했던 때의 일로서 「사기」의 회음후열전에 기록되어 있는 이야기이다.

한(漢)나라 2년, 한왕 유방이 고조로 제위에 오르기 2년 전이 었다.

위(魏)나라를 공격해서 승리를 거둔 한신은 숨돌릴 겨를도 없이 그 여세를 몰아 조나라로 계속 진격해 갔다. 이때 한신의 제일 큰 두통거리는 무엇보다도 정형(井陘)의 좁은 길이었다.

반드시 통과하지 않으면 안 되는 길목인데다가 길이 너무 좁아 대부대를 행군시키기에 여간 힘들지 않았기 때문이었다. 그곳을 통과할 때 어쩔 수 없이 외열종대로 대열이 길어지고 병력이 분산된 틈을 타서 만약 조나라 군사가 불시에 협공이라도 감행해 온다면 제아무리 탁월한 한신의 지략이라도 막아낼 도리가 없는 것이다. 더구나 조나라에는 광무군(廣武君) 이좌차(李左車)라는 우수한 병법가가 있으니 이 좁은 골목으로 눈을 돌리지 않을 리 없었다.

이좌차는 한신의 염려대로 그의 주력부대가 이 좁은 길목에 들어서는 순간 일거에 격멸해 버려야 한다고 성안군(成安君) 진여(陳餘)에게 여러 번 역설하고 건의하였다. 그러나 성안군은 광무군의 진언을 받아들이지 않았다. 유학을 숭상하는 그는 정당한 싸움이 아니면 하지 않는다고 큰 소리를 쳤다.

한편 조나라 성 안으로 감쪽같이 첩자를 보내 두었던 한신은 크게 안심을 하고 위험지대인 이 좁은 골목을 일시에 돌파하였다. 그리하여 그 뒤의 모든 계략은 전부 그의 계획대로 맞아들어 간단히 조나라를 무찔러 버릴 수 있었던 것이다. 이 전투에서 엄청난 승리를 거둔 한신은 처음부터 이좌차만은 죽이지 말고 생포하도록 전군에게 지령을 내렸다.

싸움이 끝나고 이좌차가 앞으로 끌려나왔을 때 한신은 극진한 예로서 그를 맞이하며 말했다.

"이제부터 북으로는 연(燕)나라를 치고, 동으로는 제(齊)나라를 칠 계획입니다. 이에 대해 성공할 수 있는 군략을 부디 가르쳐 주시기 바랍니다."

"패군(敗軍)의 장군(將軍)은 용(勇)을 말하지 않으며 망국(亡

國)의 대부는 존(存—국가의 존위)을 도모하지 않는다고 들은 바 있
습니다. 싸움에 져서 나라를 잃어버린 한낱 보잘것없는 포로인 이
사람이 어찌 그와 같은 중대사를 논할 자격이 있겠습니까?"
　한숨 어린 이좌차의 말이 떨어지자 한신은,
　"천만의 말씀, 너무 지나친 겸손이시오. 나는 저 백리해(百里奚)
라는 현인(賢人)이, '우(虞)나라에 있을 때는 우나라가 망했으나
진(秦)나라로 갔을 때는 진나라가 제후의 패자(覇者)가 되었다'고
했다고 들었습니다. 그러면 백리해는 우나라에 있을 땐 어리석은
인간이었는데 진나라로 가서 갑자기 지혜로운 자가 된 것이겠습니
까? 천만의 말씀이오. 우나라는 그를 등용하지 않고 푸대접하였
으며 진나라는 그의 지략에 귀를 기울여 존중했다는 차이밖에 없
습니다. 성안군이 만약 당신의 전략을 따랐던들 지금쯤 나는 당신
의 포로가 되어 있을 것이오. 행인지 불행인지 당신의 계략이 빛
을 못본 덕분으로 이렇게 가르침을 청하게 된 것입니다. 나는 진정
당신의 교훈과 지시를 따를 결심이니 제발 그렇게 겸손하지만 말
고 나의 스승이 되어 고견을 일러 주십시오."
　의심할 여지 없는 한신의 열의와 인간미는 마침내 이좌차의 마
음을 움직이게 하였다. 지난날의 '배수의 진' 때만 하더라도 이좌
차의 계략은 한신의 주력부대를 좁은 길목에서 섬멸시키기에 족했
던 것이다. 뿐만 아니라 성안군 진여는 그의 전략을 가리켜 비겁
하고 졸렬한 속임수라고 모욕하며 일축해 버렸다. 이좌차는 그때
이미,
　"조나라는 망했구나!"
하는 부르짖음을 삼켰던 것이다.
　이제 모든 과거지사를 잊고 이좌차는 심혈을 기울여 연나라와
제나라의 토벌술책을 논하였다. 그리하여 한신은 이좌차의 계략을
그대로 실천함으로써 두 나라를 차례로 정복하는 데 성공하였다.
　'패군지장(敗軍之將)은 용(勇)을 말하지 않는다'라는 이좌차의
말에서 '패군지장은 병(兵)을 말하지 않는다'라는 말이 파생되어
나왔다.

포호빙하(暴虎馮河)

맨손으로는 호랑이를 못 잡고
걸어서는 황하를 건널 수 없네.
不敢暴虎, 不敢馮河

「시경」 소아편 〈소민(小旻)〉의 마지막 연 첫 2행이다. 여기에서 '포호빙하'라는 말이 연유되었다.

맨손으로 호랑이를 잡고 걸어서 황하를 건넌다 함은 무모한 만용이다. 물론 불가능하다. 이것을 잘 표현한 글이 「논어」 술이편에도 나온다.

공자께서 안연에게 "나를 인정해 써 주면 도를 천하에 행하고 버리고 써 주지 않으면 도를 내 몸에 간직하여 숨는 태도는 오직 나와 네가 할 수 있을 것이니라." 하셨다.

그러자 자로가 "선생님께서 삼군(三軍)을 부리신다면 누구와 함께 하시겠습니까?" 하고 물었다.

자로의 심중에는 도를 행하는 데는 안연을 따를 수 없지만, 무용면에서는 내가 아니면 안 되리라 생각해 물었던 것이다. 그런데 공자께서는 다음과 같이 말씀하셨다.

"호랑이를 맨손으로 때려 잡고 맨발로 하수를 건너가다가 죽는 일이 있어도 후회하지 않는 그런 사람과는 함께 하지 않을 것이다. 일을 앞에 두었을 때는 두려워 신중하고, 충분히 계획을 세워서 일을 성공시키려고 하는 사려깊은 사람과 함께 할 것이다."

요컨대 필부의 만용은 취할 바가 아니라는 단호한 천명인 셈이었다.

'포호빙하'는 오늘날에도 무모한 만용의 의미로 자주 인용된다.

필부지용(匹夫之勇)

"선생, 이웃 나라와의 국교는 어떻게 해야만 좋으리라고 생각하오?"

양(梁)나라 혜왕(惠王)이 맹자에게 이렇게 물었다.

맹자가 여러 나라를 유세하러 나섰을 때 맨 처음으로 양나라를 찾아 갔을 때의 일이다. 때는 전국시대, 약육강식인 세상의 일인지라 조금만 방심을 하면 타국이 그 틈을 타게 된다. 그래서 혜왕은 이 고명한 학자의 의견을 물었던 것이다.

"대국은 소국을 섬기는 기분으로 겸허한 태도로 사귀지 않으면 안 됩니다. 이것은 어진 사람이라야만 비로소 될 수 있는 어려운 일로서, 은(殷)나라 탕왕(湯王)이나 주(周)의 문왕(文王)께서는 그것을 행했던 것입니다. 그리고 소국은 대국을 섬겨야만 합니다. 이것도 쉬운 일이 아니오며 슬기로운 자여야만 비로소 가능한 일입니다. 하오나 문왕의 군부 대왕(大王)은 그것을 실행했기 때문에 주나라는 뒤에 커질 수가 있었던 것이며 월왕(越王) 구천(句踐)은 최후에 숙적인 오(吳)나라를 이길 수가 있었던 것입니다.

작은 것이 큰 것을 섬긴다는 것은 하늘의 도리이며 당연한 일입니다. 그것을 인식하면서 대국의 입장으로서 소국을 섬긴다는 것은 '하늘을 즐기는 것'이라 할 수 있겠지요. 또 이 하늘의 도리에 거스르지 않게끔 대국을 섬기는 소국은 하늘을 두려워하는 자입니다. 하늘을 즐기는 자는 천하를 유지할 수가 있으며 하늘을 두려워하는 자는 나라를 유지할 수가 있습니다. 그러므로 「시경」에도 '하늘의 위력을 두려워해야만 이를 유지할 수 있다'라고 되어 있습니다."

"실로 훌륭한 말이오!"

혜왕은 맹자의 답을 듣고 저도 모르게 외쳤다. 그러나 도(道)로서는 참으로 훌륭한 말이나 실제의 일로서 생각해 보니, 그래가지고는 어느 나라에 대해서고 섬기고만 있어야 한다. 혜왕은 그것이 너무 위세가 떨어지는 일인지라 견딜 수가 없을 것 같았다.

"훌륭한 말임에는 틀림이 없으나……"

하고 혜왕은 말을 이었다.

"이건 좋지 않은 일인지는 모르나, 나에게는 용맹을 좋아하는 성질이 있어서 말이오……"

맹자는 이에 대답했다.

"임금님, 소용(小勇)을 좋아하셔서는 아니됩니다. 칼을 훑고 눈을 부라리며 네 놈 따위는 나의 적이 아니다, 하는 식은 필부의 용기(匹夫之勇)라 기껏해야 사람 하나를 상대할 수 있을 뿐입니다. 임금님, 부디 더 큰 용기를 가지시도록 하십시오."

이것은 「맹자」의 양혜왕편에 실려 있는 대화이다. 그리고 「사기」의 회음후열전에는 한신이 항우를 평한 '항왕(項王)이 대성질타(大聲叱咤)를 하면 모두 기겁을 하고 맙니다. 허나 그에게는 현장(賢將)에게 일을 맡길 아량이 없으니, 즉 이것은 필부지용에 지나지 않는 것입니다'라는 말이 기록되어 있다.

하나는 알고 둘은 모른다

공자의 제자 자공(子貢)이 어느 날 공자에게 물었다.

"여러 나라의 신하들 가운데서 누가 현자(賢者)라고 할 수 있겠습니까?"

"제(齊)나라의 포숙(鮑叔), 정(鄭)나라의 자피(子皮)는 현자라고 할 수 있겠지."

자공은 놀라서 다시 물었다.

"그럼 제나라의 관중(管仲), 정나라의 자산(子產)은 현자라고 할 수 없습니까?"

"그러니까 너는 하나는 알고 둘은 모른단 말이야. 너는 현자를 군왕에게 추천하는 자와 군왕에게 힘이 되는 자 중에서 어느 편이 참된 현자라고 생각하느냐?"

"그야 물론 현자를 권한 사람이지요."

"그럴 테지. 포숙이 관중을 권하고 자피가 자산을 권했다는 말은 듣고 있으나 관중, 자산이 사람을 추천했다는 말은 들은 적이 없다."

「설원(說苑)」에 나오는 이야기이다.

한나라 유방이 천하를 평정하고 군신들에게 연회를 베풀 때에 다음과 같은 질문을 했다.

"내가 천하를 얻은 이유, 그리고 항우가 천하를 잃은 까닭이 무엇이라고 생각하는가?"

고기(高起), 왕릉(王陵)이 대답했다.

"폐하께서는 성을 공격하여 성공한 자에게는 그 성과 땅을 주시고 이득을 천하와 함께 하셨습니다. 이에 반하여 항우는 현능(賢能)한 자를 투기하고 공로 있는 자를 꺼려 하였으며 지혜자를 미워하였고 이긴 자에게 상을 주지 않았으며 땅을 얻어도 나누어 주지 않았습니다. 이것이 양자의 득실이 달라진 까닭이라고 생각합니다."

유방은 웃었다.

"귀공들은 하나는 알고 둘은 모르는 모양이다. 나는 장량, 소하, 한신을 잘 썼기 때문이다. 이들은 각각 나보다 뛰어난 점이 있었다. 나는 이들 인걸을 뜻대로 움직여 그 본령을 잘 발휘하도록 하였으니 이것이 천하를 얻게 된 이유이다. 항우는 오직 하나인 유능한 신하 범증도 쓰지 못했다. 이것이 그가 실패한 원인이다."

그러나 그는 그 인걸 한신을 주살했다. 평정한 다음에는 한왕실의 안태를 염원한 고조의 책모에 방해되는 자였던 것이다.

한신도 역시 하나는 알고 둘은 몰랐던 셈이었다.

하나를 듣고 열을 안다

공자의 제자 자공이 같은 제자인 안회(顔回)를 평하여 다음과 같이 말하였다.

"나 같은 자는 도저히 회(回)를 따를 수가 없습니다. 그는 하나를 듣고 열을 알지마는 나는 겨우 하나를 들으면 둘을 알 정도입니다."

스승 공자가 자공에게,

"너는 회와 자기를 비교해서 어느 쪽이 낫다고 생각하느냐?"

하고 질문했을 때, 그가 대답한 것인데 그 대답에 공자도 동감했던 모양이다.

"음 그래, 실은 나도 너와 같다."

고 말했다(일설에 의하면, ‘네가 한 말과 같이 너는 회에게 미치지 못한다’고 해석하는 설도 있다).

안회는 공자가 가장 사랑했던 제자로서 이름이 높다. 자공이 큰 부자였던 사실과는 대조적으로 평생 동안 몹시 가난한 생활을 즐겼다. 나이는 자공보다 한 살 위로 학식과 재능이 뛰어나 수재 자공에게는 그야말로 라이벌이었던 모양이다. 따라서 공자가 그러한 장본인을 붙들어 이렇듯 당혹할 질문을 던진 것은 실로 잔인한(?) 노릇이었고 대답하는 당자인 자공 역시 무척 괴로웠을 것이다.

자공은 어지간히 인물평을 좋아했던 모양이다. 그가 인물평에 열중하고 있는 것을 보고 공자는,

“너는 참으로 훌륭하구나. 나는 도저히 그럴 여유가 없다.”

라고 야유했을 정도이다.

또 자공은 어느 날 공자를 향해 자기를 비평해 달라고 한 적이 있다. 그때 공자는,

“너는 참 그릇이다(군자는 그릇이 아니다, 따라서 너는 군자가 아니라는 뜻).”

라고 슬쩍 꾸짖어 놓고 자공이,

“어떤 그릇이냐?”

고 되묻자,

“호련(瑚璉)이다(그릇으로는 최고품).”

하고 추켜 주었다.

자공은 공자보다도 서른 한 살이나 아래다. 총명한 웅변가로「좌전」및 기타 서적에 보면 그가 외교 무대에서 크게 활약했다고 전한다. 공자도 그의 재능을 인정하고 있었던 모양인데 때때로 이러한 야유 또한 하지 않을 수 없었던 모양이다.

공자가 죽었을 때 자공은 장례 위원장을 맡아 3년상이 지나가도 다시 3년 동안 무덤을 지켰다고 전한다. 아주 뛰어난 품격을 지니고 있었던 모양으로 공자가 죽은 후에 그 자신의 제자들이 그를 공자 이상으로 받들었다는 사실로도 짐작할 수 있다.

‘하나를 듣고 열을 안다’는 이 말은 슬기로운 인물을 표현할

때, '하나를 알면 둘을 안다' '하나를 알면 셋을 안다'라는 말로
써 우리 주변에서 흔히 사용되어지고 있다.

하나의 나뭇잎이 떨어짐을 보고
천하의 가을을 안다

'냄비에 든 고기의 맛을 보려고 할 때엔 냄비 속의 고기 전부를
먹어야만 아는 게 아니다. 그 한 조각을 맛보기만 하면 냄비 속의
고기 전부의 맛을 알 수 있는 것이다.
또 습기를 느끼지 않는 왕털과 습기를 잘 받아들이는 숯을 저울
에 올려놓고 공기가 건조한지 습기를 갖고 있는지도 알 수가 있다.
이것들은 작은 것으로써 큰 것을 밝혀내는 예이다.
또 하나의 오등잎이 떨어지는 것을 보면 가을이 다가온 것을 알
며 항아리 속의 물이 얼은 것을 보고 세상 전체가 추워졌음을 안
다. 이것은 몸 가까이 있는 것으로써 먼 것을 미루어 짐작하는 예
이다.'
이것은 전한(前漢)의 유안(劉安)이 저술한 「회남자」의 열산훈
(說山訓)이란 장(章)에 있는 말이다.
이 말의 원래의 뜻은 작은 현상을 통해 커다란 근본을 깨달아야
한다는 가르침이지만, 지금에 와서는 오히려 작은 조짐만 보고도
쇠망하는 형세를 살필 수 있을 때의 비유로 쓰인다.

한단지몽(邯鄲之夢)

당(唐)나라 현종 때 여옹(呂翁)이라는 도사(道士)가 한단(邯鄲)
이란 곳의 주막집에서 쉬고 있자니까 초라한 옷차림을 한 젊은이
가 그에게 찾아와 말을 걸며 아무리 기를 쓰고 벌이를 해도 고생
을 면하지 못한다고 신세타령을 했다.

젊은이의 이름은 노생(盧生)이라고 했다.

이윽고 잠이 오기 시작한 노생은 여옹에게서 빌린 베개를 베고 잠들었다. 도기(陶器)로 만든 베개로 양쪽 끝에 구멍이 뚫려 있었다.

잠자고 있는 동안 그 구멍이 차츰 커지므로 이상히 여긴 노생이 그 구멍 속으로 들어가 보니 그곳에는 훌륭한 집이 있었다.

노생은 그 집에서 당대(唐代)의 명문 집안인 청하(淸河) 최씨(崔氏)의 딸을 아내로 맞고 진사시험에 합격하여 관리가 되기에 이르렀다.

그는 관운(官運)이 좋았다. 차츰 출세하여 경조윤(京兆尹)이 되었으며 한때는 군인의 신분으로서 오랑캐를 무찔러 큰 공을 세우고 끝내는 어사대부(御史大夫) 겸 이부시랑(吏部侍郎)까지 지내게 되었다.

그런데 호사다마(好事多魔)라 할까, 재상의 시기를 받아 단주자사(端州刺使)로 좌천되었다.

그곳에 3년쯤 있다가 다시 조정의 부름을 받아 호부상서(戶部尚書)로 승진한 노생은 얼마 지나지 않아 재상자리에 올랐다.

그후 10년 동안 그는 천자를 훌륭히 보좌하여 선정을 베풀어 어진 재상이란 칭찬이 자자했다.

일인지하(一人之下) 만인지상(萬人之上)의 득의의 절정에 있던 그는 돌연 역적이란 죄목으로 체포되었다. 변방 요새의 책임자와 결탁하고 모반을 음모했다는 억울한 죄 때문이었다.

그는 포박을 받을 때 한숨을 내쉬며 아내에게 말했다.

"산동(山東)에 있는 내 집에는 많지는 않지만 훌륭한 전지(田地)가 있었소. 농사나 짓고 있었으면 그것만으로도 추위와 굶주림에 시달리지 않고 살아갈 수 있었을 내가 왜 벼슬살이를 하려고 했는지 모르겠구려. 그 바람에 지금 이 꼴이니……옛날 남루한 옷차림으로 한단의 길을 거닐던 시절이 생각나는구려. 아아 그 시절이 그립소. 그러나 한탄한들 무엇하리……"

노생은 칼을 뽑아 자살하려 했으나 아내의 만류로 그것도 이루지 못했다. 그런데 그와 함께 체포된 사람은 모조리 피살되었으니 그 한 사람만은 환관(宦官)의 도움으로 죽음을 면하고 기주(冀州)로 유배되었다.

몇 년 후, 천자는 그에겐 죄가 없음을 알게 되어 다시 노생을 불러들여 중서령(中書令)으로 삼고 연국공(燕國公)에 봉했을 뿐 아니라 전보다 두터운 은총을 베풀었다.

그의 다섯 아들은 각기 높은 벼슬을 하고 천하에 이름난 집안과 인척을 맺은 그는 슬하에 열이 넘는 손자를 두고 극히 행복스러운 만년을 보냈다.

이윽고 나이를 먹고 몸이 쇠약해진 그는 누차 사직하기를 원했으나 윤허되지 않았다. 그가 병이 들면 환관들이 꼬리를 물고 문병을 왔으며, 천자는 이름난 의사와 얻기 어려운 약을 연신 보내 주었다. 그러나 하늘이 내린 명(命)은 어찌할 수 없는 법, 노생은 드디어 죽고 말았다.

하품을 하며 눈을 떠보니 노생은 처음에 잠들었던 한단의 그 주막집에 누워 있었으며 옆에는 여옹이 앉아 있는 게 아닌가.

주막의 주인은 그가 잠들기 전에 수수를 찌고 있었는데 아직 그 수수도 쪄지지 않았다. 모든 것이 잠들기 전의 그대로였다.

"아아, 꿈이었구나……"

한탄처럼 중얼거리는 그에게 여옹은 웃으며 말했다.

"인생이란 모두가 그런 거지."

노생은 잠시 멍하니 앉아 있다가 이윽고 여옹에게 감사의 말을 했다.

"영욕과 부귀와 죽음까지 모든 것을 경험했습니다. 이것은 선생님이 저의 욕망을 막아 주신 거라고 생각됩니다. 잘 알았습니다."

여옹에게 공손하게 인사를 올린 노생은 한단을 떠나갔다.

이상의 이야기는 당나라 심기제(沈旣濟)의 소설 「침중기(枕中記)」의 대강 줄거리이다.

이 「침중기」의 설화에서 영고성쇠(榮枯盛衰)의 덧없음을 비유하는 '한단(邯鄲)의 꿈'이라거나 '일취(一炊)의 꿈' 또는 '황량(黃

梁)의 꿈'이란 말이 나왔다.

한단지보(邯鄲之步)

「장자」 추수편(秋水篇)에 궤변론자인 공손룡(公孫龍)과 위(魏)나라 공자 위모(魏牟)의 대화가 나오는 구절이 있다. 그 중에서 위모가 공손룡에게 말했다.

"당신은 소국인 연(燕)의 서울인 수릉(壽陵)에 사는 젊은이가 대국인 조(趙)나라 서울인 한단으로 가서 한단의 걸음걸이를 배웠단 이야기를 들어보지 못했소? 그는 한단의 걸음걸이를 다 배우기도 전에 옛날의 걸음걸이마저 잊어버렸답니다. 그리하여 기어서 돌아왔다오. "

공손룡이 장자의 사상을 이해하기 어렵다고 하자 위모가 우물 안 개구리가 밖의 세상을 알 것이며, 수릉의 젊은이가 한단의 걸음걸이를 배울 것인가고 조롱하는 대목 중의 하나이다.

여기에서 '한단지보'란 자기 분수를 생각지 않고 턱없이 남의 흉내를 내려 할 때 비유로 쓰이게 되었다.

한 줌의 흙 상기 마르지 않았건만
육척의 고(孤)는 어디에 있느냐

당나라 왕 태종(太宗)의 뒤를 이어받아 즉위한 고종(高宗)은 태종의 5주기 때 태종의 여관이었던 무씨(武氏)에게 반하여 환속시켜 후궁에다 넣었다.

무씨는 타고난 미모와 재치로 황제에게 잘 보였으므로 곧 황후의 자리에 올랐고 마침내는 병약한 황제를 대신하여 정무를 맡아보는 일에 수완을 휘둘렀다.

황제가 붕어한 뒤는 다음의 중종(中宗), 예종(睿宗)을 제쳐놓고 자기가 직접 모든 정무국사(政務國事)를 맡아 보았으며 나아가서

는 국호(國號)를 주(周)로 고쳐 제위(帝位)에 올라 뒤에 측천무후
(則天武后)라 불리우는 중국 역사상 단 한 사람의 여황제로서 15
년 동안 그 권세를 마음대로 휘둘렀다.

무후의 횡포를 비난 공격하는 소리는 당연히 국내 곳곳에서 일
어났다. 개중에서도 어떤 죄에 휘말려들어 유주(柳州)의 사마(司
馬)로 좌천된 이경업(李敬業)은 같은 우국지사(憂國之士)와 꾀하
여 양주(楊州)에서 무후 토벌의 군사를 일으켰다.

무후에 대한 비난이 높았던 무렵인지라 순식간에 십 수만의 대
군(大軍)으로 부풀어올랐다. 경업은 동지 시인인 낙빈왕(駱賓王)
에게 격문(檄文)을 만들게 하여 이로써 전국에 궐기를 촉구했다.
빈왕은 당대의 문호였으므로 그 비장 격렬한 문장은 사해 인사의
마음을 뒤흔들었는데, 그 글 중에, '한 줌의 흙 상기 마르지 않았
건만 육척의 고(孤)는 어디에 있느냐'라는 구절이 있다.

그 뜻은 고종황제를 매장한 지 아직 얼마 안 되어 그 능묘(陵
墓)의 흙도 채 마르지 않았는데 육척의 고(15세 고아)인 태자 현
(賢)은 지금 어디에 계시느냐. 필경은 무후가 살해하였을 것이 틀
림없다……는 통렬한 말이다.

이 격문을 보고 무후는 낙빈왕의 글재주에 감탄을 했다는데 물
론 감탄만 하고 있지는 않았다. 즉각 30만의 대병(大兵)을 일으켜
이 봉기군(蜂起軍)을 쳐서 난을 진압해 버렸다.

「신당서(新唐書)」에 나오는 고사이다.

'한줌의 흙'이란 여기서는 천자의 능을 가리킨다.

그리고 '육 척의 고'란 「논어」에 있는 말로서 부왕(父王)과 사
별한 유군(幼君)을 말하여, 두 살 반을 일척(一尺)이라 하기 때문
에 육척의 고는 열 다섯 살난 고아라는 것이 된다.
그리고 어른은 일장(一丈)이 되므로 성인은 장부(丈夫)라고 한다.
대(大)라는 미칭(美稱)을 앞에 달면 대장부(大丈夫)가 된다.

할계언용우도(割鷄焉用牛刀)

혼히 쓰는 말이다. '닭 잡는데 소 잡는 칼을 쓴다'는 뜻으로 작은 목적을 위해 지나친 준비나 노력을 하는 것을 말한다.

'사자는 토끼를 잡는데도 있는 힘을 다 쓴다고 한다. 목적을 위해서, 그 목적이 작든 크든 전력을 다하는 것이 나쁠 건 없다.'

이렇게 강조하는 측도 있다.

그러나 우리들의 사회생활이란 그리 일률적으로 논할 수만은 없는 일이다.

닭 잡는데 소 잡는 칼을 들고 나와 웃기는 경우도 있겠으나 적을 가볍게 보고 일을 시작했다가 실패를 본 사람은 한결 더 많다.

이 이야기는 공자가 그의 사랑하는 제자 자유(子遊)를 보고 한 말이다. 공자의 제자 자유가 무성(武城) 고을 원으로 있을 때이다.

공자는 제자를 거느리고 무성 고을을 구경도 할 겸 제자 자유를 만나볼 겸 갔다.

경계선을 넘어서는 순간 공자는 주의깊게 경내 사정을 살폈다.

퍽 평화스런 고장이었다. 논밭은 제대로 정돈이 되어 있고 길거리를 오고가는 백성들도 모두 부지런해 보이고 겸손해 보였다.

시골길을 지나 마침내 읍내 성 안으로 들어섰다. 거리에서 거문고와 비파 타는 소리가 들려오고 시 읊는 소리와 노래 부르는 소리도 들려왔다.

곡과 소리가 모두 평화롭고 즐겁고 씩씩한 것들이었다.

공자는 늘 제자들에게 음악의 현묘한 이치를 강조해 왔고 그 자신 악성(樂聖)이라는 평을 들은 적도 있었다.

공자는 음악을 노나라 궁중 악사인 눈먼 장님에게서 배웠다. 옛날의 악사들은 대개가 장님이었다.

어느 날, 공자가 스승인 그 악사 앞에서 자기가 작곡한 곡을 타 보였다.

제자의 거문고 소리를 묵묵히 듣고 있던 스승은 감격의 눈물을 흘리며 일어나 공자 앞에 절을 했다.

"내 비록 눈으로 당신의 얼굴을 볼 수 없으나 당신은 분명히 성인이로소이다. 옛날 요순과 문무의 악(樂)을 내 다시 얻어 듣게 되니 눈물을 금할 수 없소이다."

이 한 가지 사실만으로도 공자가 얼마나 음악에 조예가 깊었는지 알 수 있다.

공자는 옛날 순(舜)임금이 작곡했다는 소(韶)라는 곡을 연구하며 석 달 동안 고기맛이 어떤지도 모르고 지냈다고 한다.

그때 그는 이런 말을 했다.

"내, 음악을 하는데 이 지경에까지 이를 줄은 정말 몰랐다."

그는 또 인격의 완성은 음악에 있다고까지 했다.

그래서 공자는 결심을 일깨우고 사기를 진작시키고 인간의 감정을 순화시키는 데는 다른 설교나 훈령보다도 음악이 가장 효과가 크다는 것을 강조했다.

그런데 그의 교훈을 받은 자유가, 비록 작은 고을이기는 하지만 음악으로서 민풍을 감화시키고 있는데 자못 만족스러웠고 한편 눈물겨웠다.

스승을 맞이하는 자유를 보고 공자의 첫인사는 이러했다.

"닭을 잡는데 어찌 소 잡는 칼을 쓰겠느냐?"

조그만 무성 고을을 다스리는데 천하를 다스리고도 남는 포부를 쏟아 놓느냐, 하고 그의 아까운 재주가 겨우 고을 원의 위치에서 썩고 있는 것을 안타까와하며 한편 대견해서 하는 말이었다.

스승이 설마 농담을 하랴 싶어 자유는 정중한 태도로 변명을 했다.

"저는 일찌기 스승님으로부터 이렇게 가르침을 받아 왔습니다. 백성을 다스리는 사람은 예악(禮樂)의 도리를 배우므로 해서 비로소 백성을 사랑하게 된다, 또 백성은 예악의 길을 배우므로 해서 양보와 평화를 알게 된다. 예악의 길은 위나 아래나 다 같이 중요한 것이다. 선생님께서 이렇게 가르치셨기에 저는 그대로 한 것뿐이옵니다."

공자는 자유가 너무 긴장한 태도로 심각한 의문을 던지는데 다소 딱한 생각이 들었다.

"아니다, 아니야. 네 말이 옳다."

이렇게 말한 공자는 좌우에 모시고 서 있는 다른 제자들을 보고 말했다.

"너희들 듣거라, 아까 내가 한 말은 농담이었다."

그러나 공자의 말 속에는 또 다른 의미가 들어 있었을지도 모른다.

닭 잡는데 필요한 조그만 행정적인 급무가 있었을지도 모른다는 이야기이다.

합종연형(合從連衡)

소진은 장의와 더불어 전국시대 중엽의 중국 전토(全土)를 세 치의 혓바닥과 두 개의 발로서 휘두른 대책사(大策士)이다. 세 치의 혓바닥이란 뛰어난 능변을 말하는 것이며 두 개의 발을 상대로 하여 돌아다닌 나라가 소위 당시의 일곱 나라(燕, 齊, 趙, 韓, 魏, 楚, 秦)에 이르렀다는 것이다.

이 두 사람은 귀곡(鬼谷―모든 지식이 통달하여 점도 쳤으며 「귀곡자」라는 책을 남기고 있는 수수께끼의 인물) 선생을 스승으로 한 동문이다.

귀곡 선생의 거처는 낙양(洛陽)에서 시오 리 가량 동남쪽에 있는 귀곡(鬼谷)이라는 산 속에 있었다. 소진은 여기서 오랜 수행(修行)을 쌓고 내려왔다. 여기서 무엇을 배우고 여기를 내려와 어디로 가서 무엇을 했는지는 전혀 모르나 좌우간 소진은 여기저기 방랑한 끝에 어느 날 불쑥 낙양에 있는 자기 집으로 돌아왔다. 「사서 史書)」는 이로부터 뒤의 소진의 행동에 대해서만 상세하다.

초라한 모습으로 문간에 와 선 소진을 보고 아내는 짜고 있던 베틀에서 내려오지 않았고 형수는 밥도 차려 주지 않았다. 그리고 되지 못한 말만 지껄이고 돌아다니는 것이니 고생하는 것도 마땅하다면서 상대를 해주지 않았다.

집에서 머무르기를 약 1년, 소진은 또다시 집을 뛰쳐나가 주왕(周王)을 찾아갔으나 상대를 해주지 않았다. 다음에 진(秦)나라에 갔으나 역시 상대를 해주지 않았다. 조(趙)나라에 갔으나 거기서도 헛걸음을 하고 다시 멀리 북쪽에 있는 연(燕)나라로 가서 변설을 휘둘렀다. 여기서는 그의 변설이 효과를 발생하여 거마금백(車馬金帛)의 선물을 받았다.

소진이 연왕(燕王)에게 진언한 정책을 합종(合從)이라고 한다. 연과 조, 제, 위, 한, 초가 세로[縱—從]로, 즉 남북으로 손을 잡고 강국(强國)인 진나라에 대항하라는 것이다. 이들 여섯 나라는 당시 급진적으로 강대해져 가고 있던 진나라를 극도로 두려워하고 있었다.

소진은 이 공포심을 교묘하게 조종하여, 만약 이때 여섯 나라가 손을 잡지 않고 고립해 있다면 모두가 진나라에 멸망당하고 만다, 꼭 합종하여 공동방위를 하지 않으면 안 된다, 그 총괄을 자기가 맡겠다고 자청하여 나섰던 것이다.

연왕으로부터 합종을 성취시키게끔 하라는 부탁을 받자 다음에는 조나라를 찾아갔는데 이번에는 대성공을 이루고 거마 백승(百乘)에 백옥(白玉)과 황금, 비단을 합종의 준비 비용으로서 하사받았다. 한, 위, 제, 초의 순서로 돌아다닌 소진은 보기좋게 왕들을 설득하고 여섯 나라의 재상이 되어 합종의 맹주(盟主)로서 승상을 받게 되었다.

남쪽의 초나라에서 조나라로 돌아오는 길에 소진은 낙양을 지나갔다. 그때의 그의 행렬은 왕후에 못지 않았으며 낙양을 도성으로 삼는 주왕마저 마중하는 사자를 내보낼 정도로 호화로왔다. 형제도 아내도 형수도 지금은 소진 앞에 얼굴을 들 수가 없었다. 식사의 시중을 드는 때도 고개를 숙인 채였다. 소진은 형수에게 물었다.

"전에 내가 집에 돌아왔을 때는 밥상도 차려 주지 않더니 이렇게 변했으니 대관절 어떻게 된 일입니까?"

그러자 형수는 머리를 땅에 조아리며 말했다.

"서방님의 지체가 이렇게 높아지시고 부자가 되셨으니 누구든지 절로 이렇게 되는 게 당연하지요."

소진은 지위와 돈이 이렇게도 사람을 변하게 하고 또한 자기에게 만약 약간의 전답이라도 있었더라면 평생을 그것으로 만족하여 오늘날의 부귀를 얻지 못하였을 것이 아니냐는 것을 개탄하고 친족 지기들에게 천금을 뿌려 주었다.

소진이 조나라에 머물러 있을 때 느닷없이 장의가 찾아왔다. 형제 제자였던 소진이 재상이 되었다는 말을 듣고 발탁해 주기를 부탁하려고 온 것이다.

그런데 소진은 이 장의에게 엿새 만에야 겨우 면회를 허락해 주었을 뿐만 아니라 자기는 당상에 앉고 장의는 당하에 앉혀 하인에게 주는 거나 진배없는 식사를 주어 쫓아 버렸다. 장의는 이를 갈며 분해했다. 그리고 두고 보자면서 그길로 진(秦)나라로 향했다. 그런데 그 여행길에 붙어다니며 줄곧 장의를 보살핀 인물이 있었다. 노잣돈은 물론이거니와 진나라의 사관을 하려면 의복도 필요하리라, 거마(車馬)도 필요하리라, 하며 돌봐서 진나라로 보내주었다. 그 당시도 이만하면 큰 인물이 될 듯싶은 자에게 친절을 베풀어서 장래에 도움을 받겠다는 상인이 드물지 않았기 때문에 아마 그러한 이유리라고 장의는 생각했다.

그 상인은 장의가 진나라로 들어가 객경(客卿)으로 발탁되는 것을 보자 장의에게 작별인사를 하러 왔다. 장의는 자기에게 아무런 보상도 요구하지 않는 상인을 이상히 여기고 그 이유를 물었다.

"이것은 모두 소진님께서 시키신 일입니다. 귀하를 분격케 만들어서 진나라로 가게 하여 무사히 진나라에 벼슬하실 수 있게끔 꾸미신 일입니다. 진나라는 소진님의 합종의 책략에는 방해꾼입니다. 그 방해꾼의 수족을 봉할 임무를 귀하께서 맡아 주셨으면 하는 것입니다."

이것이 그 상인의 대답이었다. 그러자 장의는 한탄하며 말했다.

“나는 소진님의 술수 속에 있으면서 그것을 깨닫지 못한 큰 바보였소. 이 바보가 어찌 소진님에게 방해 따위를 할 수 있겠소. 소진님에게 가서 여쭈시오. 소진님이 살아 계실 동안에는 이 장의가 어찌 주제넘은 일을 할 수 있겠습니까, 무엇을 할 수 있겠습니까, 고 말이오.”

이렇게 하여 장의는 진나라에 머물러 그 재치와 수완이 인정되어 객경에서 재상으로 출세했다. 그는 ‘연형(連衡)’의 책(策)을 취했다. 즉 여섯 나라 중 어느 나라와 동맹을 맺고 합종을 깨뜨려 여섯 나라를 산산이 고립을 시킨 다음 고립한 나라들을 저마다 격파, 혹은 위압하고 진나라에 대해 신하의 예를 갖추게 하여 이윽고는 합병한다는 책이었다.

진나라와 여섯 나라가 동맹을 맺는 것은 ‘형(衡—동서로 이어진다)’ 즉 저울대처럼 가로 되는 형태가 되므로 합종에 대해 연형(連衡)이라 하는 것이다. 장의는 뒷날 소진이 성취시킨 합종을 완전히 부수어 버렸다.

「사기」 소진전(蘇秦傳), 장의전(張儀傳)에 자세한 이야기가 실려 있다.

항산(恒產)이 없는 자는 항심(恒心)이 없다

그것은 주나라 난왕(赧王) 8년 무렵의 일이라고 생각된다. 맹자는 그의 이상인 왕도정치를 설복하러 여러 나라를 돌아다녔으나 어느 나라에서도 그것을 받아들이지 않았으므로 고향인 추(鄒) 나라로 돌아가 있었다. 벌써 예순이 훨씬 넘은 나이였다.

그 즈음 등(滕)이라는 조그만 나라에선 정공(定公)이 세상을 떠나고 그의 아들 문공(文公)이 갓 즉위를 했다. 문공은 전에 맹자에게 사숙(私淑)하였으므로 맹자를 초빙하여 정치 고문으로 삼았다.

문공은 곧 어떻게 나라를 다스려야 좋을지를 물었다. 맹자도 문공의 정열에 감동되어 여기서 당당하게 자기의 견해를 말했는데 이것이 유명한 정전설(井田說)이다. 그 요지를 설명하면 다음과 같다.

「시경」 속에, ‘봄에는 씨뿌리기에 바쁘니 겨울 동안 수리를 서둘러라’라고 훈계한 시가 있는데 국정(國政)도 먼저 백성의 경제 생활 안정에서부터 시작된다.

항산(恒產), 즉 일정한 생업과 항심(恒心), 즉 변함 없는 절조(節操)와의 관계는 ‘항산이 있는 자는 항심이 있고 항산이 없는 자는 항심이 없다’는 데서 찾아야 한다. 항심이 없으면 어떤 나쁜 짓이라도 한다. 백성이 죄에 빠진 연후에 벌을 준다는 것은 법망에 걸리게 만드는 것이나 진배없는 것이다.

옛날에 하(夏)나라는 한 사람에 50이랑, 은(殷)나라는 한 사람에 70이랑, 주(周)나라는 1백 이랑의 논을 주어 그 10분의 일을 조세(租稅)로 하였다. 하나라의 법은 공법(貢法)이라고 하여 여러 해 동안의 평균 수입을 보고 일정한 액수를 납부하게 하였으나 풍년이면 남아나고, 흉년에는 모자라도 공물은 바쳐야 한다는 결점이 있었다.

은나라의 법은 조법(助法)이라 하여 사유(私有)의 전답과 공전(公田)으로 나누어 공전에서의 수확물을 납부하게 했다. 주나라의 법은 철법(徹法)이라 하는데 조법을 이어받은 점을 생각할 때 조법을 모범으로 삼은 것이다.

이렇게 하여 맹자는 ‘항산’을 구체화시킨 뒤 다음에 ‘항심’으로서 학교에 있어서의 도덕 교육을 강조하고 있다. 이어서 문공은 신하인 필전(畢戰)에게 정전법(井田法)에 대해 질문을 시킨 것이 씌어 있는데, 여기서 맹자는 조법을 특히 명확하게 설명하고 있다.

원래 국가는 군주와 백성으로 성립되는데, 그 체제를 유지하려면 먼저 군주의 녹위 세습제(祿位世襲制)를 인정해야만 한다. 백성 쪽은 조법에 의한 구분의 일을 확립한다. 그러기 위해 10리 사방의 토지를 우물 정(井)자 형으로 구분하여 9백 이랑의 한복판에 백 이랑의 공전을 메어 놓고 나머지 8백 이랑은 여덟집에서 각각 백 이랑씩 사유한다. 공전의 공동작업이 끝난 다음 자기

논의 일에 착수한다. 백성은 상호부조의 체계가 완성되므로 토지를 떠나거나 하는 일이 없을 것이다.

이것으로 인해 명백한 것은, 이 정전법은 원시 공산적(原始共産的)인 것이었으리라는 것이다. 그러나 그 전제로서 치자(治者)와 피치자(被治者)를 구별하는 주장은 후세의 지배계급에서 맹자가 치켜세워진 최대의 이유로 되어 있다. '항산이 없는 자는 항심이 없다'라는 말은 「맹자」의 등문공편(滕文公篇)에 이상의 이야기로서 나와 있지만 양혜왕편에도 나온다.

'곳간이 찬 연후에 예절을 안다'는 말과 마찬가지로 공자, 맹자의 주장이 단순한 수신(修身)만이 아니었다는 것을 알리고 있다.

해로동혈(偕老同穴)

중국에서 가장 오래된 시집 「시경」의 패풍(邶風) 〈격고(擊鼓)〉라는 시에서 나온 이야기이다.

우리나라에서는 백년해로라 해서 많이 쓰여지고 있는 말이다. 백년해로나 해로동혈(偕老同穴)이나 다 마찬가지로 부부의 사이가 무척 다정한 것을 이른다.

'살아서는 같이 늙고 죽어서는 구멍을 함께 하여 영원히 잠들 수 있도록 묻히자'고 하는 맹세를 형용해서 쓰는 말이다.

일설에 의하면 해면(海綿) 동물의 일종에 이와 같은 이름을 가진 동물이 있다고 한다. 이 동물은 모양이 수세미와 같이 생겼으며 발주머니를 지니고 있고 밑에는 길다란 오라기 모양의 털이 매달려 깊은 바다 밑바닥에 서 있다.

그 밥주머니 속에 구멍새우가 기생한다. 자웅 한 쌍이 함께 사는 까닭으로 처음에는 이 새우를 일러 해로동혈이라 했으나, 후에 해면 쪽을 가리켜서 이 말을 쓰게 되었다 한다.

누가 최초로 이 짐승들을 발견하고 이런 이름을 붙였는지는 알 수 없으나 여하튼 부부 금슬이 유달리 좋은 것을 형용하는 어휘이다.

그 출전은 시경의 〈격고〉와 용풍의 〈군자해로(君子偕老)〉, 위풍 〈맹(氓)〉, 왕풍의 〈대거(大車)〉 등의 장(章)이다.

모두가 하남성, 황하 유역에 산재했던 나라의 민요이다.

〈격고〉는 전쟁에 나간 군졸이 언제 고향에 돌아갈지 기약할 수 없이 그가 타고나갔던 말과도 사별하고 전장을 헤매어 다닐 때 고향의 여인을 그리며 읊은 노래들이다. 그 넷째 장에서 이렇게 노래하고 있다.

  살아서도 죽어서도 함께라고
  그대와 내가 더불어 맹약했더니
  당신의 손을 잡고
  머리털 파뿌리되기까지를
  맹세했더니.

대략 이렇게 읊고 나서 끝구절은,
'오호라, 그러한 노릇이 오히려 원수와 같도다.'
라고 맺고 있다.

서글픈 병사의 노래라 하겠다.

또 하나 〈군자해로〉의 시는 약간 그 맛을 달리 한 것으로서 귀부인을 비꼬고 있다.

  주인님과 할 수만 있다면 백 년이라도.
  머리엔 옥비녀 꽂고
  간든간들 모양 부리며……
  뫼처럼 강물처럼 늘씬하시어
  화려한 옷차림은 어울리지만
  그대가 하고 다니는 일이 너무나
  당치 않으니 도대체 어쩌된 일인가.

이 제 1 장에 나오는,

'그대가 하고 다니는 일……'

에서 이 시인은, '입술에만 발라서 해로동혈하리라고 남편에게 정
숙, 순결과 애정을 표하면서 실제 행동에서는 간들간들……' 하는
것이 보여지고 있음을 일렀던 것이리라.

〈맹〉은 훨씬 더 긴 이야기로 엮어진 산문시이다.

해마다 찾아오는 실장사의 말을 믿고 자기 고향을 떠나 행상인
의 집으로 시집갔던 여자가 결국은 비탄에 젖어서 애달픈 사연을
노래한 것이다.

사나이는 그 여자를 유혹하기까지만 감언이설을 다하고 일단 여
자를 아내로 삼은 다음부터는 짐승이 되었다. 날이면 날마다 아내
를 들볶고 온통 상처를 입히더라는 사연으로 되어 있다. 뿐만 아
니라 또 다른 여자를 아내라 하여 끌어들이기도 했다. 먼저 들어
온 아내라고 집안 사람들에게 새벽부터 한밤중까지 갖은 단련을
받고, 갖은 치닥거리를 도맡아 했다. 그래도 남편의 매질까지는
참고 견딜 수 있었지만 태산같이 믿고 바라던 남편의 마음만은 슬
프게도 돌이킬 수가 없었다.

'임자와 더불어 늙자고 했더니 늙어가면서는 나만이 서러워서 임
자를 원망케 하네.'

이 노래는 마을의 노파가 박우물 같은 곳에서 마을 젊은 처녀들
에게 들려 줌으로써 모두 조심하도록 타이른 노래라고 한다.

해어(解語)의 꽃

당(唐)나라 도성 장안(長安)은 바야흐로 무르익은 봄을 보내고
바람도 훈훈한 여름을 맞으려 하고 있었다. 그 어느 날 하루,

"태액지(太液池)의 연꽃이 피었습니다."

하는 알림에 당나라의 군주 현종 황제는 비(妃)와 궁녀들을 거느
리고 그 못가로 나갔다.

못을 휘덮는 둥근 연잎의 상쾌한 푸르름, 그리고 아침이슬을 받

은 붉고 흰 연꽃은 마치 꿈 속의 것처럼 아름다웠다.

이때 황제는 옆의 비를 가리키면서 좌우에 있는 궁녀들에게 이렇게 말했다.

"어떠냐, 연꽃의 아름다움도 말을 해득하는 이 꽃(해어의 꽃)에는 못 미치지 않느냐?"

과연 옳은 말씀이라고 좌우에 시립한 궁녀들은 황송해 하며 칭송하였고, 아름다운 비는 느긋하게 꽃이 피는 듯이 미소지었다.

「개원천보유사(開元天寶遺事)」에 나온다.

이 아름다운 비가 유명한 양귀비(楊貴妃)이다. 지난 해 현종은 여산(驪山)의 온천궁(溫泉宮)에 갔을 때 자기 아들인 수왕(壽王)의 비였던 그녀에게 반했다. 그는 견딜 수가 없었다. 끝내는 그녀를 수왕에게서 끌어내어 자기 후궁으로 삼았던 것이다.

소원이 성취된 현종은 그만 정치는 거들떠보지도 않고 양귀비에게만 정신을 쏟았다.

'봄밤은 무척이나 짧아 해가 높이 뜬 뒤에야 일어난다'는 식이었다. 정말 좋아서 어쩔 줄을 몰랐던 것이다. 그렇기 때문에, 어떠냐, 나의 비가 과연 미인이 아니냐고 말했던 것이다.

그 뒤로부터 현종은 양귀비를 기쁘게 해주기 위해 진귀한 과일 여주를 멀고 먼 영남(嶺南) 땅에서 가져오게 하였다. 맛이 변하기 쉬운 여주를 싱싱한 것으로 갖다 바치기 위해 파발마를 탄 사자가 말을 갈아타가며 밤을 낮삼아 달렸다. 말이 쓰러지고, 또는 골짜기에 떨어져 죽는 자가 수없이 많았다.

매사가 이와 같이 되고 말았다. 귀비의 친척이라는 것만으로 양씨 집 일족은 높은 벼슬자리에 오른다.

그것은 이윽고 안록산의 반란이 되었고, 노한 병사들의 요구에 의해 양귀비가 교수형을 당하는 저 마외(馬嵬)의 비극으로 이어지는 것이다. 그리고 왕위를 물러나 상황(上皇)이 된 현종은 죽을 때까지 귀비를 애타게 그리워했다고 한다.

그 치세의 전반 20여년을 '개원의 정치'라 불리울 만큼 잘 다스려 명군(名君)이라 칭송을 받은 현종은 이와 같이 하여 끝을 마감

하지 못했다. 양귀비를 얻을 무렵부터 그 정치가 어지러워지기 시작했다. 폭군은 아니었지만 실로 난잡하게 되었던 것이다.

명재상과 충신들에게 엄격하게 둘러싸여 명군으로서 움직이기를 20여 년, 그의 속에 깃들어 있던 범인(凡人)이 더 이상 견딜 수 없게 되었던 것일까. 어쨌든 온갖 요소를 가진 생애였다.

그것은 비극인지, 회극이었던 것인지. 현종과 귀비와의 사이를 아름다운 비련이라 보는 이도 있을 것이다. 그리고,

"어쩌랴, 이 아름다움은!"
하고 우쭐대는 모습을 웃는 것도 후세 사람들의 자유인 것이다.

그러나 여주를 갖다 나르고 전란(戰亂)을 입은 사람들에게는 그것이 분명 비극이었을 것이다.

어쨌든 현종과 양귀비가 낳은 수많은 이야기나 말 가운데서 이 '해어(解語)의 꽃'도 살아남아 왔다. 말을 하는 꽃이란 즉 미인을 가리키는 것이다. 이 꽃은 사철 없이 언제나 존재한다. 언제 눈앞에 나타나 어떤 결과를 낳을는지 모르는 것이다.

형설지공(螢雪之功)

여름에는 반딧불로, 겨울에는 창가에 앉은 눈[雪]빛에 애써 공부한 보람이 있었다는 뜻으로 고학(苦學)을 두고 말한다.

「고문진보전집(古文眞寶前集)」에 있는 왕안석(王安石)의 권학문(勸學文) 주에는 형창설안(螢窓雪案)이라는 말이 나오는데 역시 마찬가지 뜻이다.

이 말은 학창생활을 맛본 사람은 모르는 사람이 없을 정도로 낯익고 귀에 익은 말이다.

진(晋)나라 때 차윤(車胤)이라는 사람이 있었는데 집이 가난해서 밤이 되면 등불을 켜지 못했다. 그래서 그는 여름에는 연낭(練囊)이라는 흰 명주자루에 수십 마리나 되는 반딧불을 넣어 불 대신 쓰고 낮에는 물론 밤에도 정신을 잃고 독서를 했다고 한다. 그 보

람이 있어서 그는 마침내 상서랑(尙書郞)이라는 벼슬에 나아갈 수가 있었다. 이 직책은 천자를 가까이서 모시고 조칙 등을 취급하는 벼슬이다.

또 한 사람, 같은 무렵에 손강(孫康)이라는 사람이 있었다.

그도 역시 집안이 가난한 것은 차윤과 흡사했다. 등불에 쓸 기름을 구할 수가 없었다. 그래서 그는 늘 눈빛으로 책을 읽었다. 그는 어릴 때부터 마음이 맑고 의지가 굳었으며 좋지 않은 친구와는 사귀지 않았다고 한다. 그도 역시 열심히 공부한 보람이 있어 훗날 어사대부, 오늘날의 치안국장이나 검찰총장에 상당하는 지위에 올랐다.

오늘날에는 이와 같은 현상이 있을 수 없는 문명의 혜택 속에 있으나 역시 학문의 길은 어려움을 이겨가며 밤에 낮을 잇는다는 자세가 요청된다. 이러한 마음가짐으로 이 반딧불과 눈빛에 얽힌 학문의 모범을 뒤따른다면 '형설의 공'은 이루어질 것이다.

호랑이 굴에 들어가지 않고는 호랑이 새끼를 얻지 못한다

「한서」를 지어낸 이는 후한 초기의 반표(班彪), 반고(班固), 반소(班昭) 부자이다. 반표를 아버지로 하고 고와 소를 형과 누이로 가진 반초(班超)는 활발한 성격이라 이 집안의 계통적인 학문과는 인연이 없을 듯하면서도 뜻밖에도 변설이 능란했고 책도 많이 읽었다.

원래 청빈(淸貧)으로서 이름난 가문인데다 방대한 자료수집에 가산을 탕진해 버렸으므로 반초도 자기 뜻과는 전혀 다른 따분한 관리노릇을 하여 그럭저럭 입에 풀칠을 하고 있었다. 그러므로 때로는,

"사내로 태어난 이상에는 부개자(傅介子―한나라 무제 때 흉노의 세력을 구축하여 서역 여러 나라를 복속시킨 인물)처럼 서역에서 공이나 세

왔으면 좋겠군요. 그래 가지고 영주라도 되는 게 좋지, 언제까지 이런 따분한 일만 하고 있단 말입니까."

이런 식으로 평범한 관료의 얼을 쑥 잡아 빼는 큰 소리를 치는 것이었다.

이런 식이니 아전 노릇 따위를 순순히 해낼 리가 없었다.

끝내는 일을 그르쳐 면직을 당하고 말았다.

방랑생활로 접어들고부터는 서역을 왕래하는 상인과 기개를 존중하는 협객(俠客)들과 사귀며 조용히 기회가 오기를 기다리고 있었다.

그의 지식과 능력이 알려져 처음으로 서역에서 무명(武名)을 날린 것은 40세가 다 되어 갈 무렵이었는데 그로부터 반초의 서역정책만큼 눈부신 것은 없을 정도였다.

그가 가는 곳은 어떤 곤란이 부딪쳐도 절로 길이 트이는 것만 같았다.

예를 들면 천산(天山)의 남쪽과 북쪽의 갈림길이 되는, 본토에서 가장 가까운 오아시스 나라였던 선선(鄯善)에서 나타내 보인 온갖 긴급 사태에 대처하는 응대에서 엿보이듯이.

처음 얼마 동안 선선에서 극진한 대접을 받은 반초 일행은 어느 날 손가락을 뒤집듯이 대우가 나빠진 그들의 태도를 어떻게 해석해야 좋을지 몰랐다. 시중드는 계집까지, 눈동자가 새까만 미희(美姬)에서 나이 먹은 촌뜨기 여자로 변해 있지 않겠는가. 모두들은 어처구니가 없어 그저 투덜투덜 불평을 늘어놓을 뿐이었으나 초는 무릎을 탁 치며 말했다.

"우리들에게는 숨기고 있지만 필경 흉노의 사자가 왔을 것이다."

곧 왕성에 장졸 한 사람을 보내어 왕의 신임이 두터운 시종(侍從)을 불러내게 하여 물었다.

"흉노의 사자는 어디에 있소?"

넘겨 짚어 묻고서는 안으로 들어갔다. 이리하여 서른 여섯 명의 장졸을 모조리 큰 방에 모아 놓고 좋은 안주는 없지만 좌우간 성대한 주연을 베푼 것이었다. 이 자리에서 새로이 흉노의 사자가

도착했다는 것과 왕이 그들과 통하고 있는 사실을 알리고는,

"그뒤부터 우리들에 대한 냉대는 여러분도 알고 있는 바와 같소. 어찌 팔짱만 끼고 앉아 이대로 선선의 술수에 빠져 흉노족에게 보내어져 늑대의 밥이 되고 말겠소. 의견이 있는 자는 누구든 좋으니 사양 말고 말해 보오."

좌중의 답답한 침묵을 깨뜨리고 우두머리인 듯한 한 사람이 앞으로 나와 말했다.

"목숨은 이미 맡긴 것이니 소용이 된다면 무슨 일이든 하겠소."

반초는 휙 한 바퀴 훑어보고 말했다.

"호랑이 굴에 들어 가지 않고는 호랑이 새끼를 얻을 수 없소. 흉노들의 숙사에 불을 질러 야습을 합시다. 아군이 서른 여섯 명의 소수인 줄은 꿈에도 모르고 놈들은 큰 소동을 일으킬 것이오."

이 말에 따라 저마다 무기를 손에 든 용장들은 어둠 속으로 사라져 갔다. 때마침 불어오는 바람을 타고 꽹과리를 든 열 명이 숙사 뒤에 숨으니 나머지 사람들은 문 양옆에 매복했다. 불길이 오르자마자 꽹과리를 치고 함성을 질러 몇 배나 되는 적을 몰살하고 만 것이었다.

선선의 왕이 그들에게 굴복한 것은 말할 나위도 없다.

호랑이 꼬리를 밟다

극히 위험한 일을 저지른다는 말을 비유할 때 쓴다.

주(周)나라 문왕(文王)으로부터 5 대째인 천자 목왕(穆王)이 천자의 자리에 있는 것을, '위험하기가 호랑이 꼬리를 밟고, 봄날의 얼음을 밟는 것과 같다'고 술회했다는 「서경」 군아편(君牙篇)에서 나온 것인데 「주역」에도 이 말이 나온다.

즉 「주역」 이괘(履卦)에는, '호랑이 꼬리를 밟아도 사람을 잡아 먹지 않는다는 말이 있는데, 마음으로부터 선인을 따른다면 호랑이 꼬리를 밟는 위험을 범해도 물리지 않으나 자기 분수를 모르고

돌진하여 호랑이 꼬리를 밟으면 사람을 잡아먹는다, 위험한 일이다'라고 했다.

이 말은 함부로 위기를 피하라는 말이 아니다. 다만 아무런 근거와 사려 없이 공연한 허영이나 무계획하게 큰 일을 하려 들지 말라는 뜻으로도 해석되는 말이다. 호랑이 새끼를 잡으려면 호랑이 굴에 들어가야 한다. 그러나 거기에는 현실적인 전제가 있어야 한다. 순진무구한 어린아이가 아무 대비 없이 함부로 울 없는 절벽을 걷거나 아슬아슬한 장소에 있다면 얼마나 두려운 일인가.

터무니없는 탐욕을 삼가야 하며 자기 능력과 가능성을 돌보지 않고 덤비는 일은 매우 위험하다는 것을 경계한 말이라고 하겠다.

모름지기 함부로 호랑이 꼬리를 밟아서는 안 될 일이다.

호랑이는 죽어서 가죽을 남기고
사람은 죽어서 이름을 남긴다

당(唐)나라 최후의 임금인 애제(哀帝) 4년, 삼사도제치사(三司都制置使) 주전충(朱全忠)이 애제를 폐하고 스스로 임금의 되어 후량(後梁)의 태조(太祖)가 됨으로써 고조(高祖) 이래 약 3백 년간 화려했던 당나라가 망해 버린 것은 중국 사상 적지 않은 대목으로 기록되어 있다.

이로부터 근 반 세기 동안은 마치 「수호전」에서 말하는 '5대(五代)의 난리 분분(紛紛)' 같은 시대를 이루었다. 도처에서 일어난 영웅호걸이 지방마다 할거하여 실력을 겨루는 전쟁이 끊일 사이가 없었다. 왕실은 실로 걷잡을 수 없는 흥망을 되풀이하면서 골육상잔의 피비린내가 가실 줄 몰랐던 것이다.

이 이야기는 5대에 나타나서 역시 무수한 전란을 헤엄치며 살았던 사람의 이야기이다.

양(梁)나라의 용맹한 장수로 왕언장(王彦章)이라는 사람이 있었다. 일찌기 주전충의 부하가 되어 각지로 전전해 싸우던 때에는 언제나 그의 곁에 있었다.

전장에 나갈 때에 그는 항상 두 개의 철창을 갖고 있었다. 무게가 백 근이 넘는 이 창을 그는 마치 회초리 모양 휘둘렀다. 언제나 한 개는 말안장에 걸어 놓고 다른 한 개를 휘두르며 적진으로 춤추어 들어갈 때는 그의 앞에 차마 맞서는 자가 없었다. 그래서 사람들은 그를 왕철창이라고 불렀다.

드디어 주전충은 후량의 태조가 되었으나 양나라가 차지할 수 있는 영토는 중원의 국한된 지역에 지나지 않았다. 주위의 여러 나라가 천하를 통일했던 당나라의 멸망과 함께 호시탐탐 반역아 주전충이 실권을 잡은 양나라를 두들겨 부술 틈만 노리고 있었다.

그러한 가운데서도 산서(山西)를 무대로 해서 세력을 키우고 있던 진(晋)나라 왕 이존욱(李存勖)의 위협은 대단했다. 더우기 양나라 군사는 몇 번이나 하북(河北)에서 싸워 패배하기도 했다.

이존욱은 유명한 독안룡(獨眼龍) 이극용(李克用)의 아들이었다. 그의 부친 이극용은 본래 돌궐족 출신의 장수로서 당나라 희종(僖宗) 임금 때에 기용되어 황소(黃巢)의 난을 막아낸 데서부터 여러 전란에 혁혁한 공을 세우고 파란만장한 생애를 후량의 태조 2년에 끝마친 영웅이다. 그의 한쪽 눈이 찌그러져서 애꾸 모양을 했기 때문에 독안룡이라는 별명으로 더욱 이름을 떨친 사람이었다.

태조(주전충)가 자칭 왕으로 올라선 지 불과 5년 만에 그의 아들 우규(友珪)가 주전충을 시살해 버리는가 하면, 또 1년이 못 가서 우규는 자기의 동생 우정(友貞)에 의해서 죽음을 당해 버렸다. 이런 판국이었으니 양나라의 운명도 그 전도가 어두울 수밖에 없었다.

결국 양나라는, 우정이 말제(末帝)라 하여 즉위했다가 10년만인 서기 923년에 이르러 후당(後唐―진나라의 후신)에 의해 멸망되었다.

이 시끄러운 때에 이존욱이 북방에서 황제라 칭하고 국호마저 당(唐―후당)으로 고친 다음 군사를 이끌고 남쪽으로 공격하여 내려왔다. 드디어 덕승(德勝)을 경계로 하여 양나라와 당나라 사이에 대군의 공방전이 되풀이되었다.

이때 초토사(招討使)로 임명되어 양나라의 장군으로 나선 사람이 이 이야기의 주인공 왕언장이다.

그는 천성이 괄괄하고 용맹무쌍해서 질풍과 같이 군사를 몰아 단숨에 덕승 남쪽의 남성(南城)을 두들겨 부순 다음 여세를 휘몰아 파죽지세로 양유(楊劉)까지 육박해 들어갔다.

그러나 당나라의 엄청난 대병력에 둘러싸였기 때문에 그만 팔전팔기의 악전고투를 거듭한 끝에 휘하군사를 거의 잃어버리고 간신히 적진에서 자기의 목숨만을 건졌을 뿐이었다.

그후 왕언장은 다시 반격해 들어갈 기회만을 엿보고 있던 차에 천만뜻밖에도 자기가 초토사를 면직당했다는 전갈을 받았다. 중앙에 있을 때나 일선에 나가서나 그는 입버릇처럼 조정에서 권력다툼으로 세월을 보내는 고관대작들을 노골적으로 비난 공격했고 그 때문에 그는 패전과 더불어 보복을 받지 않을 수 없었다. 더구나 당나라의 대군과 결전을 기약하고 나설 때 왕장군은 큰소리로 이런 말을 했던 것이다.

"옳다, 내가 이번 싸움에서 이기고 살아서 돌아오기만 하는 날에는 저 궁중에서 우글우글 썩은 구더기처럼 뭉글거리고 있는 무리들을 모조리 처치하고야 말리라."

그러나 왕언장은 자신의 생사문제에 대해서 구차하게 마음을 축내어 가며 생각할 줄을 몰랐다.

조정에서도 막상 그가 패전장군의 초라한 모습으로 돌아왔다고는 하지만 그의 당당한 기상을 보고 감히 즉각적으로 잡아죽일 것을 주장하고 나서는 사람은 없었다. 게다가 두 달 가량 지났을 때 당나라 황제 이존욱이 직접 대군을 이끌고 양나라의 서울로 밀려 들어온다는 급보를 받았다. 결국 양나라 조정에서는 어쩔 수 없이 왕언장을 다시 기용하는 수밖에 달리 도리가 없었다. 앞뒤 사유는 어찌 되었건 대장군 왕언장은 두말없이 군사를 이끌고 나아가 일대 요격전을 벌였다.

그러나 이미 승세를 타고 사기충천한 당나라의 대군은 병력 또

한 압도적으로 많았다. 적군과 대결을 하기에는 너무나도 초라한 왕언장의 군세였다. 그는 이번 전투에서도 갖은 악전고투를 거듭했으나 부상을 입고 마침내 사로잡히는 몸이 되었다.

당나라의 임금은 앞에 꿇어앉은 왕언장을 보자 소문에 듣던 대로 과연 늠름한 대장부인지라 어떻게 해서든지 그를 자기의 부하로 만들어 보려고 부드러운 말로 구슬렸다.

그러나 왕언장은 한 마디로 거절했다.

"아침에 양나라를 섬기고 저녁에 진나라를 섬길 도리는 없소이다."

그리하여 스스로 무장다운 기개를 굽히지 않은 채 사형을 당했다. 그때의 나이 61세였다.

왕언장이 죽은 다음 후량은 드디어 멸망해 버리고 말았으니 주전충이 창업한 지 겨우 15년만이었다.

왕언장은 본래 타고난 무인으로서 거의 학력이라고는 없는 사람이었다. 그는 흔히 옛말을 인용해서 이야기하는 일을 즐겼으며 특히 즐겨 쓴 말이 바로, '호랑이는 죽어서 가죽을 남기고 사람은 죽어서 이름을 남긴다'라는 말이었다.

따라서 이 말은 왕언장이 최초로 지어낸 말은 아닌 듯하나 중국 고사에 가장 두드러지게 사용되었다 해서 거의 그가 지어낸 말처럼 전한다.

이러한 이야기는 「오대사(五代史)」의 왕언장전(王彦章傳)과 구양수(歐陽修)의 「왕언장 화상증(王彦章畫像證)」에 기록되어 길이 전해 내려오고 있다.

호시탐탐(虎視耽耽)

범이 눈을 부릅뜨고 내려다보는 것처럼 날카로운 눈초리로 형세(形勢)를 노려보거나 위엄이 있음을 말한다. 범이 먹이를 노려 눈을 부릅뜨고 기회를 엿본다는 데서 비롯되었다.

이것을 인간사에 비유하여 간단없이 기회를 노리고 있는 행위, 또는 상태를 말한 것이다.

「주역」이괘(履卦)에 있는 '호시탐탐, 기욕축축, 무구(虎視耽耽, 其欲逐逐, 無咎)'에서 나온 말이다.

이 글의 뜻은 호시탐탐 그 욕심이 마구 발동하나 아무런 허물도 할 수가 없다는 말로 욕심이 사나와도 그것이 옳은 것이라면 아무 허물할 바가 없다는 뜻이다.

이 말은 오늘날 주로 전쟁도발자, 무서운 상혼(商魂), 또는 악행을 도모하는 자들이 그 기회를 노리고 대상으로 삼는 목표를 엿보고 있는 것을 두고 말하는데 혼히 적국이 침략적 야욕을 달성하기 위해 노리고 준비하는 모든 행위를 말한다.

호연지기(浩然之氣)

맹자가 한 말이다.

맹자의 제자 공손추가 스승인 맹자에게 이렇게 물었다.

"선생님께서 제(齊)나라의 정치를 맡아 하시면, 관중(管仲)이나 안자(晏子)와 같은 공을 세울 수 있겠습니까?"

맹자가 제선왕(齊宣王)의 우대를 받으며 객경(客卿)이라는 정치고문으로 있을 때 이야기이다.

관중은 오패(五覇)의 한 사람인 제환공(齊桓公)을 도와 천하를 호령하며 그가 살아 있는 동안 그의 힘으로 제나라는 천하에 부강을 자랑했고 또 그가 있음으로써 남북에서 중원을 노리고 있던 초와 진이 감히 중국으로 쳐들어오지를 못했다.

안자는 그보다 백 년쯤 뒤의 사람으로 역시 제나라를 부강하게 만든 사람이었다.

공손추는 맹자가 그 정도의 업적을 남길 수 있었으면 하고 기대를 걸고 있었던 것이다.

맹자는 항상 왕도(王道)를 주장해 오고 있었다.

"관중과 안자는 힘과 꾀로서 나라를 다스리지 않았느냐? 그것은 쉬운 일이다. 만일 왕이 내게 나라를 맡기면 나는 왕도로서 천하를 통일할 수 있다."

맹자는 구체적인 설명까지 들려 주었다.

공손추는 그 말에 경이의 눈을 반짝이며 다음 질문을 계속했다.

"선생님의 왕도는 들어서 알겠습니다만, 만일 그런 일을 하실 경우 마음의 동요를 가져오지 않겠습니까?"

"나는 마흔 살이 된 뒤로는 마음의 동요라는 것을 모르고 있다."

공손추는 또 놀라 물었다.

"그러시다면 옛날 맹분(孟賁)이란 용사(勇士)보다도 훨씬 더하시지 않습니까?"

맹분은 힘이 항우 같은 용사였다.

하루는 들판에서 큰 황소 두 놈이 싸움이 붙어 사람이 말리려고 해야 말릴 수가 없었다.

그때 맹분이 나타나 싸우는 두 황소를 한 손에 하나씩 뿔을 잡고 떼어놓았다. 그런데 한 놈이 말을 안 듣고 뿔을 혼들었다.

화가 난 맹분은,

"요놈의 짐승!"

하고 뿔을 확 잡아챘다.

그 바람에 황소의 뿔이 살과 가죽에 물린 채 쑥 빠져나오고 말았다.

그는 세상에 무서운 것이 없었고 따라서 마음도 동요될 리가 없었다.

그러나 용사인 그도 화나는 일이 있으면 화를 내곤 했으니 전연 마음의 동요가 없었다고는 볼 수 없다.

그래서 하는 말이었다.

"그것은 어려운 일이 아니다. 단순한 동요쯤이야, 고자(告子)도 나보다 먼저 부동심(不動心)을 했느니라."

부동심은 곧 마음의 동요가 없다는 이야기다.

"그럼 부동심에도 도(道)가 있습니까?"

"도가 있지."

이렇게 전제한 맹자는 부동심을 했다는 사람의 예를 하나 들어 설명했다. 그러자 공손추는 또 이렇게 물었다.

"그럼 선생님의 능(能)하신 것은 무엇입니까?"

"나는 말을 알고 나의 호연지기(浩然之氣)를 잘 기르고 있다."

공손추는 말에 대해 긴 설명을 들은 다음 최후로 호연지기에 대해 물었다.

"그건 말로 표현하기 어렵다."

맹자는 이렇게 전제한 다음 설명을 하는 것이었다.

"그 기운됨이 지극히 크고 지극히 강해서 제대로 계속 길러 해침이 없으면 하늘과 땅 사이를 꽉 채우게 된다. 이 기운은 의(義)와 도(道)로써 기르는 바, 그것이 없으면 곧 시들어 버리고 만다. 잠시도 마음이 떠나서는 안 되며 무리하게 욕심을 내어서도 안 된다."

그제야 공손추는 맹자가 말하는 호연지기가 어떤 것인지를 알았다.

"그러시면 선생님은 바로 성인이십니다."

하고 감탄했다.

호연지기는 곧 우주간에 꽉 차 있는 자연과 마음이 하나가 되어 버린 도의 경지이다.

호접지몽(胡蝶之夢)

전국시대 송(宋)나라 한모퉁이에서 산 장자는 고금독보(古今獨步)의 철인(哲人)이다.

그 고매하고 변환(變幻) 무쌍한 철학의 전모를 다 이야기한다는 것은 쉽지 않은 일이나, 요약해서 말한다면 그것은 절대 자유의 정신세계——도(道)에의 귀일(歸一)을 목표로 하여 온갖 상대적

가치관념의 부정초극(否定超克)을 요청한다.

비록 몸은 혼탁에 가득 찬 이 세속에 있을지라도 그 정신에 있어 생사(生死), 물아(物我), 시비(是非), 선악(善惡), 진위(眞僞), 미추(美醜), 빈부(貧富), 귀천(貴賤) 등 시공의 모든 대립과 차별을 완전히 지양했을 때는 영롱하고 흐림없는 도의 세계가 나타날 것이다.

이리하여 장자는 제물지론(齊物之論), 소요지유(逍遙之遊), 즉 모든 것을 동등하게 보고 만물즉일(萬物卽一)의 절대적 구경적(究竟的) 세계에 마음을 소요시켜야 한다는 사고방식을 수많은 우화로 표현하였는데 그 중에서도 이 '호접지몽' 이야기는 능숙하고도 향기로운 문장이다.

'――언제였던지, 나는 낮잠을 자다가 꿈 속에서 나비가 되었다. 날개에 맡겨 대기 속을 팔랑팔랑 날으는 즐거움, 나는 내가 나비라는 것조차 잊고 그 즐거움에 빠져 들어갔다. 이윽고 문득 잠이 깨었다. 나는 역시 이승에 살아 있는 나다.

허나――이 살아 있는 이승의 내가 꿈 속에서 그 나비가 되었던 것일까. 아니면 팔랑팔랑 즐겁게 날으던 그 나비가 꿈 속에서 나라는 인간이 된 것일까. 내가 나비인지, 나비가 나인지, 꿈이 현실인지, 현실이 꿈인 것인지……'

물론 인간적 분별로서 생각한다면 장자와 나비에게는 뚜렷한 구별이 있고 꿈과 현실은 분명히 다르다. 장자는 장자인 것이며, 나비가 장자일 수는 없으며 현실은 현실이지 꿈이 현실일 수는 없다.

그러나 이와 같은 구별을 지어 놓고 그것에 구애를 받는 것이 실은 인간의 약삭빠름이고 또한 어리석음이기도 한 것이다. '도'의 세계, 본체(本體)의 세계인 높은 데서 본다면 모든 것은 생멸유전(生滅流轉), 끝도 시작도 없는 변화――'물화(物化)' 속에 있는 것이며, 하나하나 모두가 저마다 진실이라고도 할 수 있을 것이다.

현재의 모습에 집착하기 때문에 장자는 장자이고, 나비는 나비라고 하지만 실재(實在)의 세계에 있어서는 장자 역시 나비이고 나비 또한 장자이며 현실 또한 꿈이고 꿈 또한 현실일 것이다.

432

그렇기 때문에……라고 이 철인은 생각한다. '도'의 세계에 사는 자에게 있어서는 그 어느 것이나 모두 동등하게 있는 그대로 있는 것, 잠이 깨면 장자로서 살고 꿈을 꾸면 나비로서 날으며 주어진 지금의 모습으로 현실을 즐길 것, 현재의 긍정 그것이 참으로 자유롭게 산다는 것의 뜻이 아니겠는가고. 「장자」제물편(齊物篇)에 나온다.

홍일점(紅一點)

흔히 많은 남자 중에 한 여인이 끼어 있을 때 홍일점이란 문자를 쓰고 있다.

송(宋)나라의 신종(神崇)은 영특하고 뛰어난 임금이었다.

쇠퇴일로에 놓여 있는 나라의 운명을 유명한 왕안석(王安石)의 '신법(新法)'으로 다시 바로잡아 보려고 노력했던 의욕적인 임금이었다.

그러나 사마광(司馬光)을 비롯한 거물급 학자들이 극력 반대하고 나서는 바람에 필경은 중도에서 굽히고 만 왕안석은 정치, 경제에만 조예가 깊은 것이 아니고 문장으로도 송나라 제일인자였다.

이른바 당송팔대가 중의 한 사람이면서도 그 예리한 사고력과 판단력을 기초로 한 독특한 맛의 문장과 평론은 무서운 데가 있다.

그가 지은 작품 중에 〈석류(石榴)의 시〉란 것이 있다.

사람을 즐겁게 하는 봄빛은 많아서는 안 되느니
푸른 덤불 속의 붉은 한 점이여!
動人春生不須多
萬綠叢中紅一點

온통 시퍼렇게만 보이는 덤불 속에 한 송이 발갛게 물들어 보이는 석류꽃을 보고 가장 아름답고 귀여운 봄의 제일가는 풍경이라 읊은 것이다.

또 「임제시화(壬齊詩話)」라는 책 속에는 이런 말을 하고 있다.

청주(靑州) 추관(推官) 유부(劉浮)가 일찍이 이런 말을 했다.

'시를 생각할 때 그가 있는 곳에, 만인 한 점 붉은 것(一點紅)이 있으면 한 말들이 작은 그릇이라도 천 섬들이만큼 크게 눈에 금방 띌 것이다.'

먼저 것은 홍일점인데 비해 이번 것은 일점홍의 예이다.

또 「칠수유고(七修類稿)」에는 이런 말이 있다.

'영묘(英廟)께서 일찌기 화공(畵工)을 서울로 불려 올렸는데 그 때 푸른 가지 끝에 붉은 한 점이 있었다(萬綠枝頭紅一點).

〈사람을 움직이는 봄빛은 많아서는 안 되느니(動人春色不須多)〉라는 제목으로 그림을 그리도록 해서 그들의 실력을 시험했다.'

또 하나 「사후문집(事後文集)」이라는 책에 이런 것이 있다.

'왕직방(王直方)의 시화(詩話)에 이런 말이 있다.

형공(荊公)이 내상(內相)이 되어 정원 안을 산책하고 있는데 석류 가지가 하나 있었다. 그 석류 가지에는 오직 한 송이 꽃이 피어 있었다.

홍을 못참은 형공은 꽃을 보자 다음과 같은 시를 읊었다.

> 사람을 움직이는 봄빛은 많아서도 못쓰나니
> 짙은 푸른 가지의 붉은 한 점이여!
> 動人春色不須多
> 濃綠萬枝紅一點

그리고 그 다음 또 시를 읊었는데 아깝게도 그 다음은 기억을 하지 못하고 있다.'
고 했다.

이렇게 홍일점의 출전에 대해서는 '만록총중(萬綠叢中)' '만록지두(萬綠枝頭)' '농록만지(濃綠萬枝)' 등 세 가지가 있다.

모두가 다 푸른 잎과 가지 속에 피어 있는 한 송이 꽃을 두고 읊은 것이었다.

이제는 오로지 많은 남자 속의 한 여인을 신기한 기분으로 말할 때 쓰이고 있다.

화광동진(和光同塵)

「노자」 4장, 56장에 나오는 구절로, 여기에서 화광(和光)이란 빛을 부드럽게 하는 것을, 동진(同塵)이란 속세의 먼지와 함께 한다는 의미를 담고 있다. 따라서 '화광동진'이란 '빛을 부드럽게 해 속세의 먼지와 함께 함', 곧 자신의 지혜와 덕을 밖으로 드러내지 않고 속인과 어울려 지내면서 참된 자아를 보여 준다는 의미를 담고 있다.

노자는 늘 '진정으로 아는 사람은 그 지혜를 말하지 않으니 그것을 말하는 사람은 진정으로 안다고 할 수 없다. 참으로 아는 사람은 그 이목구비를 담고 지혜의 문을 열지 않으며 지혜의 날카로움을 겪고, 지혜로 인한 매듭을 풀고 후세와 하나가 된다'고 주장해 왔다.

노자의 사상을 단적으로 표현해 주는 말 중의 하나가 바로 이 화광동진이라고도 할 수 있다.

화룡점정(畵龍點睛)

남북조(南北朝) 시대에 남조(南朝)의 양(梁)나라에 장승유(張僧繇)라는 사람이 있었다. 우군장군(右軍將軍), 오흥태수(吳興太守) 등의 벼슬까지 지냈으니 관리로서도 성공한 셈이지만, 장승유의 이름을 떨치게 한 것은 그의 그림솜씨 때문이었다.

그는 자신이 자랑삼는 산수(山水)나 불화(佛畵)는 말할 것도 없고 한 자루의 붓으로 어떠한 것이든 간에 마치 살아 있는 것처럼 그려냈다는 것이다. 이를테면 중국의 전설적인 대화가(大畵家)인 셈이다.

어느 때, 장승유는 금릉(金陵)의 안락사(安樂寺)로부터 용을 그려 달라는 부탁을 받았다. 그는 절의 벽에다가 붓을 대기 시작했다.

뭉글거리는 먹구름을 뚫고 지금 막 하늘로 오르려는 두 마리의 용……그 한 개 한 개의 비늘에도, 날카롭게 뻗은 발톱에도 힘찬 생명이 충만되어 있었다. 누구든 이것을 보고 감탄하지 않는 사람이 없었다.

그러나 단 한 가지 이상한 것이 있었다. 용의 눈에 눈알이 그려지지 않았던 것이다. 눈꺼풀만 있지 알맹이가 없는 것이었다. 아무리 보아도 이상한 일이 아닐 수 없었다. 물론 말하기 좋아하는 사람들이 가만히 있을 리가 없었다.

장승유가 그 이유에 대한 질문을 귀찮도록 받은 것은 당연한 일이었다.

그는 그럴 때마다 이렇게 대답했다고 한다.

"눈동자는 그려 넣을 수 없네. 그걸 그리면 용은 벽을 뚫고 하늘로 올라가 버릴 테니까."

터무니없는 소리, 그럴 수가 있단 말인가…… 잘난 척하느라고 그러는 게지…… 이런 소문이 돌았을 것이다. 하여튼 아무도 곧이 들으려 하지 않았으며 그러지 말고 눈동자를 그려 넣으라고 모두들 떼를 썼다.

장승유는 하는 수 없이 그 두 마리 용 중 한 마리에다가 눈알을 그려 넣게 되었다.

먹을 담뿍 먹인 붓끝이 용의 눈에 싹 내려졌다. 그 순간 벽 속에서는 번갯불이 번쩍이고 우르릉 쾅쾅, 천둥 소리가 울렸다. 그런가 싶더니 비늘을 번쩍이는 괴룡(怪龍)이 벽 밖으로 뛰어나와서는 넋을 잃어버린 사람들을 거들떠보지도 않고 하늘 저멀리 날아 올라가 버렸다.

가까스로 제정신으로 돌아온 사람들이 벽을 바라보니, 쌍룡 중한 마리는 이미 간 곳이 없고 눈알을 그려 넣지 않은 한 마리만이 남아 있더라는 것이다. 「수형기(水衡記)」에 나온다.

화룡점정(畵龍點睛)이란, 어떤 일의 안목(眼目), 될 만한 것 또는 마지막 손질을 하는 것을 가리키는 말이지만 반대로 용을 그려 놓고 눈알을 빠뜨렸다고 해서, 전체적으로는 잘되어 있으나 가장 중요한 데가 부족하다는 뜻으로도 쓰인다.

화서지몽(華胥之夢)

태고 적 성왕(聖王)으로서 알려진 황제(黃帝)가 꿈 속에서 화서(華胥) 나라에 노닐었다는 고사에서 길몽 또는 널리 꿈을 수식하여 이르되 '화서지몽(華胥之夢)'이라 하였고 혹은 꿈을 꾸는 것을 '화서 나라에 논다'고도 한다.

「열자」의 황제편(黃帝篇)에 기록되어 있는 우언(寓言)이 그 출전이다.

황제가 왕위에 오른 지 15년이 지났다.

천하의 백성들이 기꺼이 자기를 군주라 우러르는 것을 보고 이만하면 마음을 놓겠다 생각하고 자기 몸을 보양하기 위해 눈, 귀, 입, 코를 즐기는 일에 탐닉하였으나 보양의 목적을 달성하기는커녕 피부는 거무스름해지고 말라 비틀어져 희로애락의 오정(五情)이 혼미해지고 말았다.

다음 15년은 천하가 잘 다스려지지 않는 것이 걱정스러워 총명과 지력(智力)을 다하여 백성을 위로하기에 줄곧 힘을 썼으나 그래도 점점 더 피부는 검어지고 오정이 혼미해져서 어쩔 수가 없었다. 그래서 황제는 탄식을 했다.

"아아, 이건 역시 내 태도가 그릇된 모양이다. 일신의 보양에 힘을 써도, 만백성의 위로에 노력을 해도 이와 같이 마음이 개운치 못하니 이 일을 어찌하면 좋을까?"

이렇게 생각한 끝에 이번에는 정치에 관한 일은 일체 버려두고 훌륭한 궁전 침실에서도 몸을 물려 가까운 신하도 물리쳤으며 악기의 종도 떼고 식사의 반찬 수도 줄여 대궐 한모퉁이에 있는 별관에 들어앉아, 석 달 동안 정치는 다른 사람에게 맡겨 둔 채 오로지 심신의 수양에만 힘을 기울였다.

그러던 어느 날 황제는 낮잠을 자다가 꿈에 화서(華胥)의 나라에서 놀았다. 그 나라는 엄주(弇州) 땅의 서쪽 태주(台州)의 북쪽에 위치하며 중국에서는 몇천만 리 떨어져 있는지 모른다. 그러므로 물론 배나 수레를 이용하거나 걸어서는 갈 수 없는 곳이며 다만 정신만이 가서 놀 수 있는 곳이었다.

이 화서의 나라에는 군주니 우두머리니 하는 것이 없으며 백성들에게 사치스러운 욕심이 없다. 모든 것이 자연 그대로였으며 사람들은 생을 즐길 줄도 죽음을 싫어할 줄도 모르므로 젊어 죽는 자 전혀 없고, 스스로를 소중히 여기고 남을 멀리할 줄 모르므로 애정도 솟아나지 않으며, 마음에 취사선택하는 일이 없으므로 이해관계의 왈가왈부도 생겨나지 않는다.

사랑하고 미워하는 일도 두려워하고 싫어하는 일도 없으며 물에 들어가도 빠져죽지 않고 불 속에 들어가도 화상을 입지 않으며, 칼로 베어도 매질을 해도 상처가 나지 않고, 꼬집어도 할퀴어도 아픔을 느끼지 않는다. 아무것도 없는데도 보통과 마찬가지로 걸을 수가 있고 허공에 누워도 침대 위처럼 편안하다. 구름이나 안개도 시야를 가리지 않으며 천둥 소리도 귀를 놀라게 하지 않고 물건의 곱고 추함도 마음을 흔들어 놓지 않으며 험준한 산이나 골짜기도 마음대로 걸을 수가 있어 형체를 초월한 정신의 자유에 넘쳐 있는 것이었다.

황제는 이윽고 꿈에서 깨어나자 문득 깨달아지는 바가 있었다. 그래서 세 사람의 근시(近侍)를 가까이 불러 꿈 이야기를 하고 이렇게 말했다.

"나는 이 석 달 동안 들어앉아 오로지 심신을 수양하며 내 몸을 보양하고 사물을 다스릴 연구를 거듭했으나 끝내 좋은 생각이 떠오르지 않았다. 한데 피곤해서 잠이 살짝 든 동안에 꾼 꿈이 이것이었다. 과연 도(道)의 극치란 제아무리 슬기로운 궁리와 연구를 해본들 얻을 수 있는 것이 못돼 나는 무심한 꿈 속에서 비로소 그 도를 터득한 듯한 생각이 드는데, 글쎄 그걸 너희들에게 말로 전해 줄 수 없는 것이 안타깝구나.”

그로부터 또 28년, 무심 속에서 도의 극치를 터득한 황제의 천하는 크게 잘 다스려져서 마치 꿈 속의 화서 나라같이 되었다는 것이다.

환골탈태(換骨奪胎)

‘두보의 붓끝에 걸리면 평범한 경치도 아름다운 풍광으로 바뀌는데 이는 마치 연금술사가 한 알의 영단(靈丹)을 넣어서 쇠를 황금으로 변화시키는 것과 같다’고 말한 사람은 황정견(黃庭堅)이다.

황정견은 호가 산곡도인(山谷道人)으로 소식(蘇軾)과 함께 북송(北宋)을 대표하는 시인이다.

그가 말한 영단이란 도가(道家)에서 그것을 먹음으로써 보통 사람의 뼈를 선골(仙骨)로 만든다는 것으로 이를 ‘환골(換骨)’이라고 한다.

황산곡은 이어서 말했다.

‘시의 뜻은 그 끝이 없으나 사람의 재주는 한이 있다. 유한한 재능으로 무궁한 뜻을 바람은 도연명이나 두보라도 그 교묘함을 얻기 어렵다. 그러나 그 뜻을 바꾸지 않고 시를 만드는 것, 이를 환골법이라 하며 그 뜻을 규모로 이를 형용하는 것을 탈태법이라 한다.’

여기에서 탈태는 시인의 시상이 마치 어머니의 태내에 아기가 있는 것 같은데 그 태를 나의 것으로 삼아 시경으로 변화시키는 것을 의미한다.

여기에서 ‘환골탈태’란 선인(先人)이 지은 시의 어구나 결구만

을 바꾸어 자기의 시를 표현하는 것을 말한다. 물론 이는 표절과
는 다른 한시의 한 기법이다.

오늘날에는 외모가 몰라볼 만큼 아름다와졌다거나, 시나 문장이
다른 사람의 손을 거쳐가자 완전히 새로운 뜻과 아름다움을 갖게
된 것을 말한다.

석혜홍의 「냉재야화」에서 유래되었다.

효　시(嚆矢)

'효시'란 우는 화살이란 의미로, 쏘아 보내면 소리가 울리므로
개전(開戰)의 신호로 삼았다. 여기에서 '효시'라고 하면 사물의
처음, 혹은 최초의 선례 등을 가리키는 비유가 되었다.

그 가장 오래된 비유는 「장자」재유편(在宥篇)에 보인다.

'오늘날 세상에는 목 잘려 죽은 시체가 엇갈리고, 형틀에 매인
자들이 줄을 잇고 형벌을 받을 자들이 수없이 밀려 있다. 그리하
여 유가(儒家)와 묵가(墨家)들이 형틀 사이를 돌아다니면서 팔을
휘저으며 자기 주장을 드러내기 시작했다. 아, 심하구나. 부끄러
움과 수치를 모르는 그들의 태도는!

우리는 성인(聖人)과 지혜가 사람을 구속하는 형틀이 되고 인의
(仁義)가 사람의 손발을 묶어 두는 형구가 됨을 알고 있다. 증삼
(曾參)과 사유(史鰌)가 걸왕(桀王)이나 도척(盜跖)의 효시가 되지
않음을 어찌 알겠는가? 그리하여 성인을 내치고 지혜를 버리면
천하가 크게 다스려진다고 한 것이다.'

장자다운 예리한 비유인데 이때 이후로 효시는 맨 처음의 선례
란 의미로 쓰이기 시작했다.

오늘날에는 거의 일상어로 굳어진 말 가운데 하나가 되었다.

후생가외(後生可畏)

「논어」 자한편(子罕篇)에 나오는 공자의 말씀에서 유래되었다.
어느 날 공자께서 말씀하셨다.

"젊은 사람들은 무섭다(後生可畏). 앞날이 지금만 못하리라고야
어찌 알겠는가? 그러나 사십, 오십이 되어서도 이름이 알려려지
않는다면 그러한 사람들은 무서울 게 없느니라."

공자는 '나의 후진들은 참으로 무서운 존재이니 그들이 노력한
다면 오늘의 우리만 못하리라고 누가 장담하겠는가'라고 말하고
있다.

그러나 불혹의 나이를 지나서도 학문의 결실이 없다면 역시 두
려워할 존재가 못 된다고 못박음으로써 제자들이 젊었을 때 학문
에 힘쓸 것을 고무하고 있다.

이 말은 오늘날에도 후진이나 후학들을 상대로 격려의 말을 할
때 자주 쓰인다.

부 록
또 하나의 고사성어

가

가가대소(呵呵大笑)
껄껄 크게 웃음. 박장대소(拍掌大笑).

가렴주구(苛斂誅求)
가혹하게 세금을 거두어들이며 강제로 재물을 빼앗음.

각골난망(刻骨難忘)
남에게 입은 은혜에 대한 고마운 마음이 깊이 뼈에 사무쳐 잊혀지지 않음. ⇔ 각골통한(刻骨痛恨).

각자무치(角者無齒)
뿔이 있는 사람은 이가 없다는 뜻으로, 한 사람이 모든 재주나 복력(福力)을 겸할 수 없음의 비유.

간세지재(間世之材)
여러 세대를 통하여 드물게 뛰어난 인재.

간어제초(間於齊楚)
중국 주(周)나라 말엽에 등(滕)나라가 제(齊)나라와 초(楚)나라 사이에 끼여 괴로움을 당했다는 이야기에서 나온 말로, 강한 자들의 틈에 끼여 괴로움을 받음을 일컬음.

감언이설(甘言利說)
남의 비위에 맞도록 꾸미거나 이로운 조건을 내세워 그럴 듯하게 꾀는 말. 비위에 맞는 말.

감탄고토(甘呑苦吐)
달면 삼키고 쓰면 뱉는다는 뜻으로, 이기적인 사람을 가리킬 때 쓰는 말.

갑남을녀(甲男乙女)
갑이란 남자와 을이란 여자의 뜻으로, 평범한 사람들을 가리킴.

갑론을박(甲論乙駁)
여러 사람들이 서로 자기 의견을 내세워 남의 의견을 반박함.

강개무량(慷慨無量)
한탄하고 분개함이 끝이 없음.

강구연월(康衢煙月)

태평한 시대의 평화로운 풍경. 태평스러운 시대.

개과천선(改過遷善)

허물을 고치고 착하게 됨.

거두절미(去頭截尾)

①머리와 꼬리를 잘라 버림. ②어떤 사실의 앞뒤의 사설은 빼놓고 요점만 말함.

거안제미(擧案齊眉)

밥상을 눈 위로 받들어올림. 아내가 남편을 지극히 존경함.

거자막추(去者莫追)

가는 사람은 붙잡지 말고 가는대로 내버려두라는 뜻. 거자물추(去者勿追). 내자물거(來者勿拒).

건곤일척(乾坤一擲)

운명을 걸고 승부를 겨룸.

격세지감(隔世之感)

변화가 심하여 그리 오래 되지 않은 동안에 딴 세대처럼 몹시 달라진 느낌. 세대를 거른 느낌.

격화소양(隔靴搔痒)

①신을 신고 가려운 데를 긁는다는 뜻이니 마음으로는 애써 하려 하나 실제 효과는 얻지 못한다는 뜻. ②답답하여 안타깝다는 말. 격화파양(隔靴爬痒).

견강부회(牽強附會)

가당하지도 않은 말을 억지로 끌어다 붙여 조건이나 이치에 맞추려고 함.

견마지로(犬馬之勞)

①개나 말이 주인에게 충성스러움과 같이 임금이나 나라에 충성을 다함. ②자기의 노력을 겸손하게 일컫는 말.

견원지간(犬猿之間)

개와 원숭이의 사이처럼 사이가 몹시 나쁜 관계.

견위수명(見危授命)

나라의 위태로움을 당하여 자기 목숨을 바침.

결자해지(結者解之)

맺은 사람이 그것을 푼다는 뜻이니, 자기가 저지른 일은 자기가 해결해야 한다는 말.

경거망동(輕擧妄動)

경솔하고 망령되게 행동함.

경이원지(敬而遠之)

겉으로는 공경하는 체하나 속으로는 싫어하여 멀리함. 공경하기는 하되 가까이하지는 않음. 경원(敬遠).

고굉지신(股肱之臣) 임금이 가장 신임하는 신하. 고장지신(股掌之臣).

고복격양(鼓腹擊壤) 요(堯)임금 때 한 노인이 배를 두드리고 땅을 치면서 요임금의 덕을 찬양하고 태평 성세를 즐긴 옛일에서 온 말. 태평 성세를 즐김을 형용하여 이르는 말.

고육지계(苦肉之計) 어려운 처지에 몰려 상대편을 속이기 위하여 자기 몸을 괴롭히면서까지 짜내는 계책. 고육지육(苦肉之肉). 고육책(苦肉策).

고장난명(孤掌難鳴) ①손바닥 하나로는 소리를 내지 못한다는 말로 혼자서는 일을 하지 못함을 이름. ②'맞서는 사람이 없으면 싸움이 되지 않음'을 이르는 말.

고진감래(苦盡甘來) 쓴 것이 다하면 단 것이 온다는 말로서, 고생 끝에 즐거움이 온다는 말.

고황(膏肓) 고(膏)는 가슴 밑의 작은 비계. 황(肓)은 가슴 위의 얇은 막(膜). 곧 심장과 횡격막의 사이. 병이 그 속에 생기면 낫기 어렵다는 부분.

골육상잔(骨肉相殘) 뼈와 살을 나눈 가까운 혈족끼리 서로 싸움. 곧 부자·형제 또는 동족간의 싸움. 골육상쟁(骨肉相爭). 골육상전(骨肉相戰).

괄목상대(刮目相對) 남의 학식이나 재주가 놀랄 정도로 부쩍 는 것을 경탄하여 눈을 비비고 다시 본다는 뜻. 윗사람에게는 쓰지 않음.

구상유취(口尙乳臭) 입에서 아직 젖내가 난다는 뜻으로 '언행이 유치함'을 이르는 말. 황구유취(黃口乳臭).

구십춘광(九十春光) ①봄의 석 달 동안을 이르는 말. ②늙은이의 마음이 젊은이처럼 젊음을 이르는 말.

구절양장(九折羊腸)

아홉 번 꺾어진 양의 창자라는 뜻으로, 산길이 꼬불꼬불하고 험한 것을 가리킴.

구태의연(舊態依然)
진보하거나 발전함이 없이 옛 모습 그대로임.

권모술수(權謀術數)
목적을 위해 수단과 방법을 가리지 않고 권세와 모략과 중상 등 온갖 수단과 방법을 쓰는 술책.

권선징악(勸善懲惡)
착한 일을 권하고, 악한 일을 징계함.

근묵자흑(近墨者黑)
먹을 가까이하면 검은 빛이 된다는 뜻이니, 나쁜 사람과 가까이하면 물들기 쉽다는 뜻. 근주자필적(近朱者必赤).

금과옥조(金科玉條)
금이나 옥과 같은 법률이란 뜻으로, 소중히 여기고 꼭 지켜야 할 법률.

금상첨화(錦上添花)
비단 위에 꽃을 더함. 곧 좋고 아름다운 것 위에 더 좋고 아름다운 일이 더하여짐을 이르는 말.

금시초문(今時初聞)
이제야 비로소 처음 들음. 듣느니 처음.

금의환향(錦衣還鄉)
비단옷을 입고 고향에 돌아온다는 뜻으로, 딴 고장에 가서 성공하여 고향으로 돌아온다는 말.

금지옥엽(金枝玉葉)
황금으로 된 나뭇가지와 옥으로 만든 잎이란 뜻으로, 임금님의 집안이나 자손을 높여 부르는 말. 오늘날에는 귀여운 자손을 일컫는다.

기고만장(氣高萬丈)
기운이 만장이나 뻗치었다는 뜻으로 펄펄 뛸 만큼 크게 성이 남. 또는 일이 뜻대로 잘되어 기세가 대단함을 말함.

기사회생(起死回生)
죽음에서 일어나 다시 살아난다는 뜻이니, 중병으로 죽을 뻔하다가 살아나 회복한다는 뜻.

기화요초(琪花瑤草)
아름답고 고운 꽃과 풀.

나

낙화유수(落花流水)
①떨어지는 꽃과 흐르는 물이란 뜻으로, 가는 봄의 경치, 또는 널리 쇠퇴 영락의 뜻으로 쓰임. ②낙화에 정이 있으면 유수 또한 정이 있어 그것을 띄워서 흐를 것이란 뜻으로, 남녀 사이에는 서로 그리워하는 정이 있음을 비유한 말.

난공불락(難攻不落)
공격하기 어려워 좀처럼 함락되지 아니함.

난형난제(難兄難弟)
누구를 형이라 하고 누구를 아우라 해야 할지 분간하기 어렵다는 뜻으로, 두 사물이 서로 엇비슷하여 낫고 못함을 정하기 어려움의 비유.

남남북녀(南男北女)
옛날부터 우리 나라에서 남쪽 지방은 남자가 잘나고, 북쪽 지방은 여자가 곱다는 뜻으로 일러 내려오는 말.

남부여대(男負女戴)
남자는 등에 짐을 지고 여자는 머리에 인다는 뜻이니, 가난한 사람들이 집을 떠나 떠돌아다니는 모습.

남아일언중천금(男兒一言重千金)
남자의 말 한 마디는 천금의 무게를 가졌다는 뜻으로, 한 마디의 말도 매우 중요하므로 말하기를 극히 삼가라는 말.

낭중지추(囊中之錐)
주머니 속에 있는 송곳이 그 예리한 끝으로 주머니를 뚫고 나오듯이 포부와 역량이 있는 사람은 어디서나 그 재능을 발휘할 수 있다는 말.

내우외환(內憂外患)
나라 안에도 근심스런 문제가 있고 나라 밖으로부터도 외적이 쳐들어오는 불안정한 시국을 이르는 말.

노류장화(路柳墻花)

길가의 버들과 담 밑의 꽃은
누구든지 쉽게 만지고 꺾을 수
있다는 뜻에서, 기생을 말함.

노심초사(勞心焦思)
몹시 애를 태움.

녹의홍상(綠衣紅裳)
연두 저고리에 다홍치마라는
뜻으로, 젊은 여자의 고운 옷
차림을 이르는 말.

농와지희(弄瓦之喜)
옛날 중국에서는 딸을 낳으면
길쌈할 때 쓰는 벽돌[瓦]을
장난감으로 주었다고 한다.
여기에서 유래하여 딸을 낳은
기쁨을 말한다.

농장지희(弄璋之喜)
옛날 중국에서는 아들을 낳으
면 구슬[璋]을 장난감으로 주
었다고 한다. 여기에서 유래
하여 아들을 낳은 기쁨을 일
컫는다.

다

단도직입(單刀直入)
혼자서 칼을 휘두르며 거침없이 적진으로 쳐들어감. 문장이나 언론의 군말을 빼고 바로 그 요점으로 들어감.

단말마(斷末魔)
숨이 끊어질 때의 고통(苦痛).

단사표음(簞食瓢飮)
대그릇의 밥과 표주박의 물이란 말이니, 곧 소박한 생활을 비유하는 말.

단순호치(丹脣皓齒)
붉은 입술과 흰 이란 뜻으로, 여자의 아름다운 얼굴을 형용할 때 이르는 말.

단표누항(簞瓢陋巷)
대나무로 만든 그릇과 표주박, 그리고 누추한 마을이라는 뜻으로, 소박한 시골생활을 비유하여 나타내는 말.

대동소이(大同小異)
거의 같고 조금만 다름.

독불장군(獨不將軍)
①혼자서는 장군이 못 된다는 뜻으로 저 혼자 잘난 체하며 뽐내다가 남에게 핀잔을 받고 고립된 처지에 있는 사람. ②잘난 체하며 혼자서 모든 일을 처리하는 사람.

독서삼매(讀書三昧)
다른 생각 없이 오직 책읽기에만 골몰하는 일.

동가홍상(同價紅裳)
같은 값이면 다홍치마라는 뜻. 곧 같은 값이면 품질이 좋은 것을 가진다는 뜻.

동고동락(同苦同樂)
괴로움도 즐거움도 함께 더불어 함.

동량지재(棟樑之材)
집의 들보가 될 나무. 곧 한 집·한 사회·한 나라의 중심인물이 될 사람이라는 뜻.

동문서답(東問西答)
묻는 말에 대하여 아주 엉뚱하게 대답함.

동분서주(東奔西走)

이리저리 분주히 돌아다니고 여가가 없다는 뜻. 동치서주(東馳西走)라고도 함.

동상이몽(同床異夢)

같은 잠자리에서 서로 다른 꿈을 꾼다는 뜻으로, 같은 자리에 있으면서도 생각하는 것이 아주 다르다는 뜻.

동온하정(冬溫夏淸)

겨울에는 따뜻하게 여름에는 서늘하게 한다는 말이니, 부모를 섬기는 도리를 말함.

두문불출(杜門不出)

문을 닫고 밖에 나아가지 않음을 말함.

득롱망촉(得隴望蜀)

한(漢)나라 무제(武帝)가 농(隴)을 얻은 다음에 다시 촉(蜀)나라를 치려 했다는 옛일에서 나온 것으로, 사람의 욕심은 끝이 없다는 말.

등고자비(登高自卑)

높은 곳에 올라가려면 낮은 데서부터 출발해야 한다는 뜻으로, 일의 진행에는 차례가 있음을 이르는 말. 높은 지위에 오를수록 스스로 겸손해야 한다는 뜻으로 쓰임.

등화가친(燈火可親)

가을이 되어 서늘하면 밤에 등불을 가까이하여 글읽기에 알맞음을 이르는 말.

마

막상막하(莫上莫下)

어느 것이 위고 어느 것이 아래인지 차이가 없음을 이르는 말. 난형난제(難兄難弟).

막역지우(莫逆之友)

마음이 맞아 서로 거스르는 일이 없는, 아주 가까운 친구.

만경창파(萬頃蒼波)

한없이 넓고 넓은 바다.

만단설화(萬端說話)

마음속에 서리고 서린 모든 이야기.

만수무강(萬壽無疆).

한없이 목숨이 김. 손윗사람이나 존경하는 사람의 건강과 장수를 빌 때에 쓰임.

망극지통(罔極之痛)

끝이 없는 슬픔. 부모나 임금 등에 관련되어 일어난 주로 상사(喪事)에 쓰이는 말.

망중한(忙中閑)

바쁜 중에 잠깐 짜낸 여가.

매처학자(梅妻鶴子)

매화를 처로 삼고 학을 아들 삼는다는 뜻으로, 속세(俗世)를 멀리하고 산간에 숨어사는 선비를 일컫는 말.

면종복배(面從腹背)

겉으로는 복종하는 체하면서 내심(內心)으로는 배반함.

멸문지화(滅門之禍)

멸문을 당하는 큰 재앙.

멸사봉공(滅私奉公)

사(私)를 버리고 공(公)을 위하여 힘써 일함.

명약관화(明若觀火)

불을 보는 듯이 명백함.

목불식정(目不識丁)

'丁'자도 알아보지 못한다는 뜻으로, 글자를 전혀 모름, 또는 그런 사람을 비유하여 이르는 말.

목불인견(目不忍見)

딱하고 가엾어 눈으로 차마 볼 수 없음.

무위도식(無爲徒食)

아무 하는 일 없이 먹고 놀기
만 함.
무인지경(無人之境)
①사람이 전혀 없는 곳. ②아
무 것도 거칠 것이 없는 판.
무편무당(無偏無黨)
어느 한쪽에 기울지 않고 공
평함.
문전옥답(門前沃畓)
집 가까이 있는 기름진 전답.
멀리 가지 않고도 소득이 좋

아 매우 다행하다는 뜻으로도
씀.
미관말직(微官末職)
지위가 아주 낮은 벼슬, 또
는 그런 벼슬아치. ⇔고관대
작(高官大爵).
미사여구(美辭麗句)
아름답게 표현된 말과 글귀.
미풍양속(美風良俗)
훌륭하고 아름다운 풍속.

바

박빙여림(薄氷如臨)
살얼음을 밟는 것처럼 대단히 위태로움을 이르는 말.

박이부정(博而不精)
여러 방면으로 많이 알고 있으나 깊게 알지 못함.

박장대소(拍掌大笑)
손뼉을 치며 크게 웃음.

반목질시(反目嫉視)
눈을 흘기면서 미워함. 서로 미워하고 질투하는 눈으로 봄.

반신반의(半信半疑)
반은 믿고 반은 의심함.

반포지효(反哺之孝)
늙은 부모를 지극히 섬기는 효성.

발본색원(拔本塞源)
폐단의 근원을 아주 뽑아서 없애 버림.

방방곡곡(坊坊曲曲)
한 군데도 빠짐없는 여러 곳.

방장부절(方長不折)
한창 자라는 나무는 꺾지 않는다. 곧 앞길이 창창한 사람, 또는 잘되어 가는 일은 방해하지 말라는 뜻.

백골난망(白骨難忘)
죽어 백골이 되어도 깊은 은덕을 잊을 수 없다는 말.

백년지객(百年之客)
한 평생을 두고 늘 어려운 손님으로 맞는다는 말로, 처갓집에서 사위를 두고 하는 말.

백면서생(白面書生)
글만 읽고 세상일에 경험이 없는 사람.

백발백중(百發百中)
총이나 활 등이 겨눈 곳에 꼭꼭 잘 들어맞음.

백인유아이사(伯仁由我而死)
백인(伯仁)이 나로 말미암아 죽었다는 뜻으로, 다른 사람이 화(禍)를 받은 것이 자기 때문일 때 한탄하여 이르는 말. 참고 중국 진(晋)나라 때 사람인 백 인은 왕도(王導)라는 사람이 곤경에 빠진 것을 구해준 일이 있었다. 뒤에 백인은 이 일 때문에 죽게 되었는데 왕도는 백인이 자기를 구해준 것을 모르고 있었기 때문에 그를 구할 수 있는 지위에 있으면서도 구하지 않았다. 나중에 자기를 구하기 위하여 올린 백인의 글을 본 왕도는 비로소 뉘우쳐 깨닫고, 내가 비록 백인을 죽이지는 아니했으나 백인은 나로 말미암아 죽었구나 하면서 통곡했다 한다.

백절불론(百折不屈)

실패를 거듭해도 뜻을 굽히지 않음.

백척간두(百尺竿頭)

백 자 높이의 장대 끝. 곧 위태로움이 극도에 달하였다는 말.

백팔번뇌(百八煩惱)

인간의 번뇌의 수. 108가지의 번뇌. 육근(六根 : 눈·코·귀·입·몸·뜻)에 각각 고(苦)·낙(樂)·불고불락(不苦不樂)의 셋을 곱하여 18가지로 하고, 이것을 탐(貪)·무탐(無貪)의 둘로 나누어 36가지로 하고, 다시 과거·현재·미래의 셋에 배당하여 모두 108가지로 했음.

벽창우(碧昌牛)

①평안 북도의 벽동(碧潼)·창성(昌城) 지방에서 나는 크고 억센 소. ②고집이 세고 성질이 무뚝뚝한 사람의 비유.

봉두난발(蓬頭亂髮)

쑥대강이같이 흐트러진 머리털.

부수지소(膚受之愬)

①말하는 사람이 몸소 당하는 것처럼 간절하게 하는 하소연. ②피부에 조금씩 때가 끼듯 조금씩 시작하여 차츰차츰 다른 사람을 모함(謀陷)하여 참언(讒言)을 한다는 뜻.

부창부수(夫唱婦隨)

남편 주장에 아내가 따르는 것이 부부 화합의 도리라는 뜻.

분골쇄신(粉骨碎身)

뼈가 가루가 되고 몸이 부서지도록 한다는 뜻으로, 곧 자

기 몸을 돌보지 않고 노력함
을 이름.
불립문자(不立文字)
그 뜻을 글로써 나타낼 수 없
다는 뜻으로, 불도(佛道)의 깨
달음은 마음에서 마음으로 전
해지는 것이지, 문자나 말로
전해지는 것이 아니라는 말.
불문가지(不問可知)
묻지 않아도 알 수 있음. 물
을 것 없이 뻔함.
불문곡직(不問曲直)
옳고 그른 것을 묻지 않음.
불사이군(不事二君)
한 사람이 두 임금을 섬기지
아니함.
불요불굴(不撓不屈)
흔들리지도 아니하고 굽히지
도 아니함.
비분강개(悲憤慷慨)
슬프고 분하여 마음이 북받침.
비불외곡(臂不外曲)
팔이 밖으로 내굽지 않는다는
뜻으로, 사람의 마음이나 생
각은 어쩔 수 없이 자기 중심
적이라는 뜻.
비일비재(非一非再)
①한두 번이 아님. ②하나 둘
이 아님.

사

사고무친(四顧無親)
의지할 데가 전혀 없다는 말.

사궁(四窮)
인간 생활에서의 네 가지 궁(窮)한 것. 즉 환과고독(鰥寡孤獨)을 이름. 환(鰥)은 늙어서 아내가 없는 것, 과(寡)는 늙어서 남편이 없는 것, 고(孤)는 어려서 부모가 없는 것, 독(獨)은 늙어서 자식이 없는 것.

사기충천(士氣衝天)
사기가 하늘을 찌를 듯이 높음.

사면춘풍(四面春風)
두루 봄날의 화창한 기운에 둘러싸여 있다는 뜻으로, 누구에게나 호감을 산다는 말.

사불급설(駟不及舌)
네 마리의 말이 끄는 빠른 마차도 혀의 빠름에는 미치지 못한다는 뜻으로, 말은 한번 하면 그만큼 빨리 퍼지고 또 취소할 수 없는 것이므로 조심해야 한다는 말.

사상누각(砂上樓閣)
모래 위에 세운 누각이란 뜻으로, 어떤 사물의 기초가 튼튼하지 못하여 오래 견디지 못함을 비유하는 말.

사생취의(捨生取義)
목숨을 버리고 의를 좇는다는 뜻으로, 비록 목숨을 잃을지언정 옳은 일을 함을 이르는 말.

사양지심(辭讓之心)
사단(四端)의 하나로, 사양할 줄을 아는 마음.

사필귀정(事必歸正)
처음에는 시비 곡직을 가리지 못하여 그릇되더라도 모든 일은 결국에 가서는 반드시 바른 길로 돌아감.

사후약방문(死後藥方文)
죽은 뒤에 약방문이라는 뜻으로, 시기를 잃어 일이 낭패됨을 뜻함. 소 잃고 외양간 고치기.

산자수명(山紫水明)
산과 물의 경치가 썩 좋음.

산해진미(山海珍味)
산과 바다의 산물을 다 갖추어 잘 차린 진귀한 음식. 곧 온갖 재료로 만든 맛좋은 음식.

삼귀의(三歸依)
삼보(三寶)에 돌아가 의지한다는 말. 곧 귀의불(歸依佛)·귀의법(歸依法)·귀의승(歸依僧)의 세 가지.

삼라만상(森羅萬象)
우주 사이에 존재하는 모든 현상(現象).

삼불거(三不去)
칠거(七去)의 사유가 있는 아내라도 버리지 못하는 세 가지 경우. 곧 아내가 돌아가 의지할 곳이 없는 경우, 부모의 삼년상을 함께 치렀을 경우, 장가들 때에 가난하다가 뒤에 부귀하게 된 경우. ↔칠거지악(七去之惡).

삼불효(三不孝)
맹자가 말한 불효가 되는 세 가지의 행실. 곧 부모를 불의(不義)에 빠지게 하는 일, 부모가 늙고 살림이 가난하여도 벼슬하지 않는 일, 자식이 없어 조상의 제사를 끊어지게 하는 일.

삼순구식(三旬九食)
삼십일 동안 아홉 끼밖에 먹지 못한다는 뜻으로, 집이 매우 가난하여 끼니를 제대로 잇지 못한다는 뜻.

삼익우(三益友)
사귀어서 이로운 세 가지 유형의 벗. 즉 정직한 사람, 믿음직한 사람, 견문이 넓은 사람을 이름.

삼인행필유아사(三人行必有我師)
세 사람이 가는 곳에 반드시 나의 스승이 있다는 뜻으로, 몇이라도 사람이 모인 곳에는 반드시 본받을 만한 사람이 있다는 뜻.

삼종지도(三從之道)
여자가 지켜야 할 세 가지의 예의 도덕. 어려서는 부모께 순종하고, 시집가서는 남편에게 순종하고, 남편이 죽은 뒤에는 아들을 좇으라는 것.

삼판양승(三板兩勝)
세 번 겨루어 두 번 이김, 또는 그런 승부.

생자필멸(生者必滅)
생명이 있는 것은 반드시 죽을 때가 있음. 성자필쇠(盛者必衰).

선견지명(先見之明)
앞으로 닥칠 일을 미리 알아차리는 밝은 지혜.

선남선녀(善男善女)
①착하고 순결한 남자와 여자. ②불법에 귀의한 남자와 여자.

설상가상(雪上加霜)
눈 위에 서리가 덮인다는 뜻으로, 불행한 일이 거듭하여 생겼다는 말.

설왕설래(說往說來)
서로 변론하느라고 옥신각신함. 말이 오고감.

섬섬옥수(纖纖玉手)
가냘프고 아름다운 여자의 손.

세월여류(歲月如流)
세월이 흐르는 물과 같다는 말로, 세월이 몹시 빨리 흘러감을 말함.

소양지차(霄壤之差)
하늘과 땅의 차이라는 뜻으로, 사물이 엄청나게 다름을 일컫는 말. 소양지판(霄壤之判).

소핍자상량문(所乏者上樑文)
가장 필요한 물건이 빠졌음.

속수무책(束手無策)
어찌할 방책이 없이 손을 묶은 듯이 꼼짝할 수 없음.

송구영신(送舊迎新)
묵은 해를 보내고 새해를 맞음.

수구초심(首丘初心)
여우는 죽을 때 머리를 제가 살던 언덕 쪽으로 향한다는 말로서, ①죽어서라도 고향 땅에 묻히고 싶은 마음이라는 뜻. ②자기의 근본을 언제나 잊지 않고 있다는 말.

수수방관(袖手傍觀)
팔짱을 끼고 보고만 있다는 뜻으로, 직접 손을 내밀어 관여하지 않고 그대로 버려둠을 이르는 말.

수신제가(修身齊家)
마음과 몸을 닦고 집안을 다
스리는 일.

수오지심(羞惡之心)
사단(四端)의 하나. 자기의
옳지 못함을 부끄러워할 줄
알고 남의 착하지 못함을 미
워하는 마음.

수원수구(誰怨誰咎)
누구를 원망하며 누구를 탓하
랴의 뜻으로, 남을 원망하거나
탓할 것이 없음을 이르는 말.

숙맥불변(菽麥不辨)
콩인지 보리인지 분별하지 못
한다는 뜻으로, 사물을 잘 분
별하지 못하는 어리석은 사람
을 이름.

숙흥야매(夙興夜寐)
아침 일찍 일어나고 밤 늦게
잔다는 뜻으로, 열심히 일함
을 이르는 말.

슬양소배(膝癢搔背)
무릎이 가려운데 등을 긁는다
는 뜻으로, 의론(議論) 따위
가 도리에 어긋남의 비유.

승승장구(乘勝長驅)
싸움에 이긴 기세를 타고 계
속 몰아침. 승리를 거듭하여
계속 나아감.

시비곡직(是非曲直)
옳고 그르고 굽고 곧음. 곧
잘잘못. 시비선악(是非善惡).

시비지심(是非之心)
사단(四端)의 하나. 시비를
가릴 줄 아는 마음. 시비(是
非)는 지(智)의 단(端)임.

시시비비(是是非非)
공평 무사하게 옳은 것은 옳
다고 칭찬하고 그른 것은 그
르다고 반대함.

시오지심(猜惡之心)
샘을 내고 미워하는 마음.

식자우환(識字憂患)
학식(學識)이 있기 때문에 오
히려 근심을 사게 됨.

식전방장(食前方丈)
사방(四方) 열 자의 상에 잘
차린 음식이란 뜻이니 매우
사치스러운 것을 말함.

신목균부(信木菌浮)
믿는 나무에 곰이 핀다.

신언서판(身言書判)
사람을 평가할 때나 선택할
때 표준으로 삼는 네 가지 조

건. 첫째 인물이 잘났나 즉 신(身), 둘째 말을 잘할 줄 아는가 즉 언(言), 셋째 글을 잘 쓰는가 즉 서(書), 넷째 사물의 판단이 옳은가 즉 판(判)의 네 가지.

신출귀몰(神出鬼沒)
동작이 날쌔어 마치 귀신들이 나타났다 사라졌다 하는 것과 같다는 말.

실우치구(失牛治廐)
소 잃고 외양간 고친다.

심기일전(心機一轉)
어떤 동기에 의해 이제까지 먹었던 마음을 갑자기 바꿈.

심사숙고(深思熟考)
깊이 잘 생각함. 곧 신중을 기하여 곰곰이 생각함.

십년지계(十年之計)
10년을 목표로 한 원대한 계획.

십맹일장(十盲一杖)
소경 열 사람에 지팡이 하나라는 뜻으로, 어떠한 사물이 여러 곳에 다같이 긴요하게 쓰임을 가리키는 말. 십고일장(十瞽一杖).

십벌지목(十伐之木)
열 번 찍어서 안 넘어가는 나무가 없다는 말이니, 아무리 마음이 굳은 사람도 여러 번 유인하면 마음이 움직이게 된다는 뜻.

십시일반(十匙一飯)
열 사람이 한 술씩 보태면 한 사람 먹을 분량이 된다는 뜻으로, 여러 사람이 힘을 합하면 한 사람을 돕기가 쉽다는 비유.

십일지국(十日之菊)
국화는 구월구일(九月九日)이 한창인데 십일(十日)날의 국화라는 것은 벌써 때가 늦은 것이라는 뜻으로, 어떤 것이나 이미 때가 늦은 것을 말함.

아

아비규환(阿鼻叫喚)
①아비 지옥의 고통을 못 참아 울부짖는 소리. ②심한 참상(慘狀)을 형용하는 말.

아전인수(我田引水)
제 논에 물대기라는 뜻으로, 자신에게 이로운 대로만 행동한다는 의미.

안마지로(鞍馬之勞)
먼 길을 달려가는 수고.

안면박대(顔面薄待)
잘 아는 사람을 푸대접함.

안빈낙도(安貧樂道)
구차하고 가난한 중에서도 편안한 마음으로 산다는 말.

안하무인(眼下無人)
자기밖에 없는 듯이 교만하여 사람을 업신여긴다는 뜻.

앙앙불락(怏怏不樂)
항상 마음에 차지 않아 즐거워하지 않음.

앙천이타(仰天而唾)
하늘을 쳐다보고 침 뱉기.

애인무가증증인무가애(愛人無可憎憎人無可愛)
고운 사람 미운 데 없고, 미운 사람 고운 데 없다.

약육강식(弱肉强食)
약한 것이 강한 것에게 먹힌다는 말.

약합부절(若合符節)
부절(符節)을 맞춤과 같이 두 개의 물건이 꼭 들어맞음. 부절(符節)은 옥으로 만든 부신(符信)으로 옛날 사신(使臣)들이 신표(信表)로 썼음.

양수집병(兩手執餠)
두 손에 떡, 곧 가지기도 버리기도 어려운 경우를 말함.

양자택일(兩者擇一)
두 사람 또는 두 사물 중에서 하나를 선택함.

양춘가절(陽春佳節)
따뜻하고 좋은 봄철.

양홍지처(梁鴻之妻)
맹광(孟光)이라는 여자가, 양

백란(梁伯鸞)의 현명함을 사모하여 그의 처가 된 고사(故事).

어두육미(魚頭肉尾)
물고기는 머리 쪽이 맛있고 짐승의 고기는 꼬리 쪽이 맛있다는 말.

어불성설(語不成說)
말이 조금도 이치에 맞지 아니함. 말이 안 됨.

억하심정(抑何心情)
대체 무슨 생각으로 그런 짓을 하는지 그 마음을 헤아릴 수 없다는 뜻.

언감생심(焉敢生心)
어찌 감히 그런 마음을 품을 수 있으랴의 뜻.

언무족이천리(言無足而千里)
발 없는 말이 천리 간다는 뜻으로, 말을 할 때 신중하여야 함을 경고하는 것.

언어도단(言語道斷)
말문이 막힌다는 뜻으로, 사리에 멀거나 어이가 없어 이루 말로 나타낼 수 없음을 이르는 말.

언중유골(言中有骨)
말 속에 뼈가 있다. 즉 예사로운 말 속에 만만치 않은 뜻이 들었다는 말. 언중유언(言中有言).

언즉시야(言則是也)
말인즉 사리에 맞으나 실지로 행(行)함에 있어서는 지장이 있을 때 이름.

여리박빙(如履薄氷)
얇은 얼음을 밟는 듯하다는 뜻으로, 매우 위태로움을 이름.

여민동락(與民同樂)
임금이 백성을 덕화하여 백성과 더불어 즐김.

여반장(如反掌)
손바닥을 뒤집는 것과 같이 무척 쉽다는 뜻.

여발통치(如拔痛齒)
앓던 이 빠진 것 같다는 뜻으로, 고민거리가 제거되어 시원함.

여유작작(餘裕綽綽)
서두르지 않고 느긋함. 작유여지(綽有餘地).

여인선언난어포백(與人善言煖於布帛)

남에게 착한 말을 해주는 것
은, 비단옷을 입혀주는 것보
다 더 따뜻하다는 뜻.

여탈폐사(如脫弊屣)
헌신짝 버리듯 아낌없이 버림
을 이르는 말.

여필종부(女必從夫)
아내는 반드시 그 지아비를
따라야 한다는 말.

역발산기개세(力拔山氣蓋世)
힘이 산이라도 빼어 던질 만
하고 세상을 덮을 정도로 기력
이 웅대함을 이르는 말. 「사기
(史記)」에 나오는 항우(項羽)
가 지은 시의 한 구절이다.

역지사지(易地思之)
처지를 바꾸어서 생각함.

연독지정(吮犢之情)
자기의 자녀에 대한 사랑이나
부하에 대한 사랑을 겸손하게
일컫는 말.

연락부절(連絡不絕)
오고 감이 잦아 끊이지 아니
함.

연하고질(煙霞痼疾)
자연의 아름다운 경치를 매우
사랑하고 즐기는 성벽(性癖)

을 고치기 어려운 병에 비유
하여 이르는 말.

염량세태(炎凉世態)
권세(權勢)가 있을 때는 아첨
하여 좇고 권세가 없어지면
푸대접하는 세속(世俗)의 형
편을 이름.

영고성쇠(榮枯盛衰)
사람의 일생(一生)이 성(盛)
하기도 하고 쇠(衰)하기도 한
다는 뜻.

영생불멸(永生不滅)
죽지 아니하고 영원토록 삶.

영원무궁(永遠無窮)
영원하여 끝이 없음.

오거지서(五車之書)
다섯 수레에 가득 실을 만큼
많은 장서(藏書).

오경(五經)
①유학(儒學)의 기본적인 문
헌인 다섯 가지 경서. 곧 시
경·서경·주역·예기·춘추.
여기에 주례(周禮)나 악기(樂
記)를 넣어 육경(六經)이라
함.

오륜(五倫)
다섯 가지의 인륜(人倫). 곧

부자(父子)의 친애(親愛), 군
신(君臣)의 의리(義理), 부부
(夫婦)의 분별(分別), 장유
(長幼)의 차서(次序), 붕우
(朋友)의 신의(信義).

오매불망(寤寐不忘)
자나 깨나 잊지 못함.

오불관언(吾不關焉)
나는 그 일에 상관하지 아니
함. 또는 그러한 태도.

오비삼척(吾鼻三尺)
내 코가 석 자라는 뜻으로, 내
문제의 해결에 여념이 없어
남의 일은 거들떠볼 여유가
없음을 이름.

오비이락(烏飛梨落)
까마귀 날자 배 떨어진다는
뜻으로, 우연의 일치로 오해
를 받게 됨을 이름.

오상고절(傲霜孤節)
서릿발 속에서도 굴하지 않고
홀로 꿋꿋하게 지키는 절개의
뜻으로, 국화를 비유하여 이
르는 말.

오색영롱(五色玲瓏)
여러 가지 빛깔이 한데 어울
려 눈부시게 찬란함.

오자탈주(惡紫奪朱)
자색(紫色)이 붉은 주색(朱
色)을 망쳐놓음을 미워한다는
말이니, ①거짓된 것이 참된
것을 욕보인다는 뜻. ②소인
이 현자를 욕보인다는 뜻.

옥골선풍(玉骨仙風)
살빛이 희고 고결하여 신선
(神仙)과 같은 풍채.

옹리혜계(甕裏醯雞)
옹기(甕器) 속의 작은 하루살
이라는 뜻으로, 사람의 시야
(視野)가 매우 협소(狹小)한
것을 이름.

와해토붕(瓦解土崩)
기와가 깨어지고 흙이 무너진
다는 말로, 사물이 크게 무너
져 흩어지는 것을 말함.

왈가왈부(曰可曰否)
어떤 일에 대하여 옳다고도
하고 옳지 않다고도 함.

왕자무친(王者無親)
비록 임금일지라도 국법(國
法) 앞에서는 사정(私情)으로
일을 처리하지 못한다는 말.

외유내강(外柔內剛)
겉으로 보기에는 부드러우나

속은 꿋꿋하고 곧음.

요산요수(樂山樂水)

산을 좋아하고 물을 좋아함.
곧 자연과 친숙함.

요절복통(腰折腹痛)

하도 우스워 배를 움켜쥐고
허리가 부러질 듯이 우스워하
는 모양.

요조숙녀(窈窕淑女)

얌전하고 자태가 아름다운 여
자.

요지부동(搖之不動)

흔들어도 조금도 움직이지 아
니함.

욕망이난망(欲忘而難忘)

잊고자 해도 잊혀지지 않는
것을 말함.

용감무쌍(勇敢無雙)

용감하기 짝이 없음.

용두사미(龍頭蛇尾)

용의 머리에 뱀의 꼬리라는 뜻
으로, 시초는 굉장하고 훌륭
하나 끝으로 갈수록 점점 나
빠짐을 뜻함.

용사비등(龍蛇飛騰)

용과 뱀이 나는 듯하다는 뜻
으로, 글씨가 힘차고 잘된 것

을 이름.

우국봉공(憂國奉公)

나라의 일을 근심하고 염려하
며 나라를 위해 힘을 다함.

우수마발(牛溲馬勃)

쇠오줌과 말똥이란 뜻으로, 아
무데도 쓰지 못할 것, 또 극
히 품질이 나쁜 약재(藥材)를
이름.

우여곡절(迂餘曲折)

뒤얽힌 복잡한 사정.

우유부단(優柔不斷)

어물거리기만 하고 딱 잘라서
결단을 내리지 못함.

우이독경(牛耳讀經)

'쇠귀에 경 읽기'와 같음. 우
이송경(牛耳誦經).

우후죽순(雨後竹筍)

비가 온 뒤에 무럭무럭 여기
저기 솟는 죽순이란 뜻으로,
어떤 일이 한꺼번에 많이 생
겨남을 뜻함.

욱일승천(旭日昇天)

떠오르는 아침 해처럼 세력이
성대함의 비유.

운예지망(雲霓之望)

구름과 무지개를 바란다는 뜻

으로, 날이 심히 가물 때 비를
바라는 마음과 같이 무엇을 간
절히 바랄 때 쓰는 말.

울울창창(鬱鬱蒼蒼)
큰 나무들이 빽빽하게 들어차
서 푸르게 우거져 있는 모양.

원막치지(遠莫致之)
먼 곳에 있어 올 수가 없음.

원청즉유청(源淸則流淸)
윗물이 맑으면 아랫물도 맑다
는 것. 즉 윗사람이 바르면 아
랫사람도 또한 바르다는 말.

원화소복(遠禍召福)
화를 멀리하고, 복을 불러들
임.

월영즉식(月盈則食)
달이 차서 만월이 되면 반드시
이지러진다는 뜻으로, 한 번
흥하면 한 번은 망한다는 말.

위기일발(危機一髮)
조금도 여유가 없이 위급한
고비에 다다른 순간.

유구무언(有口無言)
입은 있으나 말이 없다는 뜻
으로, 무엇이라고 변명할 말
이 없음을 이름.

유만부동(類萬不同)
많은 것이 모두 같지 않다는
말. 분수에 맞지 않음.

유명무실(有名無實)
이름만 있고 실지가 없음. 빈
명예만임을 이름.

유방백세(流芳百世)
꽃다운 이름이 후세에 길이
전함.

유비무환(有備無患)
미리 준비가 되어 있으면 전
혀 뒷걱정이 없다는 뜻.

유시무종(有始無終)
시작은 있되 끝이 없다는 뜻
으로, 시작한 일의 끝을 맺지
않음을 이르는 말.

유아독존(唯我獨尊)
①이 세상에 내가 제일 높다는
말로, 자기만 잘난 체하는 태
도를 이르는 말. ②천상천하
유아독존(天上天下唯我獨尊)
의 준말.

유야무야(有耶無耶)
있는지 없는지 흐리멍덩한 모
양.

유유상종(類類相從)
같은 무리끼리 서로 내왕하며
사귐.

유유자적(悠悠自適)
속세를 떠나 아무 것에도 속
박되지 않고 자기 하고 싶은
대로 조용하고 편안히 생활하
는 일.

유일무이(唯一無二)
오직 하나뿐으로 둘도 없음.

유취만년(遺臭萬年)
나쁜 이름을 후세(後世)에 오
래도록 남김.

육산포림(肉山脯林)
회(膾)가 산처럼 많고 건포가
숲처럼 많음. 곧 아주 호화로
운 연회를 말함.

은인자중(隱忍自重)
괴로움을 참고 몸가짐을 신중
히 함.

음풍농월(吟風弄月)
맑은 바람과 밝은 달에 대하
여 시를 짓고 즐겁게 놂. 음
풍영월(吟風咏月)

의기소침(意氣鎖沈)
의기가 쇠하여 사그라짐. 의
기저상(意氣沮喪).

의미심장(意味深長)
말이나 글의 뜻이 매우 깊음.

이서위박(以鼠爲璞)

아무것도 아닌 것을 보물로
여김.

이심전심(以心傳心)
말이나 글로 다하지 못할 이
법(理法)을 마음에서 마음으
로 전함.

이열치열(以熱治熱)
열은 열로써 다스린다는 뜻으
로, 힘에는 힘으로, 또는 강한
것에는 강한 것으로 상대함을
이르는 말.

이율배반(二律背反)
서로 모순되는 두 명제가 동
등한 권리로 주장되는 일.

이용후생(利用厚生)
세상의 편리(便利)와 살림의
이익(利益)을 꾀하는 일. 곧
백성이 사용하는 기구 등을
편리하게 하고 의식(衣食)을
풍부하게 하며 생계(生計)에
부족함이 없도록 함.

이하부정관(李下不整冠)
오얏나무 밑에서는 갓도 고쳐
쓰지 말라는 뜻으로, 조금이
라도 남의 의심을 사지 않도
록 매사에 조심하라는 뜻.

이현령비현령(耳懸鈴鼻懸鈴)

귀에 걸면 귀걸이, 코에 걸면 코걸이라는 뜻으로, 이유는 붙이기에 달렸다는 말.

익자삼요(益者三樂)
사람이 좋아하여 유익한 것 세 가지. 곧 예악(禮樂)을 적당히 좋아하는 것, 사람의 착함을 좋아하는 것, 착한 벗이 많음을 좋아하는 것.

익자삼우(益者三友)
사귀어서 유익한 세 벗. 곧 정직한 사람, 신의 있는 사람, 지식 있는 사람.

인과응보(因果應報)
사람이 짓는 선악(善惡)의 인업(因業)에 응하여 과보(果報)가 있음. 또는 그 과보(果報).

인명재천(人命在天)
사람이 살고 죽는 것은 모두 하늘에 달려 있으니 사람으로서는 어찌할 수 없다는 말.

인사불성(人事不省)
①정신을 잃어 의식이 없음. ②사람으로서의 예절을 차릴 줄 모름.

인산인해(人山人海)
사람이 산과 바다처럼 많이 모였음.

인생무상(人生無常)
사람의 삶이 덧없음을 말함.

인인성사(因人成事)
무슨 일을 할 때 제 힘으로만 하지 않고 남의 도움을 받아 일을 이룸.

인자무적(仁者無敵)
어진 사람은 모든 사람을 사랑하므로 천하에 적이 없음.

인자요산(仁者樂山)
어진 사람은 모든 일을 도의에 따라서 하기 때문에 행동이 신중하기가 태산 같으므로 산을 좋아함.

인지상정(人之常情)
사람이면 누구나 가지는 보통 인정.

인지위덕(忍之爲德)
모든 일에 있어서 참는 것이 덕이 됨.

일거수일투족(一擧手一投足)
손을 한 번 들고 발을 한 번 옮긴다는 뜻으로, 사소한 하나하나의 동작이나 행동을 이르는 말.

일경일희(一驚一喜)
한편으로는 놀라고 한편으로
는 기뻐함.
일구월심(日久月深)
날이 오래되고 달이 깊어 간다
는 뜻으로, 세월이 흐를수록
더욱 간절해짐을 이르는 말.
일구이언(一口二言)
한 입으로 두 가지 말을 한다
는 뜻으로, 한 사람이 한 가지
일에 대해 이랬다저랬다하는
것을 말함.
일금일학(一琴一鶴)
한 개의 가야금(伽倻琴)과 한
마리의 학(鶴)이 전재산이라
는 뜻으로, 청렴결백한 관리
의 생활을 이르는 말.
일기당천(一騎當千)
한 사람의 기병이 천 사람의
적을 당해낸다는 뜻으로, 무
예가 뛰어남을 이름.
**일년지계막여수곡(一年之計莫
如樹穀)**
1년간의 계획을 하는 데는
곡식을 심는 것이 제일임.
일도양단(一刀兩斷)
칼로 쳐서 둘로 나누듯이 일

이나 행동을 머뭇거리지 않고
과감히 처리하는 것을 가리키
는 말.
일망무제(一望無際)
끝없이 멀어서 눈을 가리는
것이 없음. 일망무애(一望無
涯)
일목요연(一目瞭然)
한번 보고 곧 환하게 **알 수**
있음.
일벌백계(一罰百戒)
한 사람이나 한 가지 죄과를
벌줌으로써 여러 사람을 경계
함.
일부일앙(一俯一仰)
머리를 숙이기도 하고 우러러
보기도 함.
일사불란(一絲不亂)
한오라기의 실처럼 어지럽지
않음. 즉 질서가 정연하여 조
금도 어지러움이 없음.
일사천리(一瀉千里)
냇물이 한번 흐르면 천리(千
里)를 간다는 뜻으로, 무엇이
나 그 형세가 빠르고 급함을
이름.
일석이조(一石二鳥)

하나의 돌로 두 마리의 새를 잡았다는 말로, 하나로 두 가지 이득(利得)을 본다는 뜻. 일거양득(一擧兩得).

일심동체(一心同體)
한마음 한몸이 됨. 곧 밀접하고 굳게 결합함을 일컫는 말.

일어탁수(一魚濁水)
한 마리의 물고기가 물을 흐리게 한다는 뜻이니, 다수(多數) 중에 한 사람이 좋지 못한 짓을 하여 그 화(禍)를 여러 사람에게 입힌다는 뜻.

일언반구(一言半句)
한마디의 말과 한 구(句)의 반. 극히 짧은 말. 일언반사(一言半辭).

일언이폐지(一言以蔽之)
한마디의 말로 능히 그 뜻을 다함.

일언지하(一言之下)
한마디로 잘라서 말함. 두말할 나위도 없음.

일엽편주(一葉片舟)
한 척의 조그마한 조각배. 한 척의 쪽배.

일일여삼추(一日如三秋)
하루가 삼년 같음. 곧 몹시 애태우며 기다림.

일장춘몽(一場春夢)
한바탕의 봄꿈처럼 헛된 영화(榮華).

일조일석(一朝一夕)
하루 낮과 밤. 대단히 짧은 시간을 이르는 말.

일촉즉발(一觸卽發)
한번 스치기만 해도 곧 폭발한다는 뜻으로, 조그마한 일이 원인이 되어 막 일이 일어날 듯한 매우 위급한 상태에 놓여 있음을 이르는 말.

일촌광음불가경(一寸光陰不可輕)
세월이 덧없으니 짧은 시간이라도 헛되게 보내지 말라는 뜻.

일취월장(日就月將)
나날이 다달이 진전함. 날로 달로 자라거나 진보함.

일편단심(一片丹心)
한 조각의 붉은 마음, 진심에서 우러나오는 충성된 마음.

일필휘지(一筆揮之)
한숨에 힘차게 글씨를 써내림.

임갈굴정(臨渴掘井)

목이 말라서야 우물을 판다는 말로 아무 준비 없이 일을 당하여 허둥지둥하는 태도.

임심조서(林深鳥棲)

수풀이 무성하면 새들이 깃들인다는 뜻으로, 사람이 인의(仁義)를 쌓으면 만물이 저절로 귀의한다는 말.

입신양명(立身揚名)

출세하여 이름이 세상에 드날리게 됨.

입추(立錐)

①송곳을 세움. ②빽빽하게 들어섬.

자

자가당착(自家撞着)
같은 사람의 글이나 언행이 앞뒤가 서로 맞지 아니하여 어그러짐.

자격지심(自激之心)
어떤 일을 해놓고 스스로 미흡하게 여기는 마음.

자린고비(玭吝考妣)
고비(考妣)는 돌아간 부모라는 뜻. 몹시 인색한 사람을 말함.

자승자박(自繩自縛)
자기가 꼰 새끼로 자신을 묶는다는 뜻으로, 자기의 마음씨나 언행으로 제가 구속을 받아 괴로워함을 말함.

자업자득(自業自得)
자신이 저지른 일의 과보(果報)를 자기 자신이 받는 일.

자중지난(自中之亂)
자기네 한동아리 안에서 일어나는 싸움.

자초지종(自初至終)
처음부터 끝까지의 동안, 또는 그 사실.

자화자찬(自畫自讚)
자기가 그린 그림을 자기 스스로 칭찬한다는 뜻에서, 자기가 한 일을 자기 스스로 자랑함을 이르는 말. 자기 자랑.

작심삼일(作心三日)
결심이 사흘을 가지 못함. 결심이 굳지 못함을 이르는 말.

잔월효성(殘月曉星)
새벽녘에 남아 있는 달과 별. 새벽달과 새벽별.

장부일언중천금(丈夫一言重千金)
장부가 한 말은 천금의 무게가 있다는 말로, 한 번 한 말은 꼭 실행해야 한다는 말.

장사진(長蛇陣)
많은 사람이 줄을 지어 길게 늘어서 있는 모양을 형용하여 이르는 말.

장삼이사(張三李四)

장(張)서방의 셋째 아들과 이
(李)서방의 넷째 아들이란 말
로 평범한 사람들을 가리킴.

장주지몽(莊周之夢)

장자(莊子)가 꿈에 나비가 되
었는데, 깬 후 장자가 나비가
되었는지 나비가 장자가 되었
는지 의심하였다는 말로, 자
아(自我)와 외물(外物)은 본
래 동일하다는 이치를 설명한
것임.

장중보옥(掌中寶玉)

손 안에 든 보배로운 옥과 같
다는 뜻으로, 귀여워하는 자
식이나 매우 소중히 여기는 것
을 뜻함.

적구지병(適口之餠)

입에 맞는 떡이라는 뜻으로,
꼭 알맞음을 이름.

적막강산(寂寞江山)

몹시 쓸쓸하고 고요한 풍경.

적반하장(賊反荷杖)

도둑이 도리어 매를 든다는
뜻으로, 잘못한 사람이 사죄하
기는커녕 도리어 화를 낼 때
쓰이는 말.

전광석화(電光石火)

번갯불과 부싯돌의 불이라는
뜻으로, 일이 매우 빠름을 말
함.

전도유망(前途有望)

①앞길에 희망이 있음. 장래
가 유망함. ②일을 진행한 처
음과 끝까지의 경위. 본말(本
末).

전인미답(前人未踏)

①이제까지 아무도 발을 들여
놓거가 도달한 사람이 없음.
②이제까지 아무도 손을 대본
일이 없음.

절차탁마(切磋琢磨)

상아(象牙)와 구슬 따위를 다
듬어 닦는다는 뜻으로, 학문이
나 덕행을 힘써 닦는다는 뜻.

절치부심(切齒腐心)

몹시 분하게 여겨 이를 갈며
속을 썩임.

절해고도(絕海孤島)

육지에서 아주 멀리 떨어져
있는 바다 가운데의 외로운
섬.

점입가경(漸入佳境)

점점 좋은 지경으로 들어간다

는 뜻.

정구건즐(井臼巾櫛)
물 긷고 절구질하고 수건과 빗을 받드는 일이라는 뜻으로, 아내가 가정 주부로서 응당 하여야 할 일을 이르는 말.

정문일침(頂門一鍼)
정수리에 침을 놓는다는 말로, 얼빠진 것처럼 흐리멍덩해 있는 사람에게 정신을 차리도록 따끔한 말을 한다는 뜻.

정신일도하사불성(精神一到何事不成)
정신을 한곳에 집중하면 안 되는 일이 없음.

제세안민(濟世安民)
세상을 구제하여 백성을 편안하게 함.

제세지재(濟世之才)
세상을 구제하여 줄 만한 뛰어난 인재.

제행무상(諸行無常)
불교의 근본사상으로 만물은 늘 유전하여 잠시 동안도 한 모양으로 머무르지 않음을 이르는 말.

조령모개(朝令暮改)
아침에 명령을 내렸다가 저녁에 다시 고친다는 뜻으로, 법령이 자주 바뀜을 이르는 말. 조령석개(朝令夕改).

조반석죽(朝飯夕粥)
아침에는 밥, 저녁에는 죽을 먹는다는 뜻. 가까스로 살아가는 가난한 살림을 이르는 말.

존망지추(存亡之秋)
존속하느냐 멸망하느냐의 매우 위급한 때. 죽느냐 사느냐의 중대한 경우.

종횡무진(縱橫無盡)
행동이 마음내키는 대로 자유 자재임.

좌불안석(坐不安席)
불안하거나 초조하여 한 곳에 마음놓고 오래 앉아 있지를 못한다는 말.

좌우명(座右銘)
좌우(左右)에 써놓고 항상 수양의 바탕으로 삼는 성현의 격언.

좌정관천(坐井觀天)
우물 속에 앉아 하늘을 쳐다보고 하늘의 넓이가 그것밖에

안 되는 줄 안다는 뜻. 견문
(見聞)이 썩 좁음을 이르는
말.

좌지우지(左之右之)
제 마음대로 다루거나 휘두
름.

주경야독(晝耕夜讀)
낮에는 농사짓고 밤에는 글을
읽는다는 뜻으로, 바쁜 틈을
타서 어렵게 공부함을 이르는
말.

주과포혜(酒果脯醢)
술·과실·포(脯)·식혜(食醢)
따위로 간략하게 차린 제물
(祭物).

주마가편(走馬加鞭)
달리는 말에 채찍을 가한다는
말로 지금 하고 있는 그만한
정도로도 족한 것을 더욱 잘
하기를 재촉한다는 말.

주마간산(走馬看山)
달리는 말 위에서 산천을 구
경한다는 뜻으로, 이것저것을
천천히 살펴볼 틈이 없이 바
삐 서둘러 대강대강 보고 지
나침.

주마등(走馬燈)

등의 한 종류. 빙빙 돌게 된
바퀴에 달아놓은 여러 가지
말 모양이 바퀴가 회전함에
따라 촛불의 힘으로 계속 바
뀌어 나타나 보임. 사물이 몹
시 빨리 변해 돌아감을 비유
하여 이르는 말.

중과부적(衆寡不敵)
적은 수효로는 많은 수효를
대적하지 못함.

중구난방(衆口難防)
여러 사람이 입을 모아 말하
면 혼자서 변명하기 어렵다는
말.

중언부언(重言復言)
한 말을 자꾸 되풀이함.

지기지우(知己之友)
서로 마음이 통하는 벗.

지동지서(指東之西)
①동쪽을 가리키기도 하고 서
쪽을 가리키기도 함. ②근본
에는 손을 대지 못하고 엉뚱
한 것을 가지고 이러쿵저러쿵
함.

지란지교(芝蘭之交)
지초(芝草)와 난초 같은 향기
로운 사귐이라는 뜻으로, 벗

사이의 맑고도 높은 사귐을 이르는 말.

지리멸렬(支離滅裂)
체계가 없이 마구 흩어져 갈피를 잡을 수 없음.

지성감천(至誠感天)
지극한 정성에 하늘이 감동함.

지자요수(知者樂水)
지자(知者)는 사리에 통달(通達)하여 막힘이 없는 것이 마치 물과 같으므로 물을 즐김.

지자일실(智者一失)
슬기로운 사람도 많은 생각 중에는 간혹 실수가 있음.

지피지기(知彼知己)
상대방의 사정과 나의 사정을 잘 앎.

진인사대천명(盡人事待天命)
사람으로서 할 수 있는 일을 다한 뒤에 천명을 기다린다는 뜻으로, 무슨 일이나 있는 힘을 다하여 노력하여야 한다는 뜻.

진퇴양난(進退兩難)
앞으로 나갈 수도 없고 뒤로 물러설 수도 없는 어려운 처지에 빠짐.

차

창랑자취(滄浪自取)
옛날 중국에서는 창랑(滄浪)
의 물이 맑으면 갓끈을 씻을
수 있고 물이 흐리면 발을 씻
을 수 있으니 이것은 창랑 그
자체에 따르는 것이라는 데서
나온 말로, 자기가 잘못되고
잘되는 것, 칭찬받고 배척받
는 것 등은 다 자기 하기에
달렸으며 제 탓이라는 뜻.

창졸지간(倉卒之間)
어떻게 할 수 없이 급작스러
운 동안이란 말.

창해일속(滄海一粟)
큰 바다에 좁쌀 한 알이라는
뜻으로, 광대한 것 속의 극히
작은 물건. 곧 우주(宇宙) 속
에서의 인간의 보잘것없음을
비유하는 말이다.

천기누설(天機漏洩)
중대한 기밀이 누설됨을 이르
는 말.

천려일득(千慮一得)
어리석은 사람의 생각에도 한
가지쯤은 그럴 듯한 생각이
있다는 말.

천방지축(天方地軸)
①어리석게 종잡을 수 없이
덤벙대는 상태. ②너무 급하
여 허둥지둥 분주히 날뛰는
상태.

천부당만부당(千不當萬不當)
조금도 사리에 맞지 아니함.

천붕지통(天崩之痛)
하늘이 무너지는 것처럼 아프
다는 뜻. 임금이나 아버지의
상사(喪事)를 당한 슬픔.

천석고황(泉石膏肓)
자연을 사랑하는 것이 병적
(病的)이라 할 만큼 깊다는
말.

천신만고(千辛萬苦)
온갖 고생. 또는 그것을 겪
음.

천양지간(天壤之間)
하늘과 땅의 사이라는 뜻으로,

매우 차이(差異)가 심한 것을
이름.
천우신조(天佑神助)
하늘과 신의 도움.
천인지의(天仁地義)
하늘의 인(仁)과 땅의 의(義).
하늘과 같이 인자하고, 땅과
같이 바름을 이르는 말.
천재일우(千載一遇)
천 년만에 한 번 만난다는 뜻
이니, 좀처럼 만나기 어려운
기회를 말함.
천태만상(千態萬象)
여러 가지 사물이 서로 모양
이 다르고 형태도 각각임.
천파만파(千波萬波)
①수없이 많은 물결. ②갈피
를 잡을 수 없이 어지러운 현
상을 이르는 말.
천편일률(千篇一律)
①여러 시문의 격조(格調)가
거의 비슷하여 특성이 없음.
②많은 사물이 특성이 없이
모두 엇비슷함.
천학비재(淺學菲才)
학문이 얕고 재주가 보잘것없
음. 자기 학식을 겸손하게 이

르는 말.
철천지한(徹天之恨)
하늘에 사무치도록 깊이 맺힌
원한(怨恨).
청백리(淸白吏)
청렴한 관리.
청산유수(靑山流水)
말을 막힘없이 썩 잘하는 것
의 비유.
초록동색(草綠同色)
풀빛과 녹색은 같은 색깔이라
는 뜻으로, 이름은 다르나 따
지고 보면 한가지라는 의미.
초발심(初發心)
처음으로 불교를 믿으려 하는
마음.
추호(秋毫)
가을철에 짐승의 털이 썩 가
늘다는 뜻에서, '조금' '아주
조금'의 뜻을 나타내는 말.
춘치자명(春雉自鳴)
봄철에 꿩이 스스로 운다는 뜻
으로, 시키거나 요구하지 않
아도 때가 되면 스스로 함을
이르는 말.
치국평천하(治國平天下)
나라를 잘 다스리고 온 세상

을 평화롭게 함.

칠거지악(七去之惡)

유교 도덕에서 아내를 내쫓을
만한 이유가 되는 일곱 가지
조건. 그중 한 가지만 해당
되면 내쫓을 수 있었음. 시부
모에게 순종치 않는 것. 자식
을 못 낳는 것, 행실이 음탕
한 것, 질투하는 것, 나쁜 병
이 있는 것, 말썽이 많은 것,
도둑질하는 것.

칠전팔기(七顚八起)

일곱 번 넘어지고 여덟 번 일
어남. 여러 번의 실패에도 굽
히지 아니하고 분투한다는 말.

칠종칠금(七縱七擒)

제갈공명이 맹획(孟獲)을 사
로잡은 고사에서, 일곱 번 놓
아 주고 일곱 번 잡는다는 뜻
으로, 무슨 일을 제 마음대로
함을 이름.

침소봉대(針小棒大)

바늘같이 작은 일을 몽둥이같
이 크게 말한다는 뜻으로, 조
그마한 일을 크게 과장하여
떠드는 것을 말함.

타·파

탁상공론(卓上空論)
실천성이 없는 허황된 이론.

태연자약(泰然自若)
어떤 자극을 받아도 태연하고 천연스러움.

퇴고(推敲)
시문(詩文)을 지을 때 자구(字句)를 여러 번 생각하여 고치는 일.

파란중첩(波瀾重疊)
일의 진행에 여러 가지의 변화와 난관이 많음.

파안대소(破顏大笑)
얼굴빛을 부드럽게 하여 크게 웃음.

팔방미인(八方美人)
①어느 모로 보나 아름다운 미인. ②누구에게나 잘 보이려는 방법으로 처세하는 사람. ③여러 방면의 일에 능통한 사람. ④아무 일에나 조금씩 손대는 사람.

팔불출(八不出)
아무 데도 쓸모없는 어리석은 사람.

패가망신(敗家亡身)
집안의 재산을 탕진하고 몸을 망침.

패설(稗說)
가설항담(假說巷談)·기담이문(奇談異聞) 등 세상에 떠돌아다니는 교훈적, 건설적 및 세속적이고 기이한 내용의 이야기.

포복절도(抱腹絶倒)
배를 움켜쥐고 넘어질 정도로 몹시 웃음.

포정해우(庖丁解牛)
포정은 요리인(料理人), 해우는 소의 고기와 뼈를 갈라 나누는 일을 말함. 후세에 이녁자를 기술의 묘함을 찬미하는 말로 씀.

풍월주인(風月主人)
맑은 바람 맑은 달 따위 자연을 즐기는 사람.

풍전등화(風前燈火)
바람 앞의 등불이란 뜻으로,
사물이 오래 견디지 못하고
몹시 위급한 자리에 놓여 있
거나 존망에 관계되는 아주
위험한 상태를 이르는 말.

피골상접(皮骨相接)
살가죽과 뼈가 맞붙을 정도로
몹시 마름.

피장봉호(避獐逢虎)
노루를 피하다가 호랑이를 만
났다는 뜻으로, 작은 해를 피
하려다 더 큰 재앙을 당함의
비유.

필유곡절(必有曲折)
반드시 무슨 까닭이 있음.

하

학수고대(鶴首苦待)

학의 목처럼 목을 길게 늘여 기다린다는 뜻으로, 몹시 기다림을 일컫는 말.

한강투석(漢江投石)

한강에 돌 던지기. 아무리 해도 헛된 일을 하는 어리석은 행동을 이름.

한우충동(汗牛充棟)

짐으로 실으면 소가 땀을 흘릴 정도의 무게이고, 쌓으면 들보에 닿을 정도란 뜻으로, 매우 많은 장서(藏書)를 말함.

함포고복(含哺鼓腹)

배불리 먹고 배를 두드린다는 뜻으로, 먹을 것이 풍족하여 기뻐하는 모양을 이르는 말.

행인지불행(幸人之不幸)

남의 불행을 기뻐함.

허심탄회(虛心坦懷)

아무런 거리낌없이 솔직한 태도로 마음속에 품은 생각을 터놓고 말함.

허장성세(虛張聲勢)

실속은 없으면서 헛소문과 허세로만 떠벌림.

현모양처(賢母良妻)

어진 어머니인 동시에 착한 아내.

호각(互角)

쇠뿔의 양쪽이 서로 길이나 크기가 같다는 데서 나온 말로 서로 우열이 없음. 역량(力量)이 비슷함.

호구지책(糊口之策)

겨우 먹고 살아가는 방법.

호사다마(好事多魔)

좋은 일에는 흔히 방해되는 일이 따름을 이르는 말.

혼비백산(魂飛魄散)

혼백(魂魄)이 흩어짐. 곧 몹시 놀라 어쩔 줄 모르는 모양.

혼정신성(昏定晨省)

저녁에 이부자리를 보고 아침

에 자리를 돌아본다는 뜻으로,
아들이 아침 저녁으로 부모님
께 문안 올리고 효도한다는
뜻.

홍동백서(紅東白西)
제사 지낼 때에 제상에 과물
을 올려 놓는 차례. 붉은 과
실은 동쪽에, 흰 과실은 서쪽
에 차리는 격식.

화기애애(和氣靄靄)
여럿이 모인 자리에 온화한
기색이 넘쳐 흐르는 모양.

화사첨족(畫蛇添足)
뱀을 그리는 데 실물에는 없
는 발을 그려넣어서 본래의
모양과 다르게 되었다는 뜻으
로, 쓸데없는 군일을 하다가
도리어 실패함의 비유. 사족
(蛇足).

화중지병(畫中之餠)
그림 속의 떡. 곧 아무리 탐
이 나도 차지하거나 이용할
수 없음을 말함.

화피만방(化被萬方)
교화(敎化)가 널리 만방(萬
邦)에 미침.

환과고독(鰥寡孤獨)
늙고 아내가 없는 사람을 환
(鰥), 남편이 없는 사람을 과
(寡), 어릴 때 부모가 없는
사람을 고(孤), 늙어서 자식
이 없는 사람을 독(獨)이라
함.

환호작약(歡呼雀躍)
기뻐서 소리치며 날뜀.

황공무지(惶恐無地)
황공하여 몸둘 곳을 모름.

회자(膾炙)
회와 구운 고기라는 뜻으로,
널리 사람의 입에 오르내림.

회자정리(會者定離)
만나면 반드시 헤어진다는 뜻
으로, 세상 만사의 무상(無常)
함을 이름.

후안무치(厚顔無恥)
뻔뻔스러워 부끄러움을 모름.

흔흔낙락(欣欣樂樂)
매우 기뻐하며 즐거워함.

희로애락(喜怒哀樂)
기쁨과 노여움과 슬픔과 즐거
움.

惠園東洋古典

1 論　語/金錫源 譯解

　　논어는 공자의 언행, 공자와 제자 및 여러 인사와의 문답, 제자들 사이의 대화, 공자의 생각과 비평 등으로 이루어진 책이다. 이것은 유가의 경전이며, 모든 사람의 인격수양을 위한 좌우명이며, 서양의 성서와 같은 동양의 성서이기도 하다.

2 孟　子/范善均 譯解

　　저 옛날 호연지기를 통해 광명정대하고 거칠 것이 없는 젊은이의 이상을 제시했던 《맹자》는, 오늘날에도 젊은이들에게 인격수양을 위해 가장 알맞은 책의 하나이다.

3 大學·中庸/金時俊 譯解

　　대학과 중용은 오랜 세기에 걸쳐 논어·맹자와 더불어 유가의 경전으로 존숭되어 왔다. 대학은 개인생활의 수양과 일반적 사회질서와의 결합, 곧 윤리와 정치의 결합에 관한 논술이며, 중용은 유교 사상에 심원한 철학적 근거를 부여한 책이다.

4 詩　經/曹斗鉉 譯解

　　시경에 들어 있는 시 3백 편은 중국에서 가장 오래되고 가장 아름다운 문학작품으로 모든 인간사의 희로애락이 참으로 다양하고 감동적으로 표현되어 있다.

5 書　經/權德周 譯解

　　서경은 중국 고대의 역사적 기록인 동시에 가장 오래된 정치 철학서로서 그 가치는 오늘날에도 여전히 빛을 발하고 있다. 이러한 서경의 가장 중요한 가르침의 하나는 백성의 마음을 얻고 받들라는 치도(治道)의 근본에 관한 것이다.

6 周　易/崔完植 譯解

　　주역은 중국의 옛사람들이 자연계의 법칙을 거울삼아 슬기롭게 영위해 온 생활의 예지와, 현실주의적 종교관과 낙천적인 운명관을 모두 포함하고 있다.

7 菜根譚/黃秉國 譯解

　　채근담은 철학적 아포리즘인 동시에 대단히 문학적인 고전이다. 어디를 펼쳐도 어구 하나, 문장 하나가 다같이 명징한 문학적 색채를 띠지 않은 것이 없다. 그리고 저자의 삶에 대한 깊은 천착과 예리한 통찰력에 근거한 철학적 단상들이다.

8 明心寶鑑/黃秉國 譯解

사물을 있는 그대로 되비추어 주는 거울 앞에 서면 누구도 적나라한 자신의 모습을 숨길 수가 없다. 특히 마음의 거울 앞에서는 더욱 그러한데, 명심보감은 바로 우리에게 그 마음의 거울이 되어 주는 의미 깊은 명저(名著)이다.

9 故事成語/黃秉國 譯解

오랜 세월을 거치는 동안 어느새 우리의 생활 깊숙이 용해되어 일상 어휘들로 자리잡은 말들 중에는 의외로 옛 동양의 여러 고전이나 역사적 일화 등에 그 연원을 둔 고사성어들이 아주 많다.

10 老 子/李民樹 譯解

노자는 중국 고전 중에서도 가장 어려운 것으로 여겨지고 있다. 또한 가장 신비적인 면을 지니고 있기도 하다. 이 노자에 일관되게 흐르는 무위 자연사상은 처음부터 끝까지 도 자체에 집약되어 있다.

11 孝 經/黃秉國 譯解

효도하는 마음은 백 가지 행실의 근본이요, 만 가지 가르침의 근원이다. 아무리 뛰어난 인물이라 할지라도 삶의 가장 근원적이고 참된 가치인 효를 실천할 때에야 비로소 그의 인생은 바로 선다고 할 수 있다.

12 千字文/李民樹 譯解

양(梁)나라 주흥사(周興嗣)가 지은 것으로 알려진 천자문은 1천자라는 제한된 틀 속에 우주만물의 온갖 진리와 인간 수양의 광범위한 지침을 망라한 명문·명시집(名詩集)이다.

13 古文眞寶/韓武熙 譯解

고문진보는 옛 중국의 아름다운 문학작품을 시와 산문으로 나누어 엮은 책으로서, 그 가치는 다른 어떤 고전에도 못지 않다. 예전에는 학문에 뜻을 둔 사람이라면 논어·맹자를 배운 다음에는 반드시 고문(古文)을 배웠는데, 고문진보는 바로 이를 위해 편찬된 책이다.

14 楚　辭/柳晟俊 譯解

　시경과 더불어 중국 문학의 양대 지주인 초사는 도가적(道家的) 신선사상(神仙思想)과 신화, 전설을 배경으로 한 낭만적이고 환상적인 작품집이다.

15 禮　記/李民樹 譯解

　예기는 시경·서경·주역·춘추와 더불어 오경(五經)의 하나로서, 유가들의 존숭을 받아 왔다. 그 내용은 고대 중국의 예에 관한 이론 및 실제를 기록한 것이다.

16~18 莊　子/李民樹 譯解

　언제나 인간 본연의 위치에서 '완전한 자유의 경지'를 추구했던 장자는 실제로 모든 현세적인 속박으로부터 온전히 자유로웠던 인물이다. 그가 추구한 최고의 가치인 이 절대자유는 아무것에도 의지하는 데가 없는 무대(無待)와 아무런 작위도 없는 무위(無爲)의 경지에서 자연과 인간이 완전히 합치하는 것이었다.

19 荀　子/鄭長澈 譯解

　'인간의 선천적 본성은 악하다' 는 성악설을 주장, 성선설에 의문을 제기하였던 순황의 사상을 집록한 순자는 하나의 유가사상의 완전체를 나타내는 것으로, 논리학이나 인식론을 포함한 사상의 과학적 성격 등 후대에 많은 영향을 주어 왔다.

20 孫子兵法/李民樹 譯解

　병법 칠서(七書) 중 가장 뛰어난 병서로, '병은 국가의 대사(大事), 사생(死生)의 땅, 존망(存亡)의 길' 이라는 입장에서 국책의 결정, 장군의 선임을 비롯하여 작전·전투 전반에 대해 격조 높은 문장으로 간결하게 요점을 설명하고 있다.

21 三字經/梁熙龍 譯解

　중국 명·청 시대, 어린 아이들뿐만 아니라 수레를 끌고 행상을 하는 사람들까지도 모두가 '사람은 태어나면서부터 타고난 성품이 원해 착하다' 는 "인지초(人之初) 성본설(性本說)"을 아는 것을 보면 삼자경이 얼마나 폭넓게 전파되었는지를 알 수 있다.